政治义务及其理由

中国社会科学出版社

图书在版编目(CIP)数据

政治义务及其理由/占志刚著.—北京：中国社会科学出版社，2016.9
ISBN 978-7-5161-8588-9

Ⅰ.①政… Ⅱ.①占… Ⅲ.①政治哲学—研究 Ⅳ.①D0

中国版本图书馆CIP数据核字(2016)第170167号

出 版 人 赵剑英
责任编辑 喻 苗
责任校对 胡新芳
责任印制 王 超

出 版 中国社会科学出版社
社 址 北京鼓楼西大街甲158号
邮 编 100720
网 址 http://www.csspw.cn
发 行 部 010-84083685
门 市 部 010-84029450
经 销 新华书店及其他书店

印 刷 北京君升印刷有限公司
装 订 廊坊市广阳区广增装订厂
版 次 2016年9月第1版
印 次 2016年9月第1次印刷

开 本 710×1000 1/16
印 张 24
插 页 2
字 数 346千字
定 价 88.00元

凡购买中国社会科学出版社图书,如有质量问题请与本社营销中心联系调换
电话:010-84083683

目 录

导　论

第一节　研究的缘由

政治义务涉及的是个人对自治（self-governance）的诉求和国家对服从（obedience）的要求之间的冲突，它是政治哲学中一个古老而又核心的问题。说它古老，是因为这个问题最早可追溯到古希腊。说它核心，一是因为生活在现代政治社会中的每一个人，都有可能会在脑海中闪过一个念头：我为什么要支持国家、服从法律？甚至可以说，“只有一个非同寻常的人，才从来没有冒出不服从法律的念头”①。而且，出于广泛共享的道德原则或基本的政治原则而表现出来的不服从也并不少见。当然，对于大多数人来说，出于种种考虑往往会选择服从。② 二是由于致力于哲学活动的人们大多相信，对政治义务相关问题，比如我们之所以服从国家的命令或法律仅仅因为这是国家所发布或颁布的？我们是否还有某种道德上的理由去支持自己的国家并服从其法律？如果有，这种理由是什么？如果没有，国家会不会陷入无政府状态？与此相关的是，一种没有政治义务的政治生活是否可能？是否存在一种有利于政治服从的道德

---

① ［美］A. 约翰·西蒙斯：《道德原则与政治义务》，郭为桂、李艳丽译，江苏人民出版社2009年版，第2页。

② 服从的理由很可能只是出于某种审慎的考虑而不一定是因为政治义务。审慎（prudence）的考虑，在这里指的是基于智性或理性而保护自身利益或名誉。审慎行事无所谓道德与非道德，因此，这是一种道德之外的行为理由。关于prudence一词的解释，见［英］尼古拉斯·布宁、余纪元编著《西方哲学英汉对照辞典》，人民出版社2001年版，第829页。

预设，只有当不正义或压迫过于明显或长久持续的情况下，这种预设才能被置之不理等问题，做出清晰而又令人满意的界说，不只是理论研究的一大成果，其结论可能也会引起政治家甚至是普通人的兴趣。

一 基于现实的考虑

在实践中，政治权威的合法性与公民的政治义务往往被认为是政治秩序的两个重要组成部分。它们的关系如同一个硬币的两个侧面：一方面是政治权威声称有发布命令并要求服从的权利，另一方面则是公民认可权威并承担服从法律或命令的义务。一般来说，“当天下太平的时候，人们几乎不会质疑既定权威的合法性”①，或者说在个人没有遭受法律制度的不公正对待时，服从是不成问题的，对诸如“我是否有道德上的义务按照法律要求去做，而这仅仅是因为它是法律的要求”之类问题的争议也往往比较少。但是，当国家运转不良，或者说已经被认为“出了问题”，以及个人明显遭受不公正对待的时候，人们便开始带着怀疑的态度思考：仅仅因为它是国家颁布的法律我就要服从吗？什么时候我们一定要服从国家的法律，并接受合法的政治权威？我们通常都有一种服从国家命令的责任吗？如果没有的话，那么，从道德上说，我们的不服从何时才是合理的？如果有的话，是否意味着国家的权力必须是合法的？在一个权力不合法（illegitimacy）但合理（justification）的国家里，其公民还有政治义务吗？为什么有实际政治义务的人却没有政治义务感？政治义务感可通过政治教育来获得吗？等等。

对上述问题的正面回答，往往涉及公民服从义务的合理性，以及政治权威的合法性。这是两个不同的问题，但在很多时候，人们往往将这两个问题混为一谈，或者说将对服从义务的“证明”与对现行权威的“合法化”相混淆。突出的表现是，误以为分析现实问题、解释实际现象只是为了替现实辩护。然而，对于从事政治哲学的人来说，需要去做的可能是对这两个概念进行清晰和准确的区

① S. L. Benn and R. S. Peter, *Social Principle and the Democratic State*, London: George Allen & Unwin, 1959, pp. 299-300.

分。因为，证明的目的重在彰显某些公认的原则、信念或规范是好的。对任何政治权威的证明，只是为了给出其合理存在的价值。如果一种特定的法律或权力来自于或被表述为一系列特定的原则、信念或规范，并遵守所需的程序形式，那么它就是合法的。更清楚地说，对政治权威的一种本质说明或证明要足够充分，就必须以一种清楚明白的和令人满意的方式来区分合法权威和纯粹强制，并进而回答政治义务的界限问题。换言之，要想对现实的政治权威做出一种令人满意的解释，比如对民主国家的强制权力进行说明或者为非民主国家（甚至是希特勒统治之下的德国）公民的服从义务做出辩解，就不仅要表明这些国家的公民没有反对国家强制的道德权利，而且还要表明他们在道德上确实有义务遵照国家的命令去行动。然而，到目前为止，在关于政治权威的合法性，以及服从义务的合理性等人们关于政治义务的信念问题上，政治哲学家仍没有找到很好的答案。

二 基于理论的考量

从理论上看，在苏格拉底之后，哲学家们就一直想弄清楚他到底是一个以身殉法者还是一个公民不服从者。与这个问题相关的是，公民不服从与政治义务两者是否可以兼容？公民个人自由与国家合法强制之间是否能够一致？那些相信他是一个坚定的守法者以及最早的政治义务倡导者的哲学家们，在寻找一种充分的政治义务解释方面进行了不懈的努力和探索，相继提出了社会契约理论（同意理论）、功利主义理论、感恩理论、公平游戏理论（公平原则）、关联义务（团体义务）理论、正义的自然责任理论、多元主义理论等各种各样的哲学解释或证明策略。他们之所以对这一问题孜孜以求，是因为他们相信政治义务是存在的，而且在缺乏对政治义务问题进行充分的证明和分析的情况下，其他所有的相关政治概念，如“正义”、“革命”、“不服从”、“权利”、“主权”等概念都是令人费解的。

然而，在政治义务问题上，至今尚未形成一种令人满意的理论能够充分解释“公民的一般守法义务”。与之相关的是，学术界还没有办法在以下问题上达成共识：（1）究竟什么是政治义务问题？在政治义务理论框架中，公民义务和法律责任有何区别？（2）为什么我们需要探讨政治义务问题？它值得我们付出努力吗？它是不是一个伪问题？我们应该如何确定它在政治哲学、法律哲学中的地位？(3) 我们在道德上有责任服从坏的法律（或恶法）吗？如果有，为什么？如果没有，那么，是否就意味着我们对道德，而不是对法律有一种道德责任？(4) 对政治义务的证明，哪种方法是最成功的：同意理论，公平原则，自然责任理论，感恩理论，还是其他？一种成功的政治义务理论的标准是什么？在为政治义务辩护的过程中，不得不回应各种反政治义务理论，甚至无政府主义理论的驳斥，对于这样一种理论，应该持一种什么样的态度？等等。

从这一意义上说，对政治义务如何证明的问题进行研究是有吸引力的。虽然它既带有挑战，又充满争议。然而，也正因如此，研究这些问题在理论上是有价值的，因为这将有助于我们弄清楚与政治义务相关的概念问题以及当代政治义务主要理论所涉及的关键问题，从而为我们理解政治生活和政治行为提供一种更好的理论视角。

第二节　国内外研究情况述要

一　国外相关研究

政治义务这个术语最早见于 1879—1880 年格林（T. H. Green）在牛津大学所做的“关于政治义务原则的演讲”[①] 中。当然，格林用于组成“政治义务”这个短语的“政治”（political）和“义务”（obligation）这两个单词要古老得多，或者说，格林在其演讲中所提出的“去发现服从法律的真正根据或理由”的问题即使在当时也绝不是一个新鲜的问题。[②] 早在公元前 440 年左右，古希腊的索福克勒斯（Sophocles）在其戏剧《安提戈涅》（*Antigone*）中就提出了这个问题。40 多年后，柏拉图在其《克里同篇》（*Crito*）中叙述了

① A. P. D'Entreves, *The Medieval Contribution to Political Thought*, Oxford: Oxford University Press, 1939, p. 3.

② T. H. Green, *Lectures on the Principles of Political Obligation and Other Writings*, P. Harris and J. Morrow (eds.), Cambridge: Cambridge University Press, 1986, p. 13.

苏格拉底在面对自己死亡时对这个问题所给予的哲学回应。而且，一般认为，政治义务理论或公民不服从理论可以分别从《克里同篇》与《申辩篇》（*The Apology*）中找到理论源头，或者可以说苏格拉底是政治义务或公民不服从这两种相互矛盾的理论的源头。而这一对矛盾至今仍没有得到解决，具体的表现是，当代政治哲学家还在争论：政治义务理论可以兼容公民不服从理论吗？

然而，在苏格拉底之后，虽然犬儒主义者（Cynics）及其他一些思想家也确实曾经怀疑过政治生活的价值，间接地提到过某种守法义务的存在问题。但是，他们没有留下任何关于这一问题的、像在《克里同篇》中一样持续五六页的讨论记录。在这之后的相当长时间里，政治义务都被认为是理所当然的。政治社会及其规则乃神所定的信念是如此的强烈，以致很多人，也许是大多数人，都不会考虑这样一种可能性，即不服从是可以得到证明的。但是，随着基督的降临，人们也就不得不去认真地考虑这种可能性了。因为，对于基督徒来说，统治者的命令与上帝所要求去做的东西可能会不一致。当统治者试图压制基督教时，这个问题变得更加清晰了。当然，基督教教义认为，存在一种建立在神圣命令基础上的守法义务，并以《圣保罗致罗马人的书信》（*Paul's Epistle to the Romans*）这一最重要的文本形式存在："除上帝以及由上帝所确立的外，没有其他权威。因此，那些抵制权威的人，就是在抵制上帝所指定的东西，那些抵制的人将会遭到审判。"①

但是，作为一种政治义务理论，"神圣命令"面临着两个普遍的问题：一是它预设了某种神性的存在，二是"神圣命令"的存在并不总是清晰的。比如，虽然世人知道应该将"恺撒的归恺撒、上帝的归上帝"，但不知道究竟什么东西是属于恺撒的、什么东西是属于上帝的。然而，对基督徒来说，主要的挑战来自于调和保罗经文与统治者经常敌视基督徒这样一个令人不舒服的事实之间的关系——或者，由于新教在16世纪的兴起，敌视那种被看作真正基督

① 参见《罗马书》第13章。《罗马书》（希腊语：ΠΡΟΣΩΜΑΙΟΥΣ），又译《罗马人书》，全称为《保罗达罗马人书》，简称《罗》。

徒的人。针对这种挑战，一种回应认为即使对敌意的或残暴的统治者也必须容忍，因为上帝必定已经给了他们这样的权力。然而，其他的回应却为公民不服从留下了空间。第一种回应是，必须区别神定的职位与担任这一职位的官员。上帝规定政治权威必须存在，因为人类从摇篮到坟墓的生活条件需要这样的权威，但上帝并没有规定具体哪一个人可以拥有这一权威的职位，他当然不希望统治者通过暴力统治来滥用这种权威。① 对这个问题的第二种回应是，《罗马书》第 13 章提出的要区分不服从和抵制。按照马丁·路德（Martin Luther）等人的说法，基督徒不会主动抵制他们的统治者，但当这些统治者的命令与上帝的命令相抵触时，他们一定不会遵守。而第三种回应是，要注意在两个或更多的统治者之间发生冲突的可能性。换句话说，如果不止一个统治者对你主张政治权威时，而且他们所发布的命令又相互冲突，那么，通过服从那种与真正的基督教精神相一致的命令，可以保证满足保罗的命令，甚至这种服从使得我们必须抵制其他政治权威的命令。伴随着新教改革，后两种回应在解决政治争端中发挥着特别重要的作用。但是，值得注意的是，另外一种政治义务理论显得越来越突出，因为新教徒开始相信政治权威来源于被统治者的同意。

从某种程度上说，政治权威来源于被统治者的同意的社会契约论思想的出现早于现代，② 但它真正得到全面发展却是在 17 世纪，当霍布斯（Thomas Hobbes）和洛克（John Locke）在相当不同的目的上使用这一理论的时候。虽然卢梭（Jean-Jacques Rousseau）、康德（Immanuel Kant）以及其他哲学家也依靠社会契约理论，但政治义务契约理论的经典表述却出现在霍布斯的《利维坦》（*Leviathan*）和洛克的《政府片论》（*Second Treatise of Government*）中。虽然社会契约论的直觉魅力是显而易见的，但是，其历史虚妄性也是颇受诟病的。其中第一个发现同意理论或者说契约理论缺陷的是休谟（David Hume）。在其发表于 1752 年的《论原初契约》（*Of the Orig-*

---

① C. H. McIlwain, *The Growth of Political Thought in the West*, New York: Macmillan, 1932, pp. 152-153.

② J. W. Gough, *The Social Contract*, 2nd edition, Oxford: Oxford University Press, 1967.

inal Contract）一文中，休谟对诉诸默示同意的理论特别拒斥。他反驳说，大多数人同意遵守法律，仅仅是因为他们待在自己的“出生国”（country of birth）就相当于是某人默示同意服从船长，“虽然他是在睡梦中被弄上船的，而且一旦离船，只有跳海淹死”。对休谟来说，遵守法律的义务似乎不是来自于同意或契约的，而是来自于法律系统的直接效用能使人们完美而又方便地追求自己的利益。就功利主义在法律、道德和政治哲学的其他领域的全部影响而言，它在那些相信有一种普遍义务去遵守自己国家法律的人们中，是很少有信徒的。部分原因是，边沁（Jeremy Bentham）、密尔（John Stuart Mill），以及其他沿着休谟的道路走下去的其他人很少谈到政治义务问题。与此同时，随着实证主义、分析哲学以及政治集权主义理论的兴起，作为规范性问题的政治义务问题也被搁置起来。但是，20世纪60年代之后，随着民权运动的产生以及1961年美国哲学学会发起的“政治义务与公民不服从”学术研讨会的召开，政治义务问题再次成为人们关注的焦点。此后，皮特金（Hanna Pitkin）、哈特（H. L. A. Hart）、罗尔斯（John Rawls）、德沃金（Ronald Dworkin）、诺奇克[①]（Robert Nozick）、西蒙斯（A. John Simmons）、沃尔泽（Michael Walzer）、达格（Richard Dagger）、克劳斯科[②]（George Klosko）等一批思想家加入了讨论的阵营，形成了许多有影响力的作品，围绕着同意理论、公平游戏理论、自然责任理论、关联义务理论、感恩理论五大经典理论的证成与反驳构成了当代政治义务理论发展的基本图景。

关于同意理论。虽然大多数相信政治义务的人也许会认为，把这种义务建立在同意基础上是最具吸引力的，但是，批评者认为，并不是说同意不能作为政治义务的来源，而是很少有人或明或暗地给予了能够为守法的一般义务提供依据的这种实际同意，即便诉诸假设的同意（hypothetical consent）也不能弥补这种缺陷。尽管如此，同意理论在政治哲学家中间还是有其信徒的，支持者们对这些批评给予了回应，概括起来主要有两种：第一种回应是由贝朗

① 也有译者译作诺齐克，如中国社会科学出版社2007年版的《国家、无政府与乌托邦》。

② 也有译者译作克洛斯科。如江苏人民出版社2009年版的《公平原则与政治义务》等。

（Harry Beran）提出的，认为只有表达了同意才能产生政治义务，但要求政治社会确立起正式的程序以唤起这种同意。那就是说，国家应该要求它的成员公开表示是承担还是拒绝这一义务。那些拒绝这样做的人有权选择离开这个国家，退出去与持相同政见的人一起组成新的国家，或居住在本国政府为异议人士保留的一块领土内。当然，如果缺少这样的程序，贝朗的立场其实与后验哲学无政府主义（a posteriori philosophical anarchist）也就没什么两样了。① 但是，反对者认为，即使存在这些程序，也无法确定其成员做出的选择是否真的就是自愿同意。② 第二种回应指出，以这样那样的方式提出的对同意概念的批评在理解上太狭窄了。比如普拉门纳兹（John Plamenatz）和斯坦伯格（Peter Steinberger）就认为，投票或以其他方式参与选举也应该被算作同意。斯坦伯格甚至开出了一长串参与清单：向警察或消防部门求援，将孩子送入公立学校，使用公共图书馆以及其他，认为这些都构成了“对国家制度的积极参与”。此外，墨菲（Jeffrie Murphy）和吉尔伯特（Margret Gilbert）也提出了不同的观点。在墨菲那里，“放弃判断就是某种同意”；而在吉尔伯特看来，共同承诺是包括政治义务在内的义务的一种重要来源。但是与墨菲和其他人不同，吉尔伯特提出了共同承诺去做某事是不需要自愿的。也正是因为这一点，批评者认为，最好把吉尔伯特归入政治义务的关联义务理论的倡导者，而不是同意理论的追随者行列。此外，需要提到的是，伊斯兰德（David Estlund）为同意理论提出了一种新的辩护。③ 他认为，正如大多数理论家所主张的那样，如果同意某人的权威是错误的，那么，同意行为将是无效的。同样，在那种不同意另一个人的权威将是错误的情形中，我们应该有

① 这是自由主义阵营内部对政治义务所持的怀疑立场。它认为，即使存在政治义务，也不能解释许多人或者大多数人必须支持和服从适用于他们的政治制度。关于这个问题，在第九章中有详细讨论。

② 克劳斯科和霍顿都不认为这样的程序能说明说什么问题。具体见：George Klosko, *Political Obligations*, Oxford: Oxford University Press, 2005, pp. 123–129; John Horton, *Political Obligation*, 2nd edition, Basingstoke: Palgrave Macmillan, 2010, pp. 34–36。

③ David Estlund, *Democratic Authority: A Philosophical Framework*, Princeton, NJ: Princeton University Press, 2008, pp. 117–158.

对称性的理由得出同样的结论：这种不同意是无效的。然而，批评者认为，虽然伊斯兰德的这种规范性同意的辩护方式是巧妙而又复杂的，但是，在不同意是无效的情况下，是否可以直截了当地说服从他人权威的义务来自不同意是错的这样一种考虑?[①] 因此，是否能把伊斯兰德的解释作为同意理论的一个实例是不明确的。可见，同意理论的捍卫者至今仍未找到足够有说服力的论据，与此同时，也没有迹象表明，诉诸同意的理论将会式微。

关于感恩理论。诉诸感恩的论证是非常古老的，在柏拉图的《克里同篇》中我们已经可以找到证据。它只是苏格拉底决定不违背法庭做出的不公正判决的几个理由之一，可以说它不是政治义务的唯一理由或者主要理由，但在今天它也仍然还有一定的市场。实际上，虽然西蒙斯在其很有影响力的《道德原则与政治义务》一书中用一章内容来讨论感恩理论作为政治义务理论依据的不足之处，但他的批评似乎没有聚焦在感恩“理论”本身。因此，作为一种解释政治忠诚问题的理论，它并没有受到颠覆性的批评。当然，它也沉寂了相当长一段时间，直到沃克（A. D. M. Walker）的《政治义务及其来自感恩的论证》一文发表。可以说，随着沃克文章的发表，标志着政治义务的感恩理论发生了变化，即从积极的感恩理论转向消极的感恩理论。但是，批评者认为，沃克的这种论证是否真的能够为政治义务理论提供满意的解释还很难说，因为它似乎取决于两点：一是政治义务的感恩理论真的与政治机构有关吗？沃克认为，一个人不仅仅对他人有感恩义务，而且对政治机构，包括政府与国家也有感恩义务。但批评者不以为然，按照西蒙斯的理解，感恩的对象只能是那些有意为之，而且他们自己花了很大代价为我们提供好处的人，而政治机构是不能满足这些条件的。二是感恩义务到底有多强？或者说，即使我们可以承认对政治机构包括国家负有义务，但这种义务是否太弱了以致不能像初确的（prima facie）政治义务那样在通常的意义上发挥作用。因为，它们“将经常被推翻，而不只是在罕见的情形

① Gopal Sreenivasan, “Oh But You Should Have: Estlund on Normative Consent”, *Iyyun: The Jerusalem Philosophical Quarterly*, Vol. 58, 2009, pp. 62–72.

中”。不过，沃克不认为这种理据是软弱无力的，即使他承认今天的人们基于这一理由的义务感没有苏格拉底那般强烈。

关于公平原则（公平游戏理论）。从某种程度上说，公平原则（公平游戏理论）最早的表述见之于哈特（H. L. A. Hart）《有自然权利吗?》一文中的“相互限制原则”：“当一些人按照规则从事任何共同事业，并因此限制他们的自由时，那些根据要求服从这种限制的人，有权要求那些从别人的服从中受益的人同样予以服从。”随后，罗尔斯在其一篇很有影响力的论文中采用了这一原则，并在将共同事业限定为“正义的合作事业”后把它称为“公平游戏的责任”。[①] 公平游戏理论能够被用于政治社会的前提是，当且仅当其成员能够合理地把这个社会看作是一项合作事业。如果可以，那么该政治组织的成员就有公平游戏的义务去承担其份额来维持这项事业。但是，这样的一种论证受到了很多批评，甚至是罗尔斯本人也在《正义论》中放弃了公平游戏原则转而诉诸正义的自然责任原则。对这一理论的批评来自三个方面。最有冲击力的批评来自诺奇克，他反对公平游戏原则允许其他人仅仅通过给我们好处而将我们置于对他们的义务之下。第二种批评是由史密斯（M. B. E. Smith）提出来的，即“公平游戏义务约束人行为的情况仅发生于当他的服从与否会产生有利或有害结果之时”[②]。这意味着只有当合作事业规模足够小，任何一个参与者不遵守规则就极有可能会损害这项事业时，公平游戏原则才会产生义务。可是，政治社会一般都不是小规模的合作事业，其中某些人的不服从既不会剥夺任何人的任何利益，也不会以任何明显的方式对国家造成损害。第三种批评是，公平游戏的理由只适用于合作计划所产生的利益一个人能够明确拒绝的时候。因为得到（receive）好处与接受（accept）好处是有区别

① 哈特的“相互限制原则”以及罗尔斯的“公平游戏理论”具体见：H. L. A. Hart, “Are There Any Natural Rights?”, *Philosophical Review*, Vol. 64, 1955, pp. 175－191; John Rawls, “Legal Obligation and the Duty of Fair Play”, in *Law and Philosophy*, S. Hook（ed.）, New York: New York University Press, 1964, pp. 3－18。

② William, Edmundson（ed.）, *The Duty to Obey the Law: Selected Philosophical Readings*, Lanham, Md: Rowman & Littlefield, 1999, p. 81.

的，仅仅是得到好处并不能将一个人置于一种义务之下。如果合作所产生的利益是非排他性的，不管一个人是否为这一产品做出了贡献，甚至不管他想不想要都可以得到它时，那么，就没有公平游戏的义务去承担该事业的负担份额。而政治社会中所产生的利益通常就是这样的。①

面对上述批评，公平游戏理论的倡导者不可能保持沉默。其首要的倡导者克劳斯科为此写了两本书予以回应，达格（Richard Dagger）和阿尼森（Richard Arneson）也加入了这一回应的行列。② 针对诺奇克的异议，回应认为他关于邻居公共娱乐系统（the neighborhood entertainment system）的例子是个不相关的问题，因为这种利益太小，不能说明问题。而针对西蒙斯的异议，回应是朝两个方向展开的。一是西蒙斯对利益的获得和接受的区别太过苛刻，在得到利益和接受利益、完全自愿和完全不自愿之间不能简单二分，还有中间地带。二是否认公平游戏的义务必须是自愿获得的，并且认为，重要的不是一个人是否接受了实践的好处，而是要满足“所提供的利益必须是（1）值得接受者努力去提供它们的；（2）‘推定有益的’，以及（3）利益和负担的分配是公平的”等克劳斯科的三个条件。然而，这些回应显然没有说服对方。正如西蒙斯所说，现代政治社会太大了，客观上不能被看作合作事业，而且克劳斯科的理论“根本就不是一种真正的公平游戏理论”，充其量是一种“伪装的自然责任理论”。③ 而其他人则抱怨说，公平游戏理论对并存的各种合

① A. John Simmons, *Moral Principles and Political Obligation*, Princeton, NJ: Princeton University Press, 1979, p. 129.

② 克劳斯科的这两本书分别是：George Klosko, *The Principle of Fairness and Political Obligation*, 2nd edition, Lanham, MD: Rowman & Littlefield, 2004 [1992]; *Political Obligations*, Oxford: Oxford University Press, 2005; Richard Dagger, *Civic Virtues: Rights, Citizenship, and Republican Liberalism*, New York: Oxford University Press, 1997; Richard Arneson, “The Principle of Fairness and Free-Rider Problems”, *Ethics*, Vol. 92, 1982, pp. 616–633。

③ A. John Simmons, *Justification and Legitimacy: Essays on Rights and Obligations*, Cambridge: Cambridge University Press, 2001, pp. 38–42; “The Duty to Obey and Our Natural Moral Duties”, in C. H. Wellman and A. J. Simmons, *Is There a Duty to Obey the Law?* Cambridge: Cambridge University Press, 2005, p. 190; “The Particularity Problem”, *APA Newsletter on Philosophy and Law*, Vol. 7, 2007, pp. 18–27.

作实践不太合适。我们可以从一项合作实践中得到好处，但也可能从其他实践中获得更多利益。[①] 甚至还有人认为，在政治方面，利益可能不是基于合作而是单纯的服从，因此，也就没有理由认为那些得到好处的人，有一种遵守法律的公平游戏义务。[②] 因此，诸如此类的论据似乎更有可能是在延长而不是解决对公平游戏原则的争论。

关于自然责任理论。自然责任被理解为人们只根据其道德主体身份就有的那些责任；他们不需要做任何事情去主动获得它们，也不要承担那些基于他们在重要社会关系中所扮演的角色的义务。当罗尔斯在《正义论》中提出人人都有服从正义的自然责任，即“要求我们支持或服从那些存在并应用于我们身上的正义制度”时，它被第一次引入到政治义务的讨论之中。[③] 之后，沃尔德伦（Jeremy Waldron，1993，1999）、威尔曼（Christopher Heath Wellman，2005）、克里斯蒂诺（Thomas Christiano，2008）、斯蒂兹（Anna Stilz，2009），还有伊斯兰德（2008）等人先后加入，[④] 并对罗尔斯的某些模糊论点做了提炼和拓展，他们当中的有些人采取怀旧的方式，甚至明确表示以康德对政治义务的辩护为模型。他们每一个人在自然责任为政治义务提供基础这一点上是有所不同的。克里斯蒂诺把他的解释建立在平等提升人们利益的基本正义原则上，威尔曼

① Calvin Normore，“Consent and the Principle of Fairness”，in *Essays on Philosophy*，*Politics*，*and Economics*：*Integration and Common Research Projects*，C. Favor，G. Gaus，and J. Lamond（eds.），Stanford，CA：Stanford University Press，2010，p. 231.

② Patrick Durning，“Two Problems with Deriving a Duty to Obey the Law from the Principle of Fairness”，*Public Affairs Quarterly*，Vol. 17，2003，p. 255.

③ John Rawls，*A Theory of Justice*，Cambridge，MA：Harvard University Press，1999［1971］，p. 99.

④ 沃尔德伦的相关著作有：Jeremy Waldron，“Special Ties and Natural Duties”，*Philosophy and Public Affairs*，22：3-30；Reprinted in W. A. Edmundson（ed.），*The Duty to Obey the Law*，1993；*Law and Disagreement*，Oxford：Oxford University Press，1999。威尔曼的相关著作是：Christopher Heath Wellman，“Samaritanism and the Duty to Obey the Law”，in C. H. Wellman and A. J. Simmons，*Is There a Duty to Obey the Law*? Cambridge：Cambridge University Press，2005。克里斯蒂诺的观点见：Thomas Christiano，*The Constitution of Equality*：*Democratic Authority and Its Limits*，Oxford：Oxford University Press，2008。斯蒂兹的观点可见：Anna Stilz，*Liberal Loyalty*：*Freedom*，*Obligation*，*and the State*，Princeton，NJ：Princeton University Press，2009；伊斯兰德也持类似观点，具体见：David Estlund，*Democratic Authority*：*A Philosophical Framework*。

则建立在易于救助的撒马利坦（Samaritan）责任基础上，而斯蒂兹却是在一种康德式的尊重他人作为独立个体的自由责任基础上进行的讨论。然而，这些思想家都认为，道德主体只能通过遵从共同法律秩序的权威来履行对他人的自然责任。之所以如此，有以下几个原因：正义的要求有时是不确定的；其实现需要解决一致问题；而最重要的是，在正义的要求上人们有合理的分歧。因此，关于在与他人的互动中正义要求他们做什么的问题上，即使是在那些做出真诚努力去辨别的人之间也无法达成共识，因此，只有服从一种共同的法律秩序才能提供冲突问题的解决方案。然而，并不是任何法律秩序都是这样的。相反，许多政治义务自然责任理论家认为，如果要使那些它所规制的对象有责任遵守它，那么，或者是法律必须按照民主的程序来制定，或者是它不能违反某些个人的权利，或两者兼而有之。然而，批评者比如西蒙斯认为，政治义务所依凭的是自己在特定国家的公民身份或居住事实，即他们是对这些特定国家（或他们的同胞）负有义务，自然责任的解释在政治义务的特殊性上无法自圆其说，因为，它要求我们支持的是所有“正义的制度与国家”，而不只是那个“适用于我们的正义制度或国家”。对此，有些自然责任理论家比如沃尔德伦用“比邻人们彼此之间互动的强度和频率”，威尔曼用“不能搭同胞守法的便车”，以及其他人关于“正义是一种与他人互动的具体方式”等观点予以回应。但是，这些回应并不能令人满意。最近，西蒙斯甚至指出，自然责任的解释有可能将使一个自由民主国家的公民获得另一个自由民主国家的义务。①

关于关联义务理论。这是一种近30年时间里才出现的理论假设，它认为政治义务最好是被理解为一种基于成员身份的“关联”（associative）义务。具体地说，其他条件不变的情况下，如果我们是一个群体的成员，我们有义务服从管理它的各种规范。这种义务不是伴随着我们同意成为成员而产生的，它与自愿与否没有关系，

① 具体见西蒙斯最近的论述。A. John Simmons, “Democratic Authority and the Boundary Problem”, *Ratio Juris*, Vol. 26, 2013, pp. 326-357.

只要是成员便有义务。因此，任何一个承认自己是某个特定国家的成员的人，就必须承认，他或她有遵守法律的一般义务。这一理论的一个核心观点是：政治义务是一种可以与家庭义务相提并论的非自愿义务。用德沃金的话来说，“政治结社，像家庭、友谊和其他更本土化和更私密的关联形式一样，本身就蕴含着义务”①。将家庭和国家做明确类比的同样想法，也可见之于霍顿（John Horton）的政治义务解释中。按照这种观点，作为家庭或政治团体的成员，我们要服从哈迪蒙（Michael Hardimon）所谓的“非契约型角色义务”（noncontractual role obligations），也就是说，义务只是来自于我们被生的那个角色。政治义务的关联解释与前面几种理论相比具有明显的优势。第一，其支持者拒绝将“自愿”和“非自愿”截然分开。他们认为，事实上大多数人并不是自愿成为一个国家的成员的。但这并不意味着成员身份是被迫的或强加给他们的。这里存在一个中间地带，这是政治义务理论的“沃土”。第二，它与人们的一般直觉是相一致的，因为大多数人明显认为，作为政治社会的成员，他们就有义务服从国家的法律。第三，以这种方式可以说明服从法律的义务来自于国人所共享的身份意识（sense of identity）。如果这是我的国家，而且我发现它涉及了某些我们成员所共享的东西，而如果它的政府被看作是我们的政府，那么，也就可轻易认为我有义务去遵守它的法律。

但是，像其他政治义务理论一样，关联理论也面临着相当多的批评，主要的异议有三项。一是认为将国家与家庭做类比，既没有说服力，也没有吸引力。它之所以缺乏说服力，主要是因为现代国家的成员缺乏家庭成员彼此间所分享的那种亲近、密切关系。二是反对将义务感和义务本身混为一谈。三是涉及团体特征问题，即所有的团体都有其成员，但说那些不公正的、不道德的团体的成员也有义务去遵守该团体的规则，并由此推出一直受不公正的国家的剥削和压迫的“成员”也有义务去遵守该国家法律的结论是违反直觉

---

① Ronald Dworkin, *Law's Empire*, Cambridge, MA: Harvard University Press, 1986, p. 206.

和难以接受的。对此，关联义务理论的捍卫者比如霍顿提出了一种“双管齐下”（two-pronged）的政治义务解释予以回应，[①] 而伦佐（Massimo Renzo）则提出了“准自愿主义关联模型的重新表述”，认为即使在家庭和国家中，也是只要“我们想出去，就可以出去”[②]。但是，对另一些人来说，这些回应仍然是不充分的。

概括起来，上述五种经典政治义务理论，以及其他重要的政治义务理论的倡导者与捍卫者主要是围绕着三个问题，诉诸六种典型的证明策略展开讨论的。这三个问题分别是：第一，政治社会可以期待其公民的政治义务到底有多强（即政治义务的界限是什么）？第二，政治义务与其他责任和义务到底有何关系（即政治义务是否是第一顺序的义务）？第三，在何种程度上可以将政治义务扩展到其他公民身上（即政治义务是主观的还是客观的）？而六种典型的证明策略则分别是：（1）解决冲突（conflict resolution）；（2）互惠（mutual advantages）；（3）自然的或基于身份的约束（natural or identity-based bonds）；（4）普遍的道德—政治理念（a universal moral-political ideal）；（5）参与（共和主义）[participation（republicanism）]；（6）使命（mission）。[③]

第一，解决冲突的策略是以霍布斯与洛克的社会契约论为代表的，其基本前提是政治共同体有化解矛盾、仲裁利益与促进文明的价值。它对第一个问题的回应是政治义务的界限是公民的生命，没有人有义务牺牲自己的生命去捍卫自己的民族或国家，恰恰相反，每个人都有义务根据自然法捍卫自己的生命；对第二个问题的回应是政治义务仅仅是第二顺序的义务，而第一顺序的义务是保护和保全个体的生命；对第三个问题的回应是矛盾而又模糊的，因为，社会契约在形式上似乎是完美的政治义务理由，但其内容本身具有不

① 即国家必须给其成员提供“普遍的好秩序和好治安”，而且其成员则必须认同它，承认它的政治权威。具体见：John Horton, *Political Obligation*, 2nd edition, Basingstoke: Palgrave Macmillan, 2010, pp. 177, 184。

② Massimo Renzo, “Associative Responsibility and Political Obligation”, *The Philosophical Quarterly*, Vol. 62, No. 246, 2012, pp. 109, 120.

③ Zoltan Balazs, “The Justification of Political Obligation”, *World Political Science Review*, Vol. 5, Issue 1, Article 2, 2009.

确定性，因为公民保留了判断危机局势并做出决定的权利。

第二，互惠的策略认为，人们不应该只关注公民与其共同体之间的冲突，而应着眼于共同体个人之间的合作行为所可能产生的对他们所有人的显著利益。代表性理论是哈特、罗尔斯以及后来的克劳斯科的公平原则。它对第一个问题的回答是，政治义务的界限是国家成立于互惠的目的。与前者不同，它不仅保全了公民的生命，而且还保护了他们基本的财产权利；对第二个问题的回答似乎没有说服力，因为互惠策略基于的是主观的喜好；而对第三个问题的回答比前面解决冲突的策略更模糊，因为每个人都可以自由决定现行的政治安排是否对他或她的长远利益最有利，是否最能服务于他或她的长期的个人目标。

第三，自然的或基于身份的约束的策略主张，对自己家人、同胞等亲密的人的喜爱和照顾应多一些。按照这种理念，在大多数情况下，最明显的是较少的过去意识、更多的是着眼于现在和面向未来的简单的或原始的“我们”意识（we-consciousness）。代表性的理论是德沃金以及霍顿等人的关联义务理论，以及沃克等人的感恩理论。这种策略对第一个问题的回答比较有效，它显然能够证明最伟大的牺牲，能够证明在道德上对那些使我们受益的人的感激义务；但对第二个问题的回答却力不从心，因为政治义务可能与同样强烈的、可能要求一个人奉献他或她的生命的义务以及其他道德原则、宗教原则以及政治理念相冲突；在回应第三个问题时，这种策略最常遭遇的异议是，它是主观的，而且取决于没有道理的或非理性的情感和经验。

第四，诉诸普遍的道德—政治理念的策略往往与前面的几种策略形成鲜明对比。这种道德—政治理念有可能是正义、博爱的，一种理性的乌托邦秩序，或任何其他指导个人和集体的做出决定和判断的政治和道德价值或原则。代表性的理论是正义的自然责任理论。它对第一个问题的回应，有点类似于自然的或基于身份的策略，没有一个确定的界限，如果说政治共同体事实上确实符合正义的要求，那么，它是可以要求成员为它奉献生命的；面对第二个问题时，这种策略面临的异议是，正义是一种很重要的，但绝不是唯一的道德价值和原则；而对于第三个问题，这一策略明显有点尴尬，如果道德—政治理念足够普遍，那么，它们将适用于每一个人，而不只是特别或专门约束那些特定国家或民族的公民，也就是说，它无法解决特殊性问题。

第五，参与（共和主义）的策略旨在把公民在各种事务中的积极参与作为一种重要价值，并且认为这种价值是有吸引力的，而且能够为个人提供责任、风险与特别经历。普拉门纳兹、斯坦伯格等人的参与意味着同意理论是其中的一个代表。关于第一个问题，它需要面对的是政治义务只有当实际参与是可能的才是合理的，而这在某种程度上也就排除了牺牲生命的要求；关于第二个问题，它必须正视这样的事实，即在公共事务中参与的价值也绝不仅仅是政治共同体所特有的，一些志愿者协会、联盟、宗教团体也能提供和呵护这种价值；关于第三个问题，实际的困难在于，虽然通过参与可以获得一定的义务，但是，有些公民并不想在公共事务中参与，而我们又不能强迫他们参与，再说，在一些公民看来可能是正确的“参与”形式，而对另一些公民来说可能正相反，比如某种形式的暴力、公民不服从等。

最后是关于使命的策略。按照这一说法，政治义务存在的根本原因是政治的、道德的，可能还有宗教理念的某种组合，这种组合为政治共同体提供了一种政治认同。它的主要来源是亚里士多德的政治思想，即特定的（善的）理念体现了特定的美德。政治义务的美德理论应该是其中一个例子。在第一个问题上，它与基于身份的策略和基于普遍的道德—政治理念的策略一样，可以激发强大而又坚定的忠诚，即使是最大的牺牲也可以得到证明；面对第二个问题，几乎可以肯定的是，它只有在紧急情况下才是可靠的指南，我们不能指望它并且依赖它解决各种政治冲突；面对第三个问题，这一策略的难处在于，谁有权决定使命的内容以及决定的程序如何是不明确的。另外，没有一种使命是永远固定的。

总之，围绕上述三个问题的六种典型证明各有利弊，分别都能解决一些问题，但都不能解决全部问题。实际上，在当代政治义务的各种证明之中，无论是皮特金、伊斯兰德等人对同意理论的改造，贝朗对传统的同意理论的辩护，还是沃克对感恩理论的重建，也不管是阿尼森和克劳斯科对哈特和罗尔斯的公平原则的修正和辩护，抑或是沃尔德伦对罗尔斯的正义的自然责任理论的完善和辩护，甚至是霍顿对关联义务理论的再思考，都存在某些方面的不足。鉴于单一理由面临的诸多困境，不少学者开始或明或暗地诉诸多重原则理论（a multiple-principle approach）。例如吉尔伯特借助共同承诺以形成多元主体，将同意理论和团体理论结合在了一起；而斯坦伯格则将同意理论与自然责任理论结合在一起，并论证说任何"将义务从自然责任中脱离出来，为前者独立于后者寻找依据的一般努力，是……注定要失败的"①。而另外一些学者，像克劳斯科和J. 沃尔夫（Jonathan Wolff）等则明确地提出了多元主义理论（a plurality of principles），或多重原则理论。正如他们所看到的那样，守法义务没有单一的理据，因为这个问题不能只从一个方面来看。用克劳斯科的话说，必须依靠公平原则来提供一种核心依据，然后再用自然责任和共同善的理论作为补充。这在某种程度上说是对苏格拉底论证方式的一种回归。

由于单一理据或多重原则论证均不能为政治义务问题提供满意的说明，当代一些政治哲学家比如西蒙斯②、R. P. 沃尔夫（Robert Paul Wolff）、史密斯（Matthew Noah Smith）等人开始对一般服从义务提出异议，而且，在最近一些年里，他们在政治哲学中占据了显著的位置。一些强烈的哲学无政府主义者认为，不存在遵守法律的道德义务，甚至在那部分比较公正的国家也不存在，最彻底的异议者甚至已变成纯粹无政府主义者。而其他较弱的无政府主义者或怀疑论者则得出结论说，不存在一种遵守法律的一般义务，因为任何这类义务都将违反道德上自治的义务。正如沃尔夫所指出的那样，

① Peter Steinberger, *The Idea of the State*, Cambridge: Cambridge University Press, 2004, p. 211.

② 西蒙斯的著作《道德原则与政治义务》一书堪称自由主义阵营内部政治义务怀疑论以及哲学无政府主义的典范之作，该书中文版由郭为桂、李艳丽译，江苏人民出版社 2009 年版。

自治将自由和责任结合了起来。要成为自治主体，一个人必须有选择能力，然后才有获得自由的能力；一个有这种能力的人，也就有责任去采取自治的行动。① 此外，也有一些异议者试图表明，对政治义务进行令人满意的辩护并非不可能，而是至今没有一种辩护能够被证明是令人满意的。尽管哲学史上很多最优秀的人进行了一些尝试，但所有的努力都不成功。

毫无疑问，哲学无政府主义的这些论点对那些继续相信存在着遵守法律的一般义务的人提出了严峻的挑战。政治义务的捍卫者们无论如何都不能无视这种理论。当然，如果说单一理据并不能获得那些继续相信自己有政治义务的人的支持，多重原则论证也办不到的话，同样，也没有理据能够证明哲学无政府主义是令人满意的。因为，任何一种哲学无政府主义理论都没有也无法从根本上完全否认政治义务。正如哲学无政府主义者自己所承认的那样，“正因为我们无法为服从法律命令的义务提供理由，我们也同样没有为不应该服从法律提供证明”②。因此，另有一些政治哲学家开始怀疑，关于政治义务的证成与反驳方法是否错了，有没有必要换个角度思考政治义务问题。

二 国内研究进展

在国内，虽然政治哲学、法律哲学可能也已经算得上是显学了，但政治义务问题却并不是一个重要的问题，或者根本就不是一个问题（当然，港台学者除外）。不过，尽管起步较晚，可近年来有关政治义务问题的研究还是取得了一些进展。

西方著作的编译。具体包括：顾肃等人翻译的《政治哲学导论》一书涉及政治权威、政治合法性和政治义务的关系问题，陆敏、秋一实翻译的克劳斯科的《公平原则与政治义务》一文，何怀宏等人翻译的《正义论》一书涉及罗尔斯的政治义务思想，李常青

① Robert Paul Wolf, *In Defense of Anarchism*, 3rd edition, Berkeley: University of California Press, 1998, p. 18.

② T. M. Hughes, “Against Political Obligation”, *Paper Presented at the Annual Meeting of The Midwest Political Science Association*, 2006-04-20, p. 25.

等人翻译的《法律帝国》一书涉及德沃金的关联义务理论，毛兴贵翻译的《公平原则与政治义务》一书涉及克劳斯科的公平原则思想。另外还有一些学者的翻译涉及政治义务怀疑论或哲学无政府主义的著作，包括郭为桂、李艳丽翻译的西蒙斯的《道德原则与政治义务》一书，毛兴贵翻译的 R. P. 沃尔夫的《为无政府主义申辩》一书和格林的《国家的权威》一书等。此外，毛兴贵编译的《政治义务：证成与反驳》，何怀宏主编的《西方公民不服从的传统》等书，对政治义务理论的研究也很有价值。[①]

对西方政治义务理论的评析、综述与研究。除了翻译之外，国内学术界的另一项主要工作是介绍、评析和研究西方政治义务理论主要流派的基本观点。包括陈肖生、朱祥海、毛兴贵、项松林等人在内分别对洛克、霍布斯、休谟以及斯密的政治义务思想的研究；[②]唐慧玲、徐百军、温松、占志刚等人对同意理论的研究；[③] 姚城对

---

① 具体见［英］杰弗里·托马斯《政治哲学导论》，顾肃、刘雪梅译，中国人民大学出版社 2006 年版，第 105 页。［美］G. 克洛斯科：《公平原则与政治义务》，陆敏、秋一实译，《哲学译丛》1988 年第 3 期。［美］约翰·罗尔斯：《正义论》，何怀宏、何包钢、廖申白译，中国社会科学出版社 1988 年版，第 333—343 页。［美］德沃金：《法律帝国》，李常青译，中国大百科全书出版社 1996 年版，第 6 章（第 171—193 页的内容）。［美］乔治·克洛斯科：《公平原则与政治义务》，毛兴贵译，江苏人民出版社 2009 年版。［美］A. 约翰·西蒙斯：《道德原则与政治义务》，郭为桂、李艳丽译，江苏人民出版社 2009 年版。［美］罗伯特·沃尔夫：《为无政府主义申辩》，毛兴贵译，江苏人民出版社 2006 年版。［英］莱斯利·格林：《国家的权威》，毛兴贵译，中国政法大学出版社 2013 年版。毛兴贵编：《政治义务：证成与反驳》，江苏人民出版社 2007 年版。何怀宏：《西方公民不服从的传统》，吉林人民出版社 2011 年版。

② 陈肖生：《洛克政治哲学中的自然法与政治义务的根基》，《学术月刊》2005 年第 2 期。朱祥海：《政治义务对自由的逻辑在先性》，《太原师范学院学报》（社会科学版）2014 年第 5 期。毛兴贵：《休谟论政治义务和政治权威》，《天津社会科学》2014 年第 3 期。项松林：《休谟、斯密论政治权威与政治义务》，《西南交通大学学报》（社会科学版）2011 年第 6 期。

③ 唐慧玲：《同意与服从——论同意理论对政治义务的证成及其理论困境》，《江海学刊》2015 年第 4 期。王彩波、徐百军：《政治义务的立与破：基于自愿主义的一种审视逻辑》，《南京师范大学学报》（社会科学版）2013 年第 3 期。温松：《服从的理由——当代三大政治义务理论的承接、困境与出路》，《理论与改革》2012 年第 1 期。占志刚：《同意的概念及其政治意蕴》，《北京科技大学学报》（社会科学版）2010 年第 1 期。

感恩理论的研究；[①] 程炼、常瑞娟、谭杰、徐百军等对关联义务理论的研究；[②] 丁轶等对哈迪蒙“角色义务”理论、吉尔伯特多元主体共同承诺思想的研究；[③] 董石桂对政治义务理论研究的综述；[④] 陈喜贵、谭杰、段小松等人对哲学无政府主义的涉猎；[⑤] 以及毛兴贵与周濂对政治义务理论的全面研究等，[⑥] 都是非常有价值的。此外，北京大学、南京大学、复旦大学、吉林大学、浙江大学等高校都已经有以政治义务为题的博士、硕士学位论文。值得一提的是，还有一些学者在相关著作中对政治义务问题也有所涉及，比如张凤阳等人在《政治哲学关键词》一书中，至少在“公民”、“公共责任”、“契约”三个关键词条目下都非常深刻地评介了政治义务问题，[⑦] 以及方旭东、戴木茅、郭敬东对中国传统文化中政治义务思想的研究，也是很有意义的工作。[⑧]

可以预见，随着研究的深入，政治义务问题将会引起越来越多的关注。

---

① 姚城：《感恩原则、政治义务与政治正当性》，《昭通学院学报》2014 年第 4 期。

② 程炼：《公平游戏与政治义务》，载《哲学门》2000 年第 1 卷第 1 册，湖北教育出版社 2000 年版。常瑞娟、谭杰：《德沃金对政治义务理论的批判与重构》，《理论界》2008 年第 4 期。徐百军：《作为政治义务发生语境的政治共同体——基于共和主义的一种逻辑考察》，《贵州师范大学学报》（社会科学版）2015 年第 3 期。

③ 丁轶：《制度角色能够为政治义务奠定基础吗？——以哈迪蒙角色义务理论为中心的考察》，《理论月刊》2013 年第 3 期；《建立在复数主体上的共同承诺——吉尔伯特政治义务理论述评》，《天府新论》2012 年第 4 期。

④ 董石桂：《政治义务研究综述》，《求索》2007 年第 10 期。

⑤ 陈喜贵：《论政治义务和政治权威的证立及其困境》，《同济大学学报》（社会科学版）2009 年第 2 期。谭杰、段小松：《当代西方无政府主义的思想逻辑》，《当代世界社会主义问题》2010 年第 1 期。

⑥ 周濂：《政治正当性与政治义务》，《吉林大学社会科学学报》2006 年第 2 期；《从正当性到证成性：一个未完成的范式转换》，《华东师范大学学报》（哲学社会科学版）2007 年第 6 期；《政治正当性的四重根》，《学海》2007 年第 2 期；《现代政治的正当性基础》，生活·读书·新知三联书店 2008 年版。

⑦ 张凤阳等：《政治哲学关键词》，江苏人民出版社 2006 年版，第 131、194、208 页。

⑧ 方旭东：《服从还是不服从？——孟子论人臣的政治义务》，《文史哲》2012 年第 2 期。戴木茅：《孝：从家庭伦理到政治义务——基于〈孝经〉的分析》，《求是学刊》2012 年第 6 期。郭敬东：《身体观视野下的儒家政治义务观分析——以孟子为中心的考察》，《理论界》2013 年第 10 期。

第三节 研究的思路及基本架构

从前面的分析中可以看出，现代西方政治义务理论研究的基本路径是“证成与反驳”，争论的焦点是在相对正义的自由民主的国家里公民是否存在一般守法或服从的义务。争论各方在坚持各自理论“基本内核”的情况下，不断修正和完善“保护带”，并且对几种主要政治义务理论的反驳与回应主要是围绕着以下这些话题展开的，即在明示同意存在历史虚妄性的情况下，诉诸默示同意是否可能？在合作事业中，能否因为无意中得到的、非自愿接受的利益，比如推定受益而背负一般守法义务？在政治共同体中，如果基于角色就必须承担责任，那么，这样一种责任是否有违人类的本性？如果认为所有的人都有责任支持任何正义的制度，那么，公民与具体的国家之间的政治纽带将如何理解？如果将几种理论糅合在一起来为某一种主要理论的全面性进行辩护，那么，我们将如何避免这几种理论原本的缺陷不会被带入“新理论”以及“多重原则论证”如何回应“多重原则批判”等？如果认为所有的政治义务理论都不能为人们的一般服从行为提供充足的理据，因此就可以推出政治义务不存在的结论的话，那么，我们将如何解释现实生活中人们的政治义务感？如此等等。争论各方的关注点主要是对方的基本论据，包括一些规范性前提和经验性论据，支持的一方主要强调其规范性前提的正确性，而反对的一方则强化对方经验性论据的错误。争论的结果是各种理论越来越精致，虽然其说服力并不是越来越强。

本书尝试在上述讨论的基础上，重构同意理论、感恩理论、公平游戏理论、关联义务理论、自然责任理论、多重原则论证、政治义务怀疑论的基本立场和理论发展脉络，展示各种理论在相互批评中变得更加精致的现实图景。与此同时，通过对政治理论发展脉络的梳理、关键问题的聚焦，以及对证成与反驳过程的再现，来彰显苏格拉底所提出的政治义务问题的直觉魅力。

本书的基本设计架构为：

第一章，政治义务相关概念及问题。首先，对政治义务的内涵和外延做了界定，特别是对自治、应当、服从、强制、责任、道德等概念在政治义务讨论中的地位做了说明。其次，对《布莱克维尔政治学百科全书》、皮特金以及西蒙斯等人关于成功的政治义务理论必须具备标准问题进行了总结，以揭示政治义务问题的复杂性。再次，分析了政治义务问题研究的两种方法：规范主义框架和实用主义框架，指出融贯法的困境以及在规范性讨论和经验性研究之间寻找结合点的重要性。接下来，指出了政治义务与公民义务、法律义务的区别，并对政治义务与政治合法性、政治合理性的关联性进行了说明，通过这些努力，为后面的进一步讨论做好铺垫。

第二章，政治义务理论的早期版本。主要对政治义务的理论源头进行了发掘，并将政治义务的早期版本概括为：政治义务的自然主义解释、政治义务的超自然主义解释和政治义务的社会契约论解释等。重点讨论了苏格拉底论守法的道德理由，西塞罗论政治性伦理义务，阿奎那论服从世俗权威，历史主义社会契约论解释，效用主义者论政治服从，以及非历史主义契约论说明等问题，以揭示政治义务视角的社会契约论的演变和发展，为同意理论的讨论奠定基础。

第三章，基于同意的解释。首先阐述了同意概念的发展与内涵，并以洛克的《政府论》为例，对“自己同意还是他人同意”、“过去同意还是现在同意”、“明示同意还是默示同意”三个关键问题进行了分析。接下来分析了默示同意的两个论据，及居住构成同意和享受构成同意的说服力。在揭示默示同意解释力不足的基础上，审视了对同意理论进行修正的两个重要版本：“同意或离开”机制以及外侨机制。最后，考察了假想同意的理论意义。通过这些考察，指出同意理论作为政治义务理由存在着普遍性明显不足的问题。

第四章，基于感恩的论证。首先是以伯杰（Fred Berger）和卡德（Claudia Card）关于感恩作为一种义务的五个要素为标准，分析了感恩义务和感恩美德的不同。接下来讨论了作为政治义务理论的感恩理论的几个主要版本，包括感恩之债理论及其特征，以“服从”作为报答的积极感恩理论及其不足，以“不违背国家法律”为前提的消极感恩理论及其困境。最后，讨论了模糊性异议、严格性异议、恰当性异议和经验性异议四种反对意见，以揭示感恩理论在为大多数人的政治义务提供理由方面的不可靠性。

第五章，基于公平的考察。主要围绕哈特、罗尔斯、阿尼森以及克劳斯科等人对公平原则的证成和诺奇克、西蒙斯、史密斯对公平原则的反驳展开讨论。首先阐述了哈特和罗尔斯对公平原则的自愿主义论证方法，接下来讨论了西蒙斯的反驳和诺奇克的误读，在此基础上分析了阿尼森和克劳斯科所做的非自愿主义回应。最后指出了进一步讨论公平原则需要解决的四个问题，即为什么非要以自愿为条件，自愿和有意这两个条件是否能同时得到满足，国家是否是一项合作计划以及基于公平的讨论到底有何意义。

第六章，基于自然责任的说明。讨论首先从罗尔斯放弃公平原则转向正义的自然责任理论原因开始，在揭示这一理论的优势之后，分析了它的不足。接下来考虑了沃尔德伦对自然责任理论的捍卫，并指出他在比较对象上的不恰当性，对特殊忠顺异议的乏力，对"局内人"和"局外人"的区分缺乏实际价值等不足。然后，考察了自然责任理论的另一个重要版本，即威尔曼的"乐善好施"责任的理论价值，并指出该理论自相矛盾的一面。最后，考察了马基对自然责任理论关于特殊性不足问题的最新辩护，认为马基的方案最终也没有使这一问题从根本上得到解决。

第七章，基于关联的类比。重点讨论了作为政治义务普遍性不足的替代方案出现的关联义务理论（或称团体义务理论）的几个重要版本及其解释力。首先考察了德沃金的"共同体义务"理论，认为它过于理想化。接着分析了霍顿的"家国"类比论证，从政治义务与家庭、政治义务与认同，以及政治义务与成员身份三个方面讨论了这一类比的说服力。接下来，讨论了威尔曼对前面几种理论的异议，以及吉尔伯特诉诸"多元主体的共同承诺"理论、伦佐借助"准自愿主义"重述对关联义务理论的捍卫，认为它虽然具有前面几种理论所不具备的优点，但仍然不是一种令人满意的政治义务解释。

第八章，基于多重原则的回应。主要讨论了政治义务的多重原则或多元主义理论对政治义务的捍卫、拯救。虽然多重原则论证目前有不少版本，但书中只选取了比较有代表性的几个版本，具体地说，主要考察了罗尔斯的策略，即在几种不同原则之间的转换；沃尔夫的主张，即将多种原则进行组合；威尔曼的方法，即在一种主要原则基础上的添附；以及克劳斯科的尝试，即以公平原则为主的多重原则融合。在此基础上，考察了艾欧佐（Nkiruka Ahiauzu）的异议，即多重原则论证只能解决事实问题不能解决规范问题。最后认为，多种理论的结合或组合虽然比单一的理据要有说服力，但它没有预想的那么强有力，每一种理论各自的局限性仍然影响着整体的覆盖效果。

第九章，政治义务的怀疑论立场。重点讨论了在所有政治义务的证明都不成功的情况下出现的两种怀疑立场：一是并不完全否认特殊政治义务的存在，但认为一般政治义务无法得到证明；二是认为由于政治义务无法得到证明，因此，是不存在的，但并不会由此推出不服从的正当性。与此同时，考察了怀疑论者对“初确义务”和一般概念的反驳；接下来分析了来自美德理论的挑战、基于“自治”和“自我”论据的批判以及来自自由主义传统内部的异议；最后还审视了来自多重原则批判的压力。分析认为，虽然面临怀疑主义的强大攻势，但政治义务理论不会因此式微，就像政治义务理论的支持者没能说服反对者一样，持怀疑立场的反对者也没有办法让支持者放弃政治义务信念。

第十章，政治义务理论何去何从。主要讨论了政治义务理论研究的一种新趋势，即跳出政治义务的传统争论另辟蹊径。为此，特意选择了其中三种最具代表性的观点进行分析，第一种观点认为当下政治义务问题的研究将公民义务与政治义务混为一谈，淡化了政治义务的“政治”色彩。比如，自苏格拉底以来，人们一直在犯的一个错误，那就是将政治义务的哲学问题与政治问题混杂在一起，给哲学无政府主义留下了空间，因此，应该将政治义务理论中的政治问题剥离出去，仅研究政治义务的哲学问题。第二种观点持一种几乎相反的立场，认为仅从语义学的角度研究政治义务不是一个值得重视的方向，应该考虑向政治义务的“语用学”方向转变，切实解决人们的政治困境。第三种观点认为政治义务与公民不服从不是两个相互冲突的问题，政治义务可以为公民不服从留下空间，它们两者可以是兼容的，等等。通过对这三种观点的梳理与解读，来展示政治义务研究的一种新的视角，虽然它不一定代表着政治义务理论研究的发展方向。

第一章

政治义务相关概念及问题

当我们开始谈论政治义务时，我们应该从何入手？是设计一种政治义务理论版本，比如通过提供一种普遍的道德理由来解释公民“服从的义务是怎么来的”、“什么时候可以不服从”等问题，还是对政治义务概念以及其他相关问题先给予解释或界定？答案当然是后者。只有弄清以下这些问题，包括政治义务的内涵，政治义务理论的标准，政治义务与法律义务、公民义务、道德义务的关系，政治义务与政治合法性、政治合理性的关系，政治义务的讨论方式，等等，我们才能理解政治哲学家们到底都在争论什么，才能澄清政治义务问题上的一些错误认识。下面，就让我们逐一分析这些问题。

第一节　政治义务概念的内涵与外延

什么是政治义务？比较常见的一种说法是，它是一种服从法律的道德义务。比如，克劳斯科就认为，政治义务实际上涉及的是“一些人应当服从另一些人”的问题。① 但是，另外一些思想家却认为，这样的理解过于狭窄。比如，J. 沃尔夫就曾指出，政治义务是“在正常情况下遵守所在地法律的责任，包括缴纳该付的税款。其他义务也包括：应征保卫国家；做一个爱国者；甚至去寻找并揭露

---

① 具体见［美］乔治·克洛斯科《公平原则与政治义务》，毛兴贵译，江苏人民出版社 2009 年版，前言部分。

国家的敌人"[①]。沃尔夫的这段话至少包括三层意思：服从所在地法律、缴税以及保卫国家，而这些内容被公认为是政治义务的主要内容。与沃尔夫类似，西蒙斯也觉得政治义务是"遵守法律以及支持我们自己的国家或政府的政治制度的一般道德要求"[②]。在这里，克劳斯科、沃尔夫以及西蒙斯关于政治义务的三种理解，实际上都涉及这个概念的狭义解释和广义解释问题。从狭义上说，政治义务是一种遵守法律的一般义务。但这样的理解是不全面的，因为它无法体现"政治义务"概念中"政治"一词的含义。从广义上讲，政治义务是一种公民（或国民）支持国家、服从法律的道德义务。这种理解是比较有道理的。一是符合传统。政治义务理论的早期版本基本没有把支持国家、服从法律的问题分开，许多思想家都是从要不要服从国家、可不可以反抗的角度讨论这个问题的，相对比较笼统。二是符合直觉。现实中，人们绝不认为他们与国家的关系只是服从法律这么简单，往往还涉及法律之外的支持国家发展、保卫国家安全等问题。比如要求公民"爱国"就是一个很好的例证。因此，我们在书中所谈的政治义务，指的都是广义上的，即"支持国家、服从法律"的义务。不过，还有一种观点认为，对政治义务的理解应该介于狭义和广义之间。"政治义务……意味着一个政治团体的成员，基于其成员身份而对该政治团体或其制度所负有的义务。这相比服从法律的义务，包含了既可以说是更多的，也可以说更少的内容。"[③] 之所以说包含更多内容，是因为它包含了某些要求作为一个良好公民的责任，这些责任与法律没有太大的关系。比如对呼吁社会正义或反抗社会不正义的责任，又比如支持政治共同体正常运作的责任，还有其他类似的责任。而我们又说它包含的比服从法律所要求的要少，是因为很多法律与政治共同体的存续其实没

① ［英］乔纳森·沃尔夫：《政治哲学绪论》，龚人译，牛津出版社 2002 年版，第 45 页。

② A. J. Simmons, "Political Obligation and Authority", in *The Blackwell Guide to Social and Political Philosophy*, edited by Robert L. Simmons, Malden, Mass: Blackwell, 2002, p. 17.

③ Joseph Raz, "The Problem of Authority: Revisiting the Service Conception", *Minnesota Law Review*, Vol. 90, 2006, p. 1004.

有什么关系。“如果我捡了邻居的苹果并把它给吃了，我有可能违反了法律，但是却不太可能对政治体造成任何损害。”[①] 这种观点应该说是敏锐的，一起普通的民事纠纷只要处置恰当，也许不会引起国家失序。但如果处置失当，诱发其他不安定因素，那就可能引起国家局部混乱。虽然如此，我们说这样的一种理解是有意义的，它告诉我们，政治义务不只是守法或服从这么简单。

明确政治义务是什么的问题之后，我们还要搞清楚政治义务与一些重要概念的区别或联系。在《什么是政治义务?》一文中，达格就曾指出，政治义务问题所涉及的概念很多，比如政治义务问题总是与“应该”和“强制”这两个概念联系在一起。还有一些哲学家则认为，政治义务与其他一些重要概念有关，比如自治、道德、责任等。

首先是关于“自治”的概念。在政治义务理论中，自治（self-government）是最重要的概念之一。之所以这样说，是因为政治义务理论说到底就是有关个人的自治要求和国家的服从要求之间的关系问题的学说。

那么，究竟何为“自治”呢？一般认为，这是一个与“他治”相对的概念，字面意思是自我管理、自我治理。鲍桑魁[②]（Bernard Bosanquet）曾敏锐地指出，这个概念太重要了，从它出发，政治义务是个悖论。因为，“自我”与“治理”从根本上说是冲突的，“如果自我将继续存在，那么，‘治理’就会是多余的；或者‘治理’将是一切，那么‘自我’就会被消灭”[③]。换句话说，道德上自治的个人是不应该受到政治上强制的。因此，当我们谈论政治义务时，我们必定会面临这样的问题：如何解决自治的自我和以强制力为基础的外部管理体系中的自我之间的矛盾。或者说，如果我们从被人们所广泛承认的政治权力以及社会强制出发，探讨由“个人

---

① Joseph Raz, “The Problem of Authority: Revisiting the Service Conception”, *Minnesota Law Review*, Vol. 90, 2006, p. 1004.

② 也有译者译作鲍桑葵，如商务印书馆 2011 年出版的《关于国家的哲学理论》一书中就是这样翻译的。

③ 参见［英］鲍桑葵《关于国家的哲学理论》，汪淑钧译，商务印书馆 2011 年版，第 85 页。

的”精神引申出来的“自我”，如何既能适用于实际上强制他人的人，又能适用于遭受强制的人？在这个问题上，有两种对立的观点必须得到统一：一方面要承认法律与政府在本质上与人的自我是对立的；另一方面也要接受这种对立对于有感觉的或者理智的自我的发展是必要的。

那么，我们该如何使自我与治理保持一致，或者说在两者统一的基础上谈论政治义务问题呢？对此，近代以来许多思想家都做出了努力。比如边沁就给出了“放弃一部分自由以保全其余的部分”的解释，而密尔则对“法律的范围、道德的范围以及个性范围”做出了区分，以此在个性和社会性之间划出边界。但鲍桑魁认为，他们的回答都不能真正解决问题，因为自由是有层次的，没办法通过“牺牲—保全”的方法来解决；生活的界限并不清晰，硬要做出划分没有实际意义。在这一点上，应该说卢梭的“公意”（general will）概念也许是个不错的答案，但他最终却转到了个人主义立场上。相比较而言，还是黑格尔的客观精神概念更好。因为，在黑格尔那里，个人不再是孤立的社会原子，而是国家的公民。公民不再被排除在政治生活之外，而是通过选举和构筑公共意见形成了政府的立法部门，政治义务悖论似乎因此就被解决了。[①] 但是，问题远非想象的那么简单。即便像鲍桑魁那样承认差异是实现总体意志的一项内容，但只要在论证中对整体有所偏重就必然导致对差异的否定，问题根本不能解决。

当代一些思想家相信，我们完全可以在自由主义的框架中，对在重视个人自律的同时又主张存在一种守法的义务给予恰当的解释。其中，最流行的一种解释是同意理论，认为通过向国家表达同意，服从法律的义务与对个人自律的认可之间的矛盾就完全得到了解决。但批评者认为这种解释带有历史虚妄性。还不如用政治利益来代替同意，即我们之所以服从法律，是因为国家为公民提供了重要利益。然而，即便这是真的，也不足以解释单一个体的确有必要服从法律，以此来为国家发挥作用提供其微不足道的帮助。因此，

① 鲍桑魁对这些解决方案的分析见《关于国家的哲学理论》第四章至第九章。

有人提出一种基于公平的理由，似乎可以做出更好的解释。按照这一理论，在一项以宪法为基础的合作事业中，一些人按照合作的需要限制了自己的自由，另外那些从中得益的人在有要求的时候也应服从这种限制。但这一解释面临着与同意理论一样的解释，那就是没有机会做出选择。在上面这些解释都不太成功时，有人提出了一种公民与国家之间的新的假设，即每个公民在最初以及就其本性而言都有自然责任去支持正义的制度。然而，促进正义的方式很多，为什么就一定要通过支持国家、服从法律这种方式来进行呢？另外，我们对别的正义国家与对自己的国家责任是一样的吗？个人与国家之间的道德纽带怎么证明？于是，还有人认为，其实没有必要这么麻烦，自治的个体之所以服从法律，是基于其成员身份，这种义务既非自愿的，也非不自愿的，是一种角色性义务。但是，这种理论也遭到了反驳，比如有人质疑说不合法的国家其公民不能基于成员身份获得这样的义务。可见，现有的各种解释都没有很好地解决自我与治理之间的矛盾问题。但也正因为如此，人们对这一问题的热情不减反升。

接下来是关于“应当”的概念。与自治的概念不同，“应当”的概念不会给政治义务带来困惑，但我们仍要将它与义务概念区别开来。用达格的话说，即使“我能为我有（没有）守法义务提供满意的理由，我可能仍然要为我应该（不应该）守法提供满意的理由”①。在这里，达格的意思很明确，我可能有一个很好的守法理由，比如，这样做我就能得到某种好处。但我该不该这样做则要另当别论。在这一点上，范伯格（Joel Feinberg）说得更具体，他指出，“当‘应当’这个词出现在一个提出意见的句子中时，我们可以把它叫作‘全面考虑之后（all things considered）的最终判断’”，而“如果我告诉你这是你的义务时，我只是告诉你，你处于与其他人的关系之中，基于承诺和信任的关系中”。② 也就是说，“应当”是权衡之后的决定。另外，他还强调，“义务”概念必须

① Richard, K. Dagger, “What Is Political Obligation?”, *The American Political Science Review*, Vol. 71, No. 1, Mar. 1977, p. 94.

② Joel Feinberg, “Super-erogation and Rules”, *Ethics*, Vol. 71, July 1961, pp. 276-288.

满足两个条件。一是当有人面对这一要求时，他需要知道为什么他有义务，怎么获得的？对此，我们一般指向他“事先实施的行为”，比如他同意过。二是义务要求有一个相对方，对谁的义务？比如，是对国家还是同胞公民？而“应当”的概念就可能没有必要诉诸义务的这两个特征中的任何一个。因此，哈特敏锐地指出，“义务”和“应当”之间的区别是：我们有义务这样做 a，是因为我们“招致”、“承受”了义务，而我们应当去做 b，是因为这样做是“正确的”或“好的”。[①] 套用哈特的这种说法，当我们说有义务支持国家时，可能指的是我们先前同意过或从国家那里得到了好处；当我们说应当支持国家时，可能认为这是一个好公民的本分。

但是，对“义务”和“应当”这两个概念做出这样的区分也不是完全没有争议的。比如当我们说有义务为慈善捐款或帮助处于困境中的人们时，实际上是用“义务”替换了“应当”。用勃兰特（R. B. Brandt）的话说就是，“义务”的概念可以在既没有事先行为，也不存在相对一方的情况下“延伸使用”（“extended” use）。[②] 不过，达格等人不同意这样的观点，他们认为，虽然“义务”和“应当”是两个密切相关的概念，“我有义务这样去做 a，是我应该做 a 的理由”，但是，反过来是不成立的。而且，当我们问“我有义务做什么”时，我们并不一定会问“我应当做什么”，这两个概念的功能是不同的。如果将“义务”概念“延伸”使用，或者将“义务”与“应当”合为一体，可能就过分扩大了“义务”的内涵，只会使原本已经相当复杂的问题更加混乱。[③] 因此，当我们谈论政治义务时，“义务”这个概念应该受到必要限制，以保留其某些重要特征。

如果我们上面对“义务”和“应当”的区别可以成立，那么，“我为什么应当遵守法律”就根本不能算是一个关于政治义务的适

---

① H. L. A. Hart, “Legal and Moral Obligation”, in *Essays in Moral Phirosophy*, ed., A. I. Melden, Seattle: University of Washington Press, 1958, p. 100.

② R. B. Brandt, “The Concepts of Obligation and Duty”, *Mind*, Vol. 73, 1964, pp. 374-393.

③ Richard K. Dagger, “What Is Political Obligation?”, *The American Political Science Review*, Vol. 71, No. 1, Mar. 1977, p. 71.

当表述。因为，这里用的词是“应当”而不是“义务”。换个角度说，“我为什么应当遵守法律”这一表述无法涵盖义务这个概念的两层基本含义。首先，即使在考虑所有事情之后应当违背它，我们仍可能有义务服从法律。事实上，在某些情况下，我们在以某种方式履行某些服从义务时，可能就没有足够的道德理由。其次，对“我为什么应该遵守法律”的回答，也可能是出于权宜之计或谨慎的考虑，而不是出于道德考量。比如，我们之所以应该遵守法律，是因为这样做我们将受益，否则，我们将受罚。这是一个完全合理的答案，但这也是我们拒绝“我为什么应该服从法律”这一表述的充分理由。因为，在政治义务没有得到恰当证明的情况下，这个问题照样可以得到适当回答。

第三个概念是“服从”。如前所述，政治义务一定涉及服从某些政治权威的义务，如果该政治权威是通过法律来运作的，那么，政治义务还是一种服从法律的义务。而当我们说政治义务是一种服从法律的义务时，一般是从狭义上说的，或者说是从消极（negative）意义上说的。它指的往往是我们不能违反法律，或者不能妨碍政府执行法律。如果从政治义务的角度说，这种义务是一般义务，与人们因为惧怕受罚而遵守法律不同，它指的是我们之所以遵守法律仅仅因为这是法律的规定。但是，仅仅从服从的角度去理解是不够的，因为，从广义上说，或者说是从积极（active）意义上去看，政治义务是一种支持国家、服从法律的义务。例如，我们可以说一个人纳税是在履行一种服从法律要求的义务，不管他是多么的不情愿。但是，如果一个人缴税而且还自愿为公共事业出力，那他履行的就是政治义务了。因此，我们说，政治义务不等于或者说不只是服从法律的义务，它还包括其他内容。

从另一个方面说，一个人有服从法律的义务并不代表他就有政治义务。一些试图消解政治义务问题的人主张，政治义务最好是被理解为一种道德中立的制度性义务，即被理解为一种为制度的规则所预设、参与者所承担的义务。比如凯尔森（Hans Kelsen）就是以这种方式来讨论“我为什么应当遵守法律”这个问题的。[①] 但是，假如我们撇开道德考虑将“明显中立的因素”从政治社会（或法律制度或政府或国家）中剥离出来时，将会不可避免地面临两种选择：要么我们能将政治社会与赤裸裸的强权完全区别开来；要么我们就必须否认政治社会的成员一定有守法义务。即便如此，我们仍将面临一个问题，“我有义务服从这个政府的法律吗？”[②] 无论有还是没有，问题都转到了“这个政府”的品质上来了。按照契约论思想家的说法，我们对之有服从义务的政府至少应该是一个“合法的政府”，或者说是一个“值得同意的政府”。假如一国政府，比如纳粹德国政府，不是一个“值得同意的政府”，那么，按照这一要求，该国国民是没有政治义务的。但是，该国民有没有服从法律的义务呢？当然是有的。正如墨菲所说，虽然那些生活在纳粹德国的人，可能没有政治义务，从道德上说也不必承担服兵役或纳税这样的具体义务。但在某些场合，肯定还有守法的义务，[③] 仍然必须遵守某些必要的法律规则，比如婚姻法、道路交通法等。

第四个概念是“强制”。在《社会契约论》一书中，卢梭曾经这样写道：“向强力屈服，只是一种必要的行为，而不是一种意志的行为；它最多也不过是一种明智的行为而已。”在这里，他想告诉我们的是，强力并不能带来义务，“即使是最强者也决不会强得足以永远做主人，除非他把自己的强力转化为权利，把服从转化为义务”。[④] 这也就是说，单纯的服从（或者说是屈从）行为与承担义务的行为在性质上是不一样的，前者是一种“理智的行为”，而后者则是一种“意志的行为”，与这两者相对应的是：纯粹强制与合法权威。

尽管卢梭说得很清楚，但义务和强制的关系问题却一直以来都是法律哲学和政治哲学中诸多混乱的一大来源。在《法律和道德义

① Hans Kelsen, "Why Should the Law be Obeyed?", in his *What Is Justice*?, Berkeley and Los Angeles: University of California Press, 1960, p. 262.

② Richard K. Dagger, "What Is Political Obligation?", *The American Political Science Review*, Vol. 71, No. 1, Mar. 1977, p. 92.

③ Jeffrie Murphy, "Allegiance and Lawful Govern-ment", *Ethics*, Vol. 79, October, 1968, p. 57. 墨菲在文章中是用来反对自然法学家关于一种法律制度不能是不道德的。

④ ［法］卢梭：《社会契约论》，何兆武译，商务印书馆 2005 年版，第 9 页。

务》一文中，哈特列出了义务的三个主要特征："（1）依赖于社会群体的实践，（2）内容尽可能独立，以及（3）强制。"[①] 前两个特征与事先的行为相关，而第三个特征则涉及义务和强制之间的联系。在他看来，"如果我们有义务做某事，在某种意义上说就是我们必须这样做，而凡是我们必须做的，在某种意义上说则又是我们被迫做的"[②]。但是，哈特并没有将受到约束与被认为是作为一个结果的、源自强制的义务区别开来。换句话说，义务关系被理解为一种强制，意思是因为我们受到约束，所以我们才有义务，而不是说因为我们有义务，所以我们才受到约束。然而，这种立场是有问题的。达格就曾深刻地指出，"有义务"（having an obligation）与"被强迫"（being obliged）这两个概念不能混为一谈，义务和强制之间的关系应该这样理解：一方面，强制来源于义务，而非义务植根于强制。另一方面，义务由强制的威胁所支持，但却不是由它所产生。[③] 从政治义务的角度说，政治义务并非产生于强制；相反，有些政治义务，比如那些积极的政治义务甚至不能通过强制来执行。

第五个概念是"责任"。政治义务与政治责任是一回事吗？在古代，至少在苏格拉底那里是这样的。在相当长的时期里，哲学家们并没有对义务和责任做出区分，绝大多数时候都是将它们互换使用的。可是，在最近，特别是在哈特和布兰特（Richard B. Brandt）之后，一些哲学家已经发现了义务和责任的区别。其中，最重要的是他们认为，义务必须是自愿承担或承受的，但责任却不必如此。[④] 具体地说，与义务不同，责任具有以下几个特征：一是责任有两层含义，一方面，它是指一种与制度、职位、地位没有任何关联的普遍性道德要求，比如自然责任；另一方面，责任还指与一个人所处

---

① Richard K. Dagger, "What Is Political Obligation?", *The American Political Science Review*, Vol. 71, No. 1, Mar. 1977, p. 87.

② H. L. A. Hart, "Legal and Moral Obligation", in *Essays in Moral PhiRosophy*, (ed.), A. I. Melden, Seattle: University of Washington Press, 1958, p. 95.

③ R. B. Brandt, "The Concepts of Obligation and Duty", *Mind*, Vol. 73, 1964, p. 390.

④ R. B. Brandt, "The Concepts of Obligation and Duty", *Mind*, Vol. 73, 1964, pp. 374-393. H. L. A. Hart, "Legal and Moral Obligation", in *Essays in Moral Philosophy*, A. I. Melden (ed.), Seattle: University of Washington Press, 1958.

的环境、地位或角色紧密关联的任务或行为，比如警察的责任。与此相对的义务指的是一种产生于一个人有意识的自愿行为的道德要求，比如订约的行为及相应的义务。二是责任没有明确的对象，是所有人对所有人所负的；而义务则有明确的指向，是特定的人对特定的人所负有的。[①]

有人认为，做出这种区分，在假定“有遵守法律的道德责任”的争论中所发挥的作用不大。因为，它与我们在普通语言学和哲学讨论中交替使用这两个词的趋势不相一致，比如当我们说有“责任”去遵守诺言和有“义务”去说真话的时候。这与那些坚持认为政治义务不是自愿获得的观点是相左的，比如团体义务论者就认为，守法的义务是一种类似于家庭成员内部“核心义务”的强制性义务。还有，那些追随罗尔斯的人也总是认为，政治义务是建立在某种自然责任基础上的。在这种语境下，坚持义务与责任的区别似乎将一无所获。换言之，在这些情形中，政治义务其实就是一种遵守法律的道德责任。

我们认为，做出这样的区分是有必要的。事实上罗尔斯从政治义务的“公平（游戏）理论”向正义的自然责任理论退却，就是最好的例证。因为，罗尔斯承认，只有那些自愿从体制中获得好处的人才有基于“公平”的政治义务；相反，所有道德意义上的人都有基于“正义”的自然责任去服从一种相对正义的“应用于”我们的法律制度。正是从这一点上说，义务和责任的区分，对于政治义务的证成与反驳非常重要。如果把政治义务看成是一种“义务”，那么它就与我们的行为和意愿有关，而这正是契约论和同意理论的做法；与此相反，如果把政治义务看成是一种责任，那它就是自然责任理论、感恩理论以及关联义务理论的论证策略。

第六个概念是“道德”。政治义务是一种道德义务吗？这是有争议的。达格说，“我们能够赋予法律以道德力量，但不同意它垄断这种力量”[②]。在特殊情况下，我们是否遵守法律是必须经过各方

① 具体见毛兴贵编的《政治义务：证成与反驳》一书的序言部分。

② Richard Dagge，*Political Obligation*，见斯坦福大学网站（http：//plato. stanford. Edu / entries /political-obligation/）。

面考虑后才能决定的，换言之，是要根据可能产生的其他道德后果来考虑的。但是，能够以这种方式被超越或推翻的义务是一种什么类型的义务呢？对这个问题的回应有三种。第一种回应认为，政治义务是一种绝对的道德义务，理由是，如果说政治义务只是一项“初确的”义务（prima facie obligation），那么，它事实上根本就不是义务。[①] 第二种也是最普遍的一种回应是，政治义务是一种相对的道德义务。换言之，它是受道德约束的，但不是绝对如此的；相反，它们只是“初确的”义务。像遵守诺言的义务和履行契约的义务一样，遵守法律的义务也对当事人有约束力，但在特定情况下，它是可以被推翻的。第三种回应是，政治义务是一种事实义务（或称真实义务），因为它们不（全）是道德义务。比如，吉尔伯特就认为，政治义务是介于这样两者之间的，一方面是“道德命令”，另一方面是“个人偏好以及……自我利益”[②]。我们认为，第一种回应太过绝对了，很容易滑向怀疑主义或哲学无政府主义立场。第三种回应虽有一定的说服力，但它有违常识，即所有真实义务都承载着某些道德力量。第二种解释较为合理，但尚需进一步论证。

虽然不同的作家对道德的定义不同，但他们几乎一致认为，除非政治义务被证明是道德的并受良心约束，否则不可能强大到足以维持一个政治共同体。因此，在政治义务的各种讨论中，政治义务是一种道德义务的观点一直占主流。比如 T. H. 格林于 1879 年提出要去“发现服从法律真正依据或理由”时，指的就是审慎理由之外的某种东西。但是，也有人认为，与其说政治义务是一种道德义务，还不如说它是一种“真实的义务”或“与内容无关（content-independent）的义务”，即公民有道德理由遵守法律只因为它是法律，而不是不同法律的内容。而且，这样的理解更能阻击来自哲学

① 这个概念是由罗斯最先提出来的，他将义务分为实际义务和初确义务，以解释义务之间的冲突。具体见 William D. Ross, *The Right and the Good*, Oxford University Press, 1930, pp. 18–20。国内学者对 prima facie 这个词的翻译不太一样，有译作“自明的”、“明显的”，也有译作“显见的”、“初步的”，这里采用毛兴贵的翻译译法，认为“初确的”，即初步确定更能反映词义。

② Richard Dagge, *Political Obligation*.

无政府主义的挑战。因为，有些哲学无政府主义者认为，为公民的行为提供与内容无关的，以及先发制人的（preemptive）理由是政治义务理论成功的标准之一。[①] 换句话说，任何有关政治义务的解释要是不能证明国家命令是与内容无关的和先发制人的，也就无法表明国家具有政治权威，并因此说公民对它有服从义务。

按照这种观点，在评估是否凭借公民身份一个人就有道德要求去服从特定法律时，人们可能会考虑国家是否具有道德权威要求一个人遵守规制某类行为的法律，但一个人不能根据对法律所要求的行为本身的道德地位的考虑来行事[②]。虽然行为本身的道德地位也可以提供去做法律规定之事的道德理由，如在法律禁止杀人的情形中，但这一行为的理由与一个人必须遵守法律仅仅是因为它是国家发布的命令这一理由是截然不同的。当然，与内容无关并不是要求具有政治权威的一个国家的公民可以无视具体法律的内容，因为，一部具体法律的内容可能需要超出该国合理要求范围内的行为。相反，与内容无关的全部要求是，在国家权力的范围，国家发布的命令为主体提供了一种独立于行为的“本质和优点”的国家指示他去做（或不做）的行为理由。[③] 不过，这种观点虽然具有一定的合理性，但也存在着自身的不足。换句话说，内容独立的标准实际上是“复杂而又混乱的”，因为，“在很多情况下，虽然存在着与内容无关的、按照法律命令行事的理由，但是，实际上，所有这些都不是因为它是法律就要这样做的理由”[④]。

因此，与内容无关的行为理由并不能为“几乎所有的公民确立道德要求去遵守几乎所有的法律”。换言之，它并不能为人们的政

① 一定程度上可以说，政治义务就是服从权威命令的义务。而这种权威命令，在拉兹看来，就是与内容无关的以及先发制人的作为（或不作为）的理由。具体见 Joseph Raz, *The Authority of Law*, pp. 3-33; *The Morality of Freedom*, Oxford: Oxford University Press, 1986, pp. 23-69。

② Joseph Raz, *The Authority of Law*, p. 24.

③ Leslie Green, *The Authority of the State*, Oxford: Oxford University Press, 1988, p. 225.

④ George Klosko, “Are Political Obligations Content Independent?”, *Political Theory*, Vol. 39, 2011, pp. 500-501.

治义务提供令人满意的说明。事实上，即便是反对政治义务理论并以哲学无政府主义者自居的西蒙斯也认为，政治义务是一种道德义务，并认为如果不在道德上讨论义务这个概念，“那么它就毫无实际意义了”。假如我们剥离了政治义务的道德因素，只把它看成是“制度性要求”，那就把这个问题从政治哲学中移开了。很明显，这不是传统思想家构想政治义务问题的本意。

最后一个概念是“义务感”。西蒙斯曾经指出，“很多人都觉得，他们以一种特殊方式与他们的政府维系在一起，不只是通过‘感情纽带’，还通过道德约束。虽然他们常对政府的缺点大声抱怨，而且也不是完全没有道理，但他们仍然觉得，有义务支持国家的政治制度并遵守其法律，而以这种方式他们对其他国家的相应机构却没有相应义务”①。在这里，西蒙斯实际上谈到了政治义务感的问题，而这个问题与政治义务问题并不是一回事。因为一个人的义务感并不能真实地反映这个人在道德上应该做的事；一个人有可能被政治说辞所迷惑或者可能是出于某种误解，或者更糟糕的是被误导或受欺骗去接受其面对的强制力。因此，在讨论政治义务的时候，需要在虚假的义务和真正的义务之间、在单纯的义务感和实际义务本身之间进行区分。这种必要性集中体现在人们对政治义务的关联义务理论的指责上。按照这种理论，一个政治团体的成员之所以对该政治实体负有义务，主要是基于其成员身份。而这种理论要获得成功，必然涉及“认同感”，即除非一个人“认为”自己是一个群体的成员，否则单凭成员身份不能作为团体义务或者关联义务的理由。换言之，个体必须建立在对自己的处境的积极的而且是有意识的肯定或发现基础上。这样一来，也就把义务感建立在认同感、归属感以及关联感（a feeling of connectedness）的基础上，并且从“义务感”滑到了“义务”上面。

但是，从义务感出发得出负有实际义务的结论在论证上是有问题的。我们看不出，即便是真实的认同感或认同行为何以就能将实

① A. John Simmons, *Moral Principles and Political Obligation*, Princeton, NJ: Princeton University Press, 1979, pp. 3-4.

际的义务加诸某个人。可能存在这样的情况，即一个并没有实际义务的人有时会有义务感甚至是强烈的义务感。比如，狄更斯（Charles Dichens）的小说《马丁·屈述伟》（*Martin Chuzzlewit*）中的作为伪君子裴克斯涅夫（Seth Pecksniff）助手的贫曲（Tom Pinch）就对裴克斯涅夫怀有一种强烈的义务感，而裴克斯涅夫还不知廉耻地利用了他的这种义务感。狄更斯的读者们都会发现，贫曲对自己的处境做出了误判，实际上他没有任何义务做裴克斯涅夫的随从或跟班。只要一个人以诸如此类的方式发生认同错误，那么，无论是认同感还是认同行为都不足以为实际义务提供理由。与此同时，也可能存在相反的情况，即一个负有义务的人却没有义务感，比如一个不负责任离家出走的父亲（或母亲），一个对自己的国家心生怨恨的异议人士，等等。正是从这一意义上说，义务感和义务之间的区别，削弱了某些政治义务理论，比如关联义务理论的分量。因为，人们自己觉得对国家可能负有的某种义务其实并不一定意味着他们真的就有这种义务，而人们根本没有意识到或者无视某种义务也不代表着他/她就必定没有这种义务。

第二节 政治义务理论需要解决的问题

一种政治义务理论是否成功，在很大程度上取决于我们对这个问题的把握是否准确、全面。那么，这个问题究竟该如何把握呢？根据《布莱克维尔政治学百科全书》的解释，政治义务问题并非是一个单独的问题，而是相互关联的几个问题，且主要是以下三个问题：（1）我对谁或什么负有政治义务？——政治权威的识别。（2）我对政治权力的服从究竟有多大程度或者在什么方面？——政治义务的范围。（3）我是怎样负有政治义务的？或者更进一步说，我真的负有政治义务吗？——政治权威的起源。[①] 应该说《布莱克维尔政

① 具体见［英］大卫·米勒（David Miller）等编的《布莱克维尔政治学百科全书》，邓正来等译，中国政法大学出版社 1992 年版，第 560 页。

治学百科全书》的观点具有一定的代表性，政治义务理论的支持者和反对者对这个问题的认识大同小异。

在这个问题上，第一个值得我们关注的是皮特金。在其《义务和同意》一文的上篇中，政治义务问题被概括为相互关联的四个问题。具体包括：（1）义务的限度（你什么时候有义务服从？什么时候没有?）；（2）主权何在（你有义务服从谁?）；（3）合法权威与纯粹强制的区别（两者真的有什么区别吗？你真的有义务服从吗?）；（4）义务的证成（为什么你有义务服从哪怕是一个合法权威?）。[①] 为此，皮特金对一些历史上存在的或当下比较流行的关于服从的理论逐一进行了分析。首先是君权神授说。这种理论能够很好地解释问题（4），论据是圣保罗的“凡掌权的都是神所命的”，但这条教义运用到其他几个问题上去就比较麻烦了。其次是服从习惯说。这种理论对（1）和（3）能够给予较好的回答，但在回答（4）时遇到了麻烦。难道一个政府存在时间越长我们就越应该服从它？如果真的是这样，除非它是个好政府。否则，革命就无从谈起了。再次是功利主义。如果是个人功利主义，那么，对问题（4）的解答具有吸引力，而回答问题（3）就不那么容易了，因为个人功利主义本质上说是否认权威的。如果是社会功利主义，对问题（1）和（2）的回答都会比较合理，但对问题（3）和（4）的回答都不成功，如果剪径强人能够办成政府所做的事情，那么他就有权得到服从的结论是无法让人接受的；如果个人对绝大多数人的福利没有兴趣，让他因为这个原因去服从恐怕也没有什么说服力。最后是如何将服从建立在同意基础上。表面上说可以很好地解决问题（4），实际上并非如此，究竟谁的同意、何时同意以及同意什么能够确立我的这种一般服从义务？同意理论是无法给出满意解释的。因此，皮特金得出结论说，要想能够对上述四个关联问题给予前后一致的回答，对于某种政治义务理论来说其实并不是一件简单的事情。

第二个值得我们重视的是西蒙斯。作为一个政治义务理论的反

---

① Hanna Pitkin, Obligation and Consent, *American Political Science Review*, Vol. 59, 1965, pp. 990-999. 转引自毛兴贵编《政治义务：证成与反驳》，江苏人民出版社 2007 年版，第 5 页。

对者，西蒙斯希望能够为政治义务理论列出“成功的标准”，并通过对同意、默认、公平游戏、正义的自然责任和感恩等论据的批驳，证明提出令人满意的政治义务理论的尝试是徒劳的。在《道德原则与政治义务》一书中，他提出了三个相互联系的政治义务问题，分别是：（1）义务是对谁而言的？（2）应该怎样尽义务？（3）人们是怎样受到约束的？[①] 第一个问题的答案大致有三个，即国家、政府或同胞公民；第二个问题的答案有两个：支持或服从所在国及其法律；第三个问题需要解决的实际上是服从的理由，西蒙斯大致列举了前面提到的五种情况，并用一条他所谓的公民与国家之间的“道德纽带”作为线索，逐一进行了反证。他认为，任何一种政治义务理论都必须满足“特殊性要求”（particularity requirement），即满足个人同特定政治共同体、政治机构等联系在一起的道德要求。按照这一要求，同意理论或者公平游戏理论（公平理论）是有解释力的，但是，在这种情况下，我们要讨论的应该是服从和支持正义政府的一般性要求，即为所有公民提供一般守法、服从义务的道德理由就显得可有可无了。而罗尔斯的正义的自然责任理论虽然能够为所有公民支持正义政府提供充分理由，但无法为该公民与国家的道德纽带提供合理解释。因此，西蒙斯得出结论，上述理论无法为我们的政治义务提供一种令人信服的一般性解释。

第三个对政治义务问题有过全面分析的是克劳斯科。与西蒙斯不同，克劳斯科通过对政治义务问题的分析，不是为了证明提供令人满意的政治义务说明不可能，而是为了证明其他单一的政治义务理论都不成功，而改进了的公平游戏理论（公平理论），或者说以公平游戏理论为主，辅之以其他理论所形成的一种“复合理论”能担此任。在克劳斯科看来，政治义务理论要为人们的服从行为提供令人满意的说明，必须符合以下五项要求：一是普遍性要求，即要确立起一个社会的所有成员或大多数成员的服从义务，像同意理论就没有办法满足这种要求。二是有限性要求，即个人只对某种类型

① 具体见［美］A. 约翰·西蒙斯《道德原则与政治义务》，郭为桂、李艳丽译，江苏人民出版社 2009 年版，导论部分。英文版见 A. John Simmons, *Moral Principles and Political Obligatio*, Princeton, NJ: Princeton University Press, 1979, pp. 1-2。

的政府有义务，而且他们的义务在效力上是有限的。我们对不合法的政府或者说开始变得不合法的政府是没有服从的道德义务的。在这一点上，关联义务理论是无法做出合理解释的。三是涉及面要求，即现行国家的职能非常广泛，一种恰当的政治义务理论应该解释支持类似这般广泛的国家行为的义务。他认为，除了公平理论外，其他理论都会力不从心。四是特殊性要求，这一点与西蒙斯差不多，就是一种令人满意的政治义务理论应该能够解释个人与作为公民的那个社会或者所居住的那个社会有着特别紧密的联系。与西蒙斯一样，克劳斯科也认为罗尔斯的正义的自然责任特别不能胜任。五是现实性要求，即一种合理的政治义务理论必须能解释公民对现存政府的义务。克劳斯科认为，即使最有可能满足这一要求的修正版的同意理论也无法办到，其他理论更不用说。因此，他得出结论，要同时满足义务的普遍性、义务的有限性特征、义务的程度和范围、义务的特殊性要求以及对现存政府的义务五个方面要求的，也只有公平理论了。

也许，上述几种观点都没有穷尽政治义务问题所涉及的领域，因为，我们根本就无法穷尽。正如格林（Leslie Green）所说，“这个问题上的任何一个敏锐的学者都会注意到，尽管大家都承认政治义务问题的中心地位，但是，即便在民主传统内部，对于这个问题究竟是什么，仍然还没有太多的共识”①。尽管如此，通过对我们所列举的这三种具有代表性的观点的分析，至少表明了政治义务问题的复杂性。

第三节　政治义务问题的研究方法

对政治义务问题究竟应该怎么研究，人们是有争议的。一般认为，研究的进路大致有两种，一种是“规范主义框架”（normativist

---

① Leslie Green, *The Authority of the State*, Oxford: Clarendon Press, 1988, p. 221. 中译文见毛兴贵编《政治义务：证成与反驳》，江苏人民出版社 2007 年版，第 260 页。

framing），首要任务是阐述政治义务的内容和理由，这是一种传统的研究路径；另一种则是“实用主义框架”（pragmatist framing），旨在表明政治义务不只是一种“哲学困惑”，更是一种“政治困境”，据称这是一种对传统方法具有替代性的研究路径。①

与规范主义研究路径相关的研究方法是融贯法（the method of coherence）。这一方法在当代道德哲学和政治哲学中比较常见②，它是为了实现原则和判断之间的一致性而在两者之间不断做出调整的一种研究方法。在历史上的很多时候，哲学家都试图借助于被认为是自明的或牢固植根于人性的第一原则，诸如善的理念、上帝的意志、自然法等来证成他们的伦理观点。但是，大多数现代哲学家已经不再采用这些东西了，他们认为，道德信念应该根据我们道德经验的事实来证成，应该“通过阐明个人经常做出的道德判断背后的理由并将它们融合进一套融贯的框架中，从而将这些道德判断系统化”③。或者说是通过在道德原则与具体判断之间来回移动，对双方加以修正以便使两者密切相符，据此来实现我们道德思考中的融贯性理想。这里的“判断”，被罗尔斯称为论证中“暂时确定的观点”（provisional fixed points）：所谓“暂时”，指的是原则上这些观点有可能让位于令人信服的、具有其他优点的理论；而所谓“确定”，则是说我们一般不会轻易放弃它们。对于这种方法，罗尔斯曾经有过这样的描述，“证明就是许多想法相互支持和印证，就是将所有观念都融为一种前后一致的体系的问题”④。他称这种方法为“反思的平衡”（reflective equilibrium），并解释说，所谓反思，就是因为我们知道我们的判断符合什么样的原则以及在什么前提下符

---

① Thomas Fossen, “The Grammar of Political Obligation”, *Politics, Philosophy & Economics*, Vol. 13, No. 3, 2014, pp. 215-236.

② 这种方法的使用很广泛。具体见［美］罗尔斯《正义论》，何怀宏等译，中国社会科学出版社1988年版，第20页。

③ ［美］乔治·克洛斯科：《公平原则与政治义务》，毛兴贵译，江苏人民出版社2009年版，第22—23页。

④ ［美］约翰·罗尔斯：《正义论》，何怀宏、何包钢、廖申白译，中国社会科学出版社1988年版，第20页，以及乔治·克洛斯科《公平原则与政治义务》，毛兴贵译，江苏人民出版社2009年版，第26页。

合；所谓平衡，就是我们的原则和判断最后达到了和谐。不过，罗尔斯认为，这种平衡并不是稳固的，需要不断调整。罗尔斯所说的这种证明方法，在政治义务研究中，既被用来证成，也被用于反驳，事实上，在克劳斯科等哲学家使用融贯法对政治义务进行证成的同时，西蒙斯等思想家则用它来反驳各种政治义务理论。

但是，用融贯法证明（包括证成与反驳）政治义务的做法也不是没有受到质疑的。虽然罗尔斯曾经指出，我们用来作为起点的那些判断必须是“深思熟虑的判断”（considered judgments），[①] 但是，即便如此，我们的道德直觉真的就完全可信吗？有一种担忧认为，我们的道德信念是被统治者反复灌输的结果，比如关于政治忠诚和服从的信念，就是统治者出于统治的需要而灌输给我们的。如果真的如此，那么，我们就不能过分相信直觉，并用它们来作为我们寻找正确的道德原则的起点。还有一种担忧是，我们的道德判断与一套在直觉上具有吸引力的道德原则之间不可能相符。[②] 这样一来，假如我们通过修正直觉或原则来使它们趋于一致，就可能会出现循环论证的问题，而为了避免这种情况，我们只好放弃那些与原则相冲突的判断，以保证总是能够支持这一原则。但这样一来，我们既不能保证道德判断的有效性，也不能排除道德判断有不同的理解，在这种情况下，融贯法的论证到底有多大的效果就令人怀疑了。

虽然上述两种异议一时难以被驳倒，但这并不影响融贯法的倡导者使用这一方法。关于第一种异议，西蒙斯认为可以用它来反驳政治义务，尽管这给他坚持融贯法带来了麻烦。西蒙斯承认，虽然政治义务是某种“特殊道德纽带”，但因受制于统治者“不是十分狡猾的政治灌输策略”，人们广泛拥有的“所有人都有特殊义务去支持其政府并服从法律”的信念并不可信，[③] 因此，政治义务其实

① ［美］约翰·罗尔斯：《正义论》，何怀宏、何包钢、廖申白译，中国社会科学出版社 1988 年版，第47 页。

② ［美］乔治·克洛斯科：《公平原则与政治义务》，毛兴贵译，江苏人民出版社 2009 年版，第 27 页。原文见 David Lyons，“Nature and Soundness of the Contract and Coherence Arguments”，in *Reading Rawls*，N. Daniel，New York：Basic Books，1974，p. 146。

③ A. J. Simmons，*Moral Principles and Political Obligation*，Princeton，NJ：Princeton University Press，1979，pp. 192–195.

是不存在的，存在的只是服从正义的政府或法律的自然责任，哲学家们对政治义务的证成徒劳无功。但是，这对西蒙斯希望确立其“服从法律的非特殊化（non-particularized）要求”的努力是不利的，因为，对特定的国家负有服从义务的观念是人们政治意识的根本特征，这是得到常识与经验支持的，可西蒙斯没有提供充分的理由来否证这一点。关于第二种异议，罗尔斯和克劳斯科认为，并不会给融贯法带来太大的影响。解决的办法是，采用与最具竞争力的对手的观点而不是与同类观点做对比。比如在《正义论》中，罗尔斯就是这样做的，因为，他相信，我们应该接受的是最符合我们直觉的理论。克劳斯科也采取了同样的办法。他在用融贯法论证政治义务的公平理论时，选择的也是采用与最有可能成为竞争者的理论，比如与功利主义和同意理论做对比的方法来加以论证。总之，在政治义务的讨论中，融贯法被认为是一种较为适宜的方法，尽管存在缺点和不足。不管怎样，融贯法的倡导者坚持认为，只要我们无法证明政治信念确实受到了某种腐蚀，以致与我们深思熟虑的一般道德判断不一致，那么，这种融贯法就是可取的。

但是，上述这种在规范主义框架内对融贯法的使用受到了一些持实用主义思想家的批评。他们认为，把政治义务问题看作是通过诉诸一些正确的道德原则来解决问题，相应地把政治哲学的任务描述为是重点寻找一些能为政治义务提供基础的原则的这样一种研究方法是不得要领的，因为，按照这种方法所确定的政治义务的内容和理由与实际的应用是相分离的。而要避免这种研究方法的缺陷，需要实现政治义务研究语义学向语用学转变（pragmatic turn），因为，维特根斯坦说过，“概念的意义要根据其在社会实践中的使用来理解”①。换句话说，政治义务理论要研究的不仅是“有没有服从义务”以及“如何加以证明”的问题，更是“当我们在实践中要区分虚构的义务和真实的义务，以及单纯的义务感和实际的义务时，我们要做什么”的问题。换言之，政治义务问题要解决的不是一种可靠的道德知识在哲学上的使用问题，而是如何在实际政治生活中

① L. Wittgenstein, *Philosophical Investigations*, Oxford, Blackwell, 2001.

参与的问题。按照这一说法，我们需要的是一种清晰的，理论上可识别的知识，它使我们在实践中能够区分真实的义务和虚构的义务。这种实用主义的分析框架认为，政治义务研究主要不在于解决原则和判断之间是否相符的问题，因为，政治义务的内容和理由是竞争性的，“没有人有道理，因为没有硬道理”[①]。政治义务理论要解决的是实践中对真实的义务和纯粹的义务感、合法权威与非法权威、正常政治状态与异常政治状态的区分问题，而不是提供一种“外在的或独立的道德原则”供人使用的问题，从根本上说，是将实际参与人和具体情境加以协调的问题。因此，持实用主义态度的哲学家得出结论说，虽然对政治义务原则的表述和证明仍然是政治哲学的重要任务，但这种表述和证明不是要去寻求一种独立于政治参与者的道德立场，而应该被看作是一种已被嵌入具体参与者的政治实践中的、情境化的活动。理论家要做的不是去证明原则与判断的融贯程度并为特定政治主体提供行动指南，而只是给他/她提供的一种行动建议，最终如何由他们自己决定。

除了遭到实用主义思想家的批评外，“融贯法”还遭到了一种据称“来自通常意见（common opinion）的更为普遍的论证”方法的反驳。[②] 持这一观点的哲学家认为，融贯法是一种仿效自然科学观来建构其证成模式的方法，这种科学观旨在解释数据而非改变数据，但在政治理论中人们可能会改变数据，因此，可能包含了某种欺骗。另外，融贯法还有循环论证的嫌疑。建立在通常意见上的论证可能比基于“暂时确定的观点”的论证更靠谱。借用休谟的理由就是：就道德依赖于情感而言，没有比大众意见更高的法庭，而那些与此不同的、更加理性的理论在哲学上是可疑的。[③] 不过，对通常意见的权威的信赖也不是绝对的，“我们所拥有的最好的经验性

① 持这一观点的人很多，皮特金（Pitkin）、布兰达（Brandom）和福森都是这样认为的。具体见 Thomas Fossen，“The Grammar of Political Obligation”，*Politics*，*Philosophy & Economics*，Vol. 13，No. 3，2014。

② Leslie Green，“Who Believes in Political obligation”，J. T. Sanders and J. Narveson ed.，*For and Against the State*，*Lanham*，MD：Rowman and Littlefield，1996，pp. 1-17.

③ 毛兴贵编：《政治义务：证成与反驳》，江苏人民出版社 2007 年版，第 262 页。

证据也是非常不可靠的”，过分相信规范性方法或过分相信描述性方法都是不行的，“要找到政治义务的真正信奉者，我们需要在规范性的与经验性的政治理论之间”①，找到更好的结合点。

第四节 政治义务与公民义务、法律义务的区别

自霍布斯以来，大多数政治哲学家，包括普芬道夫、洛克、边沁、康德、黑格尔等人都认为，政治义务问题说到底就是一个公民在道德上为何有义务服从国家权力或法律的问题。并且，如果国家主要是通过法律来运作的，那么，这种服从义务实际上就表现为服从法律的义务。在这一点上，无论是 T. H. 格林、鲍桑魁、巴克（Ernest Barker）、奥克肖特（Michael Oakeshott）和 H. L. A. 哈特，甚至是罗尔斯等都是这么认为的。但是，这样的一种理解却遭到“非政治化”的质疑，② 异议者认为，“如果政治义务只是一种服从法律的义务，那么，为什么不直接叫它法律义务呢？”把政治义务简单地视为守法义务的人，没有看到这个问题的实质，即“政治”（political）这一修饰词的特定含义，进一步地说，是没有看到法律义务、公民义务和政治义务之间的根本区别。

在提出“非政治化”质疑的人中，佩里克（Bhikhu Parekh）是值得关注的。他认为，所谓政治义务，指的是公民积极关注政治生活、促进共同体福祉，以及帮助纠正它的不正义等这样一些事情的义务。换言之，政治义务不是一种守法的义务，因为，当我们说有义务去遵守法律时，实际上涉及的是公民义务问题。佩里克认为，一个国家的正式成员必然要承担相应的义务，但这种义务的性质和内容取决于成员身份和国家品质。具体地说，具有正式公民资格的人与那些非公民的侨居者或旅居者的义务是不一样的，而且只有合法组成的国家机关其公民才有义务去尊重和维护。至于公民的义

① 毛兴贵编：《政治义务：证成与反驳》，江苏人民出版社 2007 年版，第 270 页。

② 海库·佩里克是代表人物之一。参见 Bhikhu Parekh, “A Misconceived Discourse on Political Obligation”, *Political Studies*, Vol. XLI, 1993, pp. 236 -251。

务，佩里克认为，主要包括服从国家机关制定的法律的义务，即法律义务，比如在交通灯前停下来、缴税等，因为这些行为是相关法律所要求的。这种法律义务的前提及来源是公民义务，法律义务只是公民义务的一部分，后者比前者更宽泛，它还包括支持国家并按其要求去做的其他许多事情，这些事情并非全都是法律所要求的。比如国家紧急状态期间，国家要求公民支持和忠诚；平常时期，国家要求公民合作与帮助；等等。那么，还有没有公民义务没有囊括的其他义务呢？佩里克说是有的。这种义务包括积极参与集体事务，帮助提高集体生活质量，创造条件使自己的同胞们可以充分行使公民权利，等等。这些才是所谓的政治义务。

要进一步理解政治义务区别于公民义务的重要特征，就需要对政治关系和公民关系进行区分。那么，这两者之间究竟有什么不同呢？佩里克认为，政治关系是在享有组建政府和推翻政府的最终权力的公民之间发生的，这主要是公民彼此之间的关系，延伸出来才是公民与国家机关之间的关系。虽然国家权力是公民之间关系的媒介，但是，国家权力是公民集体创造或成就的，他们有权质疑其决定，审查其活动，讨论什么该做或不该做，讨论他们是否应该遵守法律，并决定是否以及应该如何重塑国家权威。也就是说，以公民的身份，他们集体为自己建立了一套国家权力系统；而以臣民身份，他们分别承担了尊重和维护国家权力的义务。而公民关系则完全不同，它是在国民（臣民）之间发生的。国民之间的联系，是通过授权给一种共同的国家权力来进行的。他们主要与国家机关发生联系，延伸开来才与他人发生联系。每个人都接受国家权力，把他们自己看作是其国民。从国家权力臣服者的角度看，其相互关系是先验的，是作为被给予的东西来接受的。从这两种关系的区别出发，我们可以看出政治义务和公民义务的差异。按照佩里克的说法，虽然这两种义务的依据都是国家成员身份，具有一些共同特征，但它们在某些方面也有着显著的不同。

首先，公民义务是对合法政府或国家机关的义务，而政治义务是对同胞或政治共同体的义务。公民有义务服从政府或国家机关，是因为它是被授权的，如果不服从，将会被强制执行。而公民对其同胞或国家这一政治共同体的义务，则源于其道德主体资格，目的是为了纠正国家机关的错误行为，通过参与公共事务的各种行动，彰显社会不公以及在总体上促进共同体的福祉等，这是一种道德义务，违者可能受到谴责。其次，公民义务是不可避免的个人义务，政治义务是可以免除的共同义务。所有公民都必须缴税、遵守法律、支持国家机关。除非国家机关崩溃，没有人可以因为其他人未履行而要求免除这些义务。但是，虽然每一个公民都有政治义务积极参与公共事务并关注集体生活的质量，但这并不意味着所有人始终都该这么做。打个比方说，这有点像事故责任报告。“如果别人正在履行这些义务，你们就可以不履行。”[①] 再次，公民义务是人人都有能力承担的一般义务，而政治义务则是精英人士特别需要承担的特殊义务。[②] 因为，能为政治共同体的生活和生存鼓与呼的人，是需要一定的组织能力、说服力、判断力等技能的。而这既不需要，也不可能是所有公民都能同等拥有的。一个人的道德权威或政治技能越高，在政治生活中介入的义务就越多，反之则越少。最后，公民义务包括服从国家法律，维护国家权威，而政治义务的范围则更为广泛。实际上，除了守法或支持政府外，公民们还可能深深地为政府的内政外交政策，为其漠视贫困和不公正，或干预别国的事务所困扰，并认为他们有责任做点什么。可以说，与公民义务在很大程度上仅限于服从法律不同，没有一种集体生活不会成为政治义务的主题。

除了佩里克之外，主张将政治义务中的“政治性”凸显出来，以区别于其他义务的还有莫克罗心卡[③]（Dorota Mokrosińka）。她认为，关于政治义务的绝大多数讨论都集中在那些道德原则可以使服从政府的指令变成一种义务这样一个问题上，而对政治义务中的

---

① Bhikhu Parekh, “A Misconceived Discourse on Political Obligation”, *Political Studies*, XL1, 1993, p. 245.

② 佩里克所说的政治义务与罗尔斯的有一些相似，两人都认为这是特殊人群特别需要承担的义务。所不同的是，罗尔斯认为只有自愿加入体制并从其运行中得到好处的人才有政治义务；而佩里克则强调承担政治义务需要相应的能力，普通公民往往缺乏这样的能力。

③ 也有译者译作莫克罗辛卡。

“政治”意味着什么的问题几乎无人涉及。[①] 她将一种流行的观点，即政治义务的政治性质已经通过需要服从政府这样一个事实得到了的详尽解释，称为“简单化看法”（the simple view）。在莫克罗心卡看来，如果“简单化看法”是对的，有关服从政府的义务的政治性问题就是多余的：“服从政府的义务，顾名思义，就是一种政治义务。”然而，“简单化看法”实际上是有问题的。因为，服从政府的义务不会是一项政治义务，除非它能满足额外要求。[②] 在阐述政治义务的政治性方面，“简单化看法”至少存在两个问题。

首先，按照“简单化看法”，服从行为的对象是政府，但如果真的是这样，服从必定是因为政府的某些特征，即政府行使的特定政治权力。这样一来，就迫使“简单化看法”进一步主张政府的政治权力先于并独立于公民的政治义务。然而，这种立场是有问题的。在现当代哲学中，政府政治权力的必然前提是人们有义务服从它，[③] 而作为一个与政治义务相关的概念，政治权威不可能先于并独立于政治义务而存在。

其次，政治义务的政治性已经通过需要服从政府这一事实得到详尽说明，“简单化看法”实际上在服从政府的定义上标注了“我们的政治条件”这一印记。在捍卫这一立场的过程中，“简单化看法”的支持者可能会指出，离开对政府的服从，我们的政治条件是很难想象的。这一观察在描述意义上也许是正确的，正如很多政治社会学的观点把政治领域理解为是政府和公民之间的统治和服从关系，即一种不对称的权力关系的领域一样。但是，这一理解在规范意义上对吗？“简单化看法”需要做出解释。根据现代和当代许多哲学家的对政治领域所作的规范性说明，政治权力获得证明的可靠理由是，它的行使旨在保护个人行使权利和促进公共产品的生产。

---

① Dorota Mokrosińka, “What is Political about Political Obligation? A Neglected Lesson from Consent Theory”, *Critical Review of International Social and Political Philosophy*, Vol. 16, No. 1, January 2013, p. 88.

② Ibid., p. 89.

③ 沃尔夫（Wolff, 1976）、伍兹利（Woozley, 1979）、西蒙斯（Simmons, 1979, 2001）、贝朗（Beran, 1987）、克劳斯科（Klosko, 2005），以及霍顿（Horton, 2010）等人都是这样认为的。

因此，除了指向服从政府的关系外，还指向其他政治生活。一方面，政治条件被理解为个人受制于政府后就能够与另外的权利持有人发生联系，从而在个体之间获得正义的条件。另一方面，政治条件也可以被理解为臣服于政府的个人彼此能够成功合作，并能有效地促进公共产品的生产的条件。[①] 据此，以前那些独立的个人可以被组织起来进入一个团体，并能以一致的方式采取行动。如果从这两个方面出发就可以看出，"简单化看法"关于服从政府的观点，把我们置于一种不正确的政治领域。政府通过设定政治成员的身份条款，把有利的东西给某些人或团体，而将不利的东西给另外一些人或团体，使他们之间的权利和义务的分配不一致。同样，政府可以根据个人和集团的利益，设法破坏个人和团体的合作，抑制公共物品的生产。"在这种情况下，与其说服从政府是进入政治条件的方式，还不如说是背离政治条件的方式。"[②]

因此，莫克罗心卡总结说，服从政府并不自动把我们置于政治领域，服从政府只是政治条件一个必要元素，而不是充分要素。政治义务的政治性指的是这样一个事实，服从它的理由不是基于个人和政府之间的统治与服从关系，而是在服从政府的过程中能为我们提供个体之间的规范性约束，这使我们的政治条件有别于自然状态。换句话说，服从政府或法律的理由是公共理由而非法律理由。"公共性"或者说是"政治性"，才是政治义务理论成功与否的标准。从个体独立获得这一私人原因中推出政治义务的理论，与从特定个人和政府之间的垂直交易中推出它一样，会使政治领域崩塌成一系列私人的、与规范性相分离的统治和服从关系，而这种类型的政治，只不过是一种自然状态的制度化范本。可见，莫克罗心卡虽然没有明确地提出政治义务、公民义务和法律义务的区别，但她仍然通过政治义务不是简单的服从义务，政治义务实际上是权利持有人之间的义务，以及政治义务的理由是一项"公共的"（或政治性

① Dorota Mokrosińka, "What is Political about Political Obligation? A Neglected Lesson from Consent Theory", *Critical Review of International Social and Political Philosophy*, Vol. 16, No. 1, January 2013, pp. 89-90.

② Ibid., p. 91

的）理由，含蓄地说明了政治义务与以法律为基础的公民义务和法律义务的区别。

除了上述两种从政治义务的“政治性”视角去区分政治义务与其他义务的努力外，还有一些其他的尝试也值得我们关注。比如，有人提出可以用“公民责任”一词，来承担佩里克分配给政治义务的那份工作。这种观点认为，要求我们去履行公民责任就是敦促我们去做比遵守法律更多的事情，比如在选举中投票并成为知情的投票者、要求我们购买政府债券、限制我们用水和其他稀缺资源、献血、提供服务或者在危机来临时捐钱捐物等。虽然我们是否有公民责任去做这些事情中的任何一项或全部是有争议的，但是诉诸公民责任这个概念就可以了，没有必要再提出一个政治义务概念。又比如，一些法律哲学家认为，说一个人有法律义务去做“X”只是一种描述性说法，它是一种对社会事实的陈述。但说一个人有法律义务去做“X”的事实，为他提供了去做“X”的道德理由，当且仅当他有道德责任去服从法律时，这个人才有政治义务。换言之，一个人即便没有服从“现行政权”的法律的政治义务，也可能有服从“现行”法律的其他义务。据此，有人进一步指出，之所以要区别政治义务与法律义务及其他义务，主要是我们将“政治”一词理解为公民身份，这样一来，政治义务只能解决公民的守法或服从义务，没有办法解释外国人的守法责任，而法律义务这个概念就可以担此重任。①

第五节　政治义务与政治合法性、政治合理性的关联

关于政治义务与政治合法性（political legitimacy）、政治合理性（political justification）的关系，哲学家们之间其实并没有一致的意见。比较流行的观点认为，政治义务与政治合法性有关，而与政治

① Richard Dagge, *Political Obligation*, 见斯坦福大学网站（http://plato. stanford. Edu /entries /political-obligation/）。

合理性无关。政治义务与政治合法性的逻辑关系，大致可以这样表述：政治合法性涉及一个国家对其公民实施强制的权利，而政治义务则关系到公民服从国家法律的义务或责任。它们之间的关系往往被看作是一个问题的两个方面，或者被比作一个硬币的两个侧面：如果一个国家的公民负有政治义务，那么，这个国家就会有合法性。但反过来是不行的：不能说一个国家具有合法性，这个国家的公民就一定有政治义务。但是，也有人不是这样看的，认为它们两者不是相互伴随的。因为，与一个国家实施强制的权利相对的不是公民服从法律的道德义务，而是公民不受强制的权利的缺乏。换言之，如果公民没有政治义务，那么，他们就有不服从法律并按照自己的意愿移民的权利；如果国家没有合法性，那么，公民就有权免受强制并按照他们的意愿脱离出去。不过，如果说一个国家没有合法性却有合理性，那么，这个国家的公民虽然没有政治义务，但并不必然意味着他们就可以不遵守法律，就可以随意反抗。即便如此，目前这些较为流行的观点也不是毫无争议的，随着哲学无政府主义对政治义务的反驳，哲学家们对政治合法性是否依赖政治义务的分歧越来越明显。分歧的一方主张，只有当一个国家大多数的国民都有守法义务时，这个国家才有合法性；而另一方则认为，即使一个国家的公民缺乏服从法律的义务，这个国家也有可能是合法的。[①]

首先，让我们来看一看合法性这个概念到底指什么？如果从大的方面看，合法性概念有两类，一是描述意义上的合法性概念，二是规范意义上的合法性概念。描述意义上的合法性指的是人们对政治权威，以及有时是政治义务的信念。这种合法性概念一般在政治学或社会学中比较常见，其中韦伯的合法性概念就属于这种类型。当我们说“这个政府是以正当途径上台的”、某个“政府为其公民

① 相信政治义务与政治合法性具有逻辑关系的哲学家有：皮特金、沃尔夫、西蒙斯、库伯（David Copp）、格林、克劳斯科，以及拉兹（Joseph Raz）等人。而反对两者具有必然联系的哲学家也不少，比如史密斯、雷蒙（Jeffrey Reimen）、格林沃特（Kent Greenwalt）、莫里斯（Christopher Morris）、萨特利（Rolf Sartorious）、沃尔德伦、威尔曼、爱德蒙森（William Edmundson）和布坎南（Allen Buchanan）等。参见 Patrick Durning, “Political Legitimacy and the Duty to Obey the Law”, *Canadian Journal of Philosophy*, Vol. 33, Issue 3, 2003, p. 373。

谋福利，而且很公平且与时俱进”、一个政府“得到国家承认”或者说某个政府“在特定领域内统治是有效且没有争议的”时，就是指这一意义上的“合法性”。但是，这一意义上的合法性并不涉及政府发布命令的问题，因此，它与政治义务无关。

与上述描述性概念不同，政治合法性的规范性概念是指对政治权威、政治权力以及政治义务被接受或被证明的基准。从宽泛的意义上说，政治合法性概念既解释了政治权力在一个具体国家的使用何以被许可，也解释了该国公民何以有道德义务服从它的法律或命令。换言之，如果合法性的条件没有得到满足，国家就没有理由行使权力，它所颁布的法律和命令也就不会产生任何道德上的服从义务。比如在《政治自由主义》（1993）一书中，罗尔斯就对合法性概念做了这样的解释。但是，如果从较窄的意义上去看，政治合法性概念是与对政治权威的道德证明而不是创设相关的。有些国家的运转可能是有效的，或事实上是有效的，只要能获得足够的承认，也会有政治权威，虽然它们并不具有合法性。不过，正如西蒙斯所说的那样，只有合法的权威才能产生政治义务。还有一种更狭窄的观点认为，即便是合法权威也不足以创造政治义务，因为，“一个政治权威可能被允许发布公民没有义务去服从的命令”①。只有另外的规范性条件得到满足，政治权威才会产生政治义务。实际上，这里的讨论已经涉及了政治权威的正当性和合法性问题。当我们说一个国家运转正常、为民众谋福利、保护民众权利、维护社会公平时，指的实际上是这个国家具有正当性。但是，当我们说一个国家“拥有一种复合的道德权利，即具有排他性地将有约束力的义务强加到其国民身上的权利，让其国民履行这些义务的权利以及以强制手段执行这些义务的权利”② 时，我们的意思是这个国家具有合法性。规范意义上的合法性（legitimacy）概念其实是一种积极的评价，本身已经包含这两层意思，但是，政治义务被认为是与合法性概念的第二种意思联系在一起的。

---

① Ronald Dworkin, *Law's Empire*, 1986, p. 191.

② A. J. Simmons, “Justification and Legitimacy”, *Ethics*, Vol. 109, 1999, p. 746.

接下来，让我们来看一看“公民有政治义务的国家一定具有合法性”这个命题。也可以换一种方法表达，即所谓的“不可分割命题”（the inseparability thesis）：一国的国民要是缺乏守法的义务，那么，该国无论如何都不具有合法性。对此，有一些学者相信，这种“逻辑相关性”是存在的，比如，西蒙斯就认为，“政治义务以及政府发布命令的权利，这在传统上被视为逻辑相关的”①。这种逻辑关联是这样建立起来的：在承担对政府的服从义务的过程中，发布命令的权力被认为已经赋予政府了。如果政府没有法理上的权威就没有合法性，如果公民有这种义务政府就有权发布命令让人服从，“那么，只有在公民负有义务的地方，其政府对他来说才是合法的”②。如果仅从语言表述上说，一个国家的公民没有守法义务，该国就没有合法性，这样的观点也许是对的。主张有一种服从法律的义务，就足以使“人们是否有义务去服从一个特定国家的法律”这个问题变成一个合法性问题。如果一个人宣称，公民没有守法义务国家就不具有合法性，那么，他并没有犯“语言错误”。他可能是在说这个国家缺乏一种道德资格，而这种道德资格其他国家被认为是有的或可能有的。但是，也有人不同意这种“逻辑关联论”的解释，认为一个国家中的公民虽然没有道德上的服从义务，但这个国家仍可能具有某些国家才有的特别权力，因此，也可以正确地认为是合法的，或至少是“部分合法的”③。

如果说没有政治义务国家就没有合法性的论断过于绝对，可能会导致哲学无政府主义，那么，我们是否同样不可以说“没有合法性的国家其公民就没有政治义务”呢？答案也许是肯定的，虽然从历史上看，主流观点一直认为合法的政治权威才产生政治义务。众所周知，洛克曾经指出，“当每个人和其他人同意建立由一个政府治下的国家时，他就使自己对那个社会的每个成员负有服从大多数

---

① ［美］A. 约翰·西蒙斯：《道德原则与政治义务》，郭为桂、李艳丽译，江苏人民出版社2009年版，第175页。

② 同上。

③ Patrick Durning, "Political Legitimacy and the Duty to Obey the Law", *Canadian Journal of Philosophy*, Vol. 33, Issue 3, 2003, p. 375.

的决定并受大多数约束的义务；否则他和其他人为结合成一个社会而订立的那个原初契约就毫无意义”[①]。在这里，洛克的意思是，基于同意的政治合法性必然产生服从的政治义务。然而，这样的结论也不是没有争议的。比如休谟就从效用论的立场上质疑了这一论断，他在《人性论》一书中写道，“一个生于专制政府下的人对它应该没有忠顺的义务；因为依其本性来说，这个政府是不依靠同意的。不过这个政府既然和任何政府同样是一个自然而普通的政府，所以它必然对人施加义务；而我们根据经验明显地看到，隶属于那个政府之下的人们永远是这样想的”[②]。实际上，与休谟的实用主义立场不同的思想家在这个问题上也存在重大的分歧，而且分歧的焦点是，一个被认为合法的国家，具有霍菲尔德（Hohfeld）所列举的“权力”当中的哪些权力？[③] 自由权、请求权、免除权以及强力使用权这四项权力都有吗？这是有分歧的。有人主张，要具有合法性，一个国家只需要具有自由权能像一个国家这样行动即可。例如有人认为，一个合法的国家必须被允许发布命令并执行命令。另一些人则相信，一个合法的国家必须具有请求权，去行使其权力。这就意味着个人以及别的国家有义务不去妨碍该国颁布并执行法律。还有人认为，一个合法的国家在资格上必须有一种免除权，意思就是说合法的国家其权力不应被破坏、被篡夺。甚至还有不少人相信，合法国家的权力包括某些与霍菲尔德的强力（power）一词密切相关的内容，即能够改变别人的权力和义务，也就是说，一个合法的国家有权制定有约束力的法律，在其管辖之下的居民有义务去服从这些法律。可见，哲学家们对这个问题并没有一致的认识。

基于上面的原因，有的思想家认为，讨论“公民没有政治义务国家就没有合法性”与“国家没有合法性公民就没有政治义务”是

① John Locke, *Second Treatise on Civil Government*, edited by C. B. MacPherson, Indianapolis: Hackett, 1990, 52f.

② ［英］休谟：《人性论》（下册），关文运译，郑之骧校，商务印书馆 2005 年版，第 588—589 页。

③ Wesley Newcomb Hohfeld, *Fundamental Legal Conceptions*, New Haven: Yale University Press. 转引自 Patrick Durning, “Political Legitimacy and the Duty to Obey the Law”, *Canadian Journal of Philosophy*, Vol. 33, Issue 3, 2003, p. 374。

一样没有意义的。因为，政治合法性与政治义务是两个不同的问题。[①] 如果一种权力是合法的，那么就有一种普遍义务去服从它，但这并不表明，在每一种情况下，都有义务遵守该权威的某些决定。而且，政治义务也并非来自于合法的政治权威，而是直接来自于政治共同体的成员身份。实际上，我们根本无法确定，上面所说的合法性所包含的四种权力是否相伴相随，也没有把握其中的每项权力是否会像想象的那样结合在一起。也许，并不存在一种要么有、要么没有的被服从的统一权利。相反，不同的政府可能在不同的范围内、针对不同的事情有不同的权威，这要视每个国家的民主程度而定，而且法律和命令的重要性在不同的国家之间也是不同的。

最后，让我们来看一看政治合理性或正当性是否真的与政治义务无关。前面已经说到，政治合法性概念可以从不同的层面去理解。实际上，对这样一种合法性究竟是怎么获得的，不同的人在不同的背景下是有不同看法的。有人可能会说，一个政府具有“合法性”，仅仅指这个政府是以正当的途径，比如说通过竞争性选举上台的；也有人会认为，合法的政府是一个公平而又与时俱进地为人民谋福利的好政府，而不管它是如何掌权的；等等。这一种说法实际上已经将国家的合法性（legitimacy）与正当性（justification）[②] 等同了起来，并希望通过国家所带来的各种利益证明有国家总比没有国家好，从而证明公民有服从国家的义务。如果按照这样的理解，政治合理性其实就与政治义务联系在了一起。但是，这种理解是有问题的。因为，任何一个国家，只要它试图存在下去，都会或多或少地为人民谋福利，总会有一些不同程度的优点。然而，一个合法国家究竟应该具有哪些优点以及在何种程度上具有这些优点是非常有争议的。换句话说，这种将合法性问题置于政治义务之前，

---

① Ronald Dworkin, *Law's Empire*, Cambridge, MA: Harvard University Press, 1986, p. 191.

② 对这两个词的翻译，不同的学者有不同的理解。周濂则将这两个词分别翻译为：正当性（legitimacy）与证成性（justification），见周濂《现代政治的正当性基础》，生活·读书·新知三联书店 2008 年版，第 26 页。在这里笔者参考了毛兴贵的译法。参见毛兴贵《政治合法性、政治正当性与政治义务》，《马克思主义与现实》2010 年第 4 期，第 100 页。

注重政府品性而不关注公民个人历史的论证方式是有问题的。因为，这种出于政府品性而必须支持政府的责任不会是特殊性的，即使是通过特殊化努力（比如，罗尔斯诉诸“应用于我们的……”的论证）也无济于事。因此，西蒙斯认为，“政府的好品性既不能让我们承认有服从它的义务，也不能让我们承认它有权对我们发布命令”[①]。

事实上，正如西蒙斯所说，合法性与正当性是有区别的。正当性所追问的是一个国家是否具有某些道德属性或美德，是否能为国民带来好处，借助这些因素，我们可以证明一个国家存在的必要性；而合法性追问的是公民个人和国家之间是否建立起一种特殊关系，这种特殊关系使得个人有义务服从国家，使得国家有权利进行统治，借助这些因素，一个国家就可以被合法化（legitimate）。[②] 具有正当性的国家未必具有合法性，反之亦然。但这并不是说正当性就不重要，一个持久拥有正当性的国家终究会获得合法性的，而一个长久缺乏正当性的合法国家终会被其国民所抛弃。因此，虽然在一个具有合法性的国家里公民才有政治义务，但一个具有正当性，或者说其存在具有合理性的国家公民则具有政治责任，这是一种自然责任。应该说这样的解释比较符合政治现实，因为，在一个仅有合理性的国家，公民有时也会觉得他们有“义务”服从政府。如果觉得他们的这种想法只是一种“义务感”而不是一种真实义务，那么，这样的一种理解虽然在逻辑上是自洽的，但却与实际不相符合：要让一个人在决定自己是否支持国家、服从法律之前，判断他的国家究竟是合理的还是合法的，那是难以想象的，因为，做出这一判断的统一标准根本就不存在。但是，用政治责任的概念或许就能解释这一社会现象。

① A. J. Simmons, *Moral Principles and Political Obligations*, p. 198.

② 毛兴贵：《政治合法性、政治正当性与政治义务》，《马克思主义与现实》2010年第4期；也见 A. J. Simmons, "Justification and Legitimacy", *Ethics*, Vol. 109, 1999, p. 764 注释及对应正文。

第二章

政治义务理论的早期版本

前面已经提及，严格意义上的“政治义务”这一术语最早是由T. H. 格林于1879—1880年间在牛津大学“关于政治义务原则的演讲”中提出来的。但是，政治义务问题的提出却要早得多。在古希腊索福克勒斯创作的戏剧《安提戈涅》中，我们就已经可以看到这个问题了。当然，真正对它进行全面阐述的则是40年后柏拉图的《克里同篇》（*Crito*），即书中苏格拉底面对死亡所给出的哲学回应。因此，有一种流行的观点认为，虽然当代政治义务问题存在着不同的版本，但其中一个重要的版本至少可追溯到柏拉图的《克里同篇》。因为，当代政治义务的几种代表性理论，即同意理论、感恩理论、公平理论、效用理论以及自然责任理论都可以在那里找到源头。从这一意义上说，当代政治义务理论并没有太多新意，有新意的可能只是争论的词汇发生了变化而已。①

苏格拉底之后，到社会契约理论的正式提出，西方政治义务理论大致经历了三个不同的发展阶段，与此相关的是，有三种主要的理论版本：一是政治义务的自然主义解释，主要以亚里士多德等人为代表，这种关于政治服从的理论其实与今天的政治义务理论相去甚远，因此，从某种程度上说它不是对政治义务问题的严肃讨论，但是，其中有些思想还是对当代政治义务理论的发展产生了深远的影响。二是政治义务的超自然主义解释，其代表人物主要是阿奎那

① 有学者认为，当代政治义务主要理论只是对苏格拉底所提出的几种道德理据的技术翻新。具体见英国政治学家彼得·斯特克、大卫·韦戈尔《政治思想史导读》，舒小昀、李霞、赵勇译，江苏人民出版社2008年版，第52页。

等，他们从基督教教义出发，对服从世俗权威的问题给出了神学的解释，虽然其出发点是捍卫教权的地位，但其中也不乏合理的思想。因此，这些诠释不但影响了基督徒，还对后世的世俗理论家尤其是社会契约论理论家产生了一定的影响。换言之，从他们超自然主义的立场出发，竟然可以推出社会契约的结论。三是政治义务的社会契约论解释。从劳滕巴赫的曼尼戈德（Manegold of Lautenbach）首次提出关于政治权威的一般契约论开始，经过霍布斯、洛克等人的进一步阐发，政治义务的社会契约理论基本成型。但是，由于这一解释的许多论据经不起历史和现实的检验，因此，受到了以休谟为代表的功利主义思想家的反驳，几乎功亏一篑。虽然后来卢梭、康德等人以各种方式，进一步捍卫了这种政治权威的契约论解释，但是，其影响力终究有限，直到20世纪70年代罗尔斯社会契约理论的出现，这个问题才再次广泛地进入哲学家们的视野。

第一节　苏格拉底论守法的道德理由

长期以来，学术界一直没有弄明白，苏格拉底到底是一个政治义务的倡导者，还是一个公民不服从的支持者？不同的思想家，在《申辩篇》和《克里同篇》中分别找到了各自的答案，因为，在这两篇文献中，苏格拉底的立场似乎是不一致的。其实，我们不能简单地来看这个问题，要真正理解他在政治服从问题上的立场，必须考虑他所秉持的一条基本原则，即“要么说服你的国家，要么服从她的一切命令”[①]，我们姑且称它为“说服或服从”的原则。实际上，在《克里同篇》中，苏格拉底之所以选择服从并阐述了许多理由，主要是因为他无法说服自己的国家，这一点在《申辩篇》中可以看得很清楚。可以这么说，在不能说服国家的前提下选择服从，前后是有逻辑关系的。在《克里同篇》49e—50a这两段里，苏格拉

① 具体见Plato，*Crito*，51b。中文译本可见［古希腊］柏拉图《苏格拉底最后的日子》，［英］休·特里德尼克、谢善元译，上海译文出版社2007年版，第62页。

底自己就是这么说的，而这也正是他对服从行为给予道德解释的原因。

仔细阅读不难发现，《克里同篇》中的这些对话至少表明，一种遵守法律的道德义务有三大可能的基础。第一，公民可能已经同意现行法律，也就是说，我们可能会发现，有一种明示或默示服从法律的同意存在。① 第二，即使缺乏默示同意，他自己的行为也可能阻止他不服从，这是“禁止反言”在伦理上的要求。第三，即使没有任何公民本身的同意表示或行为，他也可能一直是来自其他公民的利益的接受者，因此，也可以说是有义务服从这些公民共同制定的法律的。从逻辑上讲，这三种可能性似乎在道德上涵盖了守法义务的各种来源。

如果从当代政治义务理论的视角去看，苏格拉底所阐述的服从理由至少有五项。第一，当法律和国家面临“被它没有公职的百姓取消并且破坏，因而失去了它们的效力”时，国家就不能生存下去，甚至会被颠覆（50b）；第二，在其他各种好处中，希腊法律使他得以出生、养育和受教育，因此，不遵守法律的行为是错的，相反，他应该对此表示感激（50d，51d）；第三，“如果你们有人亲眼看到我们的统治是公正的，我们其他国家机构的统治是公正的，那么我们认为他实际上就应当执行我们要他做的任何事情”（51e）；第四，在长达70年的时间里，他可以选择离开但一直没走，甚至几乎没有出过国，这表明他已同意这个国家的法律、与之达成了协议并承诺遵守它们（52b—53a）；第五，如果未能说服国家让他走而他自己就先离开，那么这种不服从法律的行为就伤害了最不该伤害的人，“将是对同胞的一种亏欠”（50a，54c）。值得肯定的是，苏格拉底的这五条论据，可以说是当代政治义务的功利主义理论、感恩理论、正义的自然责任理论、同意理论、公平（公平游戏）理论的雏形。令人遗憾的是，除了在同意或协议问题上，苏格拉底提

① 具体见 Plato，*Crito*，51d。从这一段对话来看，苏格拉底早就对居住构成默示同意的问题有深刻认识，这就使得洛克后来对这个问题的阐述了无新意。中文译本可见［古希腊］柏拉图《苏格拉底最后的日子》，［英］休·特里德尼克、谢善元译，上海译文出版社2007年版，第68页。

到默示同意并稍作延伸外，其他几种论据都没有展开，后人只能猜测其中的意思，也正因为这个原因，这些论据和论证方式一开始就充满争议。

问题一：服从的理由是单一的还是复合的？换句话说，苏格拉底到底是认为每一条理由都能清楚地论证政治义务，还是觉得必须全部加起来才能为政治义务提供充分的理由？这是不清楚的。虽然在《克里同篇》中上述理由的提出不是一次性的，而是散落在相关段落之中，但是，这些理由毕竟是在一次对话里陆续提出来的，因此，我们有理由相信，苏格拉底实际上很可能诉诸的是一种复合论证，因为，这些论据几乎覆盖了政治义务的各种可能基础。然而，令人遗憾的是，后世许多哲学都诉诸某种单一的理据，而从哲学家们对同意理论、感恩理论、公平理论、功利主义理论、正义的自然责任理论等的证成与反驳情况来看，政治义务的这五种论证方式，单独使用时力量都非常弱，没有一种理由能够为政治义务提供满意的说明。从这一意义上说，许多哲学家都没有真正理解苏格拉底。所幸最近几年里出现了一种诉诸多重原则论证的方法，但这可以算是对苏格拉底论证策略的一种复归吗？

问题二：服从义务是前瞻性的还是后摄性的？当代一些政治哲学家认为，研究义务的方法有两种：义务论（deontological）方法和目的论（teleological）方法，前者具有后摄性的（backward looking）特点，即从过往的（或持续性的）行为或事件中寻找义务的根据；而后者是前瞻性的（forward looking），即从行动的可能结果中去寻找义务的根据。[①] 让人困惑的是，苏格拉底的这五项理据中，第一项是采用前瞻性的目的论方法得出的，是一种功利主义的解释路径；后四项，即受益、正义、同意、公平的理据采用的都是一种后摄性的义务论方法得出的，而这被后世认为是一种传统的研究方法。可以认为，这两种解释方法在政治义务问题上是泾渭分明的，可苏格拉底却把它们放在一起使用，这就难免使人困惑了，义务论

① 有学者认为，这两种方法不可能同时被使用。具体见［美］A. 约翰·西蒙斯《道德原则与政治义务》，郭为桂、李艳丽译，江苏人民出版社 2009 年版，第 40 页。

和目的论的解释方法可以融合吗？在采用这两种方法解释政治义务时，到底是非此即彼，还是亦此亦彼？

问题三：服从的是所有法律还是只限公正的法律？主张政治义务的当代政治哲学家认为，只有在一个相对正义的国家里，面对相对公正的法律，公民才有支持国家、服从法律的义务。在非正义的国家里，或者面对不公正的法律，如果人们被迫服从的话，那只能算是“遵从”或顺从，根本没有义务这样做。问题是，苏格拉底的国家是一个相对正义的国家吗？有人说至少是一个“民主的”国家。可是，一个只有部分人有民主权利的国家也算“民主国家”？还有，苏格拉底所面对的法律是相对公正的法律吗？如果说是，那么一种可以因言获罪，而且是死罪的法律是相对公正的，恐怕没有多少人相信吧？[①] 然而，就是面对这样的国家、这样的法律，苏格拉底说他与国家有个协议，据此他要遵守法律。我们只能说他不过是签订了一份“糟糕的协议”或者说是一份“开放式协议”去遵守所有的法律。可是，遵守所有的法律是协议的一部分吗？即使是，由于任何“开放式协议”的实质性规定取决于契约当事人今后的行动，那么，这样的契约是不是太弱了一点？事实上，苏格拉底并没有令人信服地表明，客观上不公正、据以判处他死刑的法律会是契约的一部分。也正是因为这个原因，从苏格拉底这里继承下来的政治义务理论必须回答这样一个问题：说一个人有政治义务，是指他/她必须服从国家所有决定，遵守国家所有法律，还是说他/她只是在一般情况下有义务服从国家、遵守法律？

问题四：服从是出于道德原因还是出于无奈？从《克里同篇》中“我决不从任何朋友那里随便接受建议，除非经过思考表明它是理性提供的最佳办法”这句话来看，有理由认为苏格拉底是经过理性考量的。第一，在对话中他谈到，如果他接受朋友的帮助逃亡国外，那么，他的朋友们将受牵连；第二，苏格拉底发现，无论是底比斯（Thebes）、麦加拉（Megara）还是帖撒利（Thessaly），没有

① 如果克里同当时问苏格拉底他被定罪的法律是公正的还是不公正的，情况会怎样呢？我们无从得知。但也许他不知道怎样回答，也许正是这一原因，柏拉图没有通过克里同的口来提这样一个问题。遗憾的是，这一问题对后人来说是绕不过去的。

一个邻国适合他过流亡生活；第三，苏格拉底不希望他的孩子成为外邦人，并认为在国外生活并不会使孩子们“格外有福”。因此，可以肯定，苏格拉底是在权衡利弊之后，才诉诸“道德理由”的。因为他相信，如果逃跑，无论是生前或者死后都“既不会使你和你的朋友变得更好，也不会使你们拥有更加纯洁的良心”①。难怪有人会分析说，苏格拉底的选择实际上是出于无奈，他的“伏法”不是“服法”，“口服”而非“心服”，情非所愿，他只是在为其被迫服从的行为找借口而已。正因如此，他根本无法找到有充分说服力的道德理由，即便他所诉诸的“复合论证”或许能驳倒某一种或一些反对意见，也不能驳倒所有的反对意见，这就为后世的哲学无政府主义理论留下了发展的空间，从而使政治义务的道德分量大为减少。

问题五：服从或不服从都可以在正义的旗帜下聚集？苏格拉底的守法思想是与他对正义的理解结合在一起的。后来，色诺芬在《回忆苏格拉底》一书中也明确提到“正义即守法”的理念。我们可以发现，在《克里同篇》的大部分篇幅里，实际上都贯穿着苏格拉底的两项道德原则。一是他此前已经提出，特别是在《高尔吉亚篇》中就已经提出的“不做不正义的事”。二是“履行全部的公正协议”。一定程度上说，前面提到的五种守法理由，都是这两条原则的运用。然而，从这两条原则出发，既可以得到必须服从的结论，也可以得出不服从的结论。在《克里同篇》中，“法律”要求苏格拉底绝对服从法律，不做不正义的事，不能未经许可就逃走；而在《申辩篇》中苏格拉底讲的两个故事：投票反对一并处死因未能解救海战中失踪士兵的十个指挥官，以及拒不执行逮捕塞拉米斯的莱昂的决定，说的也是不做不正义的事，但却是在违抗法律的命令，或者说是权威的命令。同样都是“不正义的事”，前者指的是违法，后者指的是守法。虽然作为道德至上主义者的苏格拉底可能觉得这没什么问题，只要是为了过一种与俗人不同的正义的生活，服从或不服从都是对的。可是对后人来说，这种相对主义的服从观

① 具体见 Plato, *Crito*, 44e, 53b, 53c, 53d, 54a, 54b。中译本可见［古希腊］柏拉图《苏格拉底最后的日子》，［英］休·特里德尼克、谢善元译，上海译文出版社 2007 年版，第 60、70—71 页。

实在让人琢磨不透。正义到底指导人们服从还是不服从？答案难道是取决于人们对情境的判断，只要当事人觉得服从与正义的要求相违背，他就可以不服从？正是在这一点上，后世“公民不服从”者在苏格拉底这里找到了理论源头。

也许，苏格拉底关于政治服从的理据所引发的争论远不止这些。但是，上面列举的几个问题，几乎每一个都是后世政治哲学家们难以回避的重要问题。这些问题对后人所产生的影响和造成的困扰都是深远的，至今未能摆脱。

第二节　西塞罗论政治性的伦理义务

苏格拉底之后，犬儒学派（cynics）以及其他的一些思想家确实也曾怀疑过政治生活的价值，并间接地提到过一种守法义务的存在。但是，他们没有留下关于这一问题的，像在《克里同篇》中那样的系统讨论记录。一个使人疑惑的问题是，难道古希腊两位著名思想家柏拉图或亚里士多德都没有涉及过政治义务问题吗？对此，学术界没有统一的观点，因为，如果说有，也是在与今天的政治义务理论相当不同的意义上讨论的。当代政治义务理论要解决的是支持国家、服从法律的道德理由，而他们却认为，根本就不需要这样的理由。即使需要这样的理由，也只有少数有智慧的人才知道，其他人根本不会去思考这样的问题。

首先，让我们来看一看柏拉图对政治义务问题的理解。如果用今天的眼光来看，柏拉图主张的似乎是一种绝对的服从义务。他明确表示，人们应当无条件地服从所有“哲学王统治的国家”和“法律国家”。[①] 鉴于他的人性观，大多数人都没有理由不服从。因为，柏拉图认为，如果有这样的理由，持有这种理由的人必须能够区分正义和不正义，而这种区分能力正是其中大多数人所缺乏的。按照

① 柏拉图将正义的国家分成这两种类型。具体见 *Statesman*, pp. 293, 299，转引自 John T. Bookman, “Plato on Political Obligation”, *The Western Political Quarterly*, Vol. 25, No. 2, Jun. 1972, p. 263。

柏拉图的观点，如果将社会化的人与非社会化的人进行对比，就可以解释为什么每个人从根本上说都有服从义务；如果将大多数人和哲学家做比较，则可以解释为什么非哲学家都有义务服从某些政权。柏拉图觉得，大多数人是没有能力知道何谓正义的；他们没有这样的智慧，必须依赖于国家提供的正确行为规则。因此，除了国家自身所提供的标准外，大多数人是没有其他标准用来做出服从与否的判断的。不过，这样的判断能力哲学家是有的，标准也掌握在他们的手里。正是基于这样的考虑，柏拉图唯独赋予哲学家做出评判的道德责任，认为只有他们可以因为给出或没给出生活规则的理由而受到赞扬或指责。至于其他人，普罗大众，则依靠他们生于其中的国家为其提供正确的行为规则，他们不需要去考虑服从或不服从的理由，也不会因此受到批评，但他们可能因为不遵守这些规则而受到指责。这样，“不服从的权利就被非哲学家的普通人给拒绝了，因为他们不知道何为正义”①。

接下来，让我们来看一看亚里士多德的政治义务思想。亚里士多德学派的思想家普遍认为，公民支持国家、服从法律的理由根本就不能算是一个问题。因为，亚里士多德从未讨论过，或者说根本就不感兴趣。这样的观点虽有一定的道理，但不全面。我们认为，从间接的意义上说，亚里士多德还是涉及了这个问题，依据是他所使用的一些有关哲学的或政治的复杂概念，包括德性、友谊和共同体、带有善的观念的法律和政府等。实际上，按照亚里士多德的理论，因为共同善的缘故而进行合作随着时间的推移成为必要。因为，那些通过合作活动来承担追求善的任务的人，有着强烈的理由去确立某种形式的权威规则，来解决他们在追求共同目标的过程中一定会出现的某些问题。因此，团体的存在与团体权威的存在似乎是相伴随的。假定权威和义务，以及团体存在和合作活动的规范性条件具有道德相关性，那么，在其成员身上有一种遵守协调集体活动和共同目标的规则的道德要求就很正常了。从这一意义上说，政

① John T. Bookman, “Plato on Political Obligation”, *The Western Political Quarterly*, Vol. 25, No. 2, Jun. 1972, p. 264.

治义务概念不可能与亚里士多德的政治理论格格不入。事实上，后世的许多思想家，包括古罗马的哲学家以及基督教的神学家，甚至是当代的哲学家，都从亚里士多德关于“人类天生是政治动物”，天然是要过政治生活的自然倾向出发，推出了共同体产生的必然性，并推出共同体的存续需要权威和服从的结论。因此，当代政治义务的各种自然主义解释，都毫不避讳地说，他们的理论从亚里士多德那里获得了灵感。

如果说柏拉图以及亚里士多德对当代政治义务理论的影响可以一笔带过的话，那么古罗马思想家西塞罗对政治性义务的论述是不能不费些笔墨的。虽然西塞罗的思想没有太多的创新，他自己也承认是个编撰者，但是，他结合罗马社会的历史现实，对古希腊各派的学说，包括柏拉图、亚里士多德的学说加以改造形成了自己的政治思想，特别是关于政治服从的思想。从《论国家》、《论法律》、《论责任》等书中可以看出，他对国家、法律以及道德责任问题的论述非常系统。由于他熟悉两种语言，特别是拉丁语，并以此来写作，因此，读者众多，思想传播很广，不仅影响了罗马法学家，还影响了基督教神学家，特别是奥古斯丁，以及后来的阿奎那。因此，我们有必要对他的政治义务思想做些梳理。

可以认为，受亚里士多德的影响，在国家观上，西塞罗是个自然主义者。他认为，国家不是人为的产物，是自然形成的，其根源在于人天生就有一种社会性，需要国家来协调人与人之间的关系，他对政治服从问题的讨论就是在这种自然主义的框架下展开的。

在《论责任》（或《论义务》）一书中，西塞罗指出，一切有德之事皆出自于四大来源之一，其中的一大来源是“保持一个有组织的社会，使每个人都负有应尽的责任，忠实地履行其所承担的义务”[①]，在这里，西塞罗所谓的义务其实范围很广，他特别关注的是

---

① 其他三大来源分别是：充分地发现并明智地发展真理；具有一种伟大的、坚强的、高尚的和不可战胜的精神；一切言行都稳重而有条理，克己而有节制。需要指出的是，西塞罗并没有对责任和义务进行区分，他是把它们放在一起讨论的。具体见中译本［古罗马］西塞罗《论老年　论友谊　论责任》，徐奕春译，商务印书馆2003年版，第96页。

一些我们可以称为“政治性”的伦理义务的东西。对于这些义务，西塞罗有很多精彩的论述，其中的一些涉及了当代政治义务的关联义务理论中非常重要的问题。

一是源于“出生”的特殊义务。西塞罗从共同体理论的自然主义解释出发，借用柏拉图以及斯多葛学派的观点指出，“我们生下来并非只为自己，我们的国家、我们的朋友都有权要求我们尽一份责任”，“因为人也是为其他人而生的”，“我们应该遵从‘自然’的意旨，彼此关爱，相互授受，为公众利益贡献自己的一份力量”。[①] 这些论述表明，作为一个城邦或共同体成员的人们，有许多责任或义务源于出生这一偶然的事实以及身份这一特殊的角色；生活在一个特定的、互利团体中的人们，彼此负有关联义务。换言之，人类既有一般道德义务或者叫自然责任，那是人之为人的道德责任，也有特殊义务，即针对某个特定个人或群体的道德义务；这些义务或责任既不是自愿的，也不是不自愿的，没得选择，一句话，是“生就”的。

二是基于“共享”的特殊纽带。西塞罗写道，“在我们都是人这种普遍关系之外，还有同属一个民族、一个部落，以及同说一种语言的那种比较密切的关系”，“同一个城邦的公民，关系就更密切了；因为他们有许多共享的事物——广场、神殿、柱廊、街道、雕像、法律、法庭、投票权，更不要说社交和朋友圈子，以及与许多人的各种业务上的关系了”。[②] 西塞罗的这些深刻论述表明：第一，国民之间的关系比他们与外国人之间的关系要亲密；第二，国民关系的亲密性主要源于他们之间有许多共享的东西，而这些东西是他们与外国人不能共享的；第三，生活在一个特定城邦或国家中的人建构了一定的社会关系，如果说他要移民别国，这些关系是带不走的。由此可见，西塞罗的这些论述其实已经击中了当代政治义务几种主要理论的要害。比如，当政治义务的自然责任理论试图用自然责任来解释政治义务时，它就无法解决国民之间及其与外国人之间

① ［古罗马］西塞罗：《论老年　论友谊　论责任》，徐奕春译，商务印书馆 2003 年版，第 99 页。

② 同上书，第 115 页。

关系的亲疏程度以及与此相关的义务或责任层次。又如，当“居住意味着同意”的论述遇到麻烦时，同意理论的捍卫者提出了国家应该给公民以移民的选择。但西塞罗告诉我们，身体可以移到国外，关系却是移不走的。如果允许某个公民做出移民选择，但要是他想保留现有的社会关系，这样的选择对他来说是没有意义的。

三是“国人似家人”的特殊关系。做出这样的比喻，西塞罗是有他的依据的，或者说他是以自己的方式推导出来的：人类最“基本的联系纽带是夫妻关系，其次是父母与子女，然后是一切共有共享的家庭。这是公民政府的基础，也可以说是国家的‘苗床’”。接下来是兄弟姐妹或嫡堂（表）兄弟姐妹之间的关系。“等到一个屋檐下已经住不下去时，他们就搬出去另建新家，就像开拓新的殖民地一样。”接着家庭之间联姻，产生新的血亲，一代又一代地繁衍下去，一个又一个家庭发生裂变，国家就产生了。[①] 西塞罗的这一推论比起当代法学家德沃金、哲学家霍顿等人关于“国人似家人”的类比更详细，更有说服力。当代思想家仅仅从空间上去做类比，而西塞罗则从时间上去做推演。德沃金与霍顿所遇到的“国人彼此都不熟悉”、“国人没有家人关系亲密”的反驳，在西塞罗那里是不成问题的，因为，在他看来，现在的“国人”就是曾经的“亲人”。这样的逻辑推论应该说是比较严密的。

如果我们把西塞罗的上述论述概括一下，至少可以得出以下结论：第一，人与人之间的关联是普遍、客观的，这种关联产生了某种道德义务，包括政治性的道德义务；第二，关联关系所产生的这种义务是特殊的，它不同于人类的自然责任；第三，国民之间的关联比与外国人之间的关联要多得多，因此，国民之间互相负有特殊义务，这种义务基于我们所拥有的一些“共享的东西”；第四，国民之间的关系如同家人之间的关系，这种关系的亲密程度是可以证明的。由此可见，西塞罗的上述论述，可以毫不夸张地被认为是当代政治义务的关联义务（又译作团体性义务[②]）理论的最初源头。

① ［古罗马］西塞罗：《论老年　论友谊　论责任》，徐奕春译，商务印书馆 2003 年版，第 115 页。

② 毛兴贵编：《政治义务：证成与反驳》，江苏人民出版社 2007 年版，第 295 页。

在某些方面，甚至可能比当代政治义务的关联义务理论更具说服力。

此外，西塞罗的《论责任》一书似乎还对政治义务的其他重要问题有所涉及。比如，他在谈到公民与外国人在义务问题上内外有别时就做了以下论述："公民首先应当在私人关系上与同胞平等相处"，"其次，在有关国家的事情上，应当为它的太平与荣誉而努力；因为这样的人们总是为人们所尊敬，并且被称为好公民"，"至于外国人或外侨，他的责任是严守自己的本分，不打听别人的事情，在任何情况下不干涉别国内政"。[①] 值得一提的是，他竟然还谈到了政治义务在各种义务中所处的地位问题，并指出"我们应当首先对不朽的诸神负责；其次，应当对国家负责；第三，应当对父母负责；然后才依次对其余对象负责"[②]。西塞罗的这些论述至少传递了以下信息：一是作为个体存在的公民之间的关系是平等的，这是合作共存的基础，也是相互"授受"的前提。二是"为国家太平而努力"意味着公民可能既有守法以维护秩序的消极义务，也有抵御外敌入侵的积极义务，而"为国家荣誉而努力"更多的是支持国家的积极义务。在西塞罗看来，国家乃是"人民的事业"，个人必须服从并服务于国家。从政治义务的角度说，服从指的是消极层面的守法义务，而服务则包括积极层面的支持和拥护国家的义务，只有同时做到这两点，才能算是一个好公民。三是外国人或侨民要"严守本分"意味着他们只有消极的守法责任，而"不干涉别国内政"意味着政治生活与他们无关，自然也就没有政治义务了。可见，政治义务在公民所有的道德义务中虽然很重要，但并不是最重要的，它是可以超越的。

西塞罗的这些观点，给后人留下了许多值得思考的问题：比如，政治义务到底是积极的义务还是消极的义务？对此，哲学家们应该有个明确的态度。然而，遗憾的是，当代许多政治义务理论家对此含糊其词，有些人认为，政治义务是一种一般的守法义务。对

① ［古罗马］西塞罗：《论老年　论友谊　论责任》，徐奕春译，商务印书馆 2003 年版，第 147 页。

② 同上书，第 164 页。

政治义务的这种“消极”理解给政治义务的反对者留下了很大的反驳空间。[①] 又比如，侨居在一个国家的外国人真的没有任何政治义务吗？战争或其他紧急状态时也没有诸如服兵役或主动参与维持秩序的义务吗？实际上，这个问题后来在第一次世界大战和第二次世界大战时在有些国家中真的就遇到了。还有，如果政治义务是可以超越的，也就是说它是一种“初确的义务”，而不是一种实际义务，那么，它真的有意义吗？可以说这些问题历久弥新，今天，仍然吸引了许多哲学家们的注意力。

第三节　阿奎那论服从世俗权威

在西方政治思想史上，如果要对国家来源理论做一个粗略分类的话，那么，大致可以分为三类：国家是自然法则作用的结果，国家是上帝用于惩罚人类的工具以及国家是契约或习惯的产物。苏格拉底、西塞罗以及早期许多思想家的理论或主张大致都可以划到第一类中去，他们对政治服从问题的讨论也是在这一理论框架中展开的。而后来的霍布斯、洛克以及其他社会契约论思想家的学说则明显可以归入第三类。在第一类和第三类之间，则是一些神学思想家，他们认为国家是上帝惩罚人类的“刑具”，他们主张人类服从的是神圣命令。在这些思想家中，最值得关注的是阿奎那，他的成就在于实现了将自然理论与神学理论的完美结合，他的贡献在于他的思想中蕴含了社会契约论的因素，因而对后世政治思想的发展产生了重要影响。因此，我们在发掘政治义务早期思想时不能不重视他的一些重要观点。

在对阿奎那的政治义务思想展开讨论前，我们有必要考察一下基督教“神圣命令”问题。应该说，在基督教产生前的相当长时间里，人们一直以为，政治社会及其规则神定的信念是如此的强烈，

① 反对者认为一般守法义务是不存在的。当法律要求与道德要求重叠时，说人们按照要求去做是在守法没有任何意义，因为没有法律人们也会这样做。如此，随着守法义务被反驳，政治义务也就遭否认了。

以致大多数人都不认为不服从那些神定规则是可以得到证明的。但是，随着基督的降临，人们也就不得不去认真地考虑这个问题了。

很多人都知道，《圣经》里有一句名言，那就是“恺撒的归恺撒，上帝的归上帝”[①]。这句话清楚地表明，统治者的命令与上帝的要求可能会不一致。以耶稣的这一教导为基础，基督教形成了双重服从义务：一种是指向上帝的，这种义务是无条件的；另一种是指向世俗政权的，是有条件的。当两种义务发生冲突时，服从神而不是服从人。在实践中，这两种义务经常发生冲突，特别是当统治者试图压制基督教时，这个问题变得更加清晰了。面对这样的困境，基督徒需要知道他们该怎么做，神学家需要解释清楚为什么会出现这样的冲突并为广大的教民指点迷津，因此，也就产生了各种各样的神学解释，但这些解释并不能令人满意，加之亚里士多德学说在中世纪后期的影响力越来越大，基督教神学政治论迫切需要做出某种调整，阿奎那就是在这样的背景下出现的，他对一些重要的政治问题做出了较为成功的神学解释，实现了自然政治观与神学政治观的某种融合。

阿奎那所做的神学解释主要出现在他的《神学大全》和他对彼得·朗巴德《嘉言录》的诠释中。阿奎那把在他之前所遇到的关于是否服从世俗权威的问题归为两大类。第一类问题是：基督徒对世俗权力特别是暴君是否有服从义务？这是由两种对立的观点组成的，主张有绝对服从义务的人，从《彼得前书》第二章第十八节“你们做仆人的，凡是要存敬畏心顺服主人，不断顺服那些善良温和的，就是那些怪癖的也要顺服”以及《罗马书》第十三章第二节“抗拒掌权的，就是抗拒神的命令”中找到了依据；而反对有绝对服从义务甚至认为没有世俗服从义务的人则提出五项反驳意见，它们分别是：一是基督徒不得不服从世俗的权力，特别是暴君吗？二是依靠洗礼洗清罪孽的人们还要受奴役的束缚？三是一个较大的义务难道不可以解释一个较小的义务？四是难道任何人都不可以收回

① 参见《圣经·马太福音》第21章第21节以及《圣经·马可福音》第12章第17节。

别人从他那里非法夺取的东西？五是对于一个可以允许杀死的甚至死有余辜的人难道还有服从义务？反对者对这五项异议都做出论证。第二类问题是世俗权力与宗教权力的关系如何？[①]

针对这两类问题，阿奎那分别给予了解释。对第一大类问题的第一种反对意见的回应是，基督徒是否有义务服从世俗权威甚至是暴君，不能一概而论，要看该权威是否是“为了受其支配的那些人的利益而建立的”[②]，如果是，那么服从并不和他们的自由相抵触，他认为“那些蒙圣灵的恩惠变成上帝儿子的人，不能因为他们服从恩惠的支配而有反对理由”。对第二种反驳意见的回应是，“我们不一定能够从一个人受洗礼这一事实得出结论，说他就此不再处于屈从地位，即使这是罪孽的结果”。对于第三种反对意见，他的回答是，“较大的义务并不免除较小的义务，除非两者是不相容的”。对第四种反对意见的回答是，除特殊情况外，“靠暴力获得权力的人并非真正的统治者”，“可以不必服从他们”。[③] 对第五种反对意见的态度是，在没有其他救济手段的情况下，弑君以解救自己的国家是“值得赞扬和奖赏的”[④]。对第二类大问题的回应是，世俗权力和宗教权力是可以协调的，协调的办法是划分领域，“恺撒的归恺撒”，有关社会福利方面的权力归世俗权威。但是，世俗权威必须明白，它的权力来自于上帝，另外，精神方面的问题属于宗教权威管辖范围。

可见，阿奎那政治思想的根本出发点是要论证教会的权威高于国家权威。他认为，上帝造出来的人本来就是不平等的，正是这种不平等才产生了统治与服从的自然需要。而统治与服从就意味着某种秩序，要维护这种秩序就需要适当的权威。阿奎那的政治义务思

① 参见《阿奎那政治著作选》，马清槐译，商务印书馆 1982 年版，第 100—148、149—153 页。

② 阿奎那认为统治与服从可以采取两种形式：一是“主人为了自己的便利而使用他的仆人”；二是“主人依靠这种形式统治着那些为他们自身福利而对他服从的人们”。他这里指的就是第二种情况。

③ 这里的特殊情况，指的是如果权威的合法性获得追认的话，臣民仍有服从义务。

④ 阿奎那关于上述五个方面回应详细论述，见《阿奎那政治著作选》，马清槐译，商务印书馆 1982 年版，第 151—152 页。

想就是从这里切入的。

首先，政治义务的唯一理由是“权威”。在阿奎那看来，作为政治义务基础的、权威的道德支撑中最有说服力的论据是对它的自然需求。他的论证是按如下两种思路展开的：一是“人天然是个社会动物”①，这注定了人必须群居并建立社会，因为，只有在社会中并通过社会合作才能实现各自的利益。而社会往往因为其成员的目的和意愿互相冲突而陷于混乱，要使社会变得有序就必须确定一个权威“执掌权力，作出指示”，而其余的人则服从其命令，非如此“是不可能有社会生活的”。二是“如果有一个人比其余的人聪明和正直，那就不应当不让这种天赋为其余的人发挥作用”，作为其他人的统治者。在这里，阿奎那论证的出发点是人生来就有差异，虽然在上帝面前是平等的，但不能否认人先天禀赋是不同的。他应用《彼得前书》和奥古斯丁《天城论》中有关观点来论证“神就是按这种差异来造人的”，并认为“这是自然体系所规定的”。在这里，我们可以看到，阿奎那在论证权威时，很好地实现了自然观与神学观的结合。我们也可以看出，他的“权威论”是有解释力的。因为，任何一个人类群体都需要合作，这种合作可以通过一致同意或权威决定来实现，此外，没有第三条路。在一致同意不可能时，阿奎那毫不犹豫地选择了权威。阿奎那相信，在任何一个人类政治团体中，不管你能想象出多少种需要的类型，合作的需要总是最根本的。虽然对于合作问题，不同的人可能会有不同的办法，但是，一旦那些掌握权力的人做出了正确的或合理的抉择，人们随之就会遵从这一结果，这似乎是很自然的。

其次，政治义务既是相对的又是绝对的。在服从的相对性与绝对性问题上，阿奎那与苏格拉底有一些相似的地方。苏格拉底认为，一个人应该忍受不正义而不应该不正义地去伤害他人；无论在什么情况下，一个人灵魂的正直是最重要的，因此，没有任何权威可以迫使人们去“做坏事”，在这种情况下，人们没有义务服从。

---

① 在《神学大全》中，阿奎那是在“人是天然要过政治生活的”这一标题下谈论这个问题的，具体见《阿奎那政治著作选》，马清槐译，商务印书馆 1982 年版，第 101 页。

同样，阿奎那也觉得，只存在一种服从正义法律的义务，但将不正义的法律分为两类，一类是“由于违反我们已经确定的标准而于人类幸福不利”；另一类是与神的善性相抵触。关于前一类法律，阿奎那认为它“与暴力无异，而与合法性并无共同之处”，他引用奥古斯丁的话论证说，这类法律并不使人在良心上感到非遵守不可，“除非偶然为了避免诽谤或纷扰”。关于后一类不正义的法律，作为一名神学家，阿奎那认为，“在任何情况下也不可以服从”，绝对不能去做“神圣命令”所禁止的事。在这里，阿奎那想说的应该是，假如法律或权威要你“去做错事”，你必须不服从。从表面上说，这与苏格拉底说的没什么两样。但是，他认为他这样说不仅基于世俗的角度，而且还基于宗教的视角。不过，虽然我们必须承认宗教与世俗关于做错事的具体含义可能有所不同，但是我们也不能否认至少在表面上两者的判断都依赖于公民个人的良心，因为，良心则是道德生活的基础。正是在这一点上，苏格拉底与阿奎那之间，具有某种思想上的继承关系。

再次，政治合法性与政治义务的关联是动态的。当代许多政治思想家认为，政治义务与政治合法性具有逻辑相关性，而与政治合理性无关。这种观点应该是有历史渊源的，阿奎那的政治思想应该是其中一个源头。在阿奎那看来，虽然政治权威的终极来源是上帝，但也可能由于这样两种缘故不是从上帝方面得来的：“或者是由于获得权威的方法，或者是由于对权威的用法。”前者涉及合法性不足问题，后者涉及合法性流失问题。他认为，合法性不足可能因为两个方面的原因，一是权威本身有缺点，它不配得到那种地位；二是获得权威的方法有问题，比如诉诸暴力等非法手段。第一个方面的原因对合法性影响不大，考虑到权威的终极来源，臣民肯定有政治义务。第二个方面的原因导致的合法性不足是致命的，臣民对这种权威没有服从义务。但一时没有并不代表永远没有，合法性是可以追认的。阿奎那列举了两种追认方式：一种是经过公众的同意，另一种是较高权威的干预。而合法性流失也可能是两个方面的原因：一是掌权者的命令违背其当初被设立的目的；二是掌权者超越权限发布适当的命令。换句话说，合法性流失的原因，或者是该做的没做到，或者是不该做的却做了。如果是前者，臣民不仅可以不服从，而且还必须反抗；如果是后者，臣民有选择服从还是反抗的自由。①

应当肯定，阿奎那对政治合法性与政治义务关系的阐述是清楚的。但不清楚的是，在合法权威与不合法权威之间，有没有中间地带，比如有没有“合理的权威”？一个阿奎那认为刚开始是不合法的政治权威，后来为什么会被公众追认为合法的，仅仅是通过追认这一形式还是因为它实际上具有某种合理性？这一点，阿奎那似乎没有说明。与此相关的问题是，什么样的政治权威算是合法的，标准是什么？仅仅如阿奎那所说，只要公众认可或教皇认可吗？如果真是这样，那么，这些政权后来为什么又会失去合法性？换句话说，政治合法性仅仅是个形式问题吗？与内容，比如政府的品质不相关吗？比如，虽然某一个政权在形式上不符合阿奎那的合法性标准，但它却是个真心为民众谋福利的政权，具有广泛的合理性。我们对这样的政治权威没有服从义务吗？这一点，我们似乎还不太清楚。而正是这个问题，至今仍深深地困扰着当代思想家。

第四节　历史主义社会契约论解释

正是在前面我们所描述的这种教权与王权的持续争斗中，一些基督教神学家从超自然主义政治学说出发，竟然推出了关于政治服从的社会契约理论。这些神学家中，第一个我们必须提到的是11世纪后期极力捍卫教权的阿尔萨斯的一位僧侣，即劳滕巴赫的曼尼戈德。根据我们现有的知识，曼尼戈德下面的这一段论述，被认为是社会契约论的最初版本：

既然没有人能够自立为皇帝或国王，那么人民提升某一个人使之高于自己，就是要让他根据正确的理性来统治和治理人民，给予每一个人他所有的，保护善良的人，惩罚邪恶的人，并使正义施行

① 《阿奎那政治著作选》，马清槐译，商务印书馆1982年版，第150—151页。

于每一个人。但是如果他违反了人民选举他的契约，妨碍或搅乱了人民建立他所要确立的秩序，那么，人民就可以正义而理性地解除服从他的义务。①

曼尼戈德的这一段话大致勾勒出了一种关于统治者与人民之间关系的普遍理论：这是一种契约关系，它是对统治者权力的限制，它是人民服从义务的根源。应该说，把这种契约称作是统治者与人民之间的政治契约可能是一种虚构，但这种虚构是有意义的，它后来在欧洲的历史进程中一直被重申，直到17世纪。

200多年后，14世纪早期奥地利一座修道院的一名院长，即沃克斯道夫的因格尔伯特（Engelbert of Volkersdorf）发展并超越了曼尼戈德，成了第一次提出且后来被称之为"原始契约"（original contract）观念的人。按照因格尔伯特的说法，人民根据他们的本性和理性，选择一个统治者并通过一个"服从契约"（pactum subiectionis）接受（有条件的）服从义务，订立这一契约是"为了接受管理，寻求保护和维持生活"②。在这里，因格尔伯特的服从契约（或称"原始契约"）暗示人类历史上存在着一个"前政治"的阶段，即后来的学者们所谓的"自然状态"。这一意思在他之后200多年的罗马法学家萨拉莫尼奥（Mario Salamonio）的著作中也可以找到。但是，萨拉莫尼奥的贡献不在于重申了这些观点，而在于他用罗马法的概念将政治共同体或国家定义为"公民团体"。他认为，政治社会或公民社会（civil society）就是个人之间通过契约所建立的一种合作关系，这一契约的条款表现为国家法律，没有国家法律国家就无法存在，同时它对包括统治者在内的所有成员都有约束力。与曼尼戈德和因格尔伯特不同，萨拉莫尼奥的这个"原始契约"不是统治者与人民签订的，而是公民个人之间签订的，这在社会契约论发展史上还是第一次。在萨拉莫尼奥的《论君主》出版

① A. J. Carlyle, *Medieval Political Theory in the West*, London: Blackwood, Vol. 3, 1915, pp. 163-166. 转引自［英］迈克尔·莱斯诺夫等《社会契约论》，刘训练等译，江苏人民出版社2005年版，第350页。

② G. B. Fowler, *Intellectual Interests of Engelbert of Admont*, 2nd edition, New York: Columbia UP, 1967, pp. 167-170.

后，教皇不得不面临来自马丁·路德和新教改革的压力，这一具有划时代意义的事件影响并提升了社会契约论的重要性，加尔文教徒也开始借助契约观念思考问题，其中影响最大的是布鲁塔（Junius Brutus），他在《论反抗暴君的自由》一书中提出了两个契约的思想。布鲁塔认为，在每个地方都存在“国王与其臣民之间相互负有义务的契约”，“这一契约要求人民忠实地服从，国王合法地统治”，因此，君主如果违反了协议也就解除了人民服从的义务。与此同时，布鲁塔还认为，在此之前还存在一个契约，但不是萨拉莫尼奥所说的公民个人之间的契约，而是，上帝作为一方，统治者和人民作为另一方签订的契约。如果一个统治者违反了真正的宗教信仰，他必须被抵制，人民必须反抗这样的统治者。①

如果说前面几位思想家都在用契约观念分析政治权威和政治义务方面做出过贡献的话，那么，还有一个必须提到的重要人物是阿尔色修斯（Johanes Althusiuus），基尔克认为，正是他“将契约观念上升到了理论的层面”。因此，他可以说是真正意义上提出社会契约理论的第一人。阿尔色修斯指出，“除非是通过臣民及其未来的君主共同同意的约定，除非确定一种双方都应该服从的既定的双向义务，否则任何一个王国和国家都无法建成。一旦这种双向的义务失去了信誉，君主的权力也就终止了”②。在统治者与人民的契约问题上，除了在前面有些社会契约理论家那里也可以看到的东西外，阿尔色修斯的创新在于，他致力于说明什么是人民以及他们是如何结为一个共同体，从而成为契约一方的。他以亚里士多德式的论证方式告诉我们，“政治中的服从问题，是一个关于联合的问题”，因此，它或许可以叫作“共生”（symbiotics）的科学。在这样的联合体中，联合者（或共生者）“通过公开的或默认的契约，相互做出

---

① Junius Brutus, *A Defence of Liberty Against Tyrants*, ed. H. Laski, London: Bell, 1924, pp. 179, 72.

② 转引自［英］迈克尔·莱斯诺夫等《社会契约论》，刘训练等译，江苏人民出版社 2005 年版，第 56 页。

保证"[①]。这样，阿尔色修斯就将之前社会契约论思想家提出的几个契约有机地连接在了一起：他把所有君主和国王的权威都建立在一个原始契约基础上，这是每一个民族与其第一个统治者所订，并为通过选举而继任的统治者所重申的，如果统治者违反，人民就可以反抗；先于这个契约的是人类与上帝所订的契约，它使统治者负有建立真正宗教信仰的义务，如果违反人民就必须反抗；在这之前的契约是形成政治共同体以及确立基本法律的契约，统治者也要受这些法律约束。

很明显，到阿尔色修斯为止，社会契约论都是用来证明反抗统治者的合法性的，但是，很快，这种情况发生了逆转，霍布斯提出了为国王辩护的社会契约论思想。从理论渊源上看，霍布斯的社会契约论思想更接近于萨拉莫尼奥，而不是时间上更近的阿尔色修斯。受亚里士多德的影响，后者不认为人类存在一个"前政治"状态。而霍布斯则主张这样一个状态，并对这种自然状态给予了详尽的描述。他认为，虽然自然法是人类社会保持和平与秩序的关键所在，但自然状态下，由于人人相互为战，大部分自然法根本不起任何作用。换句话说，虽然自然状态下的人们拥有那种取得他所能得到的一切东西，做他所能做的一切事情的自然权利，但这种权利不仅没有带来秩序与和平，却加剧了人们之间的冲突。在这种状态下，人们的生活是"孤独无依、贫困潦倒、污秽不堪、粗野不化和生命短促的"。如果这就是人类的自然状态，如果这就是人类自由和平等的结果，那么，他们摆脱这种状态就不足为奇了。因此，霍布斯进一步指出，"理性便提出可以使人们达成协议的方便易行的和平条件，这些和平条件在其他场合也被称为自然法"。这些自然法中，他认为最重要的有三条，[②] 概括起来一句话，为了和平的目的，人们必须订立一个契约或协议放弃他们的自然自由，并且，他

① ［英］迈克尔·莱斯诺夫等：《社会契约论》，刘训练等译，江苏人民出版社2005年版，第57页。

② 这三条自然法分别是，"每一个人只要有获得和平的希望，就应力求和平"；为了和平的目的他"会自愿放弃这种对一切事物的权利，而在对他人的自由权方面满足于自己让他人对自己所具有的自由权利"；人们"必须履行所订的信约"。具体见［英］迈克尔·莱斯诺夫等《社会契约论》，刘训练等译，江苏人民出版社2005年版，第79页。

们必须遵守这一契约。正是在这种自然法的强制下，人们订立了这一契约，这种契约既不是统治者与人民之间的契约，因为统治者不是当事人，也不是政治权威产生前公民之间的契约。契约的后果是，创造了一个合法的、强大的权威，即“主权者”。人们必须把自己的权利转让给他，他不仅获得了完全的统治权，而且还获得了人们在自然状态下可以随意行使的其他一些权利。如果我们觉得这样给主权者的权力就太大了，以致他可能会对其臣民构成威胁，霍布斯回答说，“如果没有主权，危害会更大”。据此，如果我们认为霍布斯太绝对了，那可能就错了，事实上，霍布斯也有一条服从的界限，那就是捍卫“自己身体”的权利，凡是与自我保护的自由相违背的命令和决定，都可以不服从。另外，霍布斯还有服从的时限，一旦统治者不能有效运用权力保护和平，权威随之消失，服从的义务也就终止了。

可见，自然法的首要地位、人类的自然自由与平等以及政治权威取决于一个社会契约等，都是大多数思想家用来限制统治者权力的前提，但霍布斯却从这些前提出发得出了逻辑上无懈可击的相反的结论。虽然这一理论没有引起当时任何党派的好感，但却引起了包括当代哲学家在内的很多关注，从而引发了各种持久的争论。比如，第一，人们的服从义务与权威的合法性是否相关？在霍布斯这里，通过暴力，比如推翻前政府而获得权力的主权者，与通过原始契约而获得权力的主权者一样，具有同样的权威，享有相同的义务。尽管霍布斯对那些通过不正当的、非法的手段获得的权力予以强烈的谴责，但他还是认为这种权威不受影响。可以认为，霍布斯把合法的权力与合理的权力混为一谈：只要能保卫和平与秩序，该权威就必须被服从。可问题是，剪径强盗也能维护秩序，我们有服从义务吗？换言之，政治权威的合理性能够证明公民的政治义务吗？第二，社会契约具有历史真实性吗？霍布斯的社会契约论是从人性中推导出来的，自然状态下人们肯定会做这样的选择，这是它的一大优点，因为它消除了所有对于人们是否是主权契约当事人的质疑。可问题是，自然状态和使人类由“前政治”状态进入政治状态的契约是真实的历史事件吗？一般认为不是，自然状态只是一种虚构或假想的模型，虽然有各种迹象表明，霍布斯并不真正相信契约的历史真实性，但是，他的论证却显然需要这是真实的，而且，他也始终将承诺的兑现作为政治义务的基础，果真如此，我们能提供哪怕是一个政治契约的实例来加以验证吗？

在经历了霍布斯的巨大背离之后，洛克再次回到了社会契约论的传统倾向上来，即契约论是反专制的理论和为抵抗暴君的行动辩护的理论。在这一点上，他与中世纪、文艺复兴以及宗教改革时期的契约论是一致的，但是，论证方式上有了很大的变化。洛克从来没有提及统治者与人民之间的契约问题，他始终坚持个人主义的前提。虽然萨拉莫尼奥和阿尔色修斯都曾在不同程度上使用过这一前提，但真正对这一问题进行系统阐述的是霍布斯，因此，可以说，洛克的论证是在霍布斯理论的背景下展开并实现创新的。突出表现为，它是第一种通过不可剥夺的自然权利（inalienable natural rights）观念来限制政治权威的契约论，这一高度个人主义的观念对后世产生了深远的影响。

与霍布斯一样，洛克的论证也是从自然状态与政治社会以及国家之间的对比开始的。与霍布斯不同，他否认自然状态是一种战争状态，认为这种状态至少是一种“和平、善意、互相帮助和共同生存”的状态，承认自然状态的问题在于缺乏有权威的执法人员，即他所谓的“有权威的公共法官”，并认为只要这种情况不改变，“战争状态一旦开始就会持续下去”，因此，逃离“这种战争状态是人类组成社会，脱离自然状态的一个重要原因”。在这里，可以看出洛克与霍布斯的真正分歧。按照霍布斯的说法，自然状态区别于公民社会的地方是“公共权力”的缺位，而洛克则认为是“公共法官”的缺位。循着这一不同，霍布斯的论证目标是确立绝对政治权威，因此，需要缔约者交出所有自然权利。洛克的目标仅仅是确立“执行自然法的权力”，立约者不需要交出一切权利，只需交出自行执法的权利，而这正是合法政府的起源，也是个人服从政治权威的根源。据此，政府所获得的只是“委托”执法权，以及与此相关的立法权，以便在争端发生时制定法律。就是以这种政治权威的有限性以及立法权的授受性为特征，以保护个人的生命、自由和财产权利的名义，洛克形成了他自己的一种抵抗政府的理论。与霍布斯一样，他也认为政府不是契约的当事人，只是受托人，因此，抵抗政府的理由不是它违背了“契约”，而是它违背了“委托”（trust）。换言之，政府必须在委托范围内行动。与他众多的社会契约论前辈不同，洛克没有将反抗的权利限定在所谓“天然”代表的封建诸侯身上，而是认为全体人民都是政府受托行为的“恰当仲裁者”，都有反抗的权利。一句话，洛克的结论是，合法国家的功能是人民对它的“委托”事项，一旦统治者违背了这种委托，政府就解体了，人民的反抗也就是合法的。

可见，洛克的契约论比霍布斯的复杂了一点，尽管缺乏逻辑上的一致性，但本质上却更具说服力了。虽然如此，洛克的契约论也像霍布斯的一样，面临着契约的历史真实性问题。而且，这一问题是双重的：人类是否真的订立过原始契约？如果是，我们现在这些非契约的订立者还受它的约束吗？如果这两个问题的答案都是否定的，那么，政治权威和政治义务又为何以契约为基础呢？尽管洛克明确反驳了对契约历史真实性的怀疑，并试图通过“默示同意”（tacit consent）来论证，[①] 但这样的学说真的能为我们当前的政治义务提供满意的解释吗？显然很困难。

第五节　效用主义者论政治服从

如前所述，社会契约论在一定程度上存在历史虚妄性问题，因此，不可避免地会受到指责。其中一种最具洞察力的批判来自英国哲学家休谟。虽然在《论原始契约》这一著名论文中，他并没有直接将批判的矛头指向历史的真实性问题，但却指出这种契约对后代没有约束力。休谟认为，将政府的来源建立在契约基础上的论证本身是可以接受的，“如果我们追溯政府在森林和沙漠中的最初起源的话”，可以认为“它最初起源于一个契约”。但这并不表明人们当时真的就签署了这样一份契约并“明确地表示服从”。因为，人类

① 关于默示同意的论证，将在第三章中详细讨论。

还没开化到这种程度，不可能想到这种事。据此，休谟断然拒绝了对政治义务和合法政治权威的契约论证明。他认为，契约或同意可以是政治权威或政治义务的充分条件，但绝不是必要条件，必要条件应该是利益或好处。在这里，休谟采取的是一种归谬法（reduction absurdum）：大多数现存的政府都是合法的，人们有义务服从它，原因很简单："因为否则的话，社会将无法存在下去。"① 与此相关，如果没有社会，个人将无法存在下去。从这里可以看出，政府是否起源于同意或契约，与我们为什么应该服从或不服从没有太大的关系。建立和平有序的社会，这是政府产生的理由，也是我们今天服从的理由。换句话说，真正决定我们是否服从的是这些理由，而不是那一份契约。他进一步指出，不能像苏格拉底那样，把服从建立在许诺基础上。社会契约论或君权神授论都是一些党派编造出来的，我们不能从"原始契约这一辉格党人的基础上得出消极服从义务这一托利党人的结论"②。应当肯定，这就是休谟对契约论的批评中最有价值的地方，因为他敏锐地看到，将一种效忠建立在承诺基础上的理论在逻辑上是有问题的：为什么我们要服从法律，因为我们承诺要这样做；为什么要信守承诺，因为不这样做社会就要解体。换言之，信守承诺的义务不是基于我们曾经承诺过（或签订过契约），而是要么建立在法律规定的基础上，要么建立在暴力基础上。休谟相信，一种直截了当的政治义务理论大可不必这么迂回，一句"不服从，社会将难以维系"就够了。不过，我们也要看到，休谟并没有完全抛弃社会契约这一论据，他可能想建议用一种假想的而不是真实的契约来重构这一理论。不知是否是凑巧，后来的社会契约论思想家比如卢梭、康德、罗尔斯等人真的就这么做了。

从效用出发去分析服从问题的论证方法，也为后来的一些功利主义思想家，比如边沁所继承。他对休谟的论证非常赞赏，他自己承认他对社会契约论的有力批判只是在重复休谟的观点而已，对

---

① See Watkins, *Hume*: *Theory of Politics*, Cambridge University Press, 1977, p. 209. 转引自［英］迈克尔·莱斯诺夫等《社会契约论》，刘训练等译，江苏人民出版社 2005 年版，第 122 页。

② 参见《休谟政治论文选》，张若衡译，商务印书馆 1993 年版，第 136 页。

此，他这样写道："至于原始契约……这个怪物已经被休谟先生彻底摧毁了。我想我们现在已经不像以前那样频繁地听到它了。人类不可毁灭的特权不需要建立在幻想的不稳固的基础上。"① 遵循休谟的思路，边沁认为，用社会契约论来解释政治义务纯属多余，因为，信守承诺的机制并不是基于道德，而是基于习俗。当一个社会契约论者被问及为什么要信守承诺时，他只能求助功利主义或效用论理由。比如，不守承诺将被谴责，将受处罚，将得不到社会的好处；相反，信守承诺，对个人、对社会都有益。既然如此，政治义务理论为什么不直接诉诸始终发挥作用的公共利益呢？因此，边沁进一步指出，政治社会产生于人们的服从习惯或结果，而非原始契约。当一个或一些统治者能够持续为人们提供此类利益时，这样的习惯就可能持续下去。"只要服从所带来的可能伤害比抵抗的可能伤害要来得小，每个臣民都应该服从……只要符合他们的利益，他们就有义务服从，别无其他。"② 事情就是这么简单，按照服从行为的预期后果来说明就可以了，诉诸政治义务的一般解释毫无必要。

像休谟一样，虽然边沁也借助自然主义方法来进行论证，但他并没有试图从服从可以使个人效用最大化这一事实推出服从于"最多数人的最大幸福"这一义务，但在《功利主义》一书中，J. S. 密尔却采取了这一策略。他是这样来描述社会契约这一"虚构的存在"的："在某段未知的时间里，社会所有成员一致允诺遵守法律，若违法则甘愿受罚，即赋予立法者惩罚他们的权利（否则，他们认为立法者没有这个权利），无论是为他们自身的善着想抑或是为社会的善着想均可接受……因为它凭借了正义的另一信条：同意不生不义——惩罚者若受到被惩罚者的许可则不构成违法。"③ 密尔认为，这样的允诺即使不是异想天开，也解决不了什么问题；相反，

① 参见［英］边沁《政府片论》，沈叔平等译，商务印书馆 1995 年版，第 148—149 页。

② See Bentham, *A Fragment on Government*, chap. 1, secs. 43.

③ ［英］密尔：《功利主义》，叶建新译，九州出版社 2007 年版，第 129 页。在这个译本中，译者将密尔译作穆勒。

却会使我们在“是非”这一道德问题上迷失方向。[①] 而要在“是非”问题上做出正确的判断，唯有诉诸功利主义原则，即凡是能促进“最大多数人的最大幸福”的就是我们应该去做的。可是，人们在决定是否服从时，哪有时间去想自己的行为能否带来普遍福利呢？密尔说，“时间是充裕的，那就是人过去存在的全部时间”[②]。换言之，可根据人类以往服从或不服从的经验。

至此，我们不仅要问：如果说遵守诺言的不能成为服从义务的真正根基，那么，为什么最大限度地谋求公众幸福或为公共利益服务就更有资格成为政治义务的基础呢？对此，效用论者似乎没有说明。事实上，从上述单纯的行为功利主义中所推演出来的方法，根本无法找到国民支持本国政府、服从本国法律的道德要求。“只有行为有益，义务才会相伴”的论点，对政治义务的一般解释根本不会有帮助。

第六节 非历史主义的社会契约论说明

无论是曼尼戈德、因格尔伯特、萨拉莫尼奥、阿尔色修斯，还是霍布斯、洛克，不管他们的论证风格和方法如何，一个共同的特点是，他们都密切关注自己那个时代的政治斗争和政治背景，因此，我们说这些社会契约论的解释都是“历史性的”。相比之下，另外一些社会契约论思想家，比如卢梭、康德等人的贡献就更多的是“学术性”的，与当时的政治斗争没有明显的因果联系。换句话说，并非是对特定历史时期政治问题的思考，根据这一特征，我们在这里将它称为“非历史主义的社会契约论”。相比于前者，后者基本避免了“历史虚妄”的挑战。这一论证策略的转变，与休谟等人的批评是否有关，我们没有明确的证据，但这种转变可以更好地

① 密尔认为，是非问题是道德上最难解决也是最需要解决的问题之一。具体见［英］密尔《功利主义》，叶建新译，九州出版社 2007 年版，第 3 页。

② ［英］密尔：《功利主义》，叶建新译，九州出版社 2007 年版，第 55 页。

回应“休谟式”的批评却是事实。如果一定要做一个概括的话，那么，这类社会契约论中的社会契约基本就是一种假设的或一种理想状态，或者说，社会契约在这里只是一种分析工具而已。

虽然说普芬道夫（S. Pufendof）的社会契约论思想也可以划入非历史主义社会契约论范畴，[1] 但是考虑到他对后世政治义务问题争论的影响没有卢梭和康德那么大，在这里，我们就直接跳过去，从卢梭的社会契约论思想开始讨论。

在某种程度上说，卢梭代表了社会契约论在古典阶段的顶峰。他的社会契约理论大致可以分为两个阶段，第一阶段的象征是1755年的《论人类不平等的起源和基础》，第二阶段的标志是《社会契约论》。在《论人类不平等的起源和基础》中，卢梭所讨论的或多或少类似于一种关注政府之历史起源的契约论。在书中，他指出，最早的人，根本就不是社会性动物，相互间没有“道德关系和固定义务”，后来虚荣（amour propre）产生了，文明开始堕落，人们相互敌视，富人以傲慢与凶残对待穷人，而穷人则以奸诈和狡猾对付富人。正是这种可怕的战争状态使政府的成立成为必要。不过，虽然卢梭认为初始政府是一个普遍协议的结果，但他坚持这个协议是富人通过诡计达成的。他的原话是这样的：“富人捏造了一些动听的虚假原因，诱骗他的听众从而达到自己的目的。他会说：‘让我们团结起来吧，保护弱者不再受压迫，约束有野心的人，确保每个人的财产安全。因此，我们要建立起一种不偏袒任何人的、人人都必须遵守的维护公平与和平的原则……不要用我们的力量相互对抗，而是让我们把它们聚集成一种至高无上的权力。这种权力将根据明智的法律统治我们每一个人，保护这一团体中的所有成员，击退我们共同的敌人，使我们永久地生活在和睦中。’”[2] 这就是卢梭关于政府起源的革命性的原始契约理论。人们奔着保障自由的目的

---

① 虽然普芬道夫也是从霍布斯、洛克等人的论证往下进行的，但他的讨论更多的是哲学上的，而非政治上的，他并不打算为反抗做任何辩护。因此，我们把他划入非历史主义这一类。进一步了解，可阅读 S. Pufendof, *De Jure Nature et Gentium*, Oxford: Clarendon Press, 1934, pp. 1077-1103。

② ［法］卢梭：《论人类不平等的起源》，吕卓译，九州出版社 2007 年版，第 145 页。

去签署的这份契约最后却巩固了不平等与压迫。在他的眼里，这就是人类的历史进程。那么，该如何避免这种状况呢？在《社会契约论》中，卢梭给出了答案。他没有因为上面提到的原因而否认国家的合法性，而是给合法的国家设定了条件，即合法的社会契约条款。他认为，这一契约应该在出现经济和社会不平等之前就已确立，而且订立这一契约的目的是，“要寻找一种结合形式……使每一个与全体相联合的人只不过是在服从自己本人，并且仍然像以往一样自由”[①]。为实现这一目的，卢梭诉诸其著名的“公意”（general will）概念：每个结合者都以“其自身及全部的力量共同置于公意的最高指导之下”。这样，每个结合者都成为其中的一员，共同采取行动、行使权威以及制定法律。在卢梭看来，这种理想的社会契约就是以“天赋自由”换取“公民自由”，这一自由是由主权者强制推进的，没有为个人的反抗留下空间。不过，卢梭也承认，从来没有什么办法能将多数人暴政彻底消除。而且，他在《社会契约论》中也明确写道，“我们只有服从合法权力的义务”[②]。因此，我们是否可以得出结论，无论卢梭是否情愿，都将允许公民有最后的反抗权。实际上，雅各宾派人士就是这样理解的。

如果说卢梭推导出政治义务的不是实际契约而是“理想的”契约，那么，我们可以认为，康德推导出政治义务的是“假想的”契约。这种契约与前面两种不同，实际契约给人的感觉是“曾经同意过”，理想的契约追求的是人们“应该同意的”，而假想的契约则希望人们“可能会同意”。用康德的话说，“人民根据一项法规，把自己组成一个国家，这项法规叫做原始契约。这么称呼之所以合适，仅仅是因为它能提出一种观念，通过此观念可以使组织这个国家的程序合法化，可以易于为人们所理解。根据这种解释，人民中所有人和每个人都放弃他们的外在自由，为的是立刻又获得作为一个共和国成员的自由”[③]。更明确地说，契约“仅仅是一项理性观念，但

---

① ［法］卢梭：《社会契约论》，何兆武译，商务印书馆2005年版，第19页。

② 同上书，第10页。

③ ［德］康德：《法的形而上学原理》，沈叔平译，商务印书馆1991年版，第143页。

它却有着无可质疑的实践现实性，因为它能够约束每一个立法者，以致他的立法就正有如是从全体人民的共同意志里产生出来的，并把每一个意愿成为公民的臣民都看作就仿佛他已经同意这样一种意志那样"①。

可见，在康德那里，社会契约不是一个集体同意的问题，而是一个道德律令的问题；社会契约不是一个历史事件，而是一种"理性观念"，意指虽然政治制度不是源于一个实际的契约，但社会契约观念可以而且应该被用来验证它们的公正性：这种制度是可以得到所有服从它的人同意的。从这一意义上说，理性观念是政治事务公正性的标准，而不是政治义务的标准。换句话说，可能的社会契约思想，应该成为立法者和统治者的一个向导，但它不是臣民用来反抗或不服从的借口。正是从这一点上说，康德的社会契约论思想是保守的，也正因为如此，有人认为他主张的实际上是一种服从法律的绝对义务。但与此同时，我们也发现，他的契约论观念使用的范围很广。人们既用它来证明国家的合法性，也用它来为国家的理想宪法提供标准。因此，也就产生了一个问题，"可能得到同意"这一标准到底有多大效果？因为，几乎任何事情都可能会得到同意。换言之，虽然这种契约可以避免实际契约在历史问题上的"虚妄"，以及理想契约在支持和反对特定政治制度时的"冗赘"，但它也存在一个问题，即这种论证不可避免地带有推测性，也就是说把服从政治权威的论证建立在我们对人性推测的基础上：普遍的人性激发一个普遍的契约并因此产生政治义务。② 这样的推测，难免使人觉得不可靠，进而怀疑：这样的社会契约论是否多余？难怪有人会说，"既然政治义务可以直接建立在道德义务的基础上，那么就没有必要安插一个契约了"，这样做就等于已经"向我们展示了契约历史的终结"。③ 正因如此，康德的契约论思想给了两种截然不同

① *Kant's Political Writings*, ed. H. Reiss, Cambridge University Press, 1977, p. 46. 中译本见《历史文献批判文集》，何兆武译，商务印书馆 1990 年版，第 190 页。

② 莱斯诺夫认为，从这一点上说，它与实际契约没什么两样。具体见［英］迈克尔·莱斯诺夫等《社会契约论》，刘训练等译，江苏人民出版社 2005 年版，第 131 页。

③ J. H. Gough, *The Social Contract*, 2nd edition, Oxford: Clarendon Press, 1957, p. 191.

的政治义务理论以启示，这就是后来“哲学无政府主义者”P. R. 沃尔夫声称，他对政治义务可能性的先验拒斥从康德那里获得了灵感。而与此同时，政治义务自然责任理论的倡导者，比如罗尔斯也声称从康德那里找到了依据。

第三章

基于同意的解释

在对国家权力的批判与合法性证明中，政治哲学的自由主义传统在很大程度上依赖于同意这个概念。因为，同意的行为，如果实施得当，会使同意者负有道德的甚至是法律的义务或债务。尤其是在那种同意者因此要做的事情本身道德理由不足或同意者将因为同意而承受痛苦的情形中，它的力量特别之大。此外，同意的独特力量还表现在它可以创设“霍菲尔德式的义务”（Hohfeldian liabilities），即一种同意的时候不可能知道或预测得到内容的义务。正是由于同意所具有的这些独特的、令人羡慕的道德力量，因此，在漫长的历史岁月里，同意理论竟然成为解决政治义务问题最有吸引力的方案。[①] 这期间产生了以霍布斯、洛克、卢梭以及康德等人的理论为代表的不同传统，它们认为，政治约束不是自然的，某种意义上说是人为的，这种与自然法相一致的思想，通过人类推理的力量和意志就被整合在了一起。同时，同意理论也逐渐成为现代国家合法性证明的“试金石”（touchstone）。

然而，正如很多人已经多次提到的那样，在现代国家发展过程中，理论证明所需要的那种同意以及明确做出同意的人其实非常少。因此，政治义务同意理论面临着一个迫切需要解决的问题，即“普遍未同意的问题”（problem of massive nonconsent）。虽然洛克的“默示同意”理论和康德的“假想同意”理论对这一问题给予了一

---

① 按照埃德蒙森的说法，作为解决政治义务问题的钥匙，其吸引力表现在四个方面：相对无争议性、内容独立性、解释的充分性和统一性以及诉诸规范性等。具体见 William A. Edmundson，“Consent and Its Cousins”，*Ethics*，Vol. 2，2011，pp. 335-353。

定的回答，但是，它们都有一个共同的弱点，就是都以“同意”的名义在进行根本不能算是同意的讨论，或者说，它们至多也就是同意的“远亲”罢了[①]，基本已经没有同意本身所具有的自愿主义色彩。因为，按照洛克的说法，仅仅待在地球上他出生的那个地方，一个人就已同意服从一份开放的契约，这份契约可能产生无限的、连续的命令需要他去遵从，这似乎远比同意应该解释的有限义务更有争议。同样，按照康德的解释，我们被假设成，如果不像事实上那么“愚蠢与邪恶”，或者说如果我们更明智、更客观，就有可能会表示同意，其争议性也不比洛克的理论少。按照洛克和康德的传统走下去的人，至今未能说清楚为什么“我们有义务服从政府是因为我们应该遵守诺言”。如果义务是值得怀疑的，承诺就那么可靠？正如休谟所说，当他们“被问及‘我们为什么要遵守自己的诺言’时，他们就会发现（自己）处于十分窘困的境地”[②]。实际上，当人们对服从政府的政治义务的自然性（naturalness）产生怀疑的时候，他可能也同样对遵守承诺的个人义务的自然性产生了疑虑。因此，作为解决政治义务问题的一把钥匙，同意的吸引力和局限性，在这一理论传统的发展中同样很明显。

第一节　“同意”概念的发展及其内涵

如同我们在第二章中所看到的那样，同意的思想或者说契约论思想最早可以追溯到古希腊。比如在《克里同篇》中，苏格拉底就曾借“法律”之口说道，“这是你跟我的协议呀，你不是同意遵守国家做出的判决吗？”在这里，苏格拉底所提到的协议，以及同意的问题只能说是契约论的一种萌芽，契约论真正作为政治合法性证明的一种方法，始于欧洲中世纪神权与王权关系的争论，尤其是关

① 这是埃德蒙森的观点，他用 cousins 来表示洛克和康德的同意与“真正的同意”之间的关系。我们认为，将 cousins 译为远亲较为妥当。

② ［英］休谟：《论原始契约》（《休谟政治论文选》），商务印书馆 1993 年版，第 132 页。

于王权的来源问题的争论。不过，它真正引起人们关注则在启蒙运动前夕。

根据乌尔曼（Walter Ullman）的研究，关于政府权力的来源，中世纪并存着两种方向不同的理论："上源理论"或称"神授理论"（descending theory of government，or theocratic theory of government）和"下源理论"或称"民授理论"（ascending theory of government，or populist theory of government）。[①] 前者认为，政府权力的来源是自下而上的，即源自人民或共同体，政府受人民或共同体之托行使权力；而后者则主张，政府权力的源头在上帝那里，这是一种自上而下的权力，政府仅仅代表上帝行使权力，是上帝的代理人。这两种理论在中世纪的存在有一个此消彼长的过程，13 世纪以前，"上源理论"处于优势地位；13 世纪之后，"下源理论"的地位随着契约论思想的出现而开始显现。契约论思想或者说同意的思想，属于政治权力"下源理论"的典型代表。这种理论之所以会在 13 世纪以后出现，根据有的学者考察，主要有三个原因，一是西欧封建社会的政治关系中蕴含着民权意识的原始"胚胎"；二是古罗马法中蕴含着民权意识的某种"基因"；三是基督教文化中也蕴含着民权意识的某种"特质"。[②] 在这里，由于第一个原因与我们讨论的主题不太相关，第三个原因我们已经在第二章中有所涉及，所以我们只对第二个原因进行一些考察。

在罗马私法中，有一条重要的原则：关涉大家的事需得到大家的同意（quod omnes tangit ab omnibus approbetur）。这条私法原则在中世纪罗马法复兴研究中，经由学者们的解释并借用与融合了三个概念后被广泛用于公共政治生活，从而构成了同意理论的核心内容。这三个概念分别是：第一，即使有少数人不同意，共同体的多数仍有权决定；第二，继承古典的程序规则，将所有利益相关的人的同意作为适当程序的本质特征；第三，使个别人或多数人的同意

---

① Walter Ullman, *Medieval Political Theory*, Harmondsworth: Penguin Books Ltd., Reprinted, 1979, pp. 12-13.

② 参见丛日云主编《西方政治思想史》（第 2 卷），天津人民出版社 2005 年版，第 392—400 页。

隶属于团体或共同体的意见，或公共福利，人们认为，统治者是其唯一的监护者或裁判者。当时的学者们认为，制定法律的职能本质上属于社会，这是大家的事，因此，对法律的服从义务来源于那些受制于法律的人或明示或默示的同意。与此同时，统治者也要受法律的约束，只能在一定的权限范围内进行统治与管理，一旦越界，人民可以审判和罢免他。统治权只有经过人民的同意才能得到（per solum conesnsum populi）。也就是说，“除非经由社会本身同意，否则对社会的强制就是不正义的”①。在这些思想家那里，同意已经成了合法性的证明标准。正如16世纪的托马斯·史密斯（Thomas Smith）所总结的那样，国王和暴君的区别在于，“国王得到被统治的人民的同意，他根据得到人民同意的法律管理事务；而暴君则违背人民的意志，随心所欲地践踏法律，其施政不征询人民的意见和取得人民的同意”②。这里的意思是，人民服从国王是基于他们自己制定的法律，人民服从暴君大多出于惧怕，至多也只是一种明智的选择。

尽管中世纪思想家的这些经典论述已经包含了当代政治义务同意理论的一些基本内容，但是，真正对我们理解同意概念有很大帮助的是洛克。正因如此，同意理论的研究一般也从洛克那里开始。在《政府论》的下篇中，洛克对同意问题给出了系统而又全面的解释，他的解释可以说既是对此之前一些思想家关于同意概念的继承和发展，也是对反契约论思想家的回应。虽然洛克自己并没有对同意的概念有哪些种类做过总结，但在《政府论》下篇，他至少是在以下三种意义上使用“同意”概念的：（1）承诺。比如，当洛克说“除了通过正式约定以及明确承诺和契约加入一个国家之外，没有其他方式可以使任何人成为那个国家的臣民或成员”时，他就是在这一意义上使用同意这个概念的。（2）书面契约。实际上，洛克上面的这段话里，还包含着关于同意概念的这一种用法。他认为，一

① Arthur P. Monahan, *Consent, Coercion and Limit——the Medieval Origins of Parliamentary Democracy*, Kingston and Montreal: McGill-Queen's University Press, 1987, p. 109. 转引自丛日云主编《西方政治思想史》（第2卷），天津人民出版社2005年版，第185页。

② 丛日云主编：《西方政治思想史》（第2卷），天津人民出版社2005年版，第186页。

个外国人要成为该国成员并承担政治义务，就必须签署一系列书面文件，通过正式程序来完成。此外，当洛克在谈到以色列民族确立他们的国王时，也是从这个意义上说的，他这样写道，“这时他们与耶弗他立约，如果耶弗他愿意帮助他们抵抗亚扪人，他们就立他做他们的统治者。《圣经》里是用这些话记载这些事的，‘百姓就立耶弗他做领袖，做元帅’”。这也是在书面契约的基础上使用同意概念的。（3）对他人行为的许可（authorization）。比如当他说“除了基于人们的同意和基于人们授予的权威，任何人都无法为社会制定法律”，“既然每个人生来都是自由的，除了经过他的同意，任何东西都不能使他受制于任何世俗权力”等时，[①] 就是在许可的意义上使用同意概念的。实际上，当我们在第三种用法上使用同意概念时，更多的是在证明统治的合法性；而当我们在第一种意义上谈论同意时，则更多的是证明我们的政治义务。不过，当同意的概念意指上述三个方面的行为时，作为义务的理由应该说就非常充分了。正如西蒙斯所说，“它们都是蓄意（deliberate）而自愿的行为，其隐含的目的在于改变当事各方的权利结构，并在‘同意者’身上产生义务”[②]。

需要指出的是，上述关于同意的三种主要用法是从一般意义上说的。实际上，同意概念在不同的思想家那里、在不同的语境下的用法具有很大差异，因此，也引发一些争议。换句话说，要通过承诺或许可来说明政治义务，还涉及一些具体问题，比如“谁的同意”、“何时同意”以及“怎么同意”等，对这些问题的回答直接涉及我们是否能够为一般政治义务提供满意的解释。下面，我们以洛克的《政府论》为例来对这三个问题进行说明。

第一，关于“自己同意还是他人同意”。当洛克说“人们天生都是自由、平等和独立的，未经本人同意，不得把任何人置于这种状态之外，使他受制于另一个人的政治权力”时，我们认为，同意

① ［英］约翰·洛克：《政府论两篇》，赵伯英等译，陕西人民出版社 2004 年版，第 201、192、206、198 页。

② A. J. Simmons, “Tacit Consent and Political Obligation”, *Philosophy & Public Affairs*, Vol. 5, Issue 3, Spring 1976, pp. 274-291.

应该是“自己”同意。而“当任何数量的人基于每个人的同意而组成一个共同体时，他们因此而使这个共同体成为一个整体，拥有作为一个整体而采取行动的权力，而这只有依据大多数人的同意和决定才能做到”时，洛克既指“自己”个人同意，也指他人同意。也就是说，立约之初，需要每一个参与的人都同意；立约之后，因为每一个人都可能追求不同的利益，无法一致同意，为了整体的利益，大多数人同意即可。用洛克的话说，“每个人都应依据大多数人的同意而受大多数人的约束”[①]。后来，当卢梭在《社会契约论》中谈到民主决策中的“少数服从多数”原则时，也有过类似的说法：“假如根本没有事先的约定的话，除非选举真是全体一致的，不然，少数人要服从多数人的抉择这一义务又从何而来呢？……多数表决的规则，其本身就是一种约定的确立，并且假定至少是有过一次全体一致的同意。”[②] 不管是洛克还是卢梭，说的其实都一样，那就是人类政治共同体的正当性基础是，我们至少应该有个一致同意的最初约定，否则，就无法解释道德上自由的个体为何要受制于他人。

第二，关于“过去的同意还是现在的同意”。这个问题包含两层意思，第一层意思是一个人过去同意过之后，就能约束他后来的行为，一个社会也是一样。洛克在他的《政府论》一书的一个注释中引用胡克（Richard Hooker）的观点谈到了这个问题。胡克是这样说的，“如果我们所属的社会在以前任何时候曾同意接受统治，此后没有以同样的全体协议来取消这一同意，那就是我们确实是同意被统治的”。在书中，洛克好像没有反对胡克的观点。如果真是这样，那么，这种契约是一种开放性的契约，与苏格拉底在《克里同篇》中谈到的协议在性质上是一致的：一次同意，终身受制约。这样的协议太可怕了，今天的人们恐怕是无法接受的。第二层意思是先人同意，后人受约束。对此，洛克是完全不认同的。他在批评一种关于“生来受制于一个古老国家”的论断时曾指出，不能说因为我们的先人承诺放弃了自然自由，就说他们的后裔就永远受制于

① ［英］约翰·洛克：《政府论两篇》，赵伯英等译，陕西人民出版社 2004 年版，第 184—185 页。

② ［法］卢梭：《社会契约论》，何兆武译，商务印书馆 2005 年版，第 17—18 页。

他们而服从政府，“无论任何人为自己做出了什么约定和承诺，他都有履行的义务，但不能以任何契约来约束他的子女和后裔”①。这也就是说，一个人先前订立的契约对他是有约束力的，但一份祖先订立的契约对其后裔则没有约束力。

第三，关于“明示同意还是默示同意（默认）（tacit consent）”。洛克认为，说一个人同意受制于一个政府及其法律，既指明示同意，也指默示同意。明示同意作为政治义务的来源，不存在任何分歧。但是，说默示同意是政治义务的来源，就有点困难了，这里的困难在于应该把什么行为看作是默认，以及默认又有多大的约束力？下面就让我们来详细分析一下这个问题。

一般来说，只要有所表示，一个人是否默认是比较好判断的。例如，塔西佗在《日耳曼尼亚志》中谈到原始的丛林民主的时候就曾经说过，当首领在部落大会上讲话时，“人们倾听着他，倒并非因为他有命令的权力，而是因为他有说服的作用。如果人们不满意他的意见，就报之以啧啧叹息声；如果大家很满意他的意见，就挥舞着他们的矛：这种用武器来表示同意的方式，乃是最尊敬的赞同方式”②。在这里，人们虽然没有明确表示同意，但挥舞了长矛，在当时的语境下，按照当时习惯，可以算作是一种默认。但是，如果那些在听部落首领说话的人，既不发出声音，也没挥舞长矛，我们又该如何判断他们是反对还是默认首领的讲话呢？实际上，这里涉及了默示同意或默认的认定标准问题。对此，当代许多思想家提出了建设性意见。比如西蒙斯就列举了五条标准。它们分别是：(1) 情况必须是这样的：同意是适合的，且当事人是知道这一点的；(2) 当要求提出反对意见或表达不同意见时，必须有一段合理而又明确的时间，或者，显然适当且可以接受的表达方式必须被潜在的同意者理解或知晓；(3) 必须向潜在的同意者说清楚，截止到什么时候不同意见就不可以表达了；(4) 提出不同意见的方式必须

---

① ［英］约翰·洛克：《政府论两篇》，赵伯英等译，陕西人民出版社 2004 年版，第 206、197 页。

② ［古罗马］塔西佗：《日耳曼尼亚志》，马雍译，商务印书馆 1985 年版，第 61 页。

是合理的、可接受的，且比较容易做到；（5）持不同意见的后果对于潜在的同意者来说不能是极端不利的。[①] 前面三个条件分别涉及潜在同意者所处的情境、异议的程序、异议的截止时间，它们共同作用，从而保证了默示同意作为同意表达方式的特殊性。应该说，一般情况下有这三个条件或标准就够了。但是，我们这里讨论的是默示同意是否可以在政治生活中发挥作用，所以还需要其他额外条件，上述（4）和（5）就是这样的条件，它们能够保证默示同意是任何一个公民都可以做到的，并且不会产生灾难性的后果。我们认为，西蒙斯关于默认的这五个条件具有相当的合理性，如果这些条件都能具备，默示同意就是一种“有意的行为”，就是同意的一种恰当表示，应该可以与明确的同意一样作为政治义务的道德依据。

不过，并非所有符合上述限制性条件的默示同意都必将具有同意的效力。沉默的行为和默认的内容有时是非常复杂的。

首先，沉默可以作为同意的表示，也可以作为不同意的表示。生活中出于无知、惧怕，或者是在进行无声的抗议等沉默行为并不具有同意的效力。在这种情况下，征询反对意见时，保持沉默就不等于是同意。因为，这是“虚假的同意”。H. L. A. 哈特就曾为这种因表面上的“同意”而不具有道德约束力的行为开列过一张清单。而贝朗则在哈特清单的基础上做了进一步的扩充，增加了所谓的“挫败条件”（defeating condition），具体包括：（1）自由缺失：被胁迫、威逼；不适当的影响；利用了“囚徒困境”。（2）被欺骗：当事人对某一重要内容处于无知状态；承诺人对于承诺的内容有极大的误解。（3）能力缺失：当事人精神错乱；当事人的智力暂时或持续地处于低下状态；当事人不够成熟。只要符合其中的一条或几条，便可认为是一种“虚假的同意”，因为它违反了沉默者的道德自主性。只有当“挫败条件”得以避免时，我们所做出的默示同意才具有“真正”同意的效力。[②]

---

① ［美］A. 约翰·西蒙斯：《道德原则与政治义务》，郭为桂、李艳丽译，江苏人民出版社 2009 年版，第 74 页。

② H. Beran, *The Consent Theory of Political Obligations*, London: Croom Helm, 1987, pp. 6-7.

其次，默示同意的理由既可能是工具性的，也可能是非工具性的。具体表现为同意一件道德上错的事情，比如不正义的政府通过的法律和正义的政府通过的“恶法”对同意者的义务是不同的。关于前者，从非工具性理由出发，得出的结论是：这样的同意是无效的。比如，罗尔斯就认为，“默认（acquiescence）甚至同意明显不正义的制度不会产生义务”①。拉兹也认为，“同意服从一个不正义的政府的法律，并不是一种社会认同在道德上的恰当表达。同意的非工具的有效性，只能被限定为对一个相当正义的政府权威的同意”②。而从工具性理由出发，得出的结论则相反，像贝朗、吉尔伯特等人就认为，同意的义务是一种自认的义务，是同意者加诸自身的新义务，只要它不违背行动者的自主性，就应该认为是有道德约束力的。西蒙斯更是明确地指出，“一项被强迫的同意不具有道德约束力是因为它们不是在恰当的意义上自愿地给出的；但是一个制度的非正义性并不影响一个人在认可它时的自愿性。只要假定那个非正义的制度恰好没有侵犯我的自主性，我是可以自由地同意它的权威的”③。关于这种情况，拉兹也认为，“有时不道德或非正义的法律可能具有可靠的约束力，至少对有些人是如此”④。虽说没有任何一个政府有权通过不正义的法律，但是，“无论一个政府多么正义，它都有可能时常通过一些不受欢迎和道德上引起不快的法律。在这种情况下，即使让每一个人自己处理，他也很少能够有效地遵守适用于他的那些正确理由”⑤。也就是说，在这种情况下，如果默示同意道德上错的事情仍构成同意义务的话，它所依凭的是工具性理由而不是非工具性的理由。

---

① John Rawls, *A Theory of Justice*, Cambridge, MA: Harvard University Press, 1999 [1971], p. 343.

② ［英］约瑟夫·拉兹：《自由的道德》，孙晓春译，吉林人民出版社 2006 年版，第 90—91 页。

③ A. John Simmons, *Moral Principal and Political Obligations*, Princeton: Princeton University Press, 1979, p. 78.

④ ［英］约瑟夫·拉兹：《自由的道德》，孙晓春译，吉林人民出版社 2006 年版，第 77 页。

⑤ 同上。

此外，还需注意两个问题，一是即使假定默示同意政治权威的地方通常是自由的，或者说符合西蒙斯的各项限制性条件，也并不能由此得出结论说对政治权威的默示同意一定就有约束力。“只有在有足够好的理由使人们通过同意而服从政治权威的时候，这种同意才是有约束力的。”[①] 离开同意的工具性理由，其效力是很难得到证明的。二是对默示同意的有效性判断是一个差别判断。在特定的背景下，或者由于特定的条件可能有效的默示同意，在其他背景下以及/或者是那些条件没有满足时，同意便可能无效。因此，根据在某些情况下默示同意是有效的这一事实，并不能得出对政府权威的默示同意有效的永久结论。

第二节　默示同意的重要论据

虽然明示同意作为政治义务的理由本身并无争议，但是由于它自身存在一个众所周知的困难，即现实中的人们并未表示过同意，也没有历史记载国家成立时有过一致同意的协议，因此，多年来，出于各种目的或意图，“同意理论”实际上已经变成了“默示同意理论”。而默示同意理论的最初切入点，可以说就是洛克的一段著名论述。[②] 在《政府论》下篇中，洛克这样写道：“只要一个人占有或享用任何政府的任何一部分领地，他就因此表示了他的默认，在他享用土地期间就和属于那个政府的任何人一样，必须服从那个政府的法律，不管他所占有的是属于他和他子孙的土地，还是仅住一星期的居所，或者只是在公路上自由履行。事实上，只要一个人身在那个政府的领土范围内，就构成了默认。”一般认为，洛克的这段话是默示同意最经典的论述。其中，包含着两个经典的论据。

---

① ［英］约瑟夫·拉兹：《自由的道德》，孙晓春译，吉林人民出版社 2006 年版，第 87 页。

② 一般认为，把政治义务建立在同意基础上的论点始于苏格拉底及《克里同篇》，对默示同意的经典解释当属洛克的《政府论》，而现代的讨论则见 Leslie Green，*The Authority of the State*，Oxford：Clarendon Press，1988，chap. 6。

论据之一：居住构成同意。

按照洛克的论述，不仅那些占有一块土地并长期在一个国家居住的人，即使是那些只在那里短期居住，比如只逗留一个星期的游客，只要置身于一个政府法制管辖的范围内，就构成了对该政府统治的默认。实际上，持这种观点的人不只是洛克，卢梭也是这么认为的，在《社会契约论》中提到那些反对原初契约的人时，他称他们为“公民中间的外邦人”，并坚称这些人并不能使契约无效，但不应该被包括在契约之内。一旦“国家成立以后，居住就构成了同意；而居住在领土之内也就要服从主权”[①]。其他思想家比如罗斯也持类似的观点，认为永远居住在这个国家的行为，本身就包含着一种“含蓄的服从承诺”[②]。但是，这种居住构成同意的观点并不是无懈可击的，它一直受到各种指责。其中，最有力的批评之一来自休谟，他断言，仅仅居住绝不构成同意的表示。“所谓默示同意是指用语言以外的其他较为模糊的标志所表示的意志而言的；不过这里一定有一个意志，而发挥这个意志的人，不论他如何默然无言，总不能不注意到这个意志。”休谟进一步指出，你要是去问一下居住在国内的大部分人，他们是否曾经同意过服从统治权威或默认服从他们，那么，人们会觉得你这个人很奇怪。“如果你说，他们居住在那个政府所辖的区域内，他们实际上就已经同意于那个已确立的政府，那么，我可以答复你，只有当他们认为那件事依靠于他们自由选择的场合，才能如此。”[③] 在这里，休谟的意思是，如果默示同意要成为政治义务的理由，必须具备一个额外条件：有一种允许我们同意也允许我们不同意的“选择情形”（choice situation）。而实际上，这种情形在苏格拉底那里已经可以见到。

我们应该还记得，在《克里同篇》中，苏格拉底借用“法律”的口说道：当一个雅典公民已经“熟悉城邦和法律的治理情况时，

---

① ［法］卢梭：《社会契约论》，何兆武译，商务印书馆 2005 年版，第 135—136 页。译文略有改动。

② Ross, *The Right and the Good*, Oxford University Press, 1976, p. 27.

③ ［英］休谟：《人性论》（下册），关文运译，郑之骧校，商务印书馆 2005 年版，第 588—589 页。译文略有改动。

如果对我们不满意，可以携带自己的财物，到他所喜欢的任何地方去。……可是，如果有人留在这里不走，看清了我们如何执行法律、管理城邦，仍然无意离开，那我就要说，事实上已经跟我取得协议，我可以向他发号施令，他愿意执行”[1]。应该说，将可以选择这一条件加上去，“居住构成同意”的论据就显得合理多了。然而，非常遗憾，无论是洛克还是卢梭都没有为我们提供这样的选择。实际上，即使提供了这样的选择，也可能只是个思想实验而已，因为“除了那些哲学家们外，简直是没有人想象过的”[2]。换句话说，现实生活中的大多数人从来也没有这样的选择机会。即使有这样的机会，代价也太大了，也不符合西蒙斯关于默示同意的五条标准的中第5条，即“持不同意见的后果对于潜在的同意者来说不能是极端不利的”。关于这一点，休谟早就说得很清楚。在《论原初契约》一文中，休谟这样问道，我们可以说“一个贫穷的农民或者工匠拥有选择离开自己的国家的自由，即使他没有掌握一门外语，对外国风俗也一无所知，日复一日地靠微薄的收入度日吗”？如果我们非得认为任何一个人都可以移民出国，这与我们说“一个待在船上的人，就自愿同意船长的统治；虽然他是在熟睡时被带上船的，如果擅自离船，就得跳进海里去死”有什么两样？[3] 休谟的这一问题是发人深省的。不是每一个人都有资本选择移民的，无论在哪一个时代、在哪一个国家，能够这样做的始终是少数；对一些人来说，移民就是一种灾难。即使懂外语，也有经济资本移民他国，一个人也还有一些最珍贵的东西根本无法从这个国家带走，比如他所热爱的家园、他的朋友等。这就赋予了居住以极大的价值，他持续居住下去可能是因为这个原因，而不是想表示他要同意什么。

除了休谟的上述批评外，当代一些思想家，比如皮特金等人也

---

① Plato, *Crito*, 51d, 51e. 中译文见《柏拉图对话集》，王太庆等译，商务印书馆2010年版，第33页。译文略有改动。

② ［英］休谟：《人性论》（下册），关文运译，郑之骧校，商务印书馆2005年版，第589页。

③ David Hume, “Of the Original Contract”, in A. MacIntyre (ed.), *Hume's Writings*, Collier- Macmillan, 1965, p. 263.

从其他角度反驳了“居住意味同意”的论据。皮特金认为，如果说默示同意必须以身体退隐、迁移以及放弃全部财产为选择条件，那么，使用同意这一概念纯属多余，因为，我们只要说留在政府所辖领土范围内的人都有政治义务就可以了。“如果最后发现人人都自动负有义务，为什么还要讨论社会契约学说?”如果真是这样，合法政府与纯粹强制之间到底还有什么区别? 如果居住意味着默示同意，那么，有没有“默示不同意”这种东西? 实际上，皮特金想说的是，“居住构成同意”的观点把我们引向了这样的立场：你所以有服从义务，不是因为你真的已经同意，你的这种同意在本质上是自动的。[①] 换句话说，你有服从义务是因为政府所具有的某些特征，即它是在原初契约的条款范围内行事的。皮特金的这一结论非常有趣，实际上她以某种方式把洛克同当代两种处理政治义务问题的方式联系在了一起，一是接近“假想契约”的学说，这种理论通常认为政府的属性是根据原初订约者施加给政府的各种限制来确定的，比如罗尔斯在《正义论》中的契约就是这种类型；二是诉诸政府的品性。她之所以得出上述结论，可能基于这样三个前提：第一，同意是政治义务的根据；第二，居住构成同意；第三，我们只有服从好政府而没有服从坏政府的义务。如果居住就构成了同意，那么，就有可能遇到居住在暴虐政府下也构成同意的结论，但这显然不是洛克的本意，也显然不会是政治义务的根据。可这样一来，同意的概念已经面目全非了。但从贯穿洛克《政府论》下篇的激进个人主义和自愿主义立场来看，皮特金的解读可能不一定正确，她把第一个前提给牺牲了。实际上，洛克的意思可能是，“居住构成同意”只是政治义务的一个必要条件，但不是充分条件。

因此，西蒙斯认为，洛克关于默示同意的这一段论述，如果“身处一国政府辖区范围内的人”被观察到有什么同意的迹象的话，其实不是一种“同意的表达（或表示）”，而只是“意味着同意”(imply consent)。[②] 这两者是有区别的。所谓“同意的表示”是指

---

① 毛兴贵编：《政治义务：证成与反驳》，江苏人民出版社 2007 年版，第 11—12 页。

② 同上书，第 42 页。

根据行为得以实施的某种语境，按照当时的习惯，这种行为可以被人们看作是行为者在表达自己同意的意图。但是，当我们说一种行为“意味着同意”时，既不是指行为者打算同意，也不是指这种行为可以被看作是打算要做出同意的表示。为了能够更好地说明洛克的论述是一种“意味着同意”而不是“同意的表示”，西蒙斯对前者做出了具体的说明。他认为，只要是以下三种情况，都可以算作是“意味着同意”，一是如果要求当事人同意的话，他原本会同意的；二是它“迫使”行为者做出同意；三是它使得行为者有义务去实施这种行为，而如果他同意过这种行为，他就有义务去做。这三种情况都不是同意的表示，因为它们都不是一种“有意的行为”，不会产生政治义务。如果一定要对号入座的话，洛克的论证可能就属于这其中的第三种情况。

除了要做出上述理解外，西蒙斯认为还应区分“发生（occurrence）意义上的同意”和“态度意义上的同意”。前者是一种能够产生政治义务的同意形式，当一个人表示同意时，他因此就受到了约束，无论他对自己所同意之事的看法如何。后者不能产生政治义务，充其量只是一种赞同或支持的态度。将这两者混淆起来，是自洛克以来到今天许多谈论同意问题的理论家，包括反对政治义务的人士所犯的共同错误。比如，同意理论的反对者断言：居住绝不是同意的表示。因为，在某一个国家内，总是有可能居住着一些打算要谋反的人、无政府主义者、间谍或者暴徒，“如果要说这些人同意（即使是默示同意）了他们积极反对的政府的统治，这似乎是可笑的”①。这种理解显然把“态度意义上的同意”等同于“发生意义上的同意”。其实，即使出于其邪恶的目的，上面所列的这些人明确表示服从国家也不是不可能的。或者，他们虽然未就服从国家做出明确表示，但符合西蒙斯关于默认的五要件。换句话说，虽然他们做出同意的表示时可能言不由衷，不是一种态度意义上的同意，但这没关系，只要他们做出这种表示，也是一种发生意义上的同意，像其他承诺一样也是有约束力的。相反，虽然一些公民从态

① 毛兴贵编：《政治义务：证成与反驳》，江苏人民出版社2007年版，第47页。

度上看似乎是同意国家统治的，或至少没表示反对，但未做出同意的表示，也不能算是发生意义上的同意。

论据之二：享受构成同意。

除了“居住构成同意”的论据外，在洛克关于默示同意的上述论述中，还隐含着另外一个重要论据：“享受构成同意”。这种享受至少包括在一个国家中拥有土地、使用公路等。按照洛克的理解，这些好处的享受也就构成了同意的表示。一个人不能既享受政府的好处又不服从政府的权威，这在道德上是不对的。尽管这种享受不是一种同意的表达，但它“意味着”我们已经同意，这与实际同意没什么两样，我们因此就有了服从政府的义务。洛克的这种观点从一开始就遭到了各种反驳。比如，休谟就认为，把我们服从政府义务建立在从政府获得的好处基础上的论证并非不可以，只是没有必要这么迂回曲折。在《人性论》一书中，休谟这样写道，诉诸政府利益的论证，一是可以为政府的建立提供原始动机，二是可以为我们服从政府提供理由。“这种利益是我们在政治社会中所享受的安全保障，而我们在完全自由和独立的时候是永远得不到的。”① 这种利益是政府的直接根据，它与政府是共存亡的，一旦政府不能提供这种利益，或压迫过度以致权威尽失，我们也就没有服从的义务。当然，这种义务是一种“自然的义务”，而非道德义务。也就是说，只要说我们有一种基于利益的服从政府的自然义务就可以了，不必如此麻烦地说这样的政治忠顺是基于同意。

另外的批评者则认为，洛克的观点是非常不合理的，因为它把政治义务建立在诸如使用公路这样微不足道的利益之上。其实，这样的批评是不得要领的。就像休谟所看到的那样，洛克所提到的各种享受之所以是重要利益，是因为在自然状态下无法提供它们。换句话说，洛克所说的不是单一利益，而是某种综合的利益。土地的使用离不开国家的司法保护，公路的使用离不开警察保护，更为重要的是，这些利益可能还离不开军队保护。从这种意义上说，洛克

① ［英］休谟：《人性论》（下册），关文运译，郑之骧校，商务印书馆 2005 年版，第 591 页。

的论证不是完全没有道理的。关键在于，洛克的辩护应当保证默示同意的给出必须是“知情地”（knowingly）以及自愿地（voluntarily）[①]。一个公民在享受国家所提供的军队和警察保护的好处时可能是不知不觉的，或者说是被动的，一定要说这种享受是自愿的恐怕有些勉强。也许，洛克的本意是想避免明示同意的不广泛性才诉诸这一理据的，但这样做的后果是，由于缺乏“意图性”，不是一种蓄意的行为，享受行为最终只能说是“意味着同意”而非“同意的表示”，不会因此产生政治义务。[②]

还有批评者认为，即使洛克所说的享受政府带来的利益并因此产生政治义务是对的，他也不知不觉地从基于“同意”的证明滑向了基于“利益”的证明。事实上，基于自身所获得的利益这一点就可以像感激理论和公平理论那样证明政治义务了，尽管不一定非常成功，但实在没有必要再“扯上”同意的理由。即便我们认为洛克关于享受的论证是有道理的，但他仍然存在与前面关于“居住构成同意”一样的问题，那就是我们没有机会选择！我们无法拒绝国家提供的许多不可分割的利益。即使我们不想在一个国家居住，或者不想要国家提供的利益，除了移民之外没有别的办法；即使想移居他国，自己也有资本，包括语言水平和经济基础，也还要别的国家肯接受；即使这些条件都具备，移民的意义也不大，因为“一个人离开一个统治者也不过是投靠另一个统治者，他根本就不能选择完全摆脱统治者”[③]。其实，我们不能怪洛克对同意问题的处理这么“简单且不清晰”，实际上，洛克的主要目的在于为政治权力的专断

① 克劳斯科认为，明示同意之所以能产生政治义务，是因为它具备这两个条件。默示同意要发挥作用，也需要具备这样的条件。应该说，克劳斯科的这两个条件比前面提到的西蒙斯的五个条件要简单而有效。具体见 George Klosko, “Reformist Consent and Political Obligation”, *Political Studies*, Vol. XXXIX, 1991, p. 678。

② 沿着洛克的论证路径，当代思想家提出了“参与意味着同意”的论证，代表人物有彼得·辛格和约翰·普拉门纳兹。具体见 Peter Singer, *Democracy and Disobedience*, Clarendon Press, 1973, p. 52; John Plamenatz, *Consent, Freedom, and Political Obligation*, 2nd edition, Oxford University Press, 1968, p. 170。对于“参与意味着同意”的观点，我们也可以同意以缺乏意图性进行反驳。

③ Dworkin, *Law's Empire*, chap. 6. 中译本见［美］德沃金《法律帝国》，李常青译，中国大百科全书出版社 1996 年版，第 173 页。译文略有改动。

使用设定限制，而不是想为政治义务设计出一种令人满意的理论。

至此，我们不得不承认，像“居住构成同意”的论证一样，“享受构成同意”的论证也同样不成功。正如史密斯所说的那样，“有些人居住于一个国家并求助于其法律的保护，并且同时希望把他们的居住和对法律的求助当作是对法律的同意或服从的承诺”的观点，只有“极少数完全迷恋社会契约论的人”才会相信它是对的。[①] 可以说，无论同意理论是如何的精致，它都无法摆脱两个基本困难：一是从历史和现实的角度看，认为公民明示或默示地同意了国家的统治是不准确的；二是如果一个人没有机会选择离开这个国家，那么他即使对国家的统治做出明示同意也不具备道德力量。因为，“要么爱它，要么离开它”（love it，or leave it）这一选择如同最后通牒在逻辑上是错误的：它预设了一个国家甚至在得到其公民同意之前就已经存在并获得统治权。[②] 具体地说，任何一个同意理论的倡导者都必须面对这样的两难境地：第一，如果在公民对国家表达明示或默示同意前国家尚未取得统治权，那么，国家就无权要求公民“要么服从，要么离开”；第二，如果国家在其公民做出同意表示前已经取得统治权，那么，同意理论所做的努力毫无意义。正如威尔曼所说的那样，“国家都是根据疆界来划分的，它们对其疆域内的所有人实施强制，因此，根本不会受到同意的干扰”[③]。

第三节　对默示同意论据的修正

鉴于同意理论所面临的各种问题，近年来，该学说的某些支持者采用不同的策略来加以捍卫。其中一种策略是放弃“实际”同意的论据，诉诸某种“假想”同意的论证方式，比如罗尔斯的论证方

① 毛兴贵编：《政治义务：证成与反驳》，江苏人民出版社 2007 年版，第 215 页。

② Christopher Heath Wellman，“Toward a Liberal Theory of Political Obligation”，*Ethic*，Vol. 111，2001，pp. 735-736. 中译文见毛兴贵编《政治义务：证成与反驳》，江苏人民出版社 2007 年版，第 173—174 页。

③ 毛兴贵编：《政治义务：证成与反驳》，江苏人民出版社 2007 年版，第 174 页。

式。这一种策略我们将在下一节中讨论。还有一种论证策略，继续沿着实际同意的思路走下去，主张给所有国民提供“选择机会”，认为即使“爱它或离开它”的论证并不能使对政府表示默示同意的个体人数高于明示同意的人数，仍有可能通过政治制度的改革，让更多的人有机会自由地表示同意。这一论证思路，我们视之为同意理论的“改进”版本，沃尔泽和贝朗是其中的主要代表人物。现在我们就把目光转向这些观点。

改进版本之一：“同意或离开”机制（consent-or-leave）。

鉴于“爱它或离开它”的论证所遇到的一些麻烦，一些同意理论的支持者认为，可以通过修改论证策略的方法加以解决。具体办法是，通过政治制度的修正，使更多的人能够有机会同意他们的政府。最简单的莫过于设计出某种机制（mechanism），使公民在达到一定年龄后可以有机会表示同意。这种机制其实古希腊城邦就有。我们最熟悉的莫过于雅典的例子，在那里，一个人只要到了 17 岁就能申请作为一个公民，因此获得成年雅典人才有的司法权和立法权。例如，除非你是一个公民，否则不能参与法律诉讼。换言之，如果不是公民，一个人就不能到法院起诉，并且他的所有法律事务将不得不由父亲或监护人来代理。[①] 同意理论的改进者认为，在现代社会中，也可以建立类似的适当机制。比如“同意或离开”机制，要求每一个人在年满 18 周岁时正式申请公民资格。其中，宣誓效忠政府及宪法应该作为整个过程的一部分。通过这一程序，要让所有国内居民都明白，同意是享有公民的特权（privileges）[②]，比如投票、竞争选举产生的职位以及担任人民陪审员的一个必要条件。从表面上看，这一机制很有吸引力，义务以及特权似乎都已建立在了同一个基础上：个体不同意政府将没有这些特权。但是，按照前面所提到的克劳斯科关于承诺的两个条件，这些机制必须这样来建构，即同意是自愿的，而且所有或几乎所有人都将会同意；必

① 详细见 Richard Kraut, *Socrates and the State*, Princeton: Princeton University Press, 1984, pp. 154-157。

② 特权是 privilege 这个单词的基本意思。这里之所以取这一意思，主要想表达有些权利只有公民才有，非公民是没有的。

须能设计出适当的方式去处理那些不同意的人。实际上，修正了的“同意或离开”机制仍不能满足上述两个条件。正如我们已经看到的那样，洛克的“居住构成同意”的论证遇到了许多的麻烦。异议者认为，在大多数情况下，一个人“决定”留在本国国内，而不移民他国并不能被描述为是“自愿的”。在许多情况下，某个人，比如S决定留在国内，可以准确地被理解为想避免部分或全部不愉快的后果，而不是他默示同意了该国的政府。如果这种论点可以被接受，也就可以反对任何强迫个人在同意和移民之间进行选择的机制。如果移民对默示同意来说并不是一个自由的选择，那么，在“同意或离开”机制下似乎就没有自由同意的选项了。因为在很多情况下，决定不离开一个国家并因此同意其政府不能被认为是自愿的，这种同意不会产生政治义务。

面对上述异议，贝朗为“同意或离开”机制做了辩护。他认为，只要那些决定是他们自愿做出的，就足以产生政治义务。为此，他举了两个例子。

例子一：假设格林（Green）有一种疾病，除非他能在医院接受治疗，否则将丧命。假如医院有一套关于患者行为的规则，所有入院患者都必须承诺遵守，这是入院的条件。假如格林不喜欢待在医院，并且反对那些在制定过程中自己未参与的规则，但只要他决定寻求治疗就必须服从规则，尽管替代的选择是死亡。

例子二：虽然布朗（Brown）是无辜的，但她仍被指控为谋杀。除非她出高价聘请律师，否则她将被定罪。虽然她不希望付给律师一大笔钱，但只要她决定聘请律师，那就要付钱，即使唯一的选择是她被判有罪。

在这里，贝朗的理解是，“即使一个人并不希望这样做并且唯一的选项是高代价，也能使这个人将自己置于承诺义务之下，仍然可以增加‘困难情境’（problem－situation）中选项的可用性。因此，在‘自由’的意义上，一个人选项越多，自由便越多”①。诸

① H. Beran, *The Consent Theory of Political Obligation*, London: Croom Helm, 1987, p. 105.

如那些所讨论的情境那样，能够使自己置身于承诺义务之下，也就增加了一个人的自由。因此，贝朗认为，在上述两个例子中，承诺不应该被看作是胁迫的，因此，能够产生义务。因为，在每种情况下，承诺都对承诺者有利。

但是，反对者认为，贝朗的说法是不成立的。虽然他的两个例子中的承诺都是具有约束力的，但在一些重要的方面它们与“同意或离开”机制是不同的。其不同点主要在“困难情境”的成因上。格林因为染上严重的疾病，被迫寻求医院的帮助；布朗因为错误地被控谋杀，被迫寻求律师的帮助。这些承诺或同意确实将有助于格林和布朗消除严重的潜在危害。但是，在这两种情况下，“困难情境”的存在都是独立于被承诺人的行为的，具备某种“独立性要件”[①]。也就是说，被承诺人并没有制造这些“困难情境”，格林的病不是医院或医生造成的，布朗被控谋杀也与她要请的律师无关，这一点是十分清楚的。但是，“同意或离开”机制不同，“困难情境”是国家造成的，虽然它并没有打算获得确切的承诺。在这里“同意或离开”机制有一个假设，即国家已经为某一个人提供了多年的利益，要求他选择要么同意要么离开去别的地方，目的只是为了让他承诺为这种利益的持续提供做出贡献。也就是说，贝朗两个例子中利益的获得是从承诺或同意之后开始的，而“同意或离开”机制中的利益在被要求选择的人做出选择前就已存在，是否延续下去取决于最终选择的结果。

因此，克劳斯科认为，在承诺人与被承诺人是否发生过关系这一节点上可以画出一条基线（baseline）。[②] 按照这一条基线，“同意或离开”机制的论证起点就应该退回到“自然状态”中去。因为，“自然状态”本质上说缺乏的就是国家利益。退回到这一条基线，“同意或离开”机制就能够满足独立性要求。最起码的是，采取剥夺利益的做

① 克劳斯科在谈到这个问题时，有时说 independence condition，有时又指 independence constraint。具体见 George Klosko, “Reformist Consent and Political Obligation”, *Political Studies*, Vol. XXXIX, 1991, pp. 680-690。

② George Klosko, “Reformist Consent and Political Obligation”, *Political Studies*, Vol. XXXIX, 1991, p. 681.

法，比如某种“利益剥夺方案”（benefit deprivation schemes）[①]，就可以被作为不同意的替代选项。但是，由于国家所提供的主要好处往往都是公共产品，不可能限制特定的个体加以使用，因此，很难想象一种可接受的替代方案将如何发挥作用。从这一意义上说，“同意或离开”机制的吸引力很可能在于，它为拒绝给那些不同意的人以利益提供了一条明确的思路。但是，做出“同意或离开”的选择，终究是无法让人接受的，也是没有说服力的。

改进版本之二：“外侨机制”（alienage mechanisms）。

如上所述，“同意或离开”机制根本无法迫使不同意者离开这个社会。如果有些人选择不同意政府，又不离开，那该怎么办？剥夺他所有由国家所带来的利益？实际上，这是不可操作的。因此，同意理论的支持者就在考虑，是否能够通过其他手段，在允许他们待在境内的情况下，诱导他们做出同意的表示。这种解决方案有点类似于雅典模式，即如果同意政府，个人将能获得一些特别权利，而这些权利在其他地方是无法得到的。只要把对不同意的惩罚局限于同政府的存在相伴随的特别权利方面，就能满足“独立性条件”，因此也是非强制性的。按照这种理论，特权与义务可以有不同的组合，如果把公民中同意与不同意的人进行分类，结果可能是这样：一部分“完全公民”，同意政府，因此享有特别权利并将承担政治义务；还有一些“不完全公民”，不同意政府，因此不享有特别权利，也没有任何政治义务。

在主张这种解决方案的人中，沃尔泽及其“外侨机制”是值得一提的。沃尔泽认为，在那些永久居住在某些国家的外国人和那些不完全同意他们的政府的本国人之间可以画一条平行线。他指出，在18、19世纪，有一条普遍的国际法原则，那就是公民和外国侨民在义务和特权方面是不同的。这一原则的内容，按照霍尔（William Edward Hall）的说法，可以这样表述：“在一个外侨已经通过

① 按照这种方案，一个被要求做出选择的人，如果不同意，又没有移民他国，国家就将剥夺其各种利益，包括排他性利益以及非排他性利益，使他犹如处在自然状态下，让他选择是否进入国家状态。George Klosko，“Reformist Consent and Political Obligation”，*Political Studies*，Vol. XXXIX，1991，pp. 686-690.

某些行为使他自己成为居住国的国民之前，他既没有政治上的特权，也没有一个国民的责任。他只不过是个需要遵从其所处社会的秩序的人，在政治上不过是一个陌生人，只负有消极的责任，以避免其行为损害这个国家的政治利益或违背它的法律。"① 这些外侨只有在特定情况下，比如维护社会秩序时，才可能承担少量与国民一样的责任。而这里所说的维护社会秩序，用沃尔泽的话说，包括有义务遵守法律，以及当该政治制度因外敌"入侵可能会受到严重干扰和破坏"时提供军事服务。在古代雅典，外邦人（外籍居民）被组织成特殊的军事单位也只用于城市的防御。在现代许多国家里，是否有义务提供军事服务，也正是本国公民和外国侨民之间的重要区别。本国享有公民特权的人，具有政治义务并因此需要支持并服务于国家的军事政策；外国侨民因没有该国公民的特权，只有消极义务，需要服从法律并维护居住国的安宁，但他们的义务没有进一步扩展到军事方面。

从这一区别出发，沃尔泽提出了同意理论的另一个改进版本。他相信政治义务植根于同意，而且个体可以通过在政治制度中各种形式的参与，比如，在选举中投票等对政府表示了同意。那些不参与的公民，只可以说是默认，沃尔泽将他们称为"定居国内的外国人"（resident aliens at home）。他认为，对于这些人，"我们至少必须考虑这样一种可能性，像外侨一样，他们被允许免除兵役并继续住在这里，即成为定居国内的外国人，承认有义务保卫社会秩序免遭破坏，但拒绝保卫国家或者参与国家扩张"②。因此，同意理论可以这样来改进：国民可以被要求在一定年龄时做出选择并宣布，自己有意成为公民并接受兵役等政治义务；或者成为"定居国内的外国人"，从而永远地失去他们的政治权利并免除兵役，但社会紧急状态下除外。沃尔泽的这一改进，相对来说就没有"同意或离开"机制那么激进。如果一个国民拒绝表示同意，他必须放弃完整的公民权和特权，并像一个"定居国内的外国人"那样永久居住下去。

① Michael Walzer, "Political Alienation and Military Service", in *Obligations*, MA. Cambridge: Harvard University Press, 1970, p. 103.

② Ibid., p. 112.

这种理论满足了独立性要求，因此，比“同意或离开”机制显得更可取。

但是，沃尔泽的这一改进，似乎并没有成功地为政治义务提供充分的理由。在沃尔泽的权利义务框架中，公民所承担的义务太过沉重：他们被要求纳税、守法，或在国家紧急情况下服兵役。与此同时，“定居国内的外国人”的义务或责任则显得太轻。这样一来，可以相信，如果让人选择，只要有可能，许多公民都将选择当“定居国内的外国人”。因为，这样的选择代价并不是很高。在现代民族国家里，公民所谓的特权也并不是太多，主要是政治参与，其中主要的又是投票和担任陪审员等。而政治参与的这些权利，对许多公民来说其实都无所谓。按照克劳斯科的说法，目前“大约有一半符合条件的美国公民不太愿意去参加总统选举投票，同时，在非选举年投票率实际上非常低。此外，不少公民把陪审团服务看作是杂务，能避免尽量避免”[①]。这样一来，从表面上看，公民与“定居国内的外国人”的权利义务是公平的，实际上却很不公平。那些因同意从而成为“完全公民”的人代价高昂，而那些不同意并因此成为“定居国内的外国人”的代价太低。他们虽然也都得到了国家的主要好处，比如法治和国防，但提供这些利益的代价却仅由做出同意的那些人承担。最终的结果是，那些没有同意的人因为没有义务承受那些负担，他们的状况可能会比其他许多同意过的人都要好，因此，选择成为不同意者的人将会越来越多，或者说越来越多的公民将会决定摆脱公民负担，这将使剩余公民的负担更加繁重，从而造成大量公民外逃，并因此加速社会的崩溃。

为了避免这样的尴尬，沃尔泽以及其他持类似观点的人辩解说，外国侨民以及定居国内的外国人也应该有某些“最重要的政治义务”，具体包括纳税、守法，以及基于防御目的而服兵役。可这样一来问题就严重了，如果说那些同意过的人是基于同意而承受政治义务，那些没有同意过的人又是因为什么原因“摊上”这些“重

① George Klosko, “Reformist Consent and Political Obligation”, *Political Studies*, Vol. XXXIX, 1991, p. 685.

要的政治义务”的？对此，沃尔泽以及其他哲学家似乎并没有给出充分的论证。而正是这样一个问题，击中了所有将政治义务植根于同意的理论的要害。因此，同意理论的反对者，比如克劳斯科就指出，即便他们未曾同意过，外国侨民以及“定居国内的外国人”都将有政治义务这一事实表明，政治义务实际上源于某些道德原则而非同意，“最有可能性是植根于公平或感恩的道德原则”①。同时，一个人不同意却仍然可以留在这个社会并能得到一些重要好处，包括那些“洛克式的个人”离开“自然状态”想要得到的那种好处表明，核心政治义务源于得到这些好处，即一个人只要住在某一领土范围内他就能得到的好处。由此可见，“外侨机制”除了不能为普遍的政治义务提供充分理由外，实际上还给我们留下了一个“两难选择”：要么是没有义务的利益，要么是没有同意的义务。② 因此，基于选择的同意理论想要成功，也许还要进一步改进。

第四节　“假想的同意”

需要单独指出的是，同意理论的捍卫者还采用一种诉诸“假想同意/契约”（hypothetical consent/contract）概念的论证策略。这一理论传统往前可以追溯到康德那里。在他的后期作品中，提出用“原初契约”（original contract）的理念来确定公正的法律和公共政策。康德指出：“然而这种契约——我称之为原初契约或社会契约（pactum soicale）——为了纯粹正当的立法目的，它把一个民族中所

---

① George Klosko, “Reformist Consent and Political Obligation”, *Political Studies*, Vol. XXXIX, 1991, p. 686.

② 但是，如果按照目前这一思路继续改进，很有可能走向极端并走入死胡同。在克劳斯科“Reformist Consent and Political Obligation”这篇文章中，他讨论了一种更为激烈改进方案，他称之为“Benefit Deprivation Schemes”。按照这一方案，国家应该把不同意者打回“自然状态”去，剥夺其所有基于政府的利益。他甚至建议让这些不想同意的人应穿上特殊衣服或做出特别标志，即使遇到人身伤害而报警求救警察也不理他们。但同时又不让这些人组织起来进行自卫，因为国家不会允许以这样的方式使用武力。可按照社会契约理论，即使在“自然状态”下人们也是可以自卫的，无论他以何种手段。这样一来，就突破了“自然状态”这一讨论问题的“基线”，因此，也就显得更加离谱。

有具体的私人意志联合为共同的公共意志，它根本不需要真正发生过……不如说它仅仅是一种理性的观念，尽管它还带有毋容置疑的实践理性，它令每一个立法者在制定法律中犹如法律产生于全体人民的共同意志，把任何想要成为公民的主体都看成是好像他们共同对这样的意志进行了表决。这是公共法律是否正当的试金石。”[①] 在这段话里，康德并非想要诉诸人民的实际同意来为法律和公共政策辩护，他谈到的同意是“假想的人做出的假想的同意”，他认为这些假想的同意对我们确实具有道德力量，这并不是说“假想的人做出的假想的同意”真的对我们有约束力，而是因为这些人达成同意的过程显示了道德因素。后来的哲学家发展了康德的这一理论方法，但表现形式并不完全一样。

在当代，有些哲学家采用的是一种我们称之为“间接的”假想同意的理论方法。采用这种方法的哲学家并没有直接使用假想同意这一概念，比如塔斯曼（Joseph Tussman），他就主张无论一个人是否表示过同意，他都有义务服从一个合法的政府。如果他表示过同意，他是作为成员负有这样的义务；如果他没有同意过，则是作为“儿童”负有这一义务。[②] 换言之，只要政府是公正合法的，那你不是同意负有义务，而是负有同意的义务。可以说，这句话是许多假想同意的倡导者想说而未说出来的。因为，在他们看来，一个合法的政府，一个真正的权威，就是一个国民有义务服从的政府，就是其国民应当同意的政府，这是理性的人抽象的、假想的必须给予同意的政府，一句话，这是“值得同意”的政府。也有一些哲学家明确表示，自己采用的就是假想同意的方法，比如罗尔斯，虽然在他那里同意概念被用作一种“模型化的理论设计”（model-theoretic device），用来寻找正义的原则，而不是为政治义务提供理由。不过，假想同意的方法也可以用来解释政治义务，如果说明确同意可以很好地解释单个人的服从义务，那么假想同意则可以更好地解释

---

① *Kant's Political Writings*, ed., Hans Reiss, Cambridge: Cambridge University Press, 1977, p. 63. 中译文转引自包利民编《当代社会契约论》，江苏人民出版社 2007 年版，第 261 页。译文有所改动。

② 毛兴贵编：《政治义务：证成与反驳》，江苏人民出版社 2007 年版，第 15 页。

多数人的政治义务。正如沃尔德伦所举的例子那样，T区域内如果有两个相互竞争的制度体系 L_1、L_2 供人选择，“如果被问起，T内的大多数人很明显会同意 L_1，而不是 L_2 的统治，而且，T内几乎每个人都知道这一点，那么，很明显我们应该选择 L_1 作为我们基于正义应该忠顺的对象……T内的人并没有实际同意 L_1，这一点并不重要”①。可见，假想的同意能够为制度的选择提供充分的根据，因此，也能为政治共同体内个体的合作义务找到充足的理由。

因此，从某种程度上说，这种契约理论或同意理论是一种典型的“双重假设”（doubly hypothetical）的契约理论。许多同意理论家关心的不是“我们需要服从的现行制度安排是公民之间的真实契约的目的吗”这样的问题，因为他们通常认为不是。相反，他们感兴趣的问题是，“如果被问起，现行的这些制度安排会是公民之间协议或契约的目的吗?”哲学家们认为，面对这个问题的回应可以分两个层面，一是公民可能做出的“实际反应”。指的是哲学家们假设，对现实公民的实际调查可以揭示他们对自己所处社会制度安排的实际态度。但这也就是设想而已，真的这样去做的人非常少。二是公民的“假设反应”。也就是说，这个问题应该是个关于公民“假设反应的假设性问题”，即我们前面说的“双重假设”问题。它由两部分所构成，首先是“如公民们被问起，难道这会是他们之间协议的目的”？其次是“如果政治实体中公民的理想代理人被问起，什么样的社会安排将会是他们中协议的目的”？在这里，第一个问题中假设被问的是公民本人，涉及的是具体公民的经验性回应。第二个问题中假设被问的是比普通公民“更明智或更客观”的他们的代理人，哲学家们需要的是理想公民“深思熟虑的想法”。对于这种“双重假设”的方法，有些思想家提出了异议，非常著名的有德沃金。他认为，一个（双重）假设的协议无法约束任何实际的人。因为，假想的同意试图表明，假想的人在合同中会同意规制社会安排的原则P的约束。可是，即使可以表明你的代理人（一个

---

① Jeremy Waldron, “Special Ties and Natural Duties”, *Philosophy and Public Affairs*, pp. 25-30. 转引自毛兴贵编《政治义务：证成与反驳》，江苏人民出版社2007年版，第164页。译文有所改动。

更明智、更客观的你）会同意原则 P，那与你有什么关系啊？这样的想法将是疯狂的：约束你的协议明显不是你参与签订的，即使你有机会被要求这样做。更合理的观点应该是，你可以受制于一份你有机会亲自参与其中的协议的约束。

德沃金以及其他思想家的反驳并没有阻止假想同意支持者的热情。一些同意理论的倡导者比如伊斯兰德提出了新的改进方案。与其他思想家一样，伊斯兰德也认为，如果同意某种权威是严重不道德的因此是错误的，那么同意的行为将是无效的，无论这种同意行为是明示同意还是默示同意。比如，同意成为另一个人的奴隶并不会产生道德义务，即使它真正体现了一个人的意志。不过，伊斯兰德进一步指出，基于对称性理由，我们也可以得出同样的结论，即在那种不同意另一个人的权威将是个错误的情形中，不同意的行为也是无效的。也就是说，当一个人在道德上应该同意另一个人的权威，他就有义务同意服从他。为此，伊斯兰德设想了这样一种情形，假如一架客机坠毁了，但仍然还有机会通过非常良好的组织协调挽救许多乘客的生命。假如这时有一名空乘人员（flight attendant）站了出来，通过协调各路人马组织救灾工作从而“取得了控制权”。假设这名空乘人员并没有发出任何明显不道德的命令，那么，处于被要求提供帮助位置上的那些人如果不同意服从空乘的命令，将是明显不道德的，其不同意的行为因此是无效的。同样，如果一个特定国家的国民们应该同意遵守其法律，因为该国家执行的是道德上必要的任务，那么，他们没有同意就是个错误，因而也是无效的，而且，我们不妨得出结论说他们对国家负有政治义务。伊斯兰德称他的这种理论为“规范同意”（normative consent）。如果用一句话来概括就是，A 对 B 给予了关于 C 的规范同意，当且仅当 X 拒绝同意将不仅是错的，而且是无效的。如果用于政治情形中，可以重新表述如下：B 对 A 有合法的政治权威，当且仅当 A 已经实际同意或规范同意 B 对 A 拥有政治权威。[①] 与此相一致，政治义务问题

① David M. Estlund, *Democratic Authority*: *A Philosophical Framework*, Princeton, NJ: Princeton University Press, 2008, pp. 121-127.

也可以被重新理解为："当我们转向规范同意时，我们首先要问的不是服从的义务，而是同意服从的义务。"[①] 通过"同意服从"的义务这一解决方案，我们讨论的重点从人们经常做的事，转到如果有义务要求就去做的事，这样一来，同意理论所面临的"普遍未同意"的问题（problem of massive nonconsent）似乎就被避免了[②]。

但是，伊斯兰德的这一改进并不是无懈可击的。一些批评者认为，虽然伊斯兰德曾明确表示，"规范同意的办法并没有将同意问题与权威彻底分离，而是与一些观点（自然责任）差不多"[③]，但是，他也同样明确肯定，"合法的与权威的命令显然与个人的自治不兼容"。因此，伊斯兰德的规范同意理论可能会使同意和自治的因素丧失。[④] 因为，从他关于空乘人员的以及其他的例子中可以看出，个人的行为自由不再独立于权威，规范同意与个人意志的联系不再明显，他想捍卫同意理论自愿主义色彩的目标没有实现。另一些批评者则指出，伊斯兰德的改进，并没有改变行为主体的道德境况。如果说在"无效同意"的情况下（cases of null consent），一个人依然有义务不去做他同意过的事，依然没有服从的道德义务，那么，在"无效未同意"（cases of null nonconsent）的情况下，一个人也仍然没有义务去做他拒绝同意做的事，仍然没有同意服从的义务。也就是说，做出这些同意和不同意的决定并没有产生规范性的后果：无论行为主体如何决定，先前的道德状况仍然存在。[⑤] 我们将不得不面临着这样可能性：可以一再询问某个人同意还是不同意，直到他同意为止。但是，一般来说，当那个人拒绝同意时，他就必须离开那个人独自走了。

---

① David M. Estlund, *Democratic Authority: A Philosophical Framework*, Princeton, NJ: Princeton University Press, 2008, p. 152.

② 这里之所以翻译成"普遍未同意"，是因为同意理论面临的指责，实际上现实中绝大部分人都没有机会对国家表示同意，而不是绝大部分人对国家不同意。

③ David M. Estlund, *Democratic Authority: A Philosophical Framework*, Princeton, NJ: Princeton University Press, 2008, pp. 110–116.

④ William A. Edmundson, "Consent and Its Cousins", *Ethics*, Vol. 2, 2011, p. 340.

⑤ Tom Christiano, *Authority*, http://plato.stanford.edu/entries/authority. First published Fri Jul 2, 2004; substantive revision Wed Jan 11, 2012.

至此，我们不难发现，诉诸同意的权威证明是不容易的。从苏格拉底到洛克，直至最近的伊斯兰德，都试图利用同意的道德力量来证明政治权威或公民服从，但这些尝试都失败了。在他们那里，经过同意，个人意志延伸为道德理由，一个它原本不会到达的地方。实际上，一旦道德理由本身能到达，同意就没有必要了，除非是同意者需要以特殊方式向被同意者做出交代。与此同时，由于意志是善变的，即使有理由要求一个人同意，他可能会同意，也可能不会同意，这是不确定的，此时，同意或许可以被搁置起来。但是，如果权威必须面对理性的法庭，没有同意这一唯一道德力量的帮助，那么，它似乎就不可避免地要消失了。虽然如此，我们是否可以说自由主义传统中的同意理论是一个失败？因为，它包含了一种可能错误的观念，即政治理论可以一路“自由”下去，从而使得个人的意志不仅成为一种需要加以保护和促进的价值，而且还是合法政治权威的基础。也许，我们应该寻找新的理据了。

第四章

基于感恩的论证

从第三章的论述中可以看出，由于同意理论作为一种论证策略在普遍性问题上存在着难以克服的困难，因此，一开始就遭到各种反驳。在回应各种反驳并做出修正的过程中，同意理论的支持者，特别是默示同意的倡导者含蓄地认为，对政府的默认是因为政府的存在有其合理的价值，具体地说，就是它提供了人们生存必要的好处。这种向利益理论的退却，同样遭到了批评。而且，几乎就是为休谟的观点提供注解。在一篇题为“论原始契约”的著名论文中，休谟这样写道，“虽然同意可以为政府提供合法性，但是利益确实是其权威持久存在的原因。因为，政府为我们提供了安全和便利的生活，所以，既不是我们祖先的同意，也不是我们自己的默许，而是它符合我们的利益这一事实，促使我们对其保持忠诚”①。休谟的这一断言，引发了人们对当代政治义务利益理论的浓厚兴趣，在一些学者看来，政治义务的存在，不外乎两个原因，要么是我表示过同意，要么是国家或者政府给我带来了特殊的、重要的利益。如果不能证明我曾经同意过，那就必须表明国家已经给了我某些好处。换句话说，“获取政府的好处，要么是任何不以同意为基础的政治义务的一个基础，要么它是一个必要条件”②。

从这样一种观念出发，哲学家提出了两种代表性的利益理论：

---

① ［英］迈克尔·莱斯诺夫等：《社会契约论》，刘训练等译，江苏人民出版社2005年版，第441页。

② ［美］A. 约翰·西蒙斯：《道德原则与政治义务》，郭为桂、李艳丽译，江苏人民出版社2009年版，第142页。

感恩的论证和公平的论证。前者认为出于对政府所提供的必不可少的利益的感激，得到利益的人们有义务服从法律、支持政府，以保证这些利益得以持续提供。后者则认为国家就如同一项基于宪法的合作事业，从这一合作事业中获得重要利益的人们应该承担各自的公平份额，以维持这项事业并能继续提供合作利益。两者的相同点都是政府提供的利益，两者的不同点是前者认为出于对国家提供的利益的感激，我们应该遵守法律、支持国家，至少是不妨碍国家继续提供利益；而后者则认为获得利益后出于公平的考虑，我们应该以支持国家、遵守法律的方式对同胞公民承担自己相应份额的义务，去保障利益的持续提供。由于感恩的论证在苏格拉底那里已经在使用，而且当代一些基于公平论证的哲学家，比如克劳斯科都是从对它的批判出发的，因此，在这一章里，我们就先来讨论前一种利益观，即基于感恩的论证。

第一节　感恩的义务与美德

感恩是否是道德义务的一种来源，抑或只是一种道德要求，这是有争议的。[①] 按照这一种观点，人们之所以有感恩的义务，是因为得到了利益。但是，仅仅得到利益并因此产生感恩义务，还需具备一定的条件。综合伯杰（Fred Berger）和卡德（Claudia Card）的观点，有人认为，要在获得利益之后产生感恩义务，或者说，感恩要作为义务的来源，至少必须考虑五个方面的要素（considerations），它们分别是：（1）感恩是由三方组成的关系：X 因为 Z 而感激 Y。（2）感恩一般是以对另一个人善行的回应作为保证的。（3）感恩不是施惠者有权要求的，即使得益人有义务这样做。（4）得益人的感恩之债是一种相对非正式的义务。（5）与感恩有关的义务可能无

① 比如威尔曼就认为，感恩最好是被看作一种美德，而不是义务的来源，甚至可以认为根本就没有感恩义务这一说。具体见 C. H. Wellman，“Gratitude As A Virtue”，*Pacific Philosophical Quarterly*，Vol. 80，1999，p. 284。

法一劳永逸地充分履行，虽然这并不意味着义务本身过于苛刻。[①]只有从这五个方面出发，才能确定感恩义务何时产生，以及感恩义务可能会引起什么负担。一些政治哲学家试图把这种感恩义务扩展到政治义务的讨论之中，但在这样做之前，有必要先对这些要素进行初步的界定。

关于第一个要素。伯杰认为，感恩是一种由三方（three-part）组成的关系，它包括：施惠者、利益和得益者，三者缺一不可。而且，真正的感恩指向是清晰的，也就是说，一定指向某个人，因为某件事。[②]现实中有可能会出现这样的情况，人们也许会很高兴地去享受某些利益，但却找不到具体提供这些利益的人。比如韦尔奇（Brynn F. Welch）就曾经举过一个例子："我可能会因为威斯康星州的冬季只有七个月而不是八个月而感到高兴，但如果说我对这种'较短'的冬季表示感激那将是一种误解。"[③]在这个例子中，具体的利益以及具体的得益者都是明确的，唯一缺乏的是利益的实际提供者。因此，正如韦尔奇所说，在这种情况下，得到利益我们可能会很愉悦，但不一定会感激，除非能知道具体哪个人提供了该利益。换句话说，真正的感恩其对象应该是明确的，需要有我们能够对之表示感激的某一个人，或某一些人。

关于第二个要素。虽然感恩一般来说是因为得益，但也并非完全如此。对此，伯杰是这样看的："感恩不在于对利益的回报，而在于对善行的回应；是对那种其动机意在帮助我们的利益授予（或试图使我们得益）的回应。"[④]换言之，感恩更多的是针对他人的动机，而非其提供的利益或可能提供的利益的回应。为什么要这样说呢？不妨考虑这样的情况：有人实施了一些对我有利的行为，但此人并没有预见到这将会使我得益；如果他能预见到这样的结果，有

① Brynn F. Welch, "A Theory of Filial Obligation", *Social Theory and Practice*, Vol. 38, No. 4, 2012, p. 718.

② Fred R. Berger, "Gratitude", *Ethics*, Vol. 85, No. 4, 1975, pp. 289-309.

③ Brynn F. Welch, "A Theory of Filial Obligation", *Social Theory and Practice*, Vol. 38, No. 4, 2012, p. 719.

④ Ibid..

可能他是不会这样做的。这就是说，我们有时得到的只是一种偶然利益，对于这样的利益，没有必要表示感激。相反，如果有人试图让我得益，但失败了，我仍然可以对这种努力表示感谢，即使其努力没有产生实际的效益。不过，需要指出的是，即使施惠者打算让某一个人得益，实际上此人也确实得到了利益，也并不足以产生感恩义务。因为，有时这种“打算”是有潜在目的的，即给人以好处，为的是在将来获得同样的，甚至更多的好处。在这种情况下，我们也许会对这个人的行为表示感激，但不会产生感恩义务。正如韦尔奇所说，“只有当一个人实施了一种使我得益的行为，而且其目的是使我得益，我才对这个人负有感恩的义务”①。

关于第三个要素。虽然感恩可能是得益者的义务，但却不是施惠者的权利，这两者之间并没有对应关系。换句话说，即使感恩是应该的，施惠者也无权要求感恩。正如伯杰所说的那样，“虽然我们可以毫不犹豫地说有义务对所获得的帮助或礼物表示感谢，但我们不觉得可以安心地说在授予者有权要求的意义上我们欠了他什么”②。而卡德也持类似的判断，她论证说：“施惠者无权要求一个人的行为与……（感恩的义务）相一致，但是应该得到它……”③假定某人比如S溺水了，路人Y冒着生命危险救了他，S当然应该感激Y。如果S无动于衷，Y可能会觉得委屈，感觉受到了亏待，而且旁观的第三者也可能会义愤填膺地指责S自私。但是，即便如此，Y也无权要求S感恩，旁观的第三者也一样。因为，感恩是一种自愿的行为，是自我尊重与尊重他人的统一。强迫感恩或被迫感恩，就会使得益人失去“自尊”，这应该不是感恩这一道德要求的本意。正如卡德所说，“对你有义务并不意味着别人可以自由地被你利用”④。像卡德一样，理论家们通常都认为，并非所有的责任都

---

① Brynn F. Welch, “A Theory of Filial Obligation”, *Social Theory and Practice*, Vol. 38, No. 4, 2012, p. 719.

② Fred R. Berger, “Gratitude”, *Ethics*, Vol. 85, p. 300.

③ Claudia Card, “Gratitude and Obligation”, *American Philosophical Quarterly*, Vol. 25, p. 120.

④ Ibid., p. 122.

与请求权相一致。当然，我们也不能从缺乏感恩的权利自动推导出缺乏感恩的义务。

关于第四个要素。感恩的义务是一种相对非正式的义务，其内容并不十分明确。它不像民事活动中债务的偿还，这种义务没有具体条款，既不精确又很灵活。有些时候口头说声“谢谢”即可，而另一些时候可能需要付出巨大的牺牲，比如倾囊相助处于危机中的恩人。另外，这一义务的内容也是不稳定的，在某个时间点是这样，在另一个时间点可能是那样。实际的情况是，随着施惠者和得益者之间的关系发生变化，感恩的义务也可能会随之改变。因此，有些哲学家称感恩的义务为“不完美的义务”（imperfect duties）。[①]最流行的“不完美的义务”概念认为，一个人有这种责任的人，能够自由选择如何、在何时以及从何处去满足感恩的道德要求。正如密尔所解释的那样，“不完美的义务”是“那些在其中，虽然该行为是强制性的，但在特定场合的履行由我们自己选择，就如在行善或施惠的情况下，我们的确是必须要做的，但并不针对确定的人，也不在任何确定的时间”[②]。

最后一个要素。与别的义务不同，感恩的义务不能一次了断，一劳永逸。它可能持续很长时间，也可能无法完全得到履行，但是，“这并不意味着它们过于苛刻”[③]。如果一个人被别人从火灾中或在溺水时救起，这可以说是一种“救命之恩”，单纯一句“谢谢”可能是不够的。事实上，在这类情形中，说“救命之恩永世难忘”并不过分。但即使如此，也并不意味着得益者要倾其所有去表示感谢，也不意味着他每天都要念叨着感恩。实际上，这里说的只是感恩应该持续，而不是说感恩是一项严苛的义务。说的只是应该始终心存感恩之念，必要的时候应做出适当表示。从这一意义上说，

① 许多哲学家在谈到义务和责任时，都不加区分，将“duty”和“obligation”混用。

② John Stuart Mill, *Utilitarianism*, Indianapolis, IN: Hackett Publishing Co., 1979, p. 48.

③ Brynn F. Welch, “A Theory of Filial Obligation”, *Social Theory and Practice*, Vol. 38, No. 4, 2012, p. 720.

感恩的表示不一定要与所赋的利益恰好成正比。

但是，也有学者认为，即使统筹考虑上述五个要素，我们也不能说感恩是义务的来源，毋宁说感恩只是一种美德。因为，义务的术语并不能准确地“捕捉”那些我们认为在道德上要谴责的可恶的忘恩负义者。这可以从嘉弗（Julia Driver）通过思想实验提供的下列例子中得到证明：“阿尔伯特是一个非常慷慨的人，在过去的日子里，他做了很多对比尔有好处的事。假设阿尔伯特的姐姐突然生病了，他需要把她送到医生那里去。而如果他要花时间把他借的书还回图书馆，那么，他将无法做到这一点。于是，他要求比尔帮忙为他去还书。在同意为他去还书前，比尔是没有义务这样做的。如果比尔拒绝为他去还书，并且说道：‘我知道这将对你很有帮助，而且，对我而言几乎不费什么气力，但我只是不喜欢做这件事。’对此，阿尔伯特很可能会大吃一惊。他甚至会觉得很生气，因为比尔欠他很多人情。但是比尔没有做错什么。尽管我们对比尔做出一些负面的判断似乎是恰当的。在这种情况下所要求的这类否定判断……就被 suberogatory 这个概念所捕捉（captured）了。”[①] 在这个例子中，嘉弗引出了一个自创的概念 suberogatory，我们不妨把它翻译为“非义务的”[②]。这个概念被感恩美德论的支持者采纳，用于反驳感恩义务论。

非义务性（suberogatory）行为，是嘉弗提出的一系列特殊行为中的一种。这一系列行为是这样的：（1）义务性行为（obligatory actions）；（2）超义务行为（supererogatory actions）；（3）许可行为（permissible actions）；（4）非义务性行为（suberogatory actions）；（5）禁止性行为（forbidden actions）。[③] 这里的“非义务性行为”是处于中立行为（neutral actions）和错误行为之间的一种不恰当的、

① Julia Driver, “The Suberogatory”, *Australasian Journal of Philosophy*, Vol. 70, 1992, p. 289.

② 之所以将 suberogatory 这个单词译作“非义务的”，主要是基于以下两点考虑：一是这一概念所针对的情形是该去做某事而未去做，这种情况是不提倡、不禁止的；二是当事人如何行事是可以选择的。

③ Julia Driver, “The Suberogatory”, *Australasian Journal of Philosophy*, Vol. 70, 1992, pp. 286-289.

本质上自私的个人中心主义的行为。当事人是否采取这种行为是可以选择的。用嘉弗自己的话说，"尽管实施超义务行为是好的，但不要求；尽管实施非义务性行为是坏的，但不禁止"。她进一步解释说，"…… 非义务性行为……是……超义务行为的对立面"[①]。在嘉弗的这些解释里，谈到了两种伦理学中相对被忽视的行为：超义务行为与非义务性行为。后者是嘉弗的首创，但前者则早被其他学者关注，比如乌尔逊在他的开创性文章《圣人和英雄》中就呼吁对"超义务行为"予以关注。[②] 应该说，将这两个概念引入感恩分析是有理论意义的，前者表现为不惜一切代价，甚至牺牲生命去报恩；后者表现为忘恩负义，对曾经帮助过自己的施惠者提出的请求置之不理。相对于不惜一切代价去报恩，忘恩负义不想做出任何回报更为哲学家所关注，因为，前者是履行感恩义务过度，而后者则履行感恩义务不足，甚至根本就没履行。

正因为如此，威尔曼认为，引入 suberogatory 一词，可以很好地说明感恩更多的是一种道德，而非义务的来源。换句话说，"感恩是一个美德伦理的问题，而不是一个义务论的问题。一个忘恩负义的人在道德上是肯定有缺陷的，但是说这个人可以被强制去实施表示感恩的行为也是错误的"[③]。在这里，威尔曼实际上重申了密尔的观点，即感恩是在人的权利和正义的责任范围之外的。在密尔的眼中，说一个人出于正义去做某件事，言下之意他是被迫的。而感恩不能是被迫的。因此，在《功利主义》一书中，密尔这样写道："义务就是强制一个人付出，犹如讨债。除非我们认为可以强制他付出，否则不能说那是他的义务……相反，还有其他一些事情我们希望人们去做，也喜欢甚或钦佩他们这样做，或许还讨厌或鄙视他们

---

① Julia Driver, "The Suberogatory", *Australasian Journal of Philosophy*, Vol. 70, 1992, pp. 286, 290.

② J. O. Urmson, "Saints and Heroes", in A. I. Melden (ed.), *Essays in Moral Philosophy*, Seattle: University of Washington Press, 1958, pp. 198-216.

③ Christopher Heath Wellman, "Gratitude As A Virtue", *Pacific Philosophical Quarterly*, Vol. 80, 1999, p. 285.

不这样做，但是却又不得不承认，他们没有义务这样做；这不是一种道德义务的情形；我们不能责怪他们，也就是说，我们不认为他们是惩罚的合适对象。"[①] 与此相关，密尔还认为，施惠者无权要求感恩。因为，"但凡涉及权利的情形，就不再会是仁慈的美德，而与正义有关"[②]。也就是说，感恩与美德有关，权利与正义有关，感恩不是一个正义问题。

在密尔的基础上，威尔曼进一步指出，感恩"请求权"（a claim-right）是不存在的。虽然，常见的现象是，当受益者获益之后不表达相应的感激之情时，施惠者经常可以理直气壮地抱怨并觉得委屈，而且许多人也都认为这种正当的愤怒只有当存在相应权利之时才是合适的，因此，施惠者的回应清楚地表明请求权是存在的，并最终也支持了得益者相应义务的存在，但是，威尔曼并不以为然。尽管他也承认施惠者可能会被受益者的自私和忘恩负义所冒犯，不过，他不觉得我们可以据此推出施惠者对受益者拥有某种权利。因此，威尔曼认为，虽然道德理论家们努力地调和感恩与义务这两个概念之间的关系，但这是徒劳的，等于是在"把方的滤器放入圆孔中"[③]。如果我们要避免这种困难，就必须抛开"义务的语言"，并把感恩理解为一种美德。唯有如此，才能在不否认其道德意义的情况下，抓住感恩概念的独特本质。

至此，我们发现，如果威尔曼是对的，那么，当我们用感恩来解释政治义务时，只能说人们之所以支持国家、遵守法律，是因为人们具备感恩的美德。如果不具备这样的美德，政治义务就无从谈起了。因此，威尔曼的解释不可能是我们的首选，要用感恩的概念去解释政治义务，恐怕只有诉诸感恩义务论了，即假定感恩是政治义务的来源。

---

① ［英］密尔：《功利主义》，叶建新译，九州出版社 2007 年版，第 113 页。译文略有改动。

② 同上书，第 117 页。

③ Christopher Heath Wellman, "Gratitude As A Virtue", *Pacific Philosophical Quarterly*, Vol. 80, 1999, p. 298.

第二节　“感恩之债”

将感恩义务理论用于政治义务的讨论中所形成的重要理论版本之一是“感恩之债”的理论。这种理论有一种经典的叙述形式，那就是将“国民对国家”的感恩类比为“子女对父母”的感恩，其理论雏形最早可见于《克里同篇》。在这篇对话中，苏格拉底借“法律”的口说道，“要求你的父辈给你文化上和精神上的教育，你难道不会为此而对我们的执法者感恩吗……既然你已经出生、成长并且接受了教育，你能否认你和你的祖先都是我们的孩子和公仆吗……我们把你带到这个世界上，抚养你，教育你，而且在我们的安排下让你以及你的同胞分享了一切美好的事物”①。这个版本的一个基本假设是：出于对父母养育之恩的感激，孩子对其父母有一种服从义务；出于对国家所给予的好处，国民对它也有服从的义务。可以说，苏格拉底把他的这个观点建立在了政治义务与“孝顺义务”类比的基础上。这种类比的合理性、恰当性我们暂且不说，但这种类比的影响却是深远的，后世的许多哲学家都有类似的做法。其中，既包括当代政治义务感恩理论的支持者，比如尤因（Ewing）就认为“比起一种经济关系，对自己国家的义务更类似于对我们父母的义务”②；也包括政治义务关联义务理论的倡导者，比如德沃金、霍顿等人所主张的政治义务与家庭义务、政治共同体成员关系与家庭成员关系的可比性等。当然，这两种理论做出同一类比的目的是不一样的，感恩理论的目的在于从类比中凸显一方对另一方的义务，即某种“债务”；而关联义务理论类比的目的在于表明关联各方互负义务。因此，后一种类比我们在本章不详细讨论。我们在这里只讨论前一种类比，并重点分析“偿债”的问题。

---

① Plato, *Crito*, 50d-51d. 转引自［美］A. 约翰·西蒙斯《道德原则与政治义务》，郭为桂、李艳丽等译，江苏人民出版社2009年版，第144页。

② A. C. Ewing, *The Individual*, *the State*, *and World Government*, New York: Macmillan Company, 1947, p. 218.

需要指出的是，20世纪之前的许多哲学家或伦理学家在谈到感恩问题时，几乎都把子女对父母应有的恩情看作是感恩之债的典型，而且都把这种“债务”的履行看得非常之重。比如休谟就曾说过，“在人类所犯的所有罪行中，最恐怖以及最变态的罪行是忘恩负义，尤其是对父母”[①]。还有，莎士比亚剧中的李尔王也感到“比毒蛇牙齿还毒的事情莫过于有一个不孝之子”[②]。不过，在这种“忘恩负义”和“不孝之子”的指责背后，实际上蕴含着哲学家们长期以来一直无法解答的一个困惑：感恩之债是一种什么样的债？究竟该怎么偿还？尽管人们对此的理解可能千差万别，但概括起来，至少可以归结为以下几个方面：

首先，债务的内容具有不确定性。一般来说，民事法律关系中债务的内容是确定的，但感恩之债的内容却无法确定。说一个人“忘恩负义”或者说他是“不孝之子”，他到底欠了什么样的感恩之债？是指他缺乏感恩的认知能力，比如对该感恩的事情无动于衷，还是指他没有做出让人看得见、摸得着的恰当行为报答父母（或恩人）？抑或是他不应该损害父母（或恩人）的利益？虽然如此，我们还是可以从以下三个方面来把握感恩之债的内容：

一是感恩之“情”。它指的是一个人对感恩这种情感应该具有的某种感受能力。具体地说，我们要对父母（或他人）给我们的好处充满感激之情，不能麻木不仁。但是，把是否具有这样的感受能力作为感恩之债的内容可能是有问题的。正如西蒙斯所说，“人们都指望我们有一种控制自己行为的能力，但谁会指望我们同样具有控制感情的能力？”[③] 在很多情况下，我们会以特定方式行事，但我们不一定有某种情感或感觉。因此，将某种情感作为道德要求列入感恩之债的内容中恐怕是不恰当的。尽管如此，康德仍然认为，感

---

① Christopher Heath Wellman, “Gratitude As A Virtue”, *Pacific Philosophical Quarterly*, Vol. 80, 1999, p. 294.

② King Lear, Ⅰ. Ⅳ.

③ ［美］A. 约翰·西蒙斯：《道德原则与政治义务》，郭为桂、李艳丽译，江苏人民出版社2009年版，第150页。

恩之债中的感恩既是“能动性”的感恩，也是“情感性”的感恩。[①] 因为，没有后者，恐怕也就没有前者了。

二是感恩之“言”。感受到父母（或他人）给我们带来的好处，说一声“谢谢”应该不是一件很难的事。尤其是当我们感受到他人“举手投足”间给我们带来的方便时，说一声“谢谢”是最基本的礼貌。但是，面对父母带来的持续利益和无私付出，我们不断地表示感谢是否合适呢？或者说我们至少应该真诚地说一次“谢谢”，如果是这样，那么该选择在什么时间或场合说才恰当呢？中国古语有云，“大恩不言谢”，这是否意味着父母对我们的大恩只要铭记于心即使不说出来也没关系？要是真的如此，感恩之债的内容中倒不一定非得包括感恩之“言”。

三是感恩之“行”。通俗地说，一个人得到别人的恩惠之后，应该以恰当的方式，比如在恩人需要时提供人力、物力或财力等方面的帮助等予以报答。但是，感恩作为一种“债”，报答到什么程度才算是“知恩图报”了呢？这是不确定的。如果父母（或他人）在给我们带来利益时付出了一定的代价，尤其是造成了一定的损失，那么，支付这些代价或损失是否就算是报答了恩情？当然没有那么简单。一般来说，给我们带来恩惠的人所付出的努力或牺牲，所承担的风险以及所耗费的时间可能比直接损失要大得多。换言之，到底采取什么行动才算恰当，到底回报多少才算合适，这并不容易确定。正如西季威克（Henry Sidgwick）所说，“如果一个穷人看见一个富人溺水并将他救了起来，那么我们认为后者不必因为穷人救了他的命就要倾其所有去补偿穷人。尽管如此，如果他只给救命恩人半克朗的钱，我们就会觉得他太吝啬了；而如果倾其所有来表示感谢，我们又会觉得太慷慨了。介于两者之间的补偿看来比较适合我们的道德品位。但是，到底该拿多少钱来补偿才好？我们没有找到可以马上让人接受的原则”[②]。西季威克的这段话清楚地表

① Kant, *The Metaphysics of Morals*, Mary Gregor (trans.), Cambridge: Cambridge University Press, 1991 [1797], pt. Ⅱ, sec. 31.

② Henry Sidgwick, *The Methods of Ethics*, 7th ed. Dover, 1966, p. 259.

明，感恩之债中包括报答好处的责任，但不清楚的是该报答多少才算恰当。因此，如果政治义务是一种感恩之债，那么，首先就必须弄清楚这种债的内容是什么？而这不是一个简单的问题。换言之，如果以此来解释政治义务的话，那么仅仅揭示对国家负有感恩之债的存在是不够的。由于对国家感恩之债的履行方式可能是多种多样的，因此，我们还必须解释，这种债的履行为何“恰好”就是支持国家、服从法律的政治义务。

其次，偿债方式具有可选择性。之所以说具有可选择性，是因为这种债务属于前面所提到的“不完美的义务”，或者如密尔所说的“不完全的债务义务”（duties of imperfect obligation）。原因在于，虽然行为具有义务性，但履行义务的方式和场合却是由当事人自行决定的。[①] 也就是说，这种可选择性首先表现在得益人报答施惠者的具体方式是非确定的，是多样的，是可选择的。假定 B 将 A 从水中救起，A 获救后可以当场口头表达感谢，可以事后登门道谢；可以在 B 有需要时提供物质帮助或经济支持，也可以帮 B 找一份理想的工作；等等。只要 A 以恰当的方式表示感激，在道德上都没有问题。

可选择性的另外一种表现是偿债的自愿性。也就是说，得益者可以选择报答，也可以选择“无视”，只要他不在乎道德声誉。从这一意义上说，即使一个人有能力报答他的恩人，或者他的恩人需要他的帮助，但是他没有这样去做，因而犯了亚当·斯密所谓的“最丢人的忘恩负义之罪”，施惠者或旁观者虽然可以谴责他的自私，但也不能强行要求他做出回报。因为，“仁慈总是不受约束的，它不能以力相逼”，[②] 而且，正如塞涅卡在《论恩惠》中所说，赋予别人的利益是一种“赠予”而非“出借”，对施惠者来说，自愿赋予他人好处，不能指望别人“偿还”；而对受益者来说，则需要

① 与这种不完全债务义务相对的一种义务是完全债务义务。具体可见［英］密尔《功利主义》，叶建新译，九州出版社 2007 年版，第 115 页。

② 之所以不能相逼，斯密认为，忘恩负义并不会导致真正确实的罪恶，只是引起人们的厌恶和反感而已。具体见［苏格兰］亚当·斯密《道德情操论》，蒋自强等译，商务印书馆 1997 年版，第 96 页。

心存感激，需要“常常有心尽力去履行义务”，但不需要“还清”或“清偿”。即使受益人不感恩，或不“知恩图报”，施惠者或其他人也不可以强迫他。因为，报恩是一种自愿的行为，即使他选择做忘恩负义的缺德之人，旁人也不可以“通过施加压力强迫他做他应该抱着感激心情去做的和每一个公正的旁观者都会赞成他去做的事”，因为，这样做“就似乎比他不做这件事更不合适”①。一句话，感恩之债源于“愉快地受益”，施惠者恰当地赋予别人利益之后不应该期待“预期的回报”。

再次，债务责任具有非均衡性。现实中，不同的得益者获得别人的恩惠的程度可能大相径庭，这在很大程度上取决于施惠者所做出的努力或牺牲，或者说得益者所获利益的多与少。一个人把你掉落的帽子捡起来与另一个人从水中将你救起，你对他们所负的感恩义务应该是不一样的。对于前一种行为，你可能只需说声“谢谢”即可，因为，这种利益微不足道，你的感恩义务非常微弱；而对于后一种行为，如果你只是说了一声“谢谢”可能会觉得不够，因为他救了你的命，这是一种巨大的利益，因此，感恩的义务相对较重。即使在同一事件中，比如一辆小车冲入水中，受困的人员可能因为游泳技术的好坏不同，受到别人的帮助也不一样，可能产生的感恩义务因此也会有所差别。这种责任的非均衡性同样体现在从国家那里得到好处的情形中，获益程度的差异必然导致感恩义务的不同。其中，利益差异的悬殊甚至可能让人怀疑一些人的政治义务到底是否存在。正如墨菲所说，“我倾向于认为，那些全然享受不到福利的人，没有任何道德义务去遵守该社会的法律”②。尤因也持类似的观点，认为“在贫民窟中，至少相当比例的遭受贫困的居民，对他们的国家没有特殊义务”③。承认这一点就必然意味着，以不一致的感恩义务去证明同样的或一致的政治义务，那将可能是没有说

① ［苏格兰］亚当·斯密：《道德情操论》，蒋自强等译，商务印书馆 1997 年版，第 97 页。

② Jeffrie G. Murphy, “In Defense of Obligation”, in Pennock and Chapman (eds.), *Nomos XII: Political and Legal Obligation*, pp. 42–43.

③ A. C. Ewing, *The Individual, the State, and World Government*, p. 218.

服力的。因此，如果我们从感恩之债的偿还方式的可选择性和偿还的自愿性出发，必然会得出结论，即感恩之债与政治义务的要求是不一致的。因为，国家是以强制力为后盾的，不会允许公民自愿决定是否服从法律以及以何种方式遵守法律，实际上，不愿意服从法律的人将不得不服从，因此，用感恩之债的理论来解释政治义务是不恰当的。

需要强调的是，除了“感恩之债”的上述特点外，将政治义务的解释建立在“孝顺”义务的类比上也是有问题的。这一问题体现在我们欠父母的“债”与我们欠国家的“债”存在道德相关性的差异。具体表现在三个方面：首先，或许最重要的是，父母对孩子们的责任是毋庸置疑的责任；其次，存在既没有完全理性也没有足够经验的孩子离开父母的关爱难以独立生活的事实；[①] 最后，父母向孩子提供的利益是特定的。这三个特点在国家与公民关系中并不明显。因此，很多哲学家认为，如果要用感恩来解释政治义务，完全没有必要用孩子欠父母的感恩之债的类比来实现目的。还有，如果孩子服从父母的义务不是出于感恩，比如源于父母的权威或出于对父母的尊重，那么诉诸父母和孩子之间的关系的类比将无助于表明，基于公民和国家之间的感恩义务将会是一种特别的服从或守法义务。

第三节　“回报”的义务

政治义务感恩论证的第二个版本摒弃了政治关系和家庭关系的类比，力求通过感恩的一般原则来得出公民的守法义务。罗斯和普拉门纳兹就是其中的代表人物。他们认为，要做出政治义务的感恩解释，其实没有必要依赖于欠父母的感恩之债的类比来实现目的。比如，罗斯就认为，“部分地，服从一个国家法律的责任……来自于人们因从国家那里获得好处而产生的感恩义务”[②]。普拉门纳兹也

① ［美］A. 约翰·西蒙斯：《道德原则与政治义务》，郭为桂、李艳丽译，江苏人民出版社 2009 年版，第 150 页。

② W. D. Ross, *The Right and the Good*, Oxford University Press, 1967, p. 27.

持类似的看法，他不赞成同意理论的某些观点，否定生活在一个政府及其法律保护之下的，自动构成了同意服从这个政府及其法律的义务，并指出“在这种情况下，义务不会从同意中产生，义务只不过是那些有助于使我们得益的一般义务中的一个特例而已”①。不过，罗斯和普拉门纳兹之所以没有使用“孩子—父母”的关系作为感恩之债的范例，有可能是因为他们不想用任何例子来当范例，在他们那里，感恩义务只是政治义务的一种解释框架而已。按照这种解释，得到利益就将一个人置于回报施惠者的义务之下，施惠者授予他人利益以换取从他人那里得到的其他好处。这项建立在回报或互换原则基础上的论据被认为同样适用于公民与国家之间的关系，并事实上确立起了得益者的政治义务。沃克将这一论证的步骤概述如下：（1）从X那里得到利益的人都有对X报以善意或进行适当回报的义务（我们称之为“报答原则”）；（2）每个公民都从国家那里获得了利益；（3）每个公民都有义务对获得利益进行适当的回报；（4）遵守法律就是一种适当的回报；（5）每个公民都有遵守国家法律的义务。②

这种论证可以被理解为是一种积极的感恩义务理论。但是，这种论证从前提到结论都受到了质疑。首先是关于步骤（1），即“报答原则”，得到利益就必须回报吗？那不一定。比如，西蒙斯就认为，基于感恩的报答义务的产生需要具备五个条件：第一，好处必须是以特殊的努力或牺牲的方式给予的；第二，好处不应该是无意识、非自愿或者出于不正当的理由而给予的；第三，好处不应该是违背受益人的意愿（而不公平地）强迫他们接受的；第四，受益人必须想要得到好处，或者，它一定是这样一种情形，即如果某些正在发生的不利情况得到改正，受益人本来会想要那份好处的；第五，受益人不能要不是由捐助人提供的好处，或者，它一定是这种情形，即如果某些正在发生的不利情形得到改正，受益人不会想要

① John Plamenatz, *Consent, Freedom, and Political Obligation*, 2nd edition, Oxford: Oxford University Press, 1968, p. 24.

② A. D. M Walker, "Political Obligation and the Argument from Gratitude", *Philosophy and Public Affairs*, Vol. 17, No. 3, Summer 1988, pp. 191-211.

不是由捐助人提供的好处。[1] 如果把这五个条件用于解释政府提供给公民的好处，以便得出公民是否有感恩义务，那么，可以认为，条件 3 至条件 5 是可以得到满足的，而条件一和条件二可能会比较麻烦。其中问题的关键在于，某一个公民可能“并不想接受政府提供的好处，或者他并不想从他的政府那里获取这些好处，而且即便接受好处了，也不想受到约束”[2]。也就是说，如果我们从施惠者行为的性质和原因出发去看就会发现，政府提供的好处显然不符合条件一和条件二。下面，让我们分别加以考察。

首先是条件一，即好处的给予必须通过特殊的努力和牺牲的方式做出，这一点对政府是不适用的。可以认为，政府为提供这些好处所做出的牺牲是非常小的。西蒙斯甚至认为，由于政府提供的好处往往是通过公民纳税来支付的，在“把这种资金转换成公共服务的过程中，几乎不牵涉任何牺牲”[3]。也许，政府中的某些政治家可能会超出自己的职责范围，无私地做出巨大的牺牲，比如牺牲大量的财富甚至生命来为民众谋福祉，为此我们应该感恩于他们的奉献。但是，这里的感恩义务是针对他们个人而不是政府的，这样的义务不可能是政治义务。

其次是条件二，即所要求的好处不是无意识地、非自愿地或出于不正当理由而给予的。尽管政府提供的好处也许可以满足这一条件，但西蒙斯认为，要判断政府提供好处的动机有时是非常困难的，因此，即使满足这一条件也没有实际意义。因为，“政府提供好处的动机，有一部分是为了赢得选票，或者是为了在国际社会中提高政府地位，如此等等”[4]。实际上，这两个问题共同指向一点，即是否可以把感恩原则从人与人之间的关系延伸到人与政治制度之间的关系中去。对此，一些哲学家表示怀疑。比如，西蒙斯就认

① ［美］A. 约翰·西蒙斯：《道德原则与政治义务》，郭为桂、李艳丽译，江苏人民出版社 2009 年版，第 160 页。

② 同上书，第 168 页。

③ 同上书，第 169 页。

④ 西蒙斯认为，政府的动机往往前后不一，很难确定政府在做某一件事时的真实动机到底是什么。具体参见［美］A. 约翰·西蒙斯《道德原则与政治义务》，郭为桂、李艳丽译，江苏人民出版社 2009 年版，第 170 页。

为，这样的想法“不对劲”。原因在于，无论是把制度所提供的利益想象为是由“一群人”所提供的，还是把它理解为是由某一些机构所提供的，可能都不太靠谱。因为，给人以好处的理由对于感恩的解释至关重要，而一旦牵涉到由一群人所提供的好处，要找到这群人的共同理由，那可能是非常不容易的。如果说好处是由机构所提供的，情况可能更糟。因为，持这种想法的人，说到底还是把机构当成一群人，因为机构中的职位是由人担任的。虽然如此，机构中任何职位都有特定职责，如果某些人只是“做了分内的事”并因此提供了某些好处，那么，可能与感恩是沾不上边的；如果其中一些人“做了分外的事”，比如做出额外的牺牲，理应得到感恩，但这可能与他们所占据的职位无关。

接下来是关于步骤（2）。我们不否认，任何一个公民都或多或少地从国家那里得到了一些好处。但是，步骤（2）要与步骤（1）保持一致，可能会有困难。因为，感恩解释的一个关键点在于感恩义务的强度。换言之，施惠者做出的努力或牺牲越大，或者赋予的好处越多，得益者感恩的义务也就越重。正是从这一意义上说，只要我们承认公民个体从国家那里获得的利益存在差异，就必然得出感恩的义务有所不同的结论。而这肯定不是政治义务的感恩解释所想要的结论。因此，步骤（2）如果要发挥作用，就必须做出一些修改。

关于步骤（3）和步骤（4）。即使像步骤（3）所断言的那样，公民有感恩的义务去对国家做出适当的回报，它仍然需要证明服从法律构成了这种适当的回报。因为，这不是自明的。即使这一点能够被证明，它也是不够的。因此，似乎步骤（4）需要去完成的论证是遵守法律不仅仅是一种适当的回报，而且是唯一适当的回报。如果没有这个更强的前提，有人可能会争辩说，还有一些其他的，同样是适当的回报，而且那些做出这一回报的公民，实际上已经履行了他对国家的感恩之义务，已经没有进一步的感恩义务去遵守法律。即使能够证明服从法律是对政府唯一适当的回报，我们也只需经常而非总是要服从法律，因为，偶然的不服从并不会给国家带来危害。正如西蒙斯所指出的那样，感恩的义务有时候确实要求我们去满足施惠者最重要的需要，但这并不意味着在任何情况下，对任何法律都需要服从。这一事实表明，政治义务与感恩义务存在一定差异。

由于上述论证的每一步都存在一定的问题，因此，得出的结论难免遭人质疑。即使是政治义务感恩理论的倡导者沃克本人也承认，这种论证的困难比反对者所看到的还要多得多。其困难具体表现在以下几个方面：

第一，内容上的困难。即使上述论证能够成立，或者说我们确实有感恩的义务服从国家的法律，但仍然存在一个问题，那就是我们上面已经论述的履行感恩义务方式的多样性、可选择问题：为什么偏偏只以服从的方式履行义务？虽然有人可能会论证说，在公民对国家的义务中，服从的义务最重要，否则，国家将难以为继，因此，感恩的义务要求我们服从法律。但这仍然不能令人满意，一是即便服从法律真的这么重要也并不意味着我们总是要服从所有法律，偶尔的不服从并不会给国家带来实质性危害；二是即使服从法律是国家最迫切的需要，如果从感恩的角度出发也难以得到论证。因为感恩并不要求我们满足施惠者最迫切的需要，只要求我们尽自己所能去满足其需要。要摆脱这种积极论证所带来的困难，沃克认为，应该尝试一种政治义务感恩理论的消极论证方式。

第二，对象上的困难。上述论证的一个基本前提是，国家赋予了公民以利益，由此产生了一种对国家的服从义务。问题是，虽然国家机构是具体的，但国家却是一个抽象概念。因此，这一论证的支持者还必须假定，我们可以对之感恩的不仅有个人，甚至还有机构，但人们普遍认为对机构甚至群体表示感恩是不可能的。另外，这一论证的支持者还必须明确这里的国家不是政府，不会使我们把政治义务的感恩论证再次建立在一种苏格拉底式的，本质上是“统治者”与他们的臣民之间的关系基础上。要解决这两个难题，沃克主张，即使要把政治义务说成是一种对国家的感恩义务，也应该把该义务视作对同胞公民集体的义务，而不是对政府的义务；应该把国家视为个体的联合体，不论其存在的方式是什么，都不能依赖于

“奇怪的形而上学假设”①。

第三，态度上的困难。有学者认为，上述立足于回报义务的论证，无法真正理解感恩回应的实质。正如伯杰所说，感恩回应的核心是一系列态度。② 我们必须弄清楚这些态度是如何与感恩在行动方面的要求相联系的。换言之，在弄清楚感恩个体被假定为具有某些态度之前，我们无法理解感恩对具体行为的要求。我们必须明白，感恩作为对从施惠者那里得到利益的适当回应，既涉及得益者对利益的态度，也涉及其对施惠者的态度：得益者必须正确体认所得到的好处，带有善意并尊重施惠者。我们还必须澄清，感恩不是为了公平，感恩的要求通常不能被看成是一种互惠的东西；即使当感恩义务的内容允许我们把它看作是公平的义务，心存感激的人也不可能出于公平的考虑主动地去履行义务。如果受益者对施惠者采取的善举只是因为公平要求他这样做，或者因为他希望回报或补偿他的恩人，“我们将倾向于认为，尽管第一次可能如此，但感恩并非总是这样的”③。因此，一种更有吸引力的改进版本是：不要诉诸回报的义务来证明我们的感恩，而应诉诸回报的义务来说明我们不应采取与构成感恩回应的核心的态度不相容的行为。

第四节　“不违背”的义务

正如前面所说，感恩的行为取决于感恩的态度，因此，沃克主张，要使政治义务的感恩理论取得成功，我们应该诉诸一种建立在态度基础上的感恩分析。具体地说，要求我们欣赏所得到的利益，带有善意并尊敬我们的恩人，并将论证建立在善意的要求基础上，

---

① A. D. M. Walker, “Political Obligation and the Argument from Gratitude”, *Philosophy and Public Affairs*, Vol. 17, No. 3, Summer 1988, p. 196.

② 对此，伯杰有过充分的论证。具体见 Fred R. Berger, “Gratitude”, *Ethics*, Vol. 85, No. 4, 1975, pp. 289-309。

③ A. D. M. Walker, “Political Obligation and the Argument from Gratitude”, *Philosophy and Public Affairs*, Vol. 17, No. 3, Summer 1988, p. 201.

即诉诸我们有义务不以缺乏善意、背叛恩人的方式采取行动。因为，在沃克看来，政治义务感恩理论的积极论证之所以有困难，是因为从积极的角度说，我们采取哪些行为是难以确定的。正因为如此，消极的论证可能更有优势，因为它只要按照尊重的要求与善意的要求不去做某些事情即可。也就是说，有几项原则性限制，要求受益者：（1）去帮助施惠者，如果他有需要或处在危难中，人们可以在自己不付出巨大代价时这样做；（2）遵从他的合理要求；（3）避免伤害他或实施与他的利益相违背的行为；（4）尊重他的权利。[①]违反上述任何一种要求，似乎基本都会受到忘恩负义的指控。这里所列的四项限制性条件是针对感恩的一般情况来说的，如果要把这些限制性条件用于说明政治义务，需要符合相关性标准与独立性标准。下面就让我们来分析一下这些限制性条件。

首先是关于相关性标准。这里所谓的相关性，指的是上述限制性条件必须是与公民守法问题相关的，或是涉及这一问题的。也就是说，从这些限制条件出发，我们必须能够把遵守法律作为感恩所要求的一个行为实例。但是，原则（1）、原则（2）似乎并不符合相关性的标准。看似难以忍受的约束，即公民必须遵守法律，不可能被看作在为国家这个恩人提供所需要的帮助或者是为了符合国家的合理要求："一个公民遵守法律并无法将国家从任何一种不幸中解救出来，国家不是要求而是命令他服从。"[②]

其次是关于独立性标准。沃克认为，作为对政治义务的传统问题的回应，感恩的论据必须是一项独立的论据。这一标准要求我们采取的行动必须是以感恩名义采取的行为，不是因为其他某些理由而被迫这样做。按照这一标准，原则（4）显然是不符合的。即使不是出于感恩，我们也应该尊重他人的权利。原则（4）将不能算作一项独立的论据，因为，诉诸原则（4）的前提是，国家有权要求其公民遵守法律，在这种情况下，政治义务问题事实上已经被解决了。

既然原则（1）、原则（2）与原则（4）都不符合要求，那么，

① A. D. M. Walker, "Political Obligation and the Argument from Gratitude", *Philosophy and Public Affairs*, Vol. 17, No. 3, Summer 1988, p. 202.

② Ibid., p. 203.

最后的希望就取决于原则（3）了。从表面上看，似乎原则（3）与原则（1）、原则（2）、原则（4）一样没有希望。但沃克认为，事实并非如此。虽然我们承认即使不是恩人，我们一般也不应该伤害他人，但是，一些涉及损害恩人利益而非对他进行人身伤害的行为，情况就不是这样的。实际生活中，我们确实会认为有特别的感恩义务去铭记我们恩人的利益，留心不去损害它们，并在我们的考虑中给它们特殊的分量。为此，沃克举了两个例子。

例子1：虽然我们在生活中无法避免去谈论一些八卦消息，但我们中的大多数人还是觉得，最好不要无所顾忌地传播熟人的八卦消息，涉及有恩于我们的人就更是如此了。实际上，如果八卦消息涉及那些对我们有过很大帮助的人，我确实觉得自己有义务不去兜售它：我有义务保护我们恩人的声誉，传播八卦的行为与这样一种考虑是不相容的，即我不应该违背他的利益。

例子2：同样，作为委员会的成员，我可能会觉得有义务不去投票赞成严重损害我的恩人利益的建议。毫无疑问，作为委员会的成员，这种义务将几乎总是被我要承担的更广泛的善的责任所压倒；但即便如此，我要对我的行为给恩人的利益产生不利影响表示道歉。

因此，原则（3）是能够满足感恩论证的独立性标准的。那么，它能不能满足相关性标准呢？换言之，原则（3）与政治义务问题相关吗？难道一个公民不服从法律的问题可以通过违反感恩义务这样的理由去论证？沃克认为，如果我们承认公民是国家带来的利益的得益者，那么，这个问题就必须得到肯定的回答。因为，一般情况下，不遵守法律会损害国家利益。如果没有一种公民遵守法律的公平尺度，任何国家都不能正常运转或生存下去。虽然这并不意味着公民应该遵守每一项法律，因为这样做毫无意义。相反，有时坏的立法被反对或被忽视，国家利益反而能得到促进，而且，在这种情况下，基于感恩的论证将不要求服从，而不是违反法律。但是，我们仍然很难否认，公民尊重法律是为了国家的利益，而这种尊重将涉及对法律的一般服从。

那么，我们该如何从尊重的角度出发提出一种感恩论证的消极义务版本呢？沃克认为，应该通过如下方式进行论证：（1）从X那里获得利益的人有感恩的义务不去做违背X利益的事情；（2）每个公民都从国家那里获得了利益；（3）每个公民都有感恩的义务不以违背国家利益的方式行事；（4）不遵守法律是违背国家利益的；（5）每个公民都有感恩的义务去遵守法律。[①] 应该承认，沃克的这个消极义务的理论版本较之前面的积极义务的理论版本还是有一定优势的。两者的区别在于主动的"回报"还是被动的"不违背"。虽然两者都涉及一个内容清单问题，也就是说，我们必须弄清楚回报什么？或者必须明确哪些利益是不可违背的？但是，相对来说，还是后者更容易界定。毕竟前者是一种开放的义务，而后者则有一定的范围。不过，沃克认为，要使这一理论版本具有可接受性，还需要解决以下两个问题：

第一，善意问题。沃克的这一理论版本的第一个出发点是，公民基于自己从国家那里获得的利益，出于感恩，从善意的态度出发，不应该违反国家法律，损害国家利益。但反对者认为，这样的论证是可以反驳的，因为，一般情况下违法分子都是出于自身利益考虑才违法的，不一定对国家有恶意，只有从事革命或煽动活动，或者因为个人要报复有关当局，其违法才可能有这种恶意的动机。因此，不能简单地说，不遵守法律就一定有恶意，就一定违反了原则（3），或者说违反了公民对国家要负的与感恩相关的义务。沃克承认，这一异议所诉诸的事实是没有争议的，但他认为这一异议该如何证明是有争议的。沃克提醒，他的论证的核心观点是：感恩要求对自己恩人有善意的举措，那种以违背恩人利益的方式行事的人就是缺乏善意。"没有主观恶意的动机，其行为也可能表明缺乏善意；不法分子的行为动机通常是从自身利益出发的事实，并不表明他们的违法就不会缺乏善意、背叛国家从而违反原则（3）。"[②]

第二，尊重问题。沃克的这一理论版本的第二个出发点是，从国家那里获得利益的公民，出于感恩，要尊重国家利益，不应该违

① A. D. M. Walker, "Political Obligation and the Argument from Gratitude", *Philosophy and Public Affairs*, Vol. 17, No. 3, Summer 1988, p. 205.

② Ibid., p. 206.

法。但异议者反驳说，虽然一般违法行为可能违反了国家利益，但它并不意味着个人的每个违法行为都是如此。特定的违法行为，比如违反的是恶法，不但不违背国家利益，反而符合国家利益。再说，即使违反的不是恶法，大部分具体的违法行为对国家利益实际上也没有任何实质性影响。作为一项规则，把灾难性后果归咎于个人违法行为，这种“疯狂”是令人难以置信的：个别几个人这样的行为，甚至有可能破坏国家或其法律制度，无论是通过给他人树立榜样，还是造成法治信心的流失，或者以其他的一些方式。[①] 因此，大多数违法行为对国家而言其实没什么实质性危害，不会违反任何公民负有的避免以违背国家利益的方式行事的感恩义务。沃克认为，这种反对意见，很容易回答。正如损害一个人的利益，不需要涉及他的生存一样，在他的生活远未处于危险之中的情况下，他的利益也可能受到威胁。对国家的存在没有构成任何威胁的情况下，也有可能以其他一些方式违背其利益。要知道通常的违法行为，或多或少都会对国家产生一些不良后果，不能说个体违法行为所造成的损害太小了，以致可以忽略不计。孤立地考虑到每个特定行为的影响，这种思考问题的方式是有问题的。许多哲学家，其中许多是结果主义者，都否认行为的道德意义取决于它单独的影响，而将它与其他类似行为的影响相隔离。但是，我们应该更全面地来看问题，用帕菲特（Derek Parfit）的话说，“在这种情况下，我们要看集体这样做所产生的后果”[②]。

不过，沃克自己也承认，他认为这一理论版本所提出的主张是很有限的。具体地说，虽然它试图本着传统的精神去回答政治义务问题，并确立起一般守法义务，但沃克借用罗斯的话说，这只是一种“初确的义务”，它允许我们服从法律的感恩义务有时可以被其他更重要的义务超越而归于无效。与此同时，他还保守地认为这种感恩义务将随着公民所得利益的性质和程度不同而有所不同，而不像《克里同篇》中苏格拉底的版本那样，将我们置于一种夸大的承诺之中。

---

① A. D. Woozley, *Law and Obedience*, London: Duckworth, 1979, pp. 112ff.

② Derek Parfit, *Reasons and Persons*, Oxford: Oxford University Press, 1984, p. 82.

第五节　几点反驳意见

从根本上说，政治义务的感恩理论要解决的一个问题是，为什么得到利益的公民并无一般义务以恰当的方式对国家表示感恩，却有特别的义务去遵守国家的法律？应该承认，尽管沃克对感恩理论的改进使之明显比以往的理论更具优势，但反对者，比如克劳斯科等人就认为，他的理论想要为政治义务提供令人满意的说明，仍然还需要对几个实质性的问题做出更好的回应。这些实质性问题包括："模糊性"问题，即"国家利益"是一个相当模糊的概念；"严格性"问题；"恰当性"问题以及"经验性"问题等。下面就让我们逐一审视这些问题。

第一，"模糊性"异议。一些反对者承认，沃克对政治义务的感恩理论是有贡献的，比如他主张得到利益在两个方面限制了得益人未来的行为。第一个方面的要求是象征性的，得益人必须向他的恩人证明他是心存感激的。这一要求可以通过表达或声明等行为，比如向恩人表示感谢来得到满足。第二个方面的要求是实质性的。得益人一定不能以与构成感恩回应的态度不相一致的方式行事。用沃克的话说就是，必须"避免伤及［恩人］或违背其利益的行为"①，而这就要求得益人必须遵守法律，因为不遵守法律的行为将损害国家利益。也就是说，与积极的感恩义务理论相比，沃克的消极感恩义务理论有了很大的改进。前者认为出于感恩，得益者有义务积极促进施惠者的利益；而后者则主张，基于感恩得益者一般（而不是总是）有义务不去损害施惠者的利益。②

但是，反对者认为，其实在国家利益的问题上，沃克的消极感恩义务理论并不比积极感恩义务理论更具优势，因为，它同样没有摆脱感恩义务内容的模糊性问题。因为"国家利益"的概念模糊得

① A. D. M. Walker, "Political Obligation and the Argument from Gratitude", *Philosophy and Public Affairs*, Vol. 17, No. 3, Summer 1988, p. 202.

② Ibid., pp. 203-205.

令人无法接受。例如，克劳斯科就举例说，如果沃克关于不说熟人尤其是恩人的闲话，或者说不传播有关他们的八卦消息，是出于不违背他们的利益这样一个理由是站得住脚的，那么，人们可能就会说，批评自己国家的某方面政策或举措，或者说某些高级官员，如副总统或众议院议长的笑话，是危害国家利益的。尽管这种行为所造成的伤害很可能是微不足道的，但仍可能不符合国家利益。[①] 克劳斯科这一反驳性例子是否妥当我们暂且不说，"国家利益"这个概念范围很广却是肯定的，我们不难列出一张被认为与它不相一致的行为的清单。其中，有些行为对国家利益的危害是微乎其微的，而有些则可能危害很大，我们该如何做出区分？即使能够区分，说我们有感恩的义务不去实施对国家利益造成微不足道影响的行为可能也不太合适。因为，不去做某些事，并不是感恩义务理论所希望的，更不是我们一般认为道德上有要求的。

当然，在这个问题上，感恩理论的支持者也有自己的看法。他们认为，单个人的违法行为，比如阿奎（Aqua）拒绝缴税，可能确实不会对国家造成实质性伤害，但不代表这种行为就不是违背国家利益的。再说，正如上一节所提到的那样，即使单个违法行为也许不会造成多大危害，但如果我们把它放在大量类似行为的情境中去看，就可能另当别论了。这样的回应不能说一点没有道理，但是，克劳斯科认为，无论是沃克对个体行为的争辩，还是帕菲特对普遍行为的论证，理由都不充分。如果说单个违法行为不会造成实质性危害是一种假设，那么，普遍出现的违法行为将造成巨大的危害也同样是一种假设。事实上，正如反对者所指出的那样，这种"实际后果论"用于解释一个小型社会团体中的违法行为或许还可以，但"当我们把它们用于大型社会时，实际后果论就成问题了"[②]。正因如此，克劳斯科指出，面对这样的困难，感恩义务理论是无力解决的，只能寄希望于公平理论了。

第二，"严格性"异议。实际上，无论是积极的感恩义务理论，

---

① George Klosko, "Four Arguments Against Political Obligations from Gratitude", *Public Affairs Quarterly*, Vol. 5, No. 1, Jan. 1991, p. 35.

② Ibid., p. 36.

还是消极的感恩义务理论，都存在严格性不足的问题。也就是说，即使植根于感恩的政治义务可以被证明是存在的，它们也不会像通常意义上的政治义务那样有足够强大的功能。在沃克那里也可以明显看到这种感恩义务严格性不足的问题。他曾举过一个例子，即作为委员会的成员的阿奎可能会觉得“有义务不把票投给会明显损害［他的］恩人的利益的方案”，但是阿奎对其恩人的义务“几乎总是被（他的）作为该委员会的成员致力于更广泛的善的责任所压倒”①。虽然在这种场合，像沃克所说的那样，阿奎将不得不为违反其恩人的利益进行道歉，从而表明有这样的义务存在，但问题仍然是他将“几乎总是”（almost always）不得不去违反它们。而如果有服从法律的感恩义务将几乎总是被其他道德要求所压倒，那么，它是不能作为通常意义上的“初确的”政治义务的。

当然，沃克自己是不这样看的，他认为他的理论版本就是一种“初确的”政治义务感恩论证。并认为上述例子应该这样来看：在委员会成员中承担责任是一种额外的要求，因此，把这种责任压倒感恩义务说成是感恩义务的弱点是错的。② 但是，反对者认为，沃克的视角是有问题的。“假定阿奎履行他的委员会职责是违法的，那么，他的守法义务肯定会在几乎所有情况下压倒这一责任。很显然，在严格性程度上，政治义务和感恩义务之间存在重大差异。”③从这一意义上说，即使特殊性要求可以得到满足，因此表明守法的感恩义务存在，它也不会有足够的力量为承担诸如此类的负担提供理由。

此外，基于感恩的政治义务理论普遍的无力感，还体现在感恩义务所涉及的要素的解释上。像无数理论家所论证的那样，感恩义务的出现必须满足两种主要条件：所提供利益的性质，以及提供它

① A. D. M. Walker, “Political Obligation and the Argument from Gratitude”, *Philosophy and Public Affairs*, Vol. 17, No. 3, Summer 1988, p. 204.

② A. D. M. Walker, “Obligations of Gratitude and Political Obligation”, *Philosophy and Public Affairs*, Vol. 18, No. 4, Autumn 1989, p. 362.

③ George Klosko, “Four Arguments Against Political Obligations from Gratitude”, *Public Affairs Quarterly*, Vol. 5, No. 1, Jan. 1991, p. 37.

们的手段。克劳斯科把前者称为“内容因素”（简称“CFs”），把后者称为“恩人因素”（简称“BFs”）。[①] 前者指的得益者所得利益必须是有价值的；后者指施惠者这样做是有适当理由的，而且至少还做出了一些必要的努力或牺牲。这两个因素的不同组合可能会产生不同程度的义务，比如琼斯对史密斯弯腰去为他捡被风吹走的帽子的微小善行，和冲入燃烧的大楼去救他以及他的孩子这样伟大的举动，感恩的程度是大不一样的。虽然很难对所有感恩的情况做出全面说明，但是，“内容因素”和“恩人因素”的特定要求必须存在于任何具体情形中，以产生严格的感恩义务。

如果用这两个因素去分析政治义务，得出的结论很简单。政治义务的感恩理论直觉上可行的一个重要原因是政府提供的福利是很有价值的，在某种程度上可以说，这些福利对公民的生存是必需的，因此，它们似乎产生了相当严格的义务。但是，政府提供这些利益并没有付出感恩所必需的努力或牺牲。[②] 当然，我们也不排除一些例外的情况，例如，由军人、警察、消防员，以及其他政府工作人员所做出的巨大牺牲。这些人无疑很有资格获得大众的感恩，既包括形式的，也包括实质的。但是，对这些个人的感激和对政府的感激本质上是不同的，只有对政府的感激才能产生公民的守法义务。也许西蒙斯是对的，除了某些特定个人的努力外，政府似乎没有为严格政治义务的产生做出必要的努力或牺牲。可见，要将私人领域的感恩延伸到公共政治领域，其难度还真不小，因为，要证明机构做出了必要的牺牲从而产生严格的政治义务并不是一件容易的事。

第三，“恰当性”异议。反对者认为，感恩义务理论必须面对“感恩的悖论”（paradox of gratitude）。也就是说，一个人要是得到有价值的利益，他应该表示感激，但如果要求他必须以某种方式做出回应那是有问题的，因为，感恩回应是自觉的、不能被强制要求的。实质性的感恩义务，必须是通过接受有关利益自愿承担的，因

① George Klosko, “Four Arguments Against Political Obligations from Gratitude”, *Public Affairs Quarterly*, Vol. 5, No. 1, Jan. 1991, p. 38.

② ［美］A. 约翰·西蒙斯：《道德原则与政治义务》，郭为桂、李艳丽译，江苏人民出版社 2009 年版，第 169 页。

此，是严格意义上的“义务”。正如卡门尼什（Camenisch）所指出的那样，感恩介于义务和奇想（whimsey）之间。[①] 因为，虽然感恩行为必须以一定的方式进行，但它不只是一种行动，还是某种感情。换言之，它表现为这个人想要对恩人表示赞赏（形式要求），并以某种方式实施对他有益的行为，而且不把他仅仅是作为一种满足自己要求的手段（实质要求）。

正是因为感恩义务取决于某些感情的存在这一事实，必然给政治义务的感恩理论带来一个明显的问题：“在通常情况下，国家并没有要求我们在以某种方式行事时带有某些感情，那么，它又如何能要求我们对它表示感激呢？”[②] 在一般感恩情形中，受益人接受礼物就表示自己做出了承诺，并以适当的方式进行回报，因此，在很多常见的情况下，“感恩的悖论”就得到了化解。因为，如果某个人认为他将不能以适当的态度行事，他就不应该接受好处，从而进入与施惠者的特殊关系中。但是，当我们开始考虑公民与国家之间的关系时，就会遇到恰当性问题了。因为，由政府所提供的主要好处都是公共物品，通常情况下不存在公民接受与否的问题。因此，我们并不清楚得到这些好处的人是否具有进入感恩关系中所需要的这种态度。

那么，我们是否还可以通过对论证方式的必要修正来规避恰当性异议呢？克劳斯科认为，可以尝试以下论证步骤：（1）A 要是得到重大利益后不表示感激是不对的；（2）A 已经从国家 X 那里得到较为重要的好处；（3）A 应该对国家 X 表示感激；（4）A 的感激意味着一种欣赏的态度和对 X 的善意；（5）这些态度使 A 未来的行为受到了约束；（6）不遵守法律就违反了步骤（5）中的实质性约束；（7）因此，A 应当遵守法律。[③] 这一种论证初看起来似乎还不错。但是，它并不能避免严格性和模糊性问题。而且，它实际上忽

---

① P. Camenisch, “Gift and Gratitude in Ethics”, *Journal of Religious Ethics*, No. 9, 1981, p. 4.

② George Klosko, “Four Arguments Against Political Obligations from Gratitude”, *Public Affairs Quarterly*, Vol. 5, No. 1, Jan. 1991, p. 38.

③ Ibid., p. 39.

略了感恩的内部因素，忽略了感恩论证最为核心的问题，即感恩义务说到底只是一种态度意义上的义务。如果感恩所需要感情问题在政治义务讨论中难以把握，那么，“感恩的悖论”在这种语境下恐怕是无法解决的。

第四，“经验性”异议。反对者认为，即使感恩的论证能够确立起基于感恩的政治义务，感恩义务的支持者仍需面对这样的事实：觉得需要对国家感恩并不是大多数国民的实际感受。也就是说，感恩理论所假定的理由和公民所认可的理由之间存在明显的鸿沟。这两者的不一致性是有实证研究可以加以证明的。[①] 除此之外，人们对国家明显缺乏感激之情的结论也可以通过对感恩本质的思考得到支持。

应当肯定，沃克关于“感恩的人一方面必须向他的恩人证明或表明他的正确态度，另一方面不能做出与所持有的态度不相容的行为”[②] 的论述，实际上已经涉及了感恩问题的本质，但是，非常遗憾，在他提出政治义务的论据时，却只把精力集中在了实质性要件上，有意无意地忽视了形式要件，允许“宣示性要求”离开自己的视线。而恰恰就是这种“宣示性要求”惊人地与事实不符。因为，现实生活中，公民们并不觉得自己有愿望或有义务表达对国家的感激。虽然他们并不否认与国家相关的任何感恩之情，比如说很多人都对有幸生活在某一个国家心存感激，但这些态度与感激国家是不同的，而且也不清楚它与人们服从法律的理由有何关联。

当然，感恩理论的支持者可能会反驳说，不能无视有些人会对国家表达他们的感激之情这一事实。但是，反对者认为，虽然在为凯旋来的战士所举行的游行活动或庆祝活动上，人们会表示出某种感激之情，承认这些将士所提供的服务和所做出的牺牲，但这里所表达的感恩，一般针对的是作为战士的个人而不是国家。即使在某

① 克劳斯科引用了1976年和1978年相关学者的一些实证研究，尽管他承认对这些研究的结论要持谨慎态度。具体见 George Klosko “Four Arguments Against Political Obligations from Gratitude”, p. 45。

② A. D. M. Walker, “Political Obligation and the Argument from Gratitude”, *Philosophy and Public Affairs*, Vol. 17, No. 3, Summer 1988, p. 200.

些特定的情况下，比如获释回国的战俘会亲吻地面，定居在 X 国的难民会由衷地感激接纳他们的国家，以展示自己的感激之情和对这个国家的由衷热爱。但这种情况是不常见的，并不具有广泛的代表性。它们并不能赋予政治义务以强力的道德理由，也无法说明应该服从法律的理由与大多数人实际服从的理由之间有着密切的联系。

第五章

基于公平的考察

鉴于默示同意面临的普遍性不足以及感恩概念从人际关系向公民与国家关系延伸时面临的困境，公平游戏理论，或称公平原则被提出来作为替代理论回答政治义务问题。然而，公平游戏理论一开始就遭到了一连串的质疑。首先，它曾经起过作用吗？公平游戏的意识在一般意义上（不限于政治问题）创设了道德义务？其次，如果它确实创设了义务，或者说如果合作计划产生了义务，那么，究竟什么算作一项合作计划？国家是一项合作计划吗？再次，如果国家是一项合作计划，它所创设的义务能像广义的政治义务那样吗？还是我们只对国家的某些方面有义务，而对另一些方面却没有？最后，假设国家创设了基于合作计划的义务，公平游戏能够使我们认为我们必须通过服从法律来履行义务？或者相反，我们只在某种最小的意义上对国家负有服从义务？

这些问题吸引了一批哲学家的关注，其中，哈特、罗尔斯、阿尼森以及克劳斯科等人先后提出并捍卫了公平原则。尽管罗尔斯后来基本放弃了这一原则，转而诉诸正义的自然责任原则，但他并没有完全放弃，只是把对象限定在那些从体制内得到好处的人群中。不过，虽然这些思想家都同属于公平原则的支持者，但他们在一些关键问题上还是有些区别的，其中哈特和罗尔斯属于自愿主义公平原则的倡导者，而阿尼森和克劳斯科则属于非自愿主义公平原则的支持者。需要指出的是，虽然同样吸收和借鉴了“因受益而背负政治义务”[①] 的思想，但是，不管是自愿主义还是非自愿主义的公平原则，在政治义务的指向上，都与感恩理论明显不同。感恩理论主张的政治义务指向国家，而公平原则认为，公民的政治义务“是附着在他对他的同胞公民义务上的”，因为政府所提供的利益是同胞公民通过服从创造的。或者可以表述为“服从法律的义务植根于政府所提供的、通过公民合作所生产的不可或缺的公共产品（public goods）”。正是从这一意义上说，公平原则的这一论断更具理论优势，因而也吸引了更多同情或欣赏的眼光。尽管如此，公平原则还是遭到了一些反对者，比如诺奇克、西蒙斯以及史密斯等人的强烈批评，他们认为，不仅仅是“得到”（receive）利益，更重要的应该是接受（accept）利益，才能证明公民因此负有政治义务，而公平原则根本无法解决利益的选择问题，或者说是自愿接受的问题。因此，它仍将面临与同意理论、感恩理论一样的自愿性不足的问题。但是，争论的双方似乎都没能说服对方，围绕着这个问题的讨论将是旷日持久的。

第一节　公平原则的自愿主义论证

前面已经提到，公平原则是作为同意理论的替代理论被提出来的。其理论优势在于它认为能够摆脱同意理论所遭遇的普遍性和自愿性不足的问题。因此，最初的几位倡导者都毫无例外地主张一种自愿主义的公平原则思想，具体包括哈特和罗尔斯。

一般认为，当代思想家中最早论及这个问题的人是哈特。为了纠正社会契约论的偏差，他于1955年提出了“相互限制”（mutual restriction）原则，即“当许多人按规则从事任何共同事业并进而限制他们的自由时，那些按要求服从这些限制的人，也有权要求那些

① 克劳斯科公开承认这一点，并认为休谟的思想可以发展成一种有说服力而且明显合理的观点，但应做改进，那就是将“自利引领个人服从法律”改为“互利引领一般服从行为”。具体见［美］乔治·克洛斯科《公平原则与政治义务》，毛兴贵译，江苏人民出版社2009年版，第152页。

从他们的服从中受益的人表示同样的服从”①。这就意味着，在相互合作的共同事业中，规则服从者的权利蕴含着受益者相应的义务。

如果把哈特的这一思想延伸到政治领域，即如果我们将政治共同体理解为宽泛的合作计划，那么，公民就可以被认为与他们的同胞有一种相互合作的关系。② 而处于这样一种合作关系中的几乎所有政府的确都曾授予其公民以重大利益，尽管每个政府所提供的利益可能在质和量上大不相同，但我们每一个人都实实在在地从政府那里得到了好处。由此推论：得到了合作事业所带来的利益的每一个人，也就获得了承担公平份额的贡献义务。而假如服从法律就是承担义务的最佳方式，那么，得出下述结论就有一定的合理性，即每一个受益于政府的人都对其同胞负有一种服从法律的“初确义务”。然而，反对者认为，这一类似于感恩的论证是不足信的。如果一项合作事业没有考虑我是否想要这些利益就把它们给了我，而且，如果这样做并不是为了提升我的特殊福祉，而是为了实现其他目的，那么我就没有义务承担所谓的公平份额。同样，政府所带来的一些重要利益并不都是其公民所期盼的；相反，不管他们是否想要，他们都会得到这些利益。而且，政府授予这些利益通常并不是为了促进特定公民的福祉，或者说，这些利益只是政府推进自身目标的结果而已。有些时候，其动机完全令人尊重，比如当它寻求提高普遍福祉的时候；另一些时候，它们就不太值得尊重，比如当它通过迎合一些强势集团的利益来寻求有力支持时。实际上，后一类动机完全是不适当的。只要政府领导下的合作事业不是出于某人的特殊福祉而将利益强加给他，那就很难说得益者需要承担相应的义务。③

另外，正如上面所指出的那样，如果合作事业所提供的利益在

---

① 参见 H. L. A. Hart, “Are There Any Natural Rights?”, in *Philosophical Review*, 1955, pp. 9-10。学界称哈特的这一思想为“相互限制的原则”。

② ［美］A. 约翰·西蒙斯：《道德原则与政治义务》，郭为桂、李艳丽译，江苏人民出版社 2009 年版，第 107 页。

③ M. B. E. Smith, “Is There a Prima Facie Obligation to Obey the Law? ”, *The Yale Law Journal*, Vol. 82, No. 5, 1973, pp. 950-976.

负担上是不公平的，或者说合作利益的分配是不均等的，那么，问题就更严重了。在这里，我们说的利益更多的是指个人与其在缺乏社会合作的情况下相比所能够获得的利益。用佩特曼（Carole Pateman）的话说，关键的问题是："相对于什么而言受益了？如果与自然状态的对比是不相关的，那么明显的对比就是与公民社会中群体之间和等级之间的对比。"[①] 也就是说，问题的关键是要看利益和负担在合作计划的每一个参与人之间的分配是否公平。因此，一项合作义务必须回答：需要具备哪些特征才能算是从合作所带来的公共产品当中得到了充分利益？并且还必须解释，为什么只有具备这些特征才算是从公共产品当中得到了充分的利益？

基于上述几个方面的分析，我们认为，哈特所谈论的更多的只是一种"得益"问题而非"受益"问题，他并没有考虑受益者的感受和利益的均衡性，因此，他的这一思想一开始就遭到了各种有力的反驳。一是受益者的成本问题。如果一些人组织了一项要求每个受益者做出贡献的合作事业，那么，是否每个受益者都有义务做出指派给他的贡献，即使做贡献所耗的成本（包括机会成本）超出了他从合作事业中所得的利益也一样？二是利益分配与成本分担的均衡问题。一项在个人之间不平等地分配利益的合作事业，是否会强加给每个人一种义务去对合作事业做出相同的贡献，尽管有的获益者从这一事业中获益甚丰，而有的获益者的收益甚至不抵其做贡献所耗的成本？三是受益者的自主选择权问题。非得参加这个合作计划吗？能否选择另外一个我认为更好的合作计划？换言之，即使一个人有公正无私、发自良心的理由去反对某一特定的合作事业，并努力为一项替代的合作事业争取支持，他是否仍有义务为这一合作事业做出贡献？四是主动受益与被动得益问题。通过赋予他人某种利益然后又要求回报，一个人是否就获得了强制他人的权利？[②]

至此，我们不难发现，虽然"相互限制"原则是哈特为纠正同

---

① ［美］乔治·克洛斯科：《公平原则与政治义务》，毛兴贵译，江苏人民出版社2009年版，第127页。

② 毛兴贵编：《政治义务：证成与反驳》，江苏人民出版社2007年版，第67页。

意理论（社会契约论）的缺陷而提出来的，但它同样很容易遭到与针对同意理论的反对意见相似的反驳，因为公民从来就没有机会选择拒绝国家所提供的利益。现存的国家将政治利益与负担同时强加给其疆域范围内的所有人，这是明摆着的事实。国家这样做也许是对的，但是它显然没有赋予每个公民拒绝这些利益的机会。因此，“我们就不能硬着头皮说，每个公民由于自愿地从国家那里接受了利益而获得了义务”①。从这一意义上说，在哈特的论述中，遗漏的东西比其所提供的东西要多得多。他并没有告诉我们，什么才算合作事业？我们如何按利益大小来确定公平的义务份额？得到了一份利益，就必须承受一份负担吗？这些问题非常重要，对它们的不同回答将关系到如何确定一个人是否真的受益于某种公共产品，以及如果真的受益，又如何确定利益的大小等。其实，在任何一项合作计划中，不同的人看重的东西可能是不同的，比如“住在豪宅里的衮衮诸公会比住在贫民窟里的芸芸众生更在意空气污染；既得利益者总是比既失利益者更关心眼前的秩序”②。如果某个人不相信他受益于（或极大地受益于）一项合作计划所提供的利益，那么该合作计划的支持者很难证明他真的受益了。因此，只有受益者表现出某种态度或信念以后，才可以说他们在很大程度上受益了，才能产生公平义务。

为了摆脱哈特的阐述所引发的各种异议，罗尔斯加入了一些新的元素，并在赋予公平游戏理论以“公平原则”这一新的名称之后重新表述如下：“如果一群人根据一些规则从事一项正义而又互利的合作事业，并因此而以种种对于产生所有人的利益来说是必要的方式限制了自己的自由，那么，那些服从了这些限制的人，就有权利要求那些从他们的服从中受益的人做出同样的服从。”③ 罗尔斯的这一论断表明，公平原则必须满足两个条件：一是该制度是公平的或正义的，也就是说，它满足了正义的两条原则；二是人们自愿地

① 毛兴贵编：《政治义务：证成与反驳》，江苏人民出版社2007年版，第67、175页。

② 程炼：《公平游戏与政治义务》，载《哲学门》第1辑，北京大学出版社2000年版，第141页。

③ 毛兴贵编：《政治义务：证成与反驳》，江苏人民出版社2007年版，第66页。

接受了这一安排的利益，或者利用了这项安排所提供的机会去推进自己的利益。

从正义和自愿这两个条件出发，罗尔斯进一步论证说，公平原则要为政治义务提供充分的道德依据，必须要对以下两个反常事实做出解释。“首先，有时候我们有义务服从我们认为——甚至正确地认为——是不公正的法律；其次，有时候，即使我们不服从法律会导致更多的好处（指社会利益的总和），我们也有义务服从法律。”[①] 针对第一种反常的情形，罗尔斯的解释是，通过接受一部正义宪法的好处，公民就对国家负有支持和服从的义务，而尤其是对它的一项基本规则负有服从的义务，也就是说，如果一项法案获得了多数票支持，那么它就将获得通过并将得到严格执行。而面对第二种反常情况，罗尔斯则解释说，如果我们已经接受并打算继续接受财政制度（所得税制度就属于这种财政制度）的好处，那就应该纳税，因为由其他所有人一致遵从的合作体系自身产生出了被普遍分享的利益，没有理由免除任何一个人的义务以使他们光是享受可能的利益。

应该说，与哈特的理论相比，经罗尔斯改进后的公平原则理论显得更为精致和复杂，特别是他在表述中加入了“正义”一词，可以避免哈特所遭遇到的很多批评。但是，这并不意味着这一理论就是无可挑剔的。

首先，与哈特一样，罗尔斯仍然必须面对“通过赋予他人某种利益然后又要求回报，一个人就获得了强制他人的权利”[②] 之类的指责。比如米勒（F. Miller）和萨特利（R. Sartorius）就认为，公平原则要产生义务，自愿地接受利益是必不可少的，“如果这一原则允许一些人通过向另外一些人提供他们没有自由选择的利益，并强迫他们参与任何一种对于这种利益的产生来说是必要的合作事业从而将

① 毛兴贵编：《政治义务：证成与反驳》，江苏人民出版社 2007 年版，第 57 页。

② ［美］诺齐克：《无政府、国家与乌托邦》，何怀宏等译，中国社会科学出版社 1991 年版，第 101 页。

义务强加给他们，那么它当然是不可接受的"[①]。应该说，米勒和萨特利切中了问题的要害，即国家所提供的利益，比如非排他性公共产品，人们有时是无法拒绝的，换言之，只能被动地接受。仅凭人们得到了这一好处就要求他承担公平义务在道德上其依据是不充分的。

其次，从受益的角度去阐述人们的政治义务，有时会遭遇尴尬。比如史密斯就曾深刻地指出，罗尔斯没有考虑到服从法律的政治义务的复杂性，因为，"尽管所有法律体系的成功或许都取决于大多数国民的'服从习惯'，但是他们都是被用来处理大量的不服从行为的。因此，仅仅一个人的违法行为几乎不会对法律体系产生不利影响。况且，因为法律必然被设计得涵盖了大量的情形，服从法律常常并不使人受益"[②]。换言之，即使是一项正义的法律制度，其通常的目的也在于使人们的利益免遭损害，而非增加人们的利益，这样一来，公平原则的论证基础："得益后必须做出回报"在一定程度上就被动摇了。

再次，加入正义的概念，罗尔斯"公平原则"的解释力仍遭质疑。比如史密斯就指出，我们仍然可以用与批评罗尔斯之前的哲学立场差不多同样的方式来批评他现在的立场。理由是，尽管在不服从会对正义政府造成损害或者会使某一个有权利得到某种利益的人得不到这种利益，公职人员和那些借助于一个正义政府的法律来获利的人出于公平考虑的确必须遵守法律，但是当不服从不会造成任何损害或不会使任何人得不到某种利益时，说根据公平原则要求他们服从法律就完全错了。可以这么说，"一个正义政府的有用性就在于，当不服从对政府有害时，公民就有一种服从的初确义务，但是，只要不服从不会造成损害，那么，政府的性质就与公民是否有一种服从的初确义务这一问题没有关系"。据此，史密斯得出结论，

① Frank Miller and Rolf Sartorius, "Population Policy and Public Goods", *Philosophy and Public Affairs*, Vol. 8, 1979, p. 166.

② M. B. E. Smith, "Is There a Prima Facie Obligation to Obey the Law?", *The Yale Law Journal*, Vol. 82, No. 5, 1973. 转引自毛兴贵编《政治义务：证成与反驳》，江苏人民出版社 2007 年版，第 213 页。

罗尔斯“现在的立场并不比以前的立场更令人满意”[①]。西蒙斯也认为，合作计划的正义性，并不能确保每一个人都能从中主动获得或者接受其应得的好处。计划的正义性，也许能解决哈特所遭遇的前三个问题，即受益者的成本、利益分配的均衡性、受益者的选择权问题，但却无法解决最为关键的第四个问题，即主动与被动受益的问题。我们不能因为公平原则的条件得到了满足，就认为个人有该原则所规定的义务。进一步地说，虽然罗尔斯在所有场合都强调“主动接受”（voluntary acceptance）的必要性，但他似乎从未告诉我们主动接受到底指什么。也许，在现实中要对被动获益和主动获益进行区分实在不是一件容易的事，尽管有一些事例很明显属于“主动获益”的层面。不过，可以肯定的是，那些人们拒不接受的好处，以及那些无意中得到的或者在我们无法控制的局面下得到的好处，就不能算是我们“接受的好处”。因此，西蒙斯认为，“要说一个人获益，他必须要么（1）努力去争取（而且已经成功获取），要么（2）自愿和有意获取”[②]。

从罗尔斯的所遭遇的批评中可以看出，公平原则要获得成功，就必须解决主动接受或拒绝的问题。而要解决这一问题，就必须弄清楚公共产品的特点。那么，公共产品到底有哪些特点呢？大致说来，主要有：（1）共享性：由某个人所消费的一定数量的该产品也可以为别人所得到；（2）不可排他性：如果有人在消费这种产品，要禁止任何其他人消费是行不通的；（3）均衡性：一定群体的所有成员必定消费等量的这种产品。在这里，我们把以（2）为特征的产品叫作“集体产品”（collective goods），把以（3）为特征的产品叫作“纯粹公共产品”（pure public goods）。一旦把纯粹公共产品，比如洁净的空气、法律、秩序、国防和免于污染的环境等提供给一群人时，是不存在个人自愿地接受（accept）或拒绝的问题的。一个人不可能自愿地接受他无法自愿反对的好处（good）。因此，西

① M. B. E. Smith, “Is There a Prima Facie Obligation to Obey the Law?”, *The Yale Law Journal*, Vol. 82, No. 5, 1973, p. 81

② ［美］A. 约翰·西蒙斯：《道德原则与政治义务》，郭为桂、李艳丽译，江苏人民出版社 2009 年版，第 117—118 页。

蒙斯认为，公平原则很难说明纯粹公共产品的接受问题。因为，我们必须面对三个限制性条件：（1）这些利益不能是违背个人意志而强加给他的，也就是说，这些利益必须是得到它的人想要的；（2）受益人必须相信这些利益是划算的，我们才能认为他接受了这些利益；（3）只有当一个人意识到这些公共产品是合作计划的产物时，我们才能在真正的意义上说他接受了它们。[①] 从这几个条件出发，只对于那些我们乐意地而且是有意识地得到的开放利益（即公共产品），我们才能说我们接受了它们。

与此同时，西蒙斯还提醒说，除了要面对合作事业某些利益的接受问题外，公平原则还要回答，人们是否真的需要国家提供的利益。尤其是当人们已经对“公共利益必定划算”这样一种观念提出质疑之时。如果“他真的不想要某一合作事业所提供的产品，或真的宁愿没有这些产品，也不愿支付要求他们付出的代价”，我们又该如何处理呢？因为，“没有任何产生于合作事业的公共产品是绝对必需或绝对不可缺少的，因此对于一项合作事业的任何产品，我们都不能不加限制地说，它总的来说对任何人都是一种利益（不可或缺的）”。只有当一种产品的成本以及提供这种产品的方式没有被人们充分地贬低时，它对这些人总体而言才算是一种利益。从这个意义上说，“即便像人身安全这样的产品……如果要付出高昂代价才能被提供出来……或以一种不必要且令人反感的方式才能被提出来，人们也不无道理地认为它总的来说是一种负担”[②]。因此，诺奇克措辞强烈地指出，“不管一个人的目的是什么，他都不能这样行动：先给人们利益，然后要求（强取）偿付。一群人也不能做这种事”[③]。因为，限制一个人的自由以便给他某种他完全不想要的东西，这本身就是成问题的，即使他因得到这些产品而获得的利益超过了他去帮助提供这些产品所要承受的负担。

① ［美］乔治·克洛斯科：《公平原则与政治义务》，毛兴贵译，江苏人民出版社2009年版，第61页。

② 同上书，第11页。

③ ［美］诺齐克：《国家、无政府与乌托邦》，何怀宏等译，中国社会科学出版社2007年版，第95页。

其实，罗尔斯自己也意识到了公平原则的缺陷，那就是无论某个人怎么做，某些公共利益（非排他性利益）都将或多或少地提供给他，所以得到这种利益不会使他有义务参与其中去促进这一事业，而这就极大地限制了公平原则在某些重要方面的运用。克劳斯科将此称为“限制性论据”（limiting argument）。因此，为了能够提高理论的解释力，罗尔斯不得不对公平原则进行修正，开始加上“合作事业的正义性以及接受利益的主动性”这样两个限制条件，并不再把公平游戏的论据用来证明正义政府之下的所有公民都负有的一种服从法律的初确义务，甚至宣称普通公民并没有政治义务，只有某种自然责任。而且，为了进一步阐发自己的观点，在吸收了哈特、麦登（A. I. Melden）、怀特利（C. H. Whiteley）和勃兰特（R. B. Brandt）等人思想的基础上，罗尔斯还对义务和责任这两个概念进行了区分。他指出，相对于义务而言，自然责任的特点在于它们之应用于我们与我们的自愿行为无关。“在大多数情况下，正义的自然责任更为根本，因为它普遍约束着公民。相反，公平原则只约束着那些担任公职的人，或者那些境况较好而又在制度中推进了自己的目标的人。这样，‘显贵者行为理应高尚’就有了另外一种意思，即，那些享有更多特权的人有可能会获得他们更为牢固地束缚于正义制度之上的义务。”① 在这里，罗尔斯把政治义务与政治责任区别开来了：只有“那些担任公职的人，或者那些境况较好而又在制度中推进了自己的目标的人”才负有政治义务，而普通公民则只有“政治责任”。

此外，在回应上述各种反驳的过程中，罗尔斯还承认，他不可能保证每个人“自愿地接受了这一安排的利益，或者利用了这项安排所提供的机会去推进自己的利益”。而且，公平原则至少还有两种不稳定性：从利己主义的观点来看，每个人都想逃避自己应尽的一份责任。无论如何，他都可以从公共产品中受益；即使他所缴的税款的边际社会价值远远大于他自己消费它所产生的价值，其中也

① John Rawls, *A Theory of Justice*, Revised Edition, Cambridge, Mass: The Belknap Press of Harvard University, 1999, pp. 93 - 101. 转引自毛兴贵编《政治义务：证成与反驳》，江苏人民出版社 2007 年版，第 134 页。

只有一小部分增加了他的利益。这种源于利己心的倾向导致了第一种不稳定。此外，甚至具有正义感的人对一种合作事业的服从也是基于这样一种信任，即他人也将去尽自己应尽的一份力，因此，当公民相信或有理由怀疑他人没有做出自己应有的贡献时，他们或许也想逃避做出自己的贡献。这种对他人忠诚的担忧的倾向导致了第二种不稳定。[①] 因此，在《正义论》中罗尔斯放弃了公平原则，转而提出他认为更加合理的“正义的自然责任”理论。

第二节　西蒙斯与诺奇克对关键论据的异议

公平原则，作为一种连罗尔斯自己都不确信的立场，难免受到其他哲学家的批评。其中，来自西蒙斯和诺奇克的批评比较有影响，因此，值得给予必要的关注。在西蒙斯看来，作为同意理论的替代理论，公平原则是从“默示同意”，即“在一国之内‘享受’政府的好处”中引申出来的，但却采取了一种与同意理论无关的姿态。尽管如此，“这一原则在某些方面可被看作某种同意理论直觉的延伸”[②]。因为，两者都是“以义务为中心的”（obligation-centered），两者都强调，自愿性是产生义务的关键。但是，这两者的关联性不能理解为这两种解释完全一样。实际上，公平原则比同意理论更优越，具体地说，公平原则对共同体的界定更严格，因此也更少歧义。把政治共同体理解为宽泛的合作计划、公民被认为与他们的同胞有一种合作关系、公民与他们的政府不是处于一种对立的状态等都表明，公平原则比同意理论更接近现实，因此，更受青睐。尽管如此，对于哈特和罗尔斯的公平原则理论，西蒙斯还是给予了有力批评。在著名的《道德原则与政治义务》一书中，他用一章的篇幅来讨论这一问题，并在第一节中开门见山地评析了哈特和罗尔斯的观点。系统梳理一下不难发现，西蒙斯的批评主要集中在

① 毛兴贵编：《政治义务：证成与反驳》，江苏人民出版社 2007 年版，第 137 页。

② ［美］A. 约翰·西蒙斯：《道德原则与政治义务》，郭为桂、李艳丽译，江苏人民出版社 2009 年版，第 98 页。

以下两个方面：

一是关于“自愿接受”问题。虽然在西蒙斯的书中，他肯定了罗尔斯的公平原则思想比哈特的相互限制主张更具自愿主义色彩，或者说，在利益观上，哈特是一种“单纯施惠”的理论，而罗尔斯则是“主动接受”（原话是“有意继续接受好处”）的观点，但是，西蒙斯也注意到，其实与罗尔斯一样，哈特同样对自愿问题给予了必要的关注。比如哈特就说过，“尽管我认为所有从先前的自愿行为中产生的特殊权利都是真实的，但并非所有对他人的义务都是审慎思虑的结果”①。也就是说，虽然公平的义务未必就是深思熟虑后接受利益所产生的义务，但自愿的行为还是必需的。尽管这里还不明确，“自愿”指的是加入合作计划的自愿性还是接受合作利益的自愿性。不过，相对而言，罗尔斯对自愿阐述更清楚明确一点。例如，他认为义务有赖于我们已经接受并且有意继续接受由公平的合作计划所带来的利益。在这里，罗尔斯的论述中实际上暗含了被动得益和主动受益的区别。尽管这两者的差异在现实中很难分辨，但西蒙斯认为，这种区别并非不可能。比如，以下两种情形是有差异的：“一个陌生人（a）在我出城时溜进我的院子修剪了草坪；（b）问我是否愿意让他修剪我的草坪，而且在得到肯定的答复后才开始修剪。”虽然这两种情形的结果最终都是一样的，但只有后者才算“接受”利益，前者只能算是“得到”利益。正是从这一意义上说，对单纯获益和主动接受好处进行区分很有必要，因为，这种区分能够决定我们在从他人的行动中获益是否会产生道德义务，以及究竟是产生了何种义务等问题上起着关键作用。

西蒙斯认为，虽然哈特和罗尔斯都主张一种自愿主义的公平原则理论，但他们两人在西蒙斯十分依赖的“接受”利益问题上并不能提供太多的帮助。换言之，尽管罗尔斯在解释公平原则时，强调了“自愿接受”（voluntary acceptance）的必要性，但他从来没有指出这种“自愿接受”指的是什么。也许人们会说，要做这样的界定

① H. L. A. Hart, “Are There Any Natural Rights?”, in *Philosophical Review*, 1955, p. 185.

是很困难的，但要做出这样的界定也并非不可能，比如用“要么努力去争取（而且已经成功获取），要么自愿和有意获取”的标准去分析上面所举的修剪草坪的两个例子，还是可以清晰地判断自愿接受与否的。但是，即使在理论能够按照上述两项标准确定接受与否，还是难以在实践中解释许多纷繁复杂的利益问题。因为，虽然可排他性利益的接受相对比较容易判断，但不可排他性利益的接受与否，或者说，当利益是公开的或者说是轻易可获得的，要判断当事人是否接受实在不是一件容易的事。当面对一种可轻易获得的利益时，说我们努力去获取这种好处不知意味着什么？或者说当一种利益不是按一定份额分配的，而是每一个接触到的人无论愿意与否都会得到公开的利益时，我们到底需要什么样的努力？

另外，用自愿接受的标准去解释政治义务，可能还会使原本简单的问题复杂化。比如，我们可能还会面临是否自愿进入国家这一合作计划的问题。实际上，是否进入这一合作计划是由不得我们选择的。“我们是注定要降生在某个政治共同体中的”，或者说是被“偶然丢进”一个合作计划之中的，并因此成了“内部人”。[①] 发现置身于这一合作计划后，我们当中的绝大多数人都从国家法律和政治制度的运行中得到了利益。但是，能在多大程度上说我们是自愿接受利益的呢？特别是一些所谓的公开的利益，比如法治、武装力量的保护、环境保护、高速路网的维护、政治参与的路径等，要说这些好处是绝大多数人主动“接受”的，恐怕有些牵强。当然，要说这些好处是被动得到的可能也比较困难。既然如此，我们这里讨论“接受”这个概念，指的就是已经接受了公开的利益并包含着对所取得的利益的恰当态度。也就是说，我们必须明白这些利益来自于合作计划，不是天上掉下来的。然而，非常遗憾的是，对于政府所提供的重要利益，我们中的多数人都没有这种恰当的态度或信念，许多人几乎从不注意他们所获得的利益。有些人甚至认为，面对高额税收、面对参与“维和”行动这一类可能丧命的兵役服务，

① ［美］A. 约翰·西蒙斯：《道德原则与政治义务》，郭为桂、李艳丽译，江苏人民出版社 2009 年版，第 125 页。

或者面对私生活被干预的各种情形，相对于他们从政府获得的利益，所付出的代价是不值得的。更有甚者，一些人认为这些利益是通过税收从中央政府那里换来的，不应该被看作是同胞公民合作所带来的利益。如果加以分类，持上述异议态度的公民可以被分为：有些人没有“接受”利益，因为他们所得到的利益（伴有相应的负担）不是自愿的；有些人没有“接受”利益，是因为他们不认为政府所提供的利益是合作计划的成果。基于这么多的异议，西蒙斯认为，如果不能说绝大多数公民已经自愿接受了政治合作计划所产生的利益，那么，要用公平原则来解释普遍的政治义务可能就不太合适了。

二是关于“正义”问题。虽然相对于哈特的“相互限制”原则可能面临“不正义的”合作计划的指责而言，罗尔斯对公平游戏原则的改进并加入“正义”这一限定词之后，优势显得更加明显。但是，西蒙斯认为，罗尔斯并没有提供“正义条件”（justice condition）的详细解释。实际上，这里可能涉及两个问题，一是合作计划的目的或它所要达到的目标必须是正义的；二是计划的利益和负担的分配必须是正义的。与前一个问题相关的是，我们没有义务去做道德上不许可的事，或没有义务支持基于不道德目的的合作计划；而与后一个问题相联系的是，只有当利益和负担的分配是公平的，我们才会有公平的义务。正是因为后一个问题，罗尔斯的改进后的版本比哈特的版本合理多了，因为，公平原则原来要求个人只要已经从合作计划中得到利益就会受到约束，而现在，一个人不仅要从合作计划中得到利益，而且所分得的利益份额还必须是公平的。加入正义这一要件之后，公平原则就更符合我们的直觉了：如果合作计划是公正的，每个参与者被分到了一份公平的利益，那么，他就必须为合作计划贡献自己的公平份额。也就是说，“正义条件”确保一个人只有从合作计划中公平地分配到了利益（而且接受了这些利益），他才必须承担分内的义务。

但是西蒙斯认为，罗尔斯关于“当所有的人都公平地得到了好处时，那么，每个人都应当承担分内的义务”的观点是错误的。且不说合作计划目的的正义性并不能保证每个人都能从中获得或接受其应得的利益，仅就罗尔斯的“正义条件”这一巧妙构思而言，他必将面临难以克服的困难。按照罗尔斯的设想，当一个人在合作计划中获得的利益少于其应得时，就不必担负其在合作计划内应承担的义务，因为，要求一个人全面合作而又不给他应得的好处是不公平的。但是，这与我们的直觉与常识是不相吻合的，即通常认为获得的利益越多承担的义务也越多，获得的利益越少承担的义务也越少，换言之，获得较少利益的人并没有被完全免除义务。因此，正如西蒙斯所指出的那样，“尽管我可以同意罗尔斯所说的那种令人无法忍受的不正义计划不应该继续存在（事实上也应遭到反对），但是，有时在不公正的合作计划中，我们仍有义务保持合作，坚持后面这一点，与前者在逻辑上没有任何矛盾”①。

与西蒙斯直截了当的方式不同，诺奇克采用了一种比较迂回的方法来表明自己的态度，即在任何情况下都应该反对将公平原则作为一项有效的道德原则。在其著作《无政府、国家和乌托邦》一书中，诺奇克以他著名的“邻里娱乐系统”（a neighborhood entertainment system）等思想实验，来表明“公平原则，要是正如我们根据哈特和罗尔斯所陈述的那样，就是可反驳的和不可接受的”②：假设你的邻居中（除你以外的364位成年人）的一些人建立了一种公共广播系统，并决定创立一套公共娱乐制度。他们贴出了一份名单，每天一人，你的名字也在其中。在指定给每个人的那一天（人们可以很容易地调换日期），那个人要照管这一广播系统，要播放录音、报告新闻，讲他听到过的笑话，等等。在过去的138天中，轮值的人都尽职尽责，现在轮到你了，你有义务去值班吗？你已经从中受益了，偶尔你可能会打开窗户听一听，享受某些音乐，或被某个人讲的有趣故事逗乐了。其他人已经做出了他们的努力，当轮到你时，你必须响应召唤吗？事实上，肯定不必。③

① ［美］A. 约翰·西蒙斯：《道德原则与政治义务》，郭为桂、李艳丽译，江苏人民出版社2009年版，第105页。

② ［美］罗伯特·诺齐克：《无政府、国家和乌托邦》，姚大志译，中国社会科学出版社2008年版，第111页。

③ Robert Nozick, “Anarchy, State, and Utopia”, *Basic Books*, 1974, p. 94. 实际上，除了广播系统这个例子外，诺奇克随后又举了扫大街和剪草坪的例子，以加强论证效果。

诺奇克之所以得出不必履行轮值义务的结论，原因在于：第一，不值得付出如此代价。用诺奇克的话说就是，其他人提供的364天服务加在一起所带给你的利益也不值得你放弃一天休息去运行这一广播系统。对于你来说，与其放弃一天休息去拥有这一切，还不如不放弃休息也不拥有这一切。在这里，诺奇克并不是在耍无赖，即既想得到利益又不肯去承担义务。他只是认为，公平原则要发挥作用，所得一定要大于付出。事实上，对于诺奇克的这种态度，应该从两个方面去审视，如果某位居民一开始就反对，而邻居们仍要实施这一计划，那么，这个人不履行义务是无可指责的；如果该居民刚开始并没有反对，当轮到他时却不肯当值，那就应该兑现承诺，履行义务。第二，利益的获得程度不均等。诺奇克认为，即使对上述所得一定要大于所失的要求加以修改使之保持一致，也仍然可以加以反驳。因为，虽然“你所得到的利益可能刚好等于你尽责时所付出的代价，但是其他人从中获得的利益可能要比你多得多”①，作为得益最少的人，难道你也应该尽同样的义务吗？第三，没有选择的空间。即使所得与所失是均衡的，利益和代价的分配也是公平的，仍然可能存在这样的问题，即你更希望在另一项合作计划中跟你的邻居们合作，而事实上这样的机会并未被给予。第四，有被强制的嫌疑。如果你不去轮值，邻居们可能会以鄙夷或怪异的眼光看你，这无疑会给你强大的精神压力，这等于是强制。而以强制的方式实施公平原则，诺奇克认为，肯定是有问题的。“你不能这样做：决定给我某种东西，比如一本书，然后抢走我的钱来付书款，即使我没有更好的东西要购买。”②

应该承认，诺奇克的这四条批评意见，在一定程度上说，对哈特关于公平原则的粗糙论述是有一定的说服力的，但对罗尔斯修正后的版本，特别是加入了“正义”和“互利”等条件后，就显得有些苍白了。也许诺奇克想要表明的是，凡是涉及公共利益的合作计划，未经当事人同意，或者当事人无法避免这些利益，或者避免这

① Robert Nozick, “Anarchy, State, and Utopia”, *Basic Books*, 1974, p. 95.

② Ibid., p. 96.

些利益非常不便，就不能创设道德义务。但是，他把板子打在哈特和罗尔斯身上，可能不是十分恰当，特别是他的第四条意见。他说强制不能产生义务，实际上就是说，不是个人自愿的行为就不能产生义务，而无论哈特还是罗尔斯都是这样认为的，这一立场与他们两个人并无本质不同，从这一意义上说，诺奇克误解了哈特和罗尔斯的意思。因此，公平原则的支持者认为他的批评不值一驳。另外，诺奇克思想实验中所举的几个例子都是微小的利益，与国家所提供的、公平原则所要捍卫的重要利益根本不能相提并论。换言之，以这种基于琐细利益的例子来反驳哈特和罗尔斯的合作计划及其所产生的义务，可能就显得有些力不从心了。但是，诺奇克对用一种无法自愿接受或拒绝的公共产品来证明公平义务的论证方式所提出的批评还是有其合理之处的。

第三节　阿尼森与克劳斯科的非自愿主义解释

面对西蒙斯、诺奇克等人的异议，阿尼森提出了他自己对公平原则的捍卫方案。最突出的主要有两点，一是认为哈特的“相互限制原则”的适用范围是有限的；二是认为罗尔斯的自愿主义要求也不是绝对的。阿尼森认为，“相互限制原则”的适用范围之所以是有限的，主要是因为这一原则只适合调整某些利益，而不是所有利益。哈特和罗尔斯的失误在于，他们没有注意到合作计划所产生的利益具有不同特征。他们所宣称的公平原则，即服从了合作事业规则的人有权要求受益于这种合作事业的人做出同样的服从，但这种论证无法解释以下问题：一个没有自愿接受这种利益的人是否可以被说成是受益于这种合作事业？在阿尼森看来，要解决这一问题，应该放弃自愿主义这一“硬条件”，转而主张：不可排他性占主导地位，事业值得人们付出成本，负担的分摊是公平的，并且所提供的物品不是纯粹公共物品等条件。因为，在提供纯粹公共物品的情况下，自愿接受利益是不可能的，因此，对于公平原则而言，坚持自愿接受利益对于产生义务来说也是不必要的。仅仅得到（receive）

利益就足以使人背负义务了。相反，如果所提供的好处具有共享性，但不想让人享用它也是可行的，那么，即使是自愿接受利益也不足以产生义务。正是从这一意义上说，虽然诺奇克也许是对的，即一般来说，不能简单地通过赋予一个人以利益而将他置于义务之下，但提供集体物品的情况却是一种特殊情况。

基于上述分析，阿尼森认为，公平原则可以修正如下：如果一个人建立了一项提供集体物品（利益）的合作计划，对每个受益者而言，值得为之付出一定的代价；而且合作计划的负担被公平地分摊；通过增加私人利益的办法来诱使个人自愿地服从这一计划是行不通的；集体利益要么被自愿接受；要么没有被自愿接受；那些为分派给他们的合作计划所需的成本贡献了公平份额的人，就有权要求其他受益者承担他们的公平份额。在这种情况下，为合作计划做贡献的道德义务约束着每一个受益者，运用强制也是合法的，如果强制对于确保遵从这一义务是必需的，而且强制的成本不会打破成本与收益之间的平衡。[①] 通过这一修正，阿尼森想要告诉我们的是，接受或者仅仅得到合作计划的利益有时就会使一个人有义务支持这一计划，即使这个人实际上并没有同意它。可问题是，虽然阿尼森认为他的这一修正使得公平原则摆脱了默示同意理论的阴影，避免了哈特和罗尔斯所遭遇的如何确立普遍的、一般的政治义务这一难题，但却陷入了另一困境：它太普遍了，以致不能算是政治义务。正如西蒙斯所质疑的那样，“加拿大公民将仅仅因为受益于美国公民维系法治的合作努力而对美国的政治共同体负有义务”[②]。换句话说，阿尼森的这种公平义务已经不是公民与国家之间的关系所特有的义务。与此同时，阿尼森对自愿主义立场的放弃，使得他所确立的公平原则不再是与个人意愿有关的政治义务，而是与个人意愿无关的政治责任。

与阿尼森一样，克劳斯科也主张一种非自愿主义的公平原则。在其名著《公平原则与政治义务》一书 2004 年版的“导言”中，

---

① Richard Arneson, “The Principle of Fairness and Free Rider Problems”, *Ethics*, Vol. 92, 1982, p. 623.

② John Simmons, *Moral Principles and Political Obligation*, Princeton, NJ: Princeton University Press, 1979, p. 122.

他这样写道：政府最主要的作用就是提供安全，主要是国防、法律和秩序，这些东西是可接受的生活其他所有方面的前提条件。这些利益依赖于大量公民的合作，任何一个人从道德上说都必须参与，除非他与其他人之间存在着道德意义的差异。而且，考虑到“一个人不可能自愿地主动接受一个他不能自愿接受的好处”，因此，这种普遍合作所产生的公共利益不存在由受益者“主动接受”的问题，单凭受益就可以产生政治义务。但不能就此认为，阿尼森的主张与克劳斯科完全相同。实际上，后者对公平原则的论证较之前者更为详细、全面，因此也更具说服力。

为了论证自己非自愿主义公平观，克劳斯科认为有必要从可排他性公共产品和不可排他性公共产品两个方面分别阐述。对于可排他性产品，我们可以做到在将它提供给一个群体的某些成员的同时，又不让特定的人得到它。只有当一个人主动追求可排他性计划所提供的利益时，他才会获得对这种计划的好处及其负担。而不可排他性产品则不同，我们无法拒绝特定的人分享它。一旦被提供出来，它们必定会为所有的成员所得到。例如，国防、法律、秩序和免于各种形式的环境危害等，这些公共产品依赖于很多人的合作。因此，公平原则所遇到的一些问题，在提供可排他性公共产品的合作计划中相对而言是不值得担忧的。因为，获得这种利益是人们所追求的，但在不可排他性公共产品的提供上，问题相对就比较麻烦了。因为，它存在不可避免性、非竞争性等特征，不可能像通常情况下那样被主动追求，因此，不能用与看待可排他性公共产品一样的目光来审视不可排他性公共产品的接受问题。只要一项合作事业能够满足了以下三个条件，受益者就有义务贡献自己的公平份额，并遵守法律：（1）所提供的利益必须是划算的（worth their costs）；（2）这些利益必须是“推定有益的”（presumption beneficial）；（3）合作事业的利益与负担总体上的分配必须是公平的可以接受的。[①] 在这三个条件中，第一个和第三个实际上阿尼森都已提到，

① ［美］乔治·克洛斯科：《公平原则与政治义务》，毛兴贵译，江苏人民出版社2009年版，第9页。

唯独第二个是克劳斯科的独创，同时也是其理论最为关键的一个问题。因此，他对这个条件花了很多笔墨并阐述说，如果合作计划 X 提供了不可或缺的公共产品 P，我们就可以认为，P 带来的利益对 X 的大多数成员来说都是划算的，否则，他们就不必费力来提供它了。那么，什么是“推定利益”呢？克劳斯科认为，就是“根据推测，每个人都想要的东西”。进而言之，这种推定的公共产品是这样的：一个群体的所有成员无论想要其他什么东西，也无论具体而言有着什么样的理性计划，他们都想要这种东西。如果一种利益对于 A 的福祉来说是不可或缺的，比如人身安全，那么我们就可以认为他受益于这种利益，即便他没有试图得到它。在实践中，提供此类公共产品被广泛地认为是政府的一个主要目的和最终责任。[①]

然而，推定有益这个概念的提出并没有解决全部问题。因为，合作计划同时还提供各种虽然可欲的但却不是推定有益的公共产品，而是一些所谓的“可有可无的公共产品”（discretionary goods）。对这种利益的说明并不太容易，因为，“尽管一个现代政府所提供的一系列可有可无的公共产品或许会使 A 的生活更为便利或更为舒适，但是在这里，他没有这些产品也行这一事实似乎至关重要”[②]。举个例子说，尽管修路千百年来一直是政府的职能之一，但迄今为止我们所描述的那种公平原则并不能使每个人都有义务在这方面去完成其公平的份额。因此，要解释这种公共产品所带来的利益和负担，就必须考虑把公平原则加以扩展，使之能够适用于这种情形。在经过广泛研究之后，克劳斯科认为，至少当“合作计划 X 不同时提供可有可无的产品，不可或缺的产品也不能提供出来”时，可有可无的产品才适用公平原则，因为，在这种情况下，两种公共产品构成了不可分割的整体。如果 A 有义务去帮助合作事业 X 提供某种不可或缺的公共产品，那么，他也就有义务去支持 X 提供可有可无的公共产品 a、b、c 等，除非我们可以证明他为支持 X 所付出的代价超过了他的收益，或者 X 是不公平的。

---

① ［美］乔治·克洛斯科：《公平原则与政治义务》，毛兴贵译，江苏人民出版社 2009 年版，第 45—46 页。

② 同上书，第 94 页。

不过，西蒙斯认为，这样的解释缺乏说服力。“即使我们不能将我们对推定有益的产品的支持与对可有可无的产品的支持分开。但是所支付的税款（最为熟悉的公民负担）似乎完全是可以分割的……”，即便一项计划开始提供可有可无的产品，一个人仍然有义务（支持推定有益的产品的提供）。但是我们不可以把“仍然有义务”等同于有新的义务（支持可有可无的产品的提供）。[①] 可以肯定的是，对可有可无的公共产品的提供者而言，将面临大量的棘手问题。因为这种利益并不都是不可或缺的，不同时候的成员有可能对它们的看法完全不同。而且，对于很多为人熟知的可有可无的利益，有的社会成员从中受益远远大于别人。在这些常见情况下，如果还有其他替代性选择的话，究竟应该提供哪些利益，以及究竟应该如何提供，都不是很简单的问题。最为关键的是，我们必须保证可有可无的产品所需要的额外负担一定不能过于沉重以至于使得合作计划 X 的成本作为一个整体已经超过了其所带来的利益，以及可有可无的产品带来的利益与负担的分配一定不能过于不公平以至于使得 X 作为一个整体无法通过公平分配的检验。因此，做出这些决策的过程对所有参与者来说无论如何必须是公平的。

由此可见，克劳斯科所谓的“由于为了过上可接受的生活，我们都需要这些利益，因此，可以推定，如果有机会，我们都会接受它们，这样，义务就可以根据这条理由而得到证成”的主张，和阿尼森“投之以桃，报之以李的基本观念…… 买东西给钱或使用经过改良过的土地应该交租金等等这些都是正当的，仅仅因为，集体产品是不可分割的整体，强制受益者去提供这种产品是必要的”[②] 等观点并没有被想象的那么有说服力。尽管现代政府提供的许多可有可无的公共产品的确能满足不可或缺的某些标准。而且提供其中的一些公共产品，也是我们希望政府履行的职能，如支持交通与通信、调控健康与安全、提供公园与娱乐场所以及公共教育等。因此，即使公平原则不能创设义务去支持现代政府所做的每一件事，它也的确能为大

① ［美］乔治·克洛斯科：《公平原则与政治义务》，毛兴贵译，江苏人民出版社 2009 年版，第 95 页。

② 毛兴贵编：《政治义务：证成与反驳》，江苏人民出版社 2007 年版，第 9、80 页。

多数公民创设义务去支持我们认为一个好政府应该履行的相当多的职能。但是，现代社会非常复杂，政府承担着广泛的可有可无的职能，并不是所有的职能都能满足不可或缺的上述标准的。将公平原则延伸到广泛的可有可无的公共产品的提供，并得出“接受或仅仅是得到合作事业的利益有时候就会使个人有义务支持这一事业，即使这个人事实上并没有同意它”的结论可能过于轻率了。

第四节　对几个重要问题的进一步较量

尽管非自愿主义的公平义务理论遭到了各种批评，但它的许多最新版本仍然拒绝接受关于公平原则要求自愿接受利益的观点，仍然坚持在适当的条件下仅仅得到合作利益就可以产生义务的主张。这种观点被克利缇（Garrett Cullity）称为公平原则的“扩展版”①。目前围绕着这一版本的争论仍在继续，并主要体现在以下四个重要问题上。

第一个问题是：为什么非要以自愿接受为条件？

对于公平原则“扩展版”的支持者来说，公平原则的规范逻辑完全取决于合作利益的获得，因此，在排他性利益和非排他性利益之间没有太大的理论差异，自愿接受利益这一条件不是必需的。但是，反对者认为，这两者显然是有区别的：一个利用了排他性合作利益的人，明显就对该计划负有义务；而一个获得了非排他性利益的人，是否受制于公平义务就不是那么确定了。对于这个问题，建立在自愿接受利益基础上的那种公平原则说明是可以做出简单解释的：当一个人涉及一项排他性利益时，毫无疑问他是自愿接受的，因为，如果他没有主动以自己的方式去获得它，他是无法得到的。相比之下，在非排他性利益的情形中，自愿接受这一点就不是很明显，或者说难以确定，因为，无论他是否想要，他都将获得这一利

① Garrett Cullity, *Moral Free Riding*, 24 PHIL. & PUB. AFF., Vol. 9, 1995, supra note 5, at 9.

益。因此，接受基础上的公平原则具有一定的理论优势。而两种利益之间的差异正好说明，接受这一条件在我们的直觉中对公平的重要性。那么，究竟怎样才算是自愿接受呢？对此，公平原则的反对者西蒙斯给出过具体的解释。他说，如果人们是在"自愿的（willingly）和有意的（knowingly）情况下获取的利益"，就可以说是自愿接受了利益。[①] 西蒙斯进一步解释说，所谓"自愿地"获取利益，"我们就不能说，例如，所带来的利益是违背我们的意志强加给我们的，或者认为这些好处不值得我们必须为之付出代价"；[②] 所谓"有意地"获取利益，似乎涉及的是相对于提供它们的这一方而言，获取这些利益后所处的地位。因此，在通过合作计划所提供的开放利益的情况下，我们必须理解为这些利益是通过合作计划提供的，以便使人们能够在"知悉"的情况下接受它们。

但是，公平原则扩展版的倡导者对此做出了回应，比如阿尼森等人就认为，在解释自愿和有意接受利益的问题时，对一种"该受责备的无知"（culpable ignorance）太宽容了。这种"无知"主要有两种表现，一是如果一个人"无意中"接受了一些合作利益，只是因为他刻意避免"知情"，生怕他可能因此背负义务，那么，这个人的无知好像是该受责备的。针对这样的情况，在一项利益是否真的值得付出这么大代价的问题上，接受好处的自愿性就显得不是那么重要了。阿尼森认为，对于这种故意避开或者不去利用易于获得的、会使这个人对合作计划背负义务的信息的人，可以责成他去承担义务。这种情况应该说是比较容易处理的，真正具有实质性挑战的是第二种，即与不合理的信念有关的"无知"，阿尼森让我们考虑这样一种情况，即"一个有种族偏见的人，而且这个人认为，如果没有充分的理由，要让合作中获取一定利益的白人和黑人付出同样比例的代价是不公平的"[③]。也就是说，他们不认为从国家那里得

① John Simmons, "The Principle of Fair Play", *Philosophy and Public Affairs*, Vol. 8, 1979, p. 327.

② Ibid., p. 330.

③ Richard Arneson, "The Principle of Fairness and Free Rider Problems", *Ethics*, Vol. 92, 1982, p. 632.

到的利益是值得付出合作代价的，不认为合作的负担应该平均分配。如果公平需要以接受为条件，这样的人是不可能会接受的，也就不可能有不公平的问题。针对这种情况，无论是阿尼森还是克劳斯科都认为，他们拒绝接受国家提供的利益是非理性的，即使他们没有自愿获取利益，也应该承担公平游戏的义务。因此，卡夫卡（Kavka）直截了当地说，完全没有必要去理会西蒙斯的主张，"为什么要像西蒙斯那样用一种主观的标准，并说我们必须把实践看作为合作的，且'值得'受到公平游戏义务的约束？更合理的是运用一种客观的标准，并且只要利益超过了负担（对他来说），任何一个参与者都将背负义务，不论是否他同意这种计算或意识到这种利益是从哪里来的"①。

然而，问题在于，种族主义者对国家利益的拒绝可能是真实的：他可能真的不想使自己成为例外者并且逃避公平的负担。如果有条件的话，他真的不想要它们。这一点与同意的实例有些类似。一个人在拒绝同意一些契约方面可能是客观上非理性的，但是，他的非理性没有给任何人以许可，以迫使他进入契约或违背他的意志对他进行约束。如果他拒绝了，即使缺乏理由，也同样不能说契约对他具有约束力。虽然他可以受到批评，但没有他的自愿同意，就不会受契约的约束，无论他的理由是多么的不恰当。通过与同意的这一比较可以看出，自愿和有意这两个条件对接受有多么重要，虽然同意不能等同于接受。但是，要保证接受的自愿性，就要求具备既自由又知情等条件。任何形式的自愿接受都植根于主观因素。因此，说一个人自愿接受了某些合作利益，并因此受到公平义务的约束去参与合作计划，仅当他这样做是有意的，并且是自愿的。当一个人知道他得到了一些合作利益时，就可以说他是有意接受了利益。用西蒙斯的话说，当一个人不把利益视为强加的和不值得的，接受就是自愿的。但是，自愿接受是一种复杂的心理状态，很难确定什么样的心理状态才算是自愿接受。有时会出现这样的情况，即

① Edward Song, "Acceptance, Fairness, and Political Obligation", *Legal Theory*, Vol. 18, 2012, p. 214.

人们拒绝自愿接受可能是假的。也就是说，一个人可以欺骗自己，不想要某些好处，而实际上他是想要的。因此，可以说有时很难确定何时的拒绝是真实的，何时又是虚假的。虽然如此，公平原则“扩展版”的反对者认为，这一事实本身并不反对自愿接受对于公平原则的重要性。

第二个问题是：自愿和有意这两个条件能得到满足吗？

西蒙斯认为，绝大多数公民要么不是有意接受国家利益的，要么这样做是非自愿的，因此，都没有以一种将会使他们受到公平因素约束的方式自愿接受任何国家利益。关于有意的条件，西蒙斯认为，很多市民都几乎没注意到（而且似乎不愿意去思考）他们获得的利益。不过，虽然情况可能是这样的，公民很少思考他们从合作计划中得到利益的程度，但他们至少要认识到，他们的基本安全和保障不是从天上掉下来的。毫无疑问，大多数人对他们获得利益数量之大和方式之复杂的看法相对简单，他们很可能“勉强注意到”和“懒得去想”这些好处。但是，这并不意味着他们缺乏知识。关于自愿的条件，西蒙斯认为，“更多的人面临着高税收，以及服兵役的问题。……或面临着对私人乐趣不合理的限制性法律的管控的人，认为从政府那里获得的利益是不值得他们付出这样的代价”。或者，许多人认为，国家利益“是我们从中央政府购买的（用税收），而不是从我们同胞公民的合作努力中接受的”，“这样的信念可能是错的”，西蒙斯写道，“但它们似乎与对政府提供的公开利益的‘接受’仍然是不相容的”。可见，相对于第一个问题，即“有意接受”的问题来说，第二个问题，即“自愿接受”的问题更难回答。不过，有学者认为，对这个问题的回答不能坐在书斋里苦思冥想，可诉诸一种实证的方法。比如宋（Song）就认为，已有的与自愿接受国家提供的利益相关的，对国家合法性的实证研究结论可以说明这些问题。下面让我们来看一看他引用的克雷格（Craig）、涅米（Niemi）和西佛尔（Silver）提供的初步研究数据：①

---

① 原文是 Stephen C. Craig, Richard G. Niemi, and Glenn E. Silver, “Political Efficacy and Trust: A Report on the NES Pilot Study Items”。转引自 Edward Song, “Acceptance, Fairness, and Political Obligation”, *Legal Theory*, Vol. 18, 2012, p. 221。

第一组数据："在初步研究中，支持的情感在受访者之间也很普遍，超过95%的人同意，无论是强还是弱，'美国式政府对我们来说仍然是最好的'……而几乎像很多人所说的那样，他们'宁愿生活在我们的政治制度而不是任何其他的制度之下'。"

第二组数据："95.7%的受访者表示，认为在选举中投票是'非常重要'或'比较重要'。只有4.4%的人认为，投票'并不重要'。而95.1%的人认为，在陪审团中服务，是'非常重要'或'比较重要'。关于纳税，只有4.9%的人认为是'并不总是那么重要'。"

通过上面的这些数据，宋得出结论说，只有人口的5%缺乏支持国家的积极态度，而高达95%整体支持水平似乎满足了政治义务理论的普遍性要求，而且数据表明，即使在20世纪60—70年代情况也差不多。也就是说，只有5%的人可能认为不该受到政治义务的约束，虽然基于更广泛的道德责任他们仍有义务服从大量的法律。但无论如何，这些数据都表明，基于"接受"利益的公平原则版本可以证明不只是"极少数的实际国家的极少数公民"有政治义务。

但是，这些经验证据到底有多大的哲学意义是令人怀疑的。这种怀疑来自于两个方面。一是数据本身的科学性以及我们对待经验研究结论的态度。自述式的调查问卷表和民意测验数据有时不一定可靠，因为在人们所报告的情况和他们实际行为之间存在一定距离。二是虽然这些数据是普遍的弥散支持（diffuse support）的有力证据，但它们与公平原则说明所需要的自愿性条件的关联性程度并不清楚。提出这些异议的理由是，这些数据可能无法反映受访者的真实态度，因为受访者可能出于各种原因而向调查者提供他们所希望获得的答案，因此，调查数据可能与实际情况不相符。例如，95.7%的受访者认为，至少在某种程度上投票是重要的，可为什么参与投票的实际水平如此之低？难道人们的实际行为不比人工进行的民意测验给出的答案更精确地反映出他们对政治制度的支持态度？守法的角度也是一样，尽管在民意调查时大多数人都会认为守法很重要，但正如西蒙斯所说的那样，"如果不是因为习惯、惩罚的威胁，或盲目敬畏法律，你的同胞公民中有多少人真的会遵守法律?”① 实际上可能很少。因此，有可能得出这样的结论：不管他民意调查的结论怎么样，大多数公民可能还是缺乏那种具有合作计划特征的支持态度。

不过，宋认为这些异议其实并不难反驳。至少可以从三个方面进行回应。首先，对人们是否愿意因为政治义务而约束他们的行为的怀疑似乎过于强烈了，特别是当有相反证据的时候。理由是，实证研究表明，支持政治制度的态度与遵守法律的行为之间有着高度的相关性。② 而且对国家合法性认同度越高，服从的可能性越大。其次，人们的行为和他们对民意调查人员表达的态度之间的差距，可以通过多种方式进行解释。比如受访者可能会对调查者撒谎，因为他们实际上认为投票是一种毫无价值的活动，或者出于某种原因，认为告诉民意测验专家真实的情况会有压力。这些态度可能是肤浅的，或缺少反思的。但这既没有破坏其规范意义，也没有影响他们在合作计划背景下产生义务的能力。即使草率地做出同意仍能使一个人背负义务，弥散支持的草率态度仍然是弥散支持的表示。我们需要关心的是公民是否有一种自愿和有意接受的态度，而不在于这种态度是否深入和具有反思性。最后，植根于公平原则的政治义务说明能够对人们宣称的对政治制度的态度和他们的行为之间所存在的一定差距。具体地说，公平性的要求允许在合作规则所明确要求的东西与参与者实际上不得不去做的事之间有一定的弹性。如果认为一个人偏离政治义务的特定要求就意味着这个公民没有自愿接受的态度，那似乎就过于严格了。因为一定程度的偏离是可接受的，对合作计划的完整性不会有任何威胁。

但是，异议者仍然可能会认为，宋的回应并没有很好地解决第

---

① John Simmons, “The Principle of Fair Play”, *Philosophy and Public Affairs*, Vol. 8, 1979, supra note 8, p. 41。

② 宋引用了社会心理学家汤姆·泰勒的一个调研结论：“这些研究的结果支持这样一种假设，行为受到合法性的强烈影响……对政府的支持度较高的公民不太可能采取对抗制度的行为。”具体见 Edward Song, “Acceptance, Fairness, and Political Obligation”, *Legal Theory*, Vol. 18, 2012, p. 223。

二项异议，即公民很可能有普遍的弥散支持的态度，但这并不表明就是自愿接受的具体态度。换句话说，对一个政权的弥散支持与自愿接受合作利益是截然不同的。虽然一些公民有强烈的支持情感，但缺乏激活规范性公平考虑的自愿接受合作利益的态度是完全有可能的。例如，一个人可能在民意调查中强烈赞同“美国式的政府对我们来说仍是最好的”以及“宁愿生活在我们的政治制度下也不愿生活在别国政治制度下”，但仍然不愿接受国家提供的任何利益。赞同这两项陈述有可能是因为他相信别国政府也许会比本国政府更不如。因此，这不能算是自愿接受。不过，宋认为，这个问题不难回答。一个人支持一个政权又不肯接受其利益在理论上当然是可行的，但是，支持和接受之间的差距是很小的，很难想象在实践中能将这两者分开。对此，我们可以从以下例子中得到证明。

让我们来看一个诺奇克“邻里娱乐系统”思想实验的修正版。设想有一个广受当地居民支持的“邻里娱乐系统”。当然，它所提供的利益是不可排他性的，因此没有一个人可以避开它，即使他们想这么做。但是，对于这个系统的支持率是非常高的。95%以上的居民认为，承担各种角色去支持这一系统是很重要的。居民们认为他们的邻居对他们来说是最好的。他们宁愿住在这里也不愿意搬到其他任何社区去，并且对他们共享的娱乐系统深感自豪。当然，因为很忙，居民有时没办法轮值，但这些过失不会威胁到系统的功能，娱乐是定期编排的和可预见的。虽然有时或偶尔也会对系统如何运行等问题发生激烈争吵，但几乎没有人认为，它应该被取消，或代之以另一个系统或根本就不需要任何娱乐系统。无论如何，该系统本身的基础是获得广泛支持的。①

在这里，是否存在居民自愿接受系统提供的利益的问题呢？应该承认，对义务的感知和对系统的支持与自愿接受不是一回事，但是，在这些情形中却是很难将它们分开的。实际上，关键不是任何一个支持的指标能说明什么，而是所有这些指标的累积效应：难以

① Edward Song, “Acceptance, Fairness, and Political Obligation”, *Legal Theory*, Vol. 18, 2012, p. 226.

想象的是，居民会如此一致和有力地去支持它们，而又仍然拒绝娱乐系统。宋据此认为，国家也可以说与此差不多。如果公民认为国家利益不值得他们被迫付出代价，那么为什么会有这么多的人声称作为公民履行各项责任是非常重要的？特别是诸如投票的责任，人们并没有明显的一般道德义务或工具理性去承担它们。实证数据整体表明，对国家广泛支持的态度是很难与任何自愿接受的态度之外的东西相一致的。虽然从理论上说公民可能支持他们的国家又不接受其利益，但这在心理上是不可能的。最起码是，在没有公民实际上拒绝了他们的国家提供的利益这一相反经验数据的情况下，他们自愿或有意接受这些利益因此就有义务支持他们的国家并遵守法律是可能的。

第三个问题是：国家是一项合作计划吗？

公平原则的异议者认为，国家不能算是一项合作计划。理由有很多，代表性的观点主要有两种：一是合作计划是建立在公平基础上的，如果一个国家不是一个公正的国家，就不能算是能产生公平游戏义务的合作计划；二是国家不是一项真正的合作计划，因为它们缺乏一种“合作的意识”，而这恰恰就是合作的真正特点。

主张第一种观点的人认为，如果国家是不公正的，那么，即使我从它那里广泛受益，公平原则也不可能强制我服从它或支持它。因此，公平原则要发挥作用，前提必须是，以目前的形式或类似的形式存在的国家是相对公正的。但现实的情况不完全是这样的。除非公平原则创设的政治义务能够产生于无论多么不公正的国家，否则，这一论据的适用范围非常有限。另外，如果公平的意思是“贡献我们的公平份额”，那么，在国家治理的很多领域中也是不适用的。换句话说，公平义务最好只限于公共产品的提供这一领域。再说，即使像目前许多理论所说的那样公平原则创设了义务，它所创设的也肯定不会是我们所知道的对现代国家来说所必需的那种义务。它可能会告诉我们说，在某种程度上我们有回报同胞公民的义务，因为他们提供的公共物品使我们受益，但目前还不清楚的是，服从法律的义务究竟与此有何关系，而且“这种义务似乎与大部分我们还没有从中受益的或正在受害的国家项目竟然不相干”[①]。当然，我们也应该承认，国家所做的事情中确实有一些符合“合作计划”的定义，但公平原则所创设的义务也仅限于那些方面。从这一意义上说，公平原则不会产生服从任何法律以及支付每一项税款的一般义务——即使这正是我们的政府要求我们做的事。

主张第二种观点的人则坚持说：“在没有合作的意识，没有共同计划和目的的地方，就没有合作计划的存在。”[②] 也就是说，虽然国家提供了某些利益，并且要求得益者承担某些义务，但似乎比较清楚的是，它们缺乏表征合作的典范实例的那种共同目标和合作精神。因为，在一些人眼中，国家经常地被描述为是自利的，并且为稀缺资源而竞争。或者说，他们可能认为，如果社会是一个真正的合作体，国家的存在是不必要的。因为，真正的互惠合作努力与“冲突限制规则”管控的竞争实践是大不相同的；因为，后者缺乏公平原则所需要的合作意识。在一些哲学家，比如西蒙斯看来，以下三种协调活动显然不能等同于公平意义上的合作：（1）“个人可以完全在不知不觉中以合作的方式行事，并很偶然地产生了利益”；（2）人们可能打算以牺牲别人为代价来使自己受益，但是“按照错误的信息行事足以意外地产生有益的协调”；（3）“他们可能有意合作，善意地使他人受益，没有其他的期待——这一想法确实恐怖——无论别人觉得有义务做出什么样的互惠牺牲”。[③]

对于上述两种异议，公平原则“扩展版”的捍卫者认为，都是可以反驳的。特别是对第一种异议，按照罗尔斯的限定，合作计划是“正义而又互利的”，如果不符合这一条件，公平原则也就不适用了。尽管这一条件可能比较苛刻，甚至没有一项合作事业符合“正义而又互利”的要求。对于第二项异议，公平原则的支持者反

---

① Aaron Ross Powell, “What's Fairness Got to Do with Obeying the Law?”, http://www. Libertarianism. Org/ blog /whats-fairness-got-do-obeying-law, 2012-06-06.

② John Simmons, “The Principle of Fair Play”, *Philosophy and Public Affairs*, Vol. 8, 1979, supra note 13, p. 336.

③ John Simmons, “Fair Play and Political Obligation: Twenty Years Later”, *Justification and Legitimacy*, Vol. 39, 2001.

问：为什么真正的合作计划必须是强烈意义上的合作？为什么一项真正的合作计划仅当有共同的理想、共同的目标、共同的意识、总体的合作精神以及充满努力的共同牺牲时才能算？对此，无论是阿尼森还是达格都认为，西蒙斯这种强烈意义上的合作并不必然会激活公平的规范性要素。比如，阿尼森就指出："在我看来，现代国家的公民设法维持的或许比所需要的共同集体使命感更多的东西。在任何情况下，公平原则，其核心思想，比通过共同牺牲去改进共同体命运的思想所编造的东西更为平实……我们有公平的义务向那些提供这些服务的人提供各种服务。"① 不过，阿尼森同时也认为，西蒙斯对合作的硬条件的捍卫也不是完全没有道理的，真正的合作所涉及的远超人们的协调行动产生利益这一事实，我们对公平和合作的直觉也远超"对所提供服务的公平回报"，但是，公平的要求只在强烈意义上的合作才起作用这一点是值得怀疑的。例如，体育比赛就是那种"受冲突限制规则约束的竞争行为"，就可以说明这一点。虽然西蒙斯不认为那是真正的合作计划，但却经常出现关于裁判是否公平的问题。当然，有人可能会认为，以体育比赛中的公平问题为例不太恰当，因为人们相信与体育比赛相关的义务，与其说产生于公平原则，倒不如说产生于参与者的同意。但阿尼森并不这样认为，他说如果把这种情况理解为是同意问题而不是公平问题，可能就犯了过于宽泛的错误。因为，当有人作弊时，人们就会指责他的行为不公平，而不是说他违反了遵守规则的承诺。

因此，宋认为，虽然西蒙斯的看法无疑是正确的，即合作涉及的远非是人们提供了利益，主观因素和行为者的动机是一项活动真正具有合作性的重要因素，但是这本身并不表明必要的主观因素仅出现在强烈意义上的合作实例中，只有符合自愿和有意这两项主观条件，国家作为合作计划以及公民与公平相关的政治义务才可以得到解释。事实上，我们可以反问，为什么我们一定要认为共同目标、牺牲精神等硬条件是必需的？当公平的问题出现在对偷逃税或

① 转引自 Edward Song "Acceptance, Fairness, and Political Obligation", *Legal Theory*, Vol. 18, 2012, p. 216。

其他违规行为的指责中时，与是否具备西蒙斯的硬条件因而是否算作是合作计划真的没有太大的关系。

第四个问题是：基于公平游戏的讨论到底有何意义？

从上面的讨论中我们不难发现，即便是公平原则的支持者，在是否需要“有意”并“自愿”接受利益的问题上也远未达成共识。围绕着公平原则是否能够为政治义务提供满意说明的讨论还将持续下去，而且这样的讨论也不是没有意义的，它至少让我们明白了以下几个道理。

第一，义务感源于公平感。可以这么认为，现实中的公平指的只能是可以容忍的公平，而非绝对的公平。我们生活在一个不太完美的世界里，所有的社会制度都具有不可避免的缺陷，所以一定程度的不公平应该可以预料，也应该接受。但在实践中，人们对这个问题的看法是因人而异的。每个人通常都把自己承受的各种负担同他们所了解的、别人承受的相应负担做比较。比如，A 相信 B、C、D 和 E 都在为共同利益做出牺牲，这一事实将增强他的义务感，让他觉得自己也有义务去促进这些共同利益。同样，如果 A 发现负担的分配是不公平的，尤其是如果让他觉得他被要求去承受不相称的负担的话，他的义务感就会减弱。从这一意义上说，公平原则在很大程度上促进了培养认同感的那种义务感。“因为一个人如果认为自己经常被忽视或被剥夺，他或她最终就会断定自己并非真的是该共同体或团体的成员，或者顶多算是个‘二等公民’。因此，公平感为成员中大多数人的义务感提供了支撑。”① 而这一点对决策者来说是非常重要的，正如泰勒所说的那样：“如果政府要使公民为了国家的利益作出牺牲，它在提出要求的时候就必须让人们觉得义务的分摊是公平的。”②

第二，分享不等于受益。克劳斯科承认，公平原则的主要反对意见集中在对合作事业某些利益的“接受”上面。这个观点揭示了问题的要害。在我们日常的政治话语中，我们经常说全体公民“分

① 毛兴贵编：《政治义务：证成与反驳》，江苏人民出版社 2007 年版，第 122 页。
② 同上书，第 89 页。

享了……的成果”，以此来表明我们每一个人都“从……事业中获益”了。殊不知这根本是两回事，前者如同一种一般的馈赠，是被动得到的好处；而后者则“是一种意向性的、享受利益的行为，同时还带有对这些好处的代价的理解，因此可以算作是接近于自愿的行为”，[①] 说一个人“仅仅得到利益就代表已经接受利益进而背负义务”是难以让人接受的。况且，正像阿尼森所说的那样，“公共产品无所不在，但是在很多情况下它们提供的利益都微不足道，这对施加强制是不够的”[②]。因此，只有当人们从合作事业中“不但得到了利益，而且在事实上也接受了利益”时，受益者才有公平的义务去尽他们的一份责任，我们才能为政治义务找到充足的理由。

第三，消费不等于享用。按照公平原则，国家总体上说是基于抽象全民之需求或利益而积极作为的，其所提供的公共服务平等地适用于所有有需要的公民。然而，随着公民概念的扩充，国家提供的可有可无的公共产品越来越多，而且不少是排他性的。这就出现了这样的问题，一方面因税收不足以支付，另一方面又由于这些产品具有可以计算成本且被个别定价的可能性，这就使得“使用者付费”的概念逐步取代“公民享用”的概念。原本“因为纳税，所以是公民；因为是公民，所以可以无偿地享用国家所提供之设施与服务”的逻辑，默默地变成了“因为付费，所以是消费者；因为是消费者，所以可以享有等值于所付费用的产品或服务”的观念。[③] 在这种情况下，公民的政治义务将很难得到证成。因为，合作事业中守法的、积极参与公共事务的“道德公民”与市场上的维权意识很强的“消费者”根本不可同日而语。在公共产品的使用问题上，公民的“消费者”意识越浓，对合作事业的关心、支持程度肯定也越低，其政治义务感必然越弱。

① 程炼：《公平游戏与政治义务》，载《哲学门》第1辑，北京大学出版社2000年版，第138页。

② 毛兴贵编：《政治义务：证成与反驳》，江苏人民出版社2007年版，第70页。

③ 陈淳文：《公民、消费者、国家与市场》，转引自许纪霖主编《公共性与公民观》，江苏人民出版社2006年版，第267页。

第六章

基于自然责任的说明

虽然人们对公平原则能否为政治义务提供令人满意的说明的争论远未结束，但是这一理论的最早支持者之一罗尔斯早就放弃了原先的主张，转而诉诸一种“正义的自然责任”理论。究其原因，主要是公平原则理论与同意理论一样，无法解决普遍性不足的问题。如果说同意理论的问题在于为摆脱明示同意的虚妄性而诉诸默示同意，最后难以避免地遭遇“无选择”、“非自愿”的异议，那么，公平原则也存在类似情况。作为一种同意理论的替代性理论，诉诸公平因素当初是为了摆脱同意理论所遭遇的上述两种异议，但结果并不理想，在“我们可以自愿选择进入国家这一合作计划吗”、“我们可以选择不接受国家提供的不可排他性公共产品吗”等问题面前力不从心，最后给人的印象同样是普遍性不足。

正是为了解决这一关键问题，罗尔斯选择了对公平原则基本放弃的策略。主张仅仅那些从体制内自愿接受好处的人，才有一种基于公平考虑的政治义务，而绝大多数一般的人则只有一种基于正义的自然责任，去支持还算正义的政治制度。罗尔斯转换论证策略旨在表明，自然责任也许能够更好地满足普遍性要求。与公平义务不同，自然责任的显著特点在于它们与我们的自愿行为无关，与具体的社会制度和社会实践无必然联系。这样一来，它就能更好地说明人们普遍的道德义务。虽然自然责任有很多种类型，包括在不冒太大风险或不致遭受重大损失的前提下帮助受困之人的责任、不损害或不伤害他人的责任、不引起不必要痛苦的责任等。但是，罗尔斯所诉诸的自然责任仅指“正义的自然责任”[1]。由于自然责任既是一种具体的责任，也是一种一般的责任，无地域和国界限制。因此，“正义的自然责任”的说明自提出之时起就一直受到“缺乏公民与国家之间道德纽带”，即特殊性不足的指责，为了回应这些异议，罗尔斯以及随后的沃尔德伦做出了很多的努力，对“特殊忠顺”、“适用”等异议给予了有力回应。但是，反对者认为，罗尔斯以及沃尔德伦对正义自然责任的理解以及对“特殊忠顺异议”、“适用异议”的回应并不成功。

鉴于沃尔德伦的论证所遇到的困难，另一位自然责任思想家威尔曼提出了一种以“乐善好施”的自然责任为基础，公平原则为补充的替代理论，该理论主张每一个人都有帮助他人摆脱困境的道德责任，延伸开来，每一个人都有道德责任支持国家的建立并服从法律，以帮助人们脱离自然状态，帮助国家提供必要的利益。但是，反对者认为，这种理论只能对国家的一部分功能和公民的一部分政治义务提供解释，对那些需要付出巨大代价的道德责任或法律义务无能为力。因此，也不比罗尔斯正义的自然责任理论更有吸引力。实际上，无论是罗尔斯、沃尔德伦还是威尔曼都没有提出令人满意的政治义务论证。需要指出的是，与其他政治义务理论的流行版本相比，诉诸自然责任的说明总体上不太具有吸引力，参与讨论的人其实并不多。

第一节　“正义的自然责任”的提出

前面已经论及，罗尔斯的公平理论较之哈特的“相互限制”原则，至少有两个方面的改进，或者说有两个“限制性条件”：一是作为合作计划框架的政治制度必须是正义的（公平的），就是说它必须满足他的正义两原则。这是公平原则起作用的条件。

① 这一理论的捍卫者中也有诉诸其他自然责任的，比如威尔曼就诉诸一种“乐善好施”（或称“撒马利坦式”）的自然责任。具体见 Christopher Heath Wellman，“Toward a Liberal Theory of Political Obligation”，*Ethic*，Vol. 111，2001，pp. 735-759。

二是个人自愿接受了这一制度安排提供的利益，或者利用了这项安排所提供的机会去促进自己的利益。这一条件规定我们是如何获得义务的。换言之，罗尔斯认为，我们不可能对不正义的制度负有义务，或者至少不可能对超出必要限度的不正义制度承担义务。同时，义务必须是自愿行为的结果，或者说基于公平的政治义务必须是自愿参与合作计划与自愿接受合作利益的结果。然而，在现实政治中，这两个条件其实很难得到满足，要用公平原则去解释政治义务其实是非常困难的。因此，罗尔斯不得不遗憾地表示："严格来说，普通公民并没有政治义务。"[①] 不过，在否认普通公民有基于公平的一般守法义务的同时，他并没有赋予一个还算正义的政府统治之下的大多数公民在道德上有不服从法律的自由。相反，他却认为任何一个被这样的政府用合理的正义来对待的人，都有一种自然责任去服从所有"不是非常不正义"的法律，因为每一个人都有一种支持并遵守正义制度的自然责任。也就是说，每一个普通公民，仍有基于"正义的自然责任"支持与服从现行政府的"政治责任"。

对罗尔斯来说，自然责任原则是一种与公平原则截然不同的讨论进路，而且比公平原则更具优势。公平原则理论无论怎么修正，都有一些无法摆脱的困难，而自然责任原则似乎有望克服这些困难。因为，它既避免了公平原则向非自愿主义方向转变之后的父权主义倾向，又很好地说明了政治义务的普遍性。更为重要的是，正义的自然责任原则的优势在于它能够解决"保证问题"（assurance problem），而公平原则是无能为力的。因为，在罗尔斯看来，公平原则至少有两个方面是令人担忧的，因此，很不稳定。一是从利己主义出发，每个人都不想尽自己的一份力量，都想逃避责任。实际情况是，无论他是否出力，他都将从不可排他性公共产品中受益，

① 具体见［美］罗尔斯《正义论》，何怀宏等译，中国社会科学出版社 1988 年版，第 114 页。译文略有改动。不过，罗尔斯接下来说，那些在民主宪政条件下，只有担任公职的人，或者那些境况较好的，能在社会体制内部接近他们目标的人，才有政治义务。具体见［美］罗尔斯《正义论》，何怀宏译，中国社会科学出版社 1988 年版，第 116 页。

即使他所交的税款边际社会价值远大于他自己消费所可能产生的价值，其中也只有很小的一部分增加了他自己的利益。这种利己的倾向将导致第一种不稳定情况的存在。二是即便那些具有正义感的人对于合作事业的服从也是基于这一信任或前提：他人也会尽到自己应尽的义务。一旦当人们怀疑别人有可能没有贡献他的公平份额时，他们也会想到逃避做出这种贡献。这种对他人忠诚的担忧可能会导致第二种不稳定情况的出现。① 但是，如果是在正义的政治制度之下进行的合作，这两大稳定性问题就可以解决。因此，罗尔斯顺势推出了他的正义的自然责任说明。

在《正义论》（修订版）这一自然责任原则的开山之作中，罗尔斯写道，"从作为公平的正义的观点来看，一项基本的责任是正义的责任。这项责任要求我们支持并服从那些现存的、适用于我们的正义制度。它还约束着我们去推进尚未建立的正义安排，至少当我们这样做无需付出太大代价时，我们应该这样做。因此，如果社会的基本结构是正义的，或者在特定的条件下可以被合理地看作是正义的，那么每个人都有一种自然责任在现存的制度中尽一份力。每个人都应当支持并服从这些制度，这不依赖于他的自愿行为——无论是施行式表达（performative）还是其他行为"②。罗尔斯的这一论述，具体包含两层意思：

一是如果我们碰巧拥有的制度（不管它是什么样的制度）是正义的制度，那么，基于正义的自然责任要求我们服从它并在其中尽自己的一份力，以确保这一正义的制度能得以实施。

二是当这样的正义安排不存在时，我们需要帮助建立它，前提是这样做无须付出太大代价。也就是说，这种情况下，我们应该通过尽自己的一份力量去建立正义制度来履行我们的正义责任。

① John Rawls, *A Theory of Justice* (revised edition), Cambridge, Mass: The Belknap Press of Harvard University, 1999, section51. 中译本见［美］罗尔斯《正义论》，何怀宏等译，中国社会科学出版社 1988 年版，第 336 页。译文略有改动。

② ［美］罗尔斯：《正义论》，何怀宏等译，中国社会科学出版社 1988 年版，第 115 页。译文略有改动。

对于自然责任原则的这两个条款，有些哲学家提出了反对意见。虽然他们对第二个条款基本无异议，同意罗尔斯关于在某些情形下要帮助建立正义制度的观点，但对“适用于我们”（apply to us）持不同看法。也就是说，如果只是将它仅仅理解为每个国家的政治和法律制度适用于其永久公民，那可能就太简单化了。“因为人们不禁要问，如果这就等于‘适用’的话，那么为什么仅仅是正义的制度被认为能够约束我们去服从它？”[①] 这里有几个问题需要回答，第一个问题是，我们出生的那个地方的政治制度“适用”于我们吗？答案是肯定的。与此相关，第二个问题是，假如该制度是公正的，那么，我们在道德上就对它有服从义务吗？如果回答“是”，那么，这与服从其他同样正义的制度，比如同服从其他正义国家的政治制度相比在道德上有何差异？另外，第三个问题是，我们出生在哪个国家或在哪里长大自己是没法选择的，对于这种无法选择的事情，我们该如何负责任？第四个问题是，为什么在正义的自然责任中“适用”有如此重要？是什么东西让一个正义的制度“适用”于我变得如此令人关注？

对此，反对者比如西蒙斯就认为，一项制度适用于人有“弱、中、强”三种方式。一是制度可以很弱地适用于人，如果他沦为制度要着手去处理的这样一类人。正如西蒙斯坚决主张的那样：“我没有道德上的义务去支持任何一种只是‘适用于’特定人群的制度，即使这些制度是正义的。人们不能简单地将这些制度强加于我，无论它多么正义，并迫使我承担道德义务去做分内之事，并遵从这些制度。”二是制度可以适用于领土之内的每一个人，如果他“生于制度所‘适用的’那个阶层”。三是制度可以很强地适用于一个人，如果他在“该制度的活动中是积极的参与者”[②]。在西蒙斯看来，在“弱”（weak）意义上或者“属地”意义上的“适用”，

---

① ［美］A. 约翰·西蒙斯：《道德原则与政治义务》，郭为桂、李艳丽译，江苏人民出版社 2009 年版，第 133 页。在这一页中，西蒙斯举了一个“哲人促进会”的例子来反驳正义制度对个体的“适用”问题。

② A. John Simmons, *Moral Principles and Political Obligations*, Princeton: Princeton University Press, 1979, pp. 148, 149, 150.

没有任何道德意义[①]，只有在"强"（strong）意义上的"适用"，即包含个人的同意，或者在"接受"了重大好处的情形下，"适用"才具有道德上的重要性。而这样也就意味着受罗尔斯正义的自然责任约束的公平与受传统义务约束的公平没什么不同，既然如此，又何必多此一举？

当然，有人可能会说，这样的理解是不全面的，罗尔斯的"适用"也不止这一层意思，他在《正义论》中谈到这个问题时曾解释说"适用"有两种情况，一是我们生于其中的国家其政治制度"适用"于我们；二是我们为了推进自己的利益而自愿地做了某些事情，从而使某些制度"适用"于我们。也就是说，有些制度"适用"于我们是我们选择的结果。但是，关键是第一种情况，而恰恰是这种情况，罗尔斯给我们的信息很少。

实际上，罗尔斯对正义的自然责任的论述旨在表明，如果我们所处的社会其基本结构是正义的，或者在特定条件下可以合理地被看作是正义的，那么，每一个人都有一种自然责任去做他该做的事，即支持它。这是正义的自然责任原则的核心思想。但是，正如批判者比如西蒙斯所看到的那样，罗尔斯所谓的"自然责任"并不能够约束人们去支持任何制度，即使那种制度真的是完全正义的。有一种强有力的反对意见甚至声称，把服从的要求仅仅建立在法律和政治制度的性质基础上的理论不能够说明个人对自己生活于其中的具体社会所具有的特殊性质，以及与此相关的政治义务。正义的自然责任理论并不能说明"我们的国家"在这方面所具有的道德力量。他们进一步认为，从支持一般正义制度的前提出发推导不出我们对具体的国家负有特殊义务的结论。换言之，即使承认存在一种自然责任去支持和遵守正义的制度，我们仍然要面对一个难题，那就是自然责任与西蒙斯所谓的"特定要求"是相冲突的，而任何试图解决政治义务问题的尝试都必须满足：

① ［美］A. 约翰·西蒙斯：《道德原则与政治义务》，郭为桂、李艳丽译，江苏人民出版社 2009 年版，第 135 页。在这里，西蒙斯的意思是，我们只是被纳入制度规则，或者只是生活在制度规则的适用区域内而已。

“我们只对那样一些道德要求（包括义务和责任）感兴趣，即个体只受一个特定的政治团体，一套特定的政治制度等等约束。”① 而按照正义的自然责任理论，我们有责任去支持和遵守正义的制度，但这种责任并不局限于支持和遵守任何特定的正义制度。如果一个A国公民发现自己的国家和B国一样都是正义的国家，那么，这个人支持B国政治制度的自然责任就与支持A国的自然责任是一样强烈的。但在这种情形中，A国的政治制度对这个人的特殊约束似乎就不存在了。

对此，罗尔斯的支持者则辩称，这种反对意见似乎错了。因为，它忽略了罗尔斯表述中的一个重要的说法，即自然责任是“支持并服从那些现存的、适用于我们的正义制度”的责任。根据这种说明，一个人与其国家之间的关系特殊之处就在于，它的法律是唯一适用于这个人的法律。但是，这样的辩解是缺乏说服力的。而且，即便这种说明成立，罗尔斯的理论仍将面临另一个挑战，即关于“适用”问题的挑战。因为罗尔斯的理论并没有说明某一具体制度是如何成为个人服从并支持的制度的。也就是说，没有对一个制度“适用”于一个人这种观念进行具体说明，也没有对政治与法律的存在方式提供任何说明，或者说提供的是一个明显不充分的说明。然而，问题的关键在于，如果罗尔斯试图清楚而满意地说明“适用”，那么他将很有可能不得不放弃自然责任原则所独有的东西，而接受其他诱人的说法，比如只有我们自愿地接受了一种制度的安排，或者在从制度的正义性到服从的责任这种推理上加上一些其他类似条件，如接受利益等，制度才算“适用”于我们。但是，这样一来，我们就是在支持“获得性政治义务”而不是自然责任了。罗尔斯当然是不会同意这样做的。因为，他的自然责任原则试图表明的是，约束着我们去支持并服从国家法律的道德要求完全独立于我们对这种约束的同意之外，也完全独立于该组织赋予我们的任何利益。

① Ronald Dworkin, *Law's Empire*, Cambridge, MA: Harvard University Press, 1986, p. 193.

第二节　沃尔德伦对“正义的自然责任”的捍卫

沃尔德伦的一个创新是，他将政治义务理论分为两类：获得性义务（acquired obligation）理论和自然责任（natural duty）理论。他所谓的获得性义务主要是指建立在同意基础上或建立在对合作所产生利益的自愿接受基础上，也就是同意理论或公平理论所解释的义务。而自然责任则不同，它是一种支持和服从正义国家法律和制度的道德要求，这种要求不依赖于我们的任何言或行。沃尔德伦认为，相比之下，自然责任理论比各种获得性义务理论更能解释公民与国家政治制度和法律之间的道德关系，因为它不把公民的支持与服从建立在偶然的同意与接受利益基础上，它符合人们的直觉，即相信法律大体上体现了社会生活的正义要求，因此在道德上要求人们服从。实际上，沃尔德伦认为，几种主要获得性义务理论，比如同意理论或公平理论最终都滑向了自然责任理论，具体表现为当同意理论依靠默示同意从而又变为假设的同意时，其论证方式是这样的：根据假设，人们对这种正义的制度和法律是不可能不同意的。又比如，公平理论把个人获得的源于制度的利益看作是被制度正义地对待。沃尔德伦得出结论说，“哲学家们在思考人们对国家所负的责任或义务时，几乎都在玩弄着某种类似于自然责任理论的东西”①。

一　对两大异议的回应

沃尔德伦承认，同意理论、公平理论在解释法国人为何要服从法国法律、新西兰人为何要服从新西兰法律方面具有明显优势，根据这两种理论，义务来自于对政府或对国家其他公民的承诺，或者从其他人的守法行为中得到了利益。但他认为，如果要解释一个法

① Jeremy Waldron, “Special Ties and Natural Duties”, *Philosophy & Public Affairs*, Vol. 22, No. 1, 1993, 转引自毛兴贵编《政治义务：证成与反驳》，江苏人民出版社2007年版，第150页。

国人为何不能破坏新西兰的法律，那么，同意理论和公平理论就无能为力了，而自然责任理论却能胜任。尽管如此，他也意识到，人们之所以对罗尔斯的正义的自然责任理论的关注那么少是有原因的，具体地说，就是因为该理论“容易遭到一些敏锐而具有毁灭性的异议”，这种异议表现为两个方面，一是关于“特殊忠顺异议”（special allegiance objection），二是关于“适用异议”（application objection）。关于“特殊忠顺异议”，前面已经提到，主要是认为自然责任理论不能解释个人对其所处社会的忠顺所具有的特性以及是什么东西使它成为“我的国家”；关于“适用异议”，主要是批评这一理论没能解释某一具体政治制度缘何成为个人应该服从并支持的制度。不过，沃尔德伦认为，这两种异议都是可以反驳的。换句话说，沃尔德伦对罗尔斯正义的自然责任理论的贡献恰恰就在于他对这两大异议给予了有力的回应。下面，我们就来看一看沃尔德伦是如何处理这一问题的。

为了回应“特殊忠顺异议”，他先举了两个例子，一个是“彩虹勇士号”被炸事件[①]，说的主要是“法国人在法国破坏新西兰公正的法律与制度”；另一个是无政府主义者为取乐而破坏另一国公正的法律制度。自然责任理论对这两种情况的解释是：任何人都有责任不去破坏正义的制度，即使这些制度与他没有任何直接关系。之所以要举这两个例子，是因为沃尔德伦相信“特殊忠顺异议”并不是说不存在正义的自然责任这种东西，而是说这种责任单凭自身并不能解释政治义务的特殊性。即使如此，这种理解也是不对的。如果“自然责任可以解释为何法国官员阻挠新西兰司法审判是不对的，能够解释一个无政府主义者以取乐为目的破坏另一国法律是不对的，那么也就可以推测，同样的责任在个人与他自己国家的法律

① 这一事件发生于1985年。法国政府策划将一艘反对它在南太平洋搞核试验的停在新西兰奥克兰湾的绿色和平组织船只炸毁，造成绿色和平组织成员一人死亡。后来事件负责人被新西兰警方抓获，并被控有罪。但法国官员就在本国境内密谋以种种方式破坏新西兰刑事法律制度的运行。具体见 John Dyson, *Sink the Rainbow: An Enquiry into the "Greenpeace Affair"*, London: Victor Gollancz, 1986。

和制度之间同样有效”①。

接下来，沃尔德伦指出，虽然对两大异议的回应可以结合在一起，但分开来强调也可以。不过，第一种异议似乎搞错了，因为罗尔斯所说的自然责任是那种“支持并服从那些现存的、适用于我们的正义制度”的责任。一般情况下，A国法律不会适用到B国去，所以第一种异议中所批评的问题不太会出现，对这种异议基本可以忽略。对于自然责任理论的支持者来说，重点要做的是挽救“适用”这个前提，或者说重在对“适用异议”的回应。为此，沃尔德伦继续诉诸法国人与新西兰人的例子加以解释。在这里，他要解决的问题是，从“适用”的角度说，法国人与新西兰正义制度之间的关系，以及新西兰本国人与这些制度之间的关系的差别到底该如何解释？为此，沃尔德伦提出了他创新性的“三阶段论”：一是要区分个人与某个正义原则（用P_1表示）之间的关系。二是要界定个人与实施P_1的制度之间的关系。三是要解决以下问题：谁在事实上有资格扮演制度的角色，也就是在实施P_1时，谁在事实上有资格要求我们参与、服从和支持。前面两个阶段是抽象的，第三阶段就从抽象转到了具体，即讨论制度和规定的具体实施，也就是说，从“特殊忠顺异议”转向了“适用异议”。

下面，我们来看论证的第一阶段。这一阶段要解决的问题是正义的自然责任原则是否是一般原则，是否可以适用到每个人的身上？对此，沃尔德伦想有所突破，于是提出了一种“范围有限”的正义原则（range-limited principles of justice），主张正义原则在适用上是有限制的。在这一原则适用范围之内的，叫作“局内人”（insider），在这一原则之外的叫作“局外人”（outsider）。从某种程度上说，只有在下列情况下，一个人才能被认为是“局内人”：他（她）被原则P_1的完整表述包括在内，而P_1的要求被认为能适用到这些人的行为、诉求和（或）利益中。正是从这一点上说，新西兰人相对于新西兰的法律制度来说是“局内人”，而法国人相对于新西兰的法律制度来说就是“局外人”了。实际上，从正义的自然责

① 毛兴贵编：《政治义务：证成与反驳》，江苏人民出版社2007年版，第154页。

任理论角度来说，只有当一个国家的法律制度所实施的原则既正义又范围有限时，这种解释才有意义。而罗尔斯的理论也被认为是“一种相对于一个暂时被看做封闭的体系且与其他社会相隔离的社会基本结构而言是合理的正义观”①，用这样一种理论可以不需要考虑别的国家及其公民的情况下，解决对法国和法国人而言何为正义的问题。

但是，这样一种“范围有限”的正义原则在理论上是否能够得到合理的证明呢？沃尔德伦认为是可以的。因为，他从康德那里找到了依据：“如果你不可避免地要与人共处，那么，你就必须放弃自然状态，而与他人一道进入法律状态，即一种分配正义的状态。”② 在这里，康德的意思是，如果不放弃自然状态，那些争相拥有同样资源的人之间就会发生“争斗”。换言之，那些与我们发生冲突的人将首先是我们的近邻，我们应该首先与他们一起进入某种社会状态，建立法律和政治制度以解决纠纷。虽然随着交往的扩大纠纷也会发生变化，但这没关系，法律的框架可以加以延伸；虽然这种解决方法是暂时的，但却是冲突解决的正义基础。这样一来，我们就为“范围有限”的正义原则提供了恰当的基础，这对于局内人和局外人的区分似乎就够了。至此，第一阶段的论证就完成了。

论证的第二阶段是，我们必须要用可行的制度来保证“范围有限”的正义原则的实施。这里要解决的问题是，为了实施“范围有限”的正义原则 P_1，我们需要一种什么样的制度 L？或者说，L 应该向“局内人”和“局外人”的行为提出哪些要求？第一个要求当然是正义。假如 P_1 的调整范围是 A 与 B 的利益，或者说它规定，资源或利益只能在两者之间均分。这时，对于 L 来说，实施 P_1 意味着执行并监督这一规定。第二个要求是 A 与 B 必须在这个问题上接受

① John Rawls, *A Theory of Justice*, Cambridge, MA: Harvard University Press, 1999 [1971], p, 8. 中译本见［美］罗尔斯《正义论》，何怀宏等译，中国社会科学出版社 1988 年版，第 6 页。译文略有改动。

② Immanuel Kant, *The Metaphysical Elements of Justice*, Trans, John Ladd, Indianapolis: Robbs-Merrill, Sec. 42, 1965, p. 71. 中译本见［德］康德《法的形而上学原理》，沈叔平译，林荣远校，商务印书馆 1991 年版，第 134 页。

L的管理。由于制度L不能自我执行，因此，在A和B对P_1的解释有冲突时，需要有L的具体执行者C站出来，裁决有关争议。因此，沃尔德伦认为，这就意味着“如果P_1要被L实施，那么，那些相对于P_1的局内人在道德上就必须遵循下面这个原则P_2：接受贯彻实施正义原则P_1的制度L的管理”①。第三个要求是，当L试图使P_1生效时，无论是“局内人”还是“局外人”都不许攻击或破坏L。这就是原则P_3。前面的P_1和P_2两项原则都是范围有限的原则，与它们不同的是，P_3是一项范围不受限制的原则，它适用于任何一个人。用这一项原则可以解释“局外人”C破坏“局内人”A和B之间利益的均衡分配为何在道德上是错的，因为C的介入将导致结果的不正义。同样，这也可以解释一个法国人为何在法国境内恶意破坏新西兰公正的法律制度在道德上是错的。

正如沃尔德伦所认为的那样，上述关于“局内人”和“局外人”之间的区别可以在很大程度上解释个人与国家之间关系的特殊性，因为它赋予了罗尔斯关于“一个人应该支持‘适用于他’的正义制度”这一论据以明确的意义。一个国家的法律与制度并不会声称要去处理外国人的权利与义务，因此，无论这种法律与制度多么的正义，绝大多数外国人相对于它都是“局外人”。换句话说，它只能适用于国内公民，即“局内人”。但是，沃尔德伦自己也承认，上述这种关于“特殊忠顺异议”的回应仍然没有把握问题的全部，因为，一国公民对国家的忠顺或者其爱国情怀的产生可能基于其他原因，与法律或政治制度是否适用于他没有太大的关系。他举例说，“虽然我在美国生活多年，但是我仍对新西兰有一种强烈的忠诚（loyalty）——由于它的制度以及运动队——这种忠诚与它所实施的正义原则是否特别地适用于我的利益没有任何关系”②。也许这种忠诚只能用民族（nation）而不是政治体，用个人出生和文化适应（acculturation）而不是什么法律关系来解释。从这一意义上说，

---

① Jeremy Waldron, “Special Ties and Natural Duties”, *Philosophy & Public Affairs*, Vol. 22, No. 1, 1993. 转引自毛兴贵编《政治义务：证成与反驳》，江苏人民出版社2007年版，第158页。

② 同上。

自然责任理论对民族、出生、文化等问题的说明可能是不够的，当然，获得性义务在这方面所做的也好不到哪里去。

论证的第三阶段要解决的问题是，如何保证相对于P_1的“局内人”和“局外人”会分别受到P_2和P_3这两项原则的约束，从而事实上支持并服从组织L。反对者认为，自然责任理论让人不安的地方在于，约束着我们去服从和支持一个政治制度的道德要求竟然独立于我们对约束本身的同意和该政治制度赋予我们的利益，仅凭该政治制度的品质。换句话说，我们可能一觉醒来突然面对一个组织，声称要在我们所在的地域范围内实践正义，而且必须从我们这里得到服从和支持。对此，我们可以接受吗？除了实践本身具有正义的目的外，我们还有其他要求吗？比如是否要求实践正义的组织也必须是正义的。沃尔德伦认为，除了这些条件之外，还必须增加一个条件，即“那一组织必须有能力在该地域内以及在它所宣称要处理的要求方面实践正义”①。我们可以称这个条件为“有效性”条件，事实上，在当今时代的大多数社会里，声称实践正义的那个组织的有效性条件基本都已具备。也就是说，已经通过了正义和有效性检验。真正需要担心的是，如果在同一时间、同一地域，有两个声称要实践正义的有效组织出现怎么办？② 难道我们对这两个组织都有自然责任去服从和支持？对于这种情况，沃尔德伦认为，还需要增加一个条件，那就是合法性条件，即必须能够通过合法性检验。而合法性是排他的（exclusive）：“就一系列要求而言，或产生于一定地域内的正义问题而言，只有一个组织可以是合法的。”③ 这就引入了对正义组织的选择问题。选择那种大多数人都支持的正义

① Jeremy Waldron, “Special Ties and Natural Duties”, *Philosophy & Public Affairs*, Vol. 22, No. 1, 1993. 转引自毛兴贵编《政治义务：证成与反驳》，江苏人民出版社2007年版，第160页。

② 沃尔德伦在他的文章中举到的一个例子，“一个规定驱车者靠左行驶的组织是正义的，一个规定驱车者靠右行驶的组织也是正义的”就是这种情况，在一个区域内，我们必须拒绝其中之一。

③ Jeremy Waldron, “Special Ties and Natural Duties”, *Philosophy & Public Affairs*, Vol. 22, No. 1, 1993. 转引自毛兴贵编《政治义务：证成与反驳》，江苏人民出版社2007年版，第161页。

组织？这会不会有“同意”的嫌疑？沃尔德伦认为，这种担心是多余的，因为，在这里同意只是被用来确定哪些制度准确地体现正义的要求，或者说只是合法性的根据而非政治义务的根据。

沃尔德伦由此得出结论，有权要求我们给予忠顺的必定是正义、有效而且是合法的（即在一个区域内被选出来的）组织或制度，但这种忠顺不是建立在同意基础上的，尽管这种正义、有效和合法的组织或制度也许会得到区域内大多数人的同意，但我们服从或支持它的理由并不是我们曾经做出了承诺。支持这样的组织或制度是一项自然责任，因为追求正义是一项道德命令，这是自然责任理论的基本假设。如果我们缺乏这样的组织和制度，那就必须尽自己的一份力量去建立正义的组织或制度来履行自然责任。总之，从道德上说，我们必须参与合作去建立并维系那种促进正义的政治制度，这是自然责任立场的核心之所在。

二 几点遗憾和不足

从前面的叙述中可以看出，沃尔德伦对正义的自然责任的捍卫主要是通过以下三个方面进行的：对正义的自然责任的理解，对特别忠顺异议概念化，以及对“局内人”和“局外人”之间区别的论证。但是，这三个方面的努力似乎都不是非常成功，沃尔德伦似乎将正义的自然责任与不伤害的责任混为一谈了，而且他对特殊忠顺异议的反驳似乎未触及要害。另外关于“局内人”和“局外人”的论据似乎也比较单薄，如果缺乏公平理论的支持，这两者之间的区别也是不成功的。下面就让我们逐一加以分析。

第一，与同意理论及公平理论的比较是不恰当的。在《特殊纽带和自然责任》的第三节中，沃尔德伦考察了正义的自然责任理论的长处和弱点，作为反对公平理论和同意理论的依据。他举以下两个例子来加以说明。第一个例子是关于在国外旅行的外国人问题。对于这种情况，他的问题是，“这个外国人在道德上有义务遵守他所访问的国家的法律吗？”第二个例子是关于这样一种情况，即一个国家的公民试图破坏或颠覆某些其他国家政治制度的问题。对此，他问道，“为什么应该要求这个公民停止破坏？”沃尔德伦认为，虽然与同意理论、公平理论一样，正义的自然责任理论也能够对第一种类型的例子提供充分的说明，但第二类例了只有正义的自然责任理论才能说明。然而，这个结论是不正确的。有人甚至认为，“宣称正义的自然责任理论具有优点的整个论据都是错误的”①。理由有三个：第一个理由是，无论同意理论还是公平理论都不是被设计用来回答类似于上面提出的第二个问题的。这些理论的目的在于，说明政治制度及其成员之间的道德约束，而不是要说明为什么人们不应该颠覆在地球的另一边的一个国家中的正义制度。第二个理由是，理解外国人身上的道德要求可以很简单，即诉诸一种“不损害的责任”即可。我们完全不需要用正义的自然责任来阐明破坏外国政治制度的不正当性，并确立道德命令去限制这样的破坏。第三个理由是，即使因为不法者没有自由同意尊重外国的政治制度或者没有自愿和有意地接受来自于它们的重要利益，因此这两种理论都无法提供给他或她一种停止破坏的理由是真的，也不必诉诸正义的自然责任的解释，诉诸“不损害的责任”就够了。

此外，我们不能把罗尔斯关于正义的自然责任的定义中支持和服从的条款与现存和适用的条款分割开来，需要注意的是，罗尔斯是这样说的：“（正义的自然责任）要求我们支持和服从现存的并适用于我们的政治制度。”这一责任并不要求我们去支持无论是哪里的政治制度。它要求的是我们支持存在和适用于我们的政治制度。如果是这样，那么，正义的自然责任就像其他两种理论一样，对于破坏外国政治制度的不法行为，几乎没有给出什么有用的说法（从适用条款来说）。换句话说，如果我们真正理解了正义的自然责任的定义，我们就会明白，这一责任产生的服从的道德要求是与那些同意或公平理论的要求一样具体的。因此，正义的自然责任也同样不能说明一个外国人破坏别国政治制度的例子，除非它能表明，有一些适用于他的政治制度存在。

可见，沃尔德伦实际上是把正义的自然责任与诸如“不加害于

① Serge Pukas, “Waldron's Defence of The Natural Duty of Justice Revisited”, *Ethical Perspective: Journal of the European Ethics Network*, Vol. 14, No. 1, 2007, p. 37.

人”或“要帮助穷人”等这样一些自然责任混为一谈。正是从这一意义上说，从沃尔德伦的论证中，推导不出“支持正义制度的自然责任。有的只是支持一种存在并适用于我们的正义的自然责任”①。沃尔德伦的错误是，他将这一责任视为无条件支持和促进正义制度的责任。

第二，对“特殊忠顺异议”的回应是乏力的。前文已经提到，针对异议者关于自然责任理论不能说明“我的国家”所具有的道德力量的指责，沃尔德伦诉诸“适用”这一论据来进行回应。然而，一个国家之所以会成为“我的国家”，可能有两个理由：一是由于这个国家的法律适用于我，从而成为我的国家。换句话说，在不承认双重国籍或多重国籍的情况下，世界上只有一个国家的权威命令约束了我的行为，从而使这个国家对我来说具有独特性。二是只有当我的身份是某个国家的公民并且深感隶属于它时，我才可以称这个国家为“我的国家”。但是，这两种情况中只有第二种情况是与特殊忠顺异议有关的。沃尔德伦的错误就在于过度依赖“适用”的论据，认为是在第一种情况下，即成为范围有限的正义原则中的“局内人”，从而产生了特殊忠顺义务。问题在于，虽然一个陌生人可以自愿同意参加一些合作计划，因此这些计划的规则将适用于他，或者说他将处于服从它们的义务之下，但不能说他对这些合作计划具有特殊忠顺的义务，他对这个组织来说仍然是个陌生人。从这一意义上说，特殊忠顺的要求超过了沃尔德伦的预设。这种要求可能是：米勒的“相关性事实”、霍顿的“成员资格”、塔米尔的“关联性”和桑德尔的“嵌入”。② 或者说，“只有当一个人紧密地与他的政治共同体联系在一起，特殊忠顺才有可能”③。

① Serge Pukas, “Waldron's Defence of the Natural Duty of Justice Revisited”, *Ethical Perspective: Journal of the European Ethics Network*, Vol. 14, No. 1, 2007, p. 39.

② 具体见 Miller David, *On Nationality*, Oxford: Oxford University Press, 1995; John Horton, *Political Obligation*, Atlantic Highlands, NJ: Humanities Press, 1992; Yael Tamir, *Liberal Nationalism*, Princeton: Princeton University Press, 1993; Michael Sandel, *Liberalism and the Limits of Justice*, Cambridge: Cambridge University Press, 1982。

③ Ronald Dworkin, *Law's Empire*, Cambridge MA: Harvard University Press, 1986, p. 193.

实际上，沃尔德伦是把特殊忠顺异议看作是适用异议的一部分。因此，他认为只要我们能够证明在“局外人”身上有着与“局内人”相比的原则性不同，那么，特殊忠顺异议问题就解决了。从《特殊纽带和自然责任》一文的结构来看，特殊忠顺异议是从属于适用异议的，正是从这一意义上说，沃尔德伦事实上根本就没有把握特殊忠顺异议的本质。其实，重新审视正义的自然责任概念之后不难发现，忠顺义务所需要的“关联性”和“隶属性”资源其实并不缺乏，“我们应该支持并服从现存的并适用于我们的正义制度”这句话中的“服从某个正义的制度”意味着，人们遵守该制度的规则和法律的条件是，这些规则和法律适用于他。而“支持某个正义的制度”则表明把它的利益看作高于其他正义制度的利益，去感受与这个制度的联系，去表达自己对它的忠诚。因此，正义的自然责任理论在特殊忠顺问题的解释上没有任何障碍。非常遗憾的是，沃尔德伦没有从这一方面做出成功的尝试。尽管这是有客观的原因的，即从政治义务问题的角度看，更为迫切的是证明服从问题，而不是讨论支持问题。

第三，对“局内人”和“局外人”的区分没有实质意义。

概括《特殊纽带和自然责任》一文的论证策略不难发现，沃尔德伦是从五个前提出发最后得出一个结论的。第一个前提是，“追求正义是一种道德责任”；第二个前提是，需要制度、组织、计划等来实现正义；第三个前提是，正义原则可以在有限范围内存在；第四个前提涉及的是对“局内人”和“局外人”的划分；第五个也是最后一个前提是，在一定地域内只有一个制度才可以而且应该伸张正义。沃尔德伦的结论是，如果上述前提是成立的，那么，紧随而来的是一些制度的要求就可以适用于我们，无论我们是否采取过志愿行动。更确切地说，紧随而来的是“局内人”在道德上必须服从有关制度的各种规定。然而，上述前提真的都可以成立吗？我们可以选取其中最重要的一个即第四个前提来加以分析。①

① Jeremy Waldron, “Special Ties and Natural Duties”, *Philosophy & Public Affairs*, Vol. 22, No. 1, 1993, pp. 15-19.

按照沃尔德伦的说法，P_1 是一项范围有限的正义原则，据此可在两个人 A 和 B 之间平分一些资源，为了使它能够执行，需要某些制度 L 督促 P_1 的执行。为此，必须明确要求 A 和 B 接受 L 的监督，这就有了正义的第二项原则 P_2。然而，即使 A 和 B 都自觉遵守 P_2，仍可能有其他人 C 会在影响 L（例如，纯粹因为恶意）上发挥破坏作用，这就可能导致 A 和 B 之间资源初始分配不均衡，因此，还需要有一项正义原则（这时候范围是无限的）指出，任何人都不应影响 L 对 P_1 的管理，这可以称为原则 P_3。沃尔德伦想让我们注意以下区别：无论 A 还是 B 都需要按照正义的要求服从原则 P_2 和 P_3，而 C 在道德上只需要服从原则 P_3。他认为，这是有“原则性区别”的，而这种区别说明“局内人”和“局外人”之间是不同的，并因此有助于反驳适用异议。但是，一些哲学家认为，这种所谓的原则性区别是不可靠的，为什么 C 未被要求服从 P_2 和 P_3？难道 C 接受 L 对 P_1 的管理有什么错或有什么不可能的？虽然每个人的行为都是受到原则 P_3 限制的，但同样也可以受到原则 P_2 的限制。①

因此，正如普凯斯（Serge Pukas）所说的那样，沃尔德伦只有一个站得住脚的回应，那就是“局外人”C 对“局内人”A、B 之间利益分配的干涉是有害的，因为它会造成某种伤害（例如 B 的所得少于他的应得）；而“局内人”A 的扰乱则可能带来双重的害处：既因为它会导致对 B 的伤害（像在 C 干扰的情形中那样），也因为这是不公平的。② 但是，如果要做出这样的回应，沃尔德伦的立场就要做出这样的调整：局内人 A 有一种道德义务与另一个局内人 B 一道对某些合作条款保持忠诚，如果 A 不忠诚，他将受到两个方面的指责，即损害 B 的利益和行事不公。然而，问题在于，A 是如何把

---

① Serge Pukas, “Waldron’s Defence of the Natural Duty of Justice Revisited”, *Ethical Perspective: Journal of the European Ethics Network*, Vol. 14, No. 1, 2007, pp. 44-45. 威尔曼自己并没有说他的理论是自然责任。但是，他所谓的乐善好施或扶危济困的责任事实上是一种自然责任。

② Serge Pukas, “Waldron’s Defence of the Natural Duty of Justice Revisited”, *Ethical Perspective: Journal of the European Ethics Network*, Vol. 14, No. 1, 2007, p. 46.

承担公平的道德要求摆在这么重要的地位的？要回答这一问题，沃尔德伦将不得不承认，A按照原则P_1已经获得了一些好处，现在他有责任至少接受L的监督，而不是破坏分配利益的方案。因此，享受从P_1的存在中获得的利益就成了局内人和局外人之间区别的核心。如果真的是这样，沃尔德伦就退回到了公平理论的立场上去说明何以“局内人”获得了公平的义务。实际上，他确实需要公平理论，因为，“否则的话，他就不能说明‘局内人’和‘局外人’的区别，从而证明局内人之间的公平纽带的存在，而不是局内人和局外人之间这种纽带的缺乏”①。从这一意义上说，沃尔德伦对正义的自然责任理论的辩护，如果缺乏公平原则的补充，是很难获得成功的。然而，问题在于，如果真的是这样，那到底是正义的自然责任理论，还是公平理论？

第三节　威尔曼对“乐善好施”责任的论证

鉴于正义的自然责任理论所遇到的问题，自然责任理论的另一位倡导者威尔曼在他的一篇著名的论文《走向一种自由主义政治义务理论》中提出了一种新的观点，即政治义务可以通过一种“乐善好施”（samaritanism）责任来加以解释。具体地说就是，人们应当“扶危济困”，去帮助那些处于危险之中或有紧急需要的人。在政治领域中，这种危险或紧急需要指的是处于自然状态的危险和摆脱自然状态的需要。假如人们不支持国家提供利益，比如法治，那么我们就会普遍面临这种危险，也正因为如此，国家对不服从的公民进行强制是正当的。

威尔曼认为，他对政治义务的上述解释，较之于正义的自然责任理论、同意理论、利益理论（感恩理论）和公平理论都具有一定的优势。他明确指出，罗尔斯和沃尔德伦的论证方法是有问题的。

① Serge Pukas, “Waldron's Defence of the Natural Duty of Justice Revisited”, *Ethical Perspective: Journal of the European Ethics Network*, Vol. 14, No. 1, 2007, p. 48.

虽然我们每个人都可能有责任去推进正义，但是，推进正义的方式多种多样，我们如何就能说这就是一种恰当的推进方式并得出支持国家这一具体的结论，甚至还必须是支持自己的国家，而且这种支持又必须采取服从的方式这样的明确结论。更进一步地说，即使我们承认有支持正义制度的自然责任，我们又为什么会相信一个国家制度就是正义的？如果所有的国家都不需要经过我们的同意（nonconsensual）就施加强制，那么，我们凭什么要认为这些国家都是正义的？据此，威尔曼深刻地指出，“对自然责任理论家来说，一个明显的问题是，公民身份与奴隶身份有一个非常相似的特点，因为公民与奴隶都屈从于未经他们同意的强制性命令”①。进一步地说，即使我们有充分的理由相信现存国家是正义的，而奴隶制度是非正义的，我们也有必要将这两者区分开来。而正义的自然责任理论虽然有效地克服了同意理论、利益理论以及公平理论遇到的困难，但暗地里却又不得不借助于另一种理论，比如公平理论，那么，它的作用也就不明显了，麻烦也同样难以避免。

威尔曼认为，正是基于上述考虑，他才提出这一替代理论的。但是，对这一理论的论证，要先从政治合法性开始。虽然政治合法性与政治义务不是一回事，政治合法性涉及的是国家对其公民的强制权利，而政治义务则涉及公民服从国家的义务，但还是有必要先讨论一下政治合法性问题。为此，他提出了一种“政治合法性的利益理论”，并且指出这种论证需要两个前提：一是描述性前提，即国家事实上提供了在没有国家的情况下就无法提供的利益；二是规范性前提，即国家所提供的这些利益之所以能证成国家对其疆域内所有人实施强制，仅仅是由于“乐善好施”的力量。

关于第一个前提，威尔曼认为，它包含两个描述性主张：一是国家提供了重要利益；二是没有国家，我们就得不到这些利益。应该承认，自由主义者真正关心的是第二个主张，如果他们发现市场

① Christopher Heath Wellman, "Toward a Liberal Theory of Political Obligation", *Ethic*, Vol. 111, 2001, p. 740.

机制就能提供这种利益或基于同意就能保证这种利益的提供①，那么，自由主义者必定会放弃这种主张。不过，他紧接着又指出，虽然有些哲学家赞成用市场机制来消除霍布斯的那种自然状态，但是私营企业本身是无法保证公平环境、保护道德权利的，最终还是得依靠国家来保护这些东西。从这一意义上说，国家确实提供了我们生存所不可或缺的利益，但仅此是不够的，我们还必须证明国家为何因此就可以无须我们的同意而实施强制。对此，威尔曼给出的答案是“乐善好施”（或扶危济困）。具体地说，就是“想要主张政治社会所带来的利益使得国家可以对其辖区内的所有人实施强制，同时又不至于沦为父权主义的说辞，唯一的办法是坚持认为，他人在自然状态下的危险可以限制我们的自由”②。当然，这种限制，或者说我们对陌生人进行帮助的前提是，不需要我们付出太大的代价。对此，威尔曼举了一个例子：

> 假设爱丽丝（Alice）和贝丝（Beth）一起逛街，贝丝突发心脏病。再进一步假设当时的情况明显是这样的：如果爱丽丝不能及时地把贝丝送到医院，她极有可能会死在路边。而旁边恰好停有一辆车（爱丽丝和贝丝都不认识这辆车及其主人卡洛琳），而且凑巧的是车子没有上锁，钥匙就在点火器上。爱丽丝赶紧把贝丝抱上车并及时送往医院，贝丝得救了。爱丽丝一忙完医院里的事情后，就将车子还给了卡洛琳，并留下表示了感激和歉意的纸条，解释她为何要使用卡洛琳的车子来救助贝丝。③

威尔曼认为，正如贝丝的危险处境与用卡洛琳的车来救助贝丝

① 威尔曼认为这种情况并非不可能。他举了一个例子：联邦快递公司（Federal Express）承担了传统意义上认为只有国家才可以提供的邮政业务，而且完成的效率还不错。具体见 Christopher Heath Wellman, “Toward a Liberal Theory of Political Obligation”, *Ethic*, Vol. 111, 2001, p. 743。

② Christopher Heath Wellman, “Toward a Liberal Theory of Political Obligation”, *Ethic*, Vol. 111, 2001, pp. 743-744.

③ Ibid., p. 744.

的必要性证成了爱丽丝的行为一样，自然状态的危险与建立一个国家从而把所有人从中解救出来的必要性也同样证成了国家的强制权。不过，考虑到政治社会的特点，威尔曼又举了一个他认为更恰当的例子：

> 假设一群人需要一种交通工具帮助他们脱离险境，但不像前面的例子那样，已经有一辆汽车能够将这一群人送往安全地带，相反，他们每一个人都只有一个彼此不相同的零部件。在这种情况下，“乐善好施”责任允许一个汽车技工拿走每个人手中的汽车零部件（即使未经他们许可），因为，只有这样，才能组装出一辆汽车，将他们送到安全的地方。①

在威尔曼看来，这个例子更“忠实于”（more descriptively faithful to）国家的强制，因为政治社会是通过对一定地域内各种各样的人进行强制的结果，每一个人所承受的强制性负担共同促成了一种和平得以保障的社会秩序，在其中，人们可以去过他们想要的生活。正如例子中基于“乐善好施”的责任汽车技工可以迫使人们交出零部件来组装汽车一样，国家也可以强迫每个人为实现政治秩序出一份力。因此，威尔曼觉得他的理论是有解释力的。但是，反对者认为，这种政治合法性的利益理论至少面临以下问题：什么时候一个陌生人的处境才算是危险？这种扶危济困的行为所付出的代价多少才算是“不太大”？威尔曼承认这些问题不好回答，但认为这无关紧要，因为很少有人会否认：人与人之间有这样一种责任，而且现实生活中很多人都在悄悄地履行这一责任。据此，他主张把这一理论用于解释国家所提供的利益与对国家存在的证明上去。那就是，“就政治强制而言，国家之所以能以一种通常情况下会侵犯个人权利的方式去强制一个人，仅仅因为这种强制对于将国家治理范围内的人从危险的状态中解救出来是必要的”②。尽管有人可能会主

① Christopher Heath Wellman, “Toward a Liberal Theory of Political Obligation”, *Ethic*, Vol. 111, 2001, pp. 745-746.

② Ibid., p. 745.

张自由的个体都有道德支配权，但是扶危济困的道德责任使得任何人都没有理由拒绝国家的强制。换言之，按照这种理论，个人的偏好是无关紧要的，因为相对于支持每个人支配自己的事情，他人的危险所引致的道德理由更为重要。正是通过将自然状态的危险与建立一个国家从而把所有的人从危险中解救出来的必要性相结合，威尔曼认为他使国家的强制得到了证明。而且，他认为他在这方面具有原创性。①

那么，证明了国家的强制权利之后，是否意味着政治义务也得到了相应的证明？威尔曼认为不是的。因为，一种政治义务理论不仅要表明公民没有反对国家强制的权利，而且还要表明他们有责任或义务遵照国家的命令去行动。不过，他相信他的“乐善好施”不仅能够解释国家对公民的强制权，也可以解释公民服从国家的责任，并且具有一定的优势。也就是说，能够避免所有政治义务利益理论都遇到的问题，即个人的反应并不像一个社会的反应那样必要，或者说公民不应该被强迫去为确保国家所提供的利益出一份力，因为，任何一个公民对国家履行其职能的能力通常不会有实质性影响。那么，威尔曼是如何阐述他的更有竞争力的理论的呢？他一改沃尔德伦“私下”对公平理论的利用，直接表明他依靠公平理论。也就是说，以“乐善好施”的责任为基础，以公平理论为补充，具体表述为：每个人都有义务服从法律，这是他/她在履行“乐善好施”任务的公平份额。② 通过与公平理论的结合，该理论就避免了传统利益理论的问题，并以如下方式呈现出来：即使一个人不服从法律也不会使任何人陷入危险的境地，但是逃避自己那一份“乐善好施”的责任是不公平的。据此，威尔曼自信地认为，他的理论具有两项优势：首先，它避免了父权主义的嫌疑，因为，在解释国家对一个不愿服从的公民实施强制时，援引的理由是这种强制对他人有利而非对受强制者本人有利；其次，每一个公民不必同意或

① Christopher Heath Wellman, “Toward a Liberal Theory of Political Obligation”, *Ethic*, Vol. 111, 2001, p. 747. 在这一页中，威尔曼对他的原创性做了解释。

② Ibid., p. 749.

自愿接受国家利益才会在道德上构成约束，因为，乐善好施的责任约束所有的人。这样，就避免了同意理论和公平理论所遇到的一些麻烦。

为了进一步突出他的理论与其他理论的不同，[①] 威尔曼首先对他的理论所具有的综合性特色进行了说明。这种“乐善好施”责任理论在关于政治社会所带来的利益的解释方面带有浓厚的霍布斯主义色彩，但又不同于霍布斯，并追随休谟，将利益与任何假设的同意相分离；在关于公民服从法律的自由主义解释上，采纳了哈特和罗尔斯的观点；在诉诸“乐善好施”责任的解释上，与康德有些相似，但又有创新。接下来，他对理论前提做了说明，特别强调了理论的四个前提：一个是描述性的，三个是规范性的。其中描述性的前提是：国家提供了一些至关重要的利益，没有国家，这些利益是提供不出来的。三个规范性前提分别是：国家有一种乐善好施的理由对其公民进行强制；人们彼此之间有“乐善好施”义务；出于公平的考虑，我们应该为某一项共同事业贡献自己的公平份额，即使单个人的贡献对整个事业的完成没有实质性影响。[②] 这四个前提都很合理，而且，每一个前提都有必要，它们共同为一种令人满意的自由主义政治义务理论提供了基础。与此同时，威尔曼也对他的理论与传统自由主义方法不一致的地方做了解释，传统的政治义务理论强调的一项重要原则是不“伤害他人”（harm to other），而“乐善好施”责任理论倡导的则是“施惠于他人”（benefit to others）。换言之，与传统政治义务理论对应的是一种“免受干涉的消极权利”，而与威尔曼的理论相对应的则是一种“获得帮助的积极权利”。而且，他认为西蒙斯之所以会走向哲学无政府主义立场，就是没有看到“将政治义务建立在他人积极权利之上的这种可能性”[③]。

不过，威尔曼自己也看到他的理论存在的问题。第一种可能的

---

① Christopher Heath Wellman, “Toward a Liberal Theory of Political Obligation”, *Ethic*, Vol. 111, 2001, p. 751. 威尔曼认为他的理论之所以与众不同，是因为他综合了霍布斯、休谟、康德、哈特以及罗尔斯等人理论中的合理因素，因此更有说服力。

② Ibid., p. 750.

③ Ibid., p. 752.

指责是，反对者会认为，自由主义可以因为一个人不承担扶危济困的“乐善好施”责任而谴责他，但不能说他违反了一种可以强制执行的责任，而“乐善好施”责任理论偷偷引入了一种极度反自由主义的“施惠他人”的原则。对此，威尔曼辩解说，“伤害原则在自由主义传统中确实起着关键作用，但即使是这一原则的著名倡导者（包括洛克、密尔以及最近的伯格）都没有打算将‘乐善好施’责任排除在外，他们所反对的不过是父权主义”①。第二种可能的批评是，“乐善好施”理论不会像威尔曼所设想的那般有用。也就是说，不能解释国家对其辖区内所有人实施强制的权利。理由在于，按照威尔曼的理论，国家如果只要对一小部分分离主义者（separatists）实施强制就可以成功地使联合主义者（unionists）免遭危害，同时又不至于会让分离主义者承受太大的代价，那么，就可以对他们实施强制。现在我们假定国家对分离主义者中的一部分实施强制之后，联合主义者的权益就得到了保护，据此，是否可以认为，另外一些分离主义者不必受到强制？威尔曼认为，反对者误解了他的理论。“出于公平的考虑，所有分离主义者都应该被同等对待，让一些人获得完全的政治自由而让他人承担所有的政治负担，这是不允许的。”② 第三种可能的异议是，即使理论能够像威尔曼所声称的那样发挥作用，它也证明不了多少东西。一是乐善好施责任理论只有在我们不需要付出太大代价时才能起作用，这样一来，它就不能证明需要付出巨大代价的政治义务，例如服兵役。二是这种理论不能解释为什么国家应该履行的各种管理职能，因为这显然不是将人们从危险境地中解救出来的问题。三是无论是对中国人还是外国人，“乐善好施”责任都是一样的，而这显然不能为国家的存在提供更好的理由。对此，威尔曼承认，他的理论不能证成“福利国家”，或者不一定能够证成比最小的“守夜人”国家还要多的东西。但是，他同时也认为，一旦一个国家建立起来，本国人之间的道德关系也就改变了，如果能够借助“民主”等条件，这些异议是能够回

① Christopher Heath Wellman, “Toward a Liberal Theory of Political Obligation”, *Ethic*, Vol. 111, 2001, p. 753.

② Ibid., p. 756.

应的。[①] 即使不借助于“民主”这一条件，当“乐善好施”与其他因素相结合时，也能解释一些关键问题。

虽然威尔曼对这些可能的异议做了回应，而且有些回应也不无道理，但是他并没有对那种可能会对他的理论构成致命打击的反驳做出有力的回应。这项异议是：国家所强加的要求通常都要付出巨大的代价，而“乐善好施”责任是无须付出很大代价的责任。反对者认为，罗尔斯所讨论的自然责任在效力上都是受到限制的。比如，帮助身陷困境中人们的条件是，“我们不用冒太大的风险或不会遭受巨大损失”；有责任给他人带来重大利益的条件是，“我们可以比较容易做到这一点”。[②] 威尔曼也认为，他的“乐善好施”责任“远没有那么严格，它仅仅只是宣称，只有当强制对于将他人从极其危险的处境中解救出来是必要的，而且被强制者也不需要付出太大代价时，强制才是许可的”[③]。实际上，这是自然责任理论的一个普遍性问题，即代价不能超出一定的限度，否则，就成了分外（supererogatory）行为，即一种英雄主义的行为。但是，反对者认为，威尔曼这种代价受到限制的责任或原则实际上是一种“弱责任”或“弱原则”，而政治义务作为一般义务需要的是“强责任”或“强原则”。从这一意义上说，他的理论解释力很有限，比传统的政治义务理论也强不到哪里去。对此，威尔曼是认同的，在文章的第 11 个注释中，他做了如下回应：

> 有人可能会担心这种类比是不恰当的，因为，政治国家所要求的牺牲远远超过仅仅只是交出相对来说没有什么用处的汽

---

① 威尔曼认为，即使“撒马利坦”证成了政治国家的存在，公民仍然可以正当地拒绝服从一个不民主的国家所制定的法律，这样一来，民主的道德要求就可以证成许多单靠“撒马利坦”不能证成的政治功能。具体见 Christopher Heath Wellman，“Toward a Liberal Theory of Political Obligation”，*Ethic*，Vol. 111，2001，p. 759。

② John Rawls，*A Theory of Justice*，Cambridge，MA：Harvard University Press，1999 [1971]，pp. 114，117. 中译本请参见［美］罗尔斯《正义论》，何怀宏等译，中国社会科学出版社 1988 年版，第 109、112 页。

③ Christopher Heath Wellman，“Toward a Liberal Theory of Political Obligation”，*Ethic*，Vol. 111，2001，p. 748. 在文章的其他地方也提到这一点，比如第 752 页的注释 21。

车零部件。……但是，我现在想要强调的是，尽管公民身份的代价经常是相当大的，但是，它所带来的利益可能更大。就是说，与来自政治共同体的利益相比，公民身份的代价也是微不足道的。因此，正如交出汽车零部件就可以得到汽车上一个有价值的座位一样，受到强制的公民所得到的利益远超他们为促进政治稳定所付出的代价。总之，如果我们扣除公民身份所带来的利益，那么，要认为代价相当之大就没有什么道理了。①

也许，威尔曼认为他的这一解释已经化解了关于国家义务需要付出巨大代价的异议。但是，他的这一论证陷入了自相矛盾的境地。一方面，他反对"父权主义"，主张国家通过向某个公民提供某些利益而要求其回报是对公民自由的侵害；另一方面，他又认为公民得到的利益远超其付出的代价，因此服从国家强制是应该的，从而悄悄地滑向"父权主义"。一方面强调"乐善好施"的责任是对他人的责任，或者说是给"他人"带来利益的责任；另一方面又拿"自己"的利益来说事，以受强制的公民自己的利益来为该公民做出的牺牲做辩护。无论如何，这样的论证是很难让人接受的。

第四节　马基关于特殊性问题的解决方案

通过前面的分析可以看出，在所有的自然责任理论中，一个共同缺点是，它们无法将个体与一个凌驾于所有其他政治权威之上的特定权威连接起来。即一些批评文献中所谓的"特殊性问题"。批评者认为，如果说促进正义、效用或人权的责任可能会给公民以服从和支持他自己的国家的理由，它们也同样给了一个人支持别的正义

---

① Christopher Heath Wellman, "Toward a Liberal Theory of Political Obligation", *Ethic*, Vol. 111, 2001, p. 746.

与合法的国家以理由。如果把别国的要求置于本国的要求之前更有益于效用、正义和人权，那么这么做似乎也是正确的事情。例如，我花在税收上的钱，如果捐给穷人或发展中国家更能促进正义和人权，那么，在这种情况下，履行自然责任的最好方式就将涉及逃税问题。一般认为，这一异议是对自然责任理论最有力的反驳，也是罗尔斯、沃尔德伦、威尔曼试图解决而又始终没有解决好的问题。

对于当代自然责任理论的倡导者来说，“特殊性问题”（particularity problem）始终是个心头的结，前人没有解决的问题不代表是个无解的问题，各种尝试和努力仍然是有必要的。马基（Markie）就是其中一个希望解决这一问题的最近的尝试者之一。[①] 在《政治义务与特殊性问题》一文中，他这样写道：“政治义务自然责任理论家试图把一种服从法律的道德义务建立在某些自然责任，比如，促进正义的责任基础上。批评者说，他们在特殊性问题上面临着的一个不可逾越的障碍：由于自然责任使我们受制于某些人和机构的程度并不比受制于其他人或机构更强烈，因此，它们不能支持一种对特定国家或社会的责任。我想解决这个特殊性问题，通过提出一种政治义务问题的版本，为它给出一种自然责任的论据，并表明特殊性问题不会出现在这一论证中。我要对某些可能的异议提出我的观点。”[②] 为此，马基提出了他所谓的“温和的政治义务论”[③]：如果我们有法律义务去实施一种一个相对正义的社会的公正法律所要求的行为，那么，我们有法律义务去实施一种一个相对正义的社会的公正法律所要求的行为的这一事实，就赋予了我们一项去实施它的初确的道德责任。对于他的这一观点，马基在对西蒙斯的观点进行修剪的基础上

---

① 他写了一篇代表性文章，具体参见 P. J. Markie，“Political Obligation and the Particularity Problem”，*Ratio*（*New Series*），Vol. 22，No. 3，2009，pp. 322-337。

② P. J. Markie，“Political Obligation and the Particularity Problem”，*Ratio*（*New Series*），Vol. 22，No. 3，2009，p. 322.

③ “温和的政治义务论”的原文表述是“The Moderate Political Obligation Thesis”。P. J. Markie，“Political Obligation and the Particularity Problem”，*Ratio*（*New Series*），Vol. 22，No. 3，2009，p. 326。

做出了以下论证[①]：（1）我们有一种自然责任去实施正义的行为，以及那些促进正义的行为；（2）我们的相对正义的政府的公正法律合法地强制我们去做A这一事实，使得在做A的过程中，我们这样做将是正义的和/或者是促进正义的；（3）如果我们有一种自然的道德责任去做Y，那么事实是，在做A的过程中，我们应该就是在做Y，这使得我们有一种初确的道德责任去做A；（4）因此，事实上，我们的相对正义的政府的公正法律合法地强制我们去做A，使得我们有初确的道德责任去做A。

马基很清楚，他的这一论证肯定会遭到“特殊性异议”。因为在反对者比如西蒙斯等人看来，任何试图解决政治义务问题的尝试都必须满足：我们只对那样一些道德要求（包括义务和责任）感兴趣，即个体只受一个特定的政治团体、一套特定的政治制度等约束。而“自然道德责任使我受到那些与我（我本人）关系不太密切的人或制度和关系密切的人或制度的约束强度是一样的。但正因为这是真的，很难看出来自然责任曾经使公民特别受制于他们自己的法律和国内制度”[②]。如果按照这种观点，与任何支持我们有“初确的”道德责任去遵守本国政府法律的自然责任并行的，还有一种服从外国政府法律的初确道德责任。后一种结论是建立在这样一种类比论证基础上的：（1）我们有一种自然责任去实施那种正义的行为，以及那些促进正义的行为；（2）一个相对正义的政府的公正法律合法地迫使那些受制于它的人去做A的事实，使得在做A的过程中，我们这样做的行为是正义的和/或促进正义的；（3）如果我们

① 西蒙斯将自然责任的论证概述如下：（1）政府（政治社会，法律）对人类来说是必要的。（2）所有的人对X都有一种自然的道德责任。（3）因此，所有的人都有一种自然的道德责任去支持并服从稳定的而且现存的，处于管辖范围内的政府和法律（前提是政府和法律是相对正义的）。（4）因此，所有的人在道德上都有责任遵守国内法（前提是政府和法律是相对正义的）。具体见 A. John Simmons，“Is There a Duty to Obey the Law?”，With *Christopher Heath Wellman*，Cambridge：Cambridge University Press，2005，pp. 123–124。马基修剪过之后的论证见 P. J. Markie，“Political Obligation and the Particularity Problem”，*Ratio*（*New Series*），Vol. 22，No. 3，2009，p. 328。

② A. John Simmons，“Is There a Duty to Obey the Law?”，With *Christopher Heath Wellman*，Cambridge：Cambridge University Press，2005，p. 166.

有一种自然责任去做Y，那么在做A的过程中，我们应该是在做Y，这使得我们有一种初确的道德责任去做A；（4）因此，一个相对正义的政府的公正法律合法地强制那些受制于它的人去做A的事实，使我们有一种初确的道德责任去做A。

对于这样的类比，马基是不接受的。他认为，我们可以给出充分的理由去拒绝（3），但同时又不会使我们拒绝（2）。[①] 因为前提（1）和（3）是没问题的，但前提（2）是错的，这样的类比论证也是靠不住的。他举了这样一个例子："假设一个正义的外国政府要求其国民按收入的百分比缴税。这种税收是公正的，而且政府使用这一笔资金去加强和改进其相对公正的法律制度。设想一下这样一种行为，我们把一定比例的收入送给这个（惊讶的）外国政府。这是一种正义或促进正义的行为吗？这显然不是一种正义行为，但有可能是促进正义的行为。"[②] 理由是，如果这个政府使用我们的贡献，去加强和改进其相对公正的法律制度，我们的行动就是在促进正义。但是，马基认为，如果相反，这个政府没有将我们贡献的资金用到恰当的地方，反而用于挥霍，我们的行为就既不是正义的也不是促进正义的。但反对者认为，马基的这一辩解回避了问题的实质，即"一个相对正义的政府的公正法律是否能约束那些在法律上需要服从它的人"。从这一意义上说，外国政府会感到"惊讶"不只是因为别国人送钱给它，而是它已经从法律上豁免的那些人送钱给它。实际上，一个居住在这个国家的外国人或在这个国家旅游并购物的人所交的税，该国政府一点都不"惊讶"。任何一部禁止任何人、在任何地方伤害任何无辜之人的公正法律，都不会将一个外国人排除在不去做这些法律禁止之事的初确道德责任之外。

也正是因为这个原因，马基最终含蓄地承认，他的给外国政府缴税的例子不是十分精准。他这样说道："特殊性问题的支持者可能会断言，如果说我们正按照我们自己相对正义的政府的公正法律做正义之事，那么，我们就必须对相对正义的外国政府的法律说点

---

① P. J. Markie, "Political Obligation and the Particularity Problem", *Ratio* (*New Series*), Vol. 22, No. 3, 2009, pp. 331-332.

② Ibid., pp. 332-333.

同样的东西。”[1] 尽管如此，他认为这两种情况之间还是有着重要区别的。在前一种情况下，“我们都参加了社会实践，在一定程度上能够支持法律义务”；而在后一种情况下，“我们都没有”。进一步地说，“我们政府的法律规定了我们参与其中的社会实践的具体尺度，而外国政府的法律则没有”[2]。但是，现实毕竟是现实，首先，不是所有的法律都适用于所有公民的；其次，某些法律也是适用于外国人的。因此，马基不得不注意这样两个问题：第一，如果外国政府将其相对公正的法律制度延伸到我们的行动中情况会怎样？第二，难道自然责任的方法没有令人难以置信地分配给我们一种道德义务去遵守其公正的法律？

关于第一个问题，马基是这样看的，假设美国政府宣布，所有法国公民（在法国境内）每年都要交 1000 美元的税给美国国库。美国法律的这种规定，并不能为法国公民创设法律义务。仅当存在于他们社会的法律制度的有效规则要求他们这样做时，他们在法律上才有义务缴税。而美国的法律不是存在于他们社会的法律制度的有效规则。即使它是，肯定也不能算作是对他们的自由的合理限制。因此，马基认为，在他的论证中，特殊性问题不是政治义务的自然责任理论的障碍。但是，马基是错的。他所主张的“只有当他们被存在于他们社会的法律制度的有效规则要求这样做时”，他们才有法律义务去缴税，根本就不能算是一种论证，而是对这个问题的简单回避。另外，在文章一个脚注中，他的话使人纳闷，“我们的法律责任是由我们社会的法律制度中的有效法律所规定的，而另一个社会的法律制度不能通过其自身的法令把自己变成我们社会的法律制度”[3]。应该说，这句话的后半句是对的。但是，说它是对的理由很勉强，因为，否认外国人也可以合法地受到其他国家法律的约束，就忽略了法律可以是这样的并确实是这样的事实。毕竟，即使缺乏普遍管辖（universal jurisdiction）这一权力，成千上万的人

---

① P. J. Markie, “Political Obligation and the Particularity Problem”, *Ratio* (*New Series*), Vol. 22, No. 3, 2009, p. 334.

② Ibid., p. 334.

③ Ibid., p. 335. 具体见该页脚注。

实际上也受到其他国家法律的约束，或者因为他们在其他国家居住，或者因为他们在那里旅行。

因此，如果马基坚持认为，“一个相对正义的政府可以通过强加公正的法律于其公民而对他们施加初确的道德责任”，那么，如果他要解决特殊性问题，他将不得不证明这个相对正义的政府不能通过强加公正的法律于外国人而对他们施加初确的道德义务。很遗憾的是，他并没有这样做。实际上，他忽略了这个问题。如果说一国政府不能理直气壮地将某些法律强加给外国人是真的，那么，它不能理直气壮地将某些法律强加给自己的公民也是事实。如果一个相对正义的社会的公正法律，可以把那些适用该法律（存在适用于公民的法律）的公民置于遵守法律的初确的道德义务之下，那么，这个相对正义的国家也同样可以把那些适用该法律（即那种适用于外国人的法律）的外国人置于遵守法律的初确道德义务之下。可见，马基并没有解决他下决心要解决的“特殊性问题”。

关于第二个问题，马基认为，说自然责任分配给了我们一种服从其他国家法律的政治义务是令人难以置信的。然而，情况也许是这样的，政治义务概念只有在很强的意义上被使用，例如，只有在“如果我们被我们社会的法律合法地强制去采取行动，那么，我们被我们社会的法律合法地强制去采取行动这一事实，将会赋予我们一种初确的道德责任去实施它，至少只要法律或我们的社会不是极端不公正的”这类情况下，服从外国法律才是难以置信的。而实际上，马基是在“弱的”或“温和”的意义上使用政治义务这个概念的，因此，得出服从另一个正义国家的公正法律的结论并非不合理。因为，对很多人来说，虽然他们不认为有这样的政治义务，但仍然相信可能有某种初确的理由去这样做，只要这些法律不是极端不公正的。另外，如果套用罗尔斯的术语，说我们有一种初确的道德义务去遵守“适用于”我们公正的法律，那么，我们事实上被一种适用于我们的、一个相对正义的国家所发布的、公正的外国法律所合法地要求，怎么可能就不会对我们施加一种初确的道德责任去做法律要求我们做的事呢？

可见，马基的这一解决方案并不吸引人，因为它没有指向通常而且合理的我们对政治义务问题及与其相关的特殊性问题的理解。换句话说，它并没有真正解决问题，如果自然责任的支持者想要对这一理论进行更有力的辩护，可能还需要寻找新的、更好的论据和论证方式。

第七章

基于关联的类比

到目前为止，已经讨论了四种当代政治义务的主要理论。这四种理论如果要做分类，可以分为两大类：交易理论（transaction theories）或称获得性义务理论，以及自然责任理论。同意理论、感恩理论以及公平理论都可算作是交易理论，这种理论的特点是把政治义务建立在国家与其公民之间所发生的某种交易或互动基础上。这种相互作用可以采取契约的形式，如传统的以同意为基础的理论，也可以是比较间接的，如在那种把政治义务建立在回报国家提供的重要利益基础上的情形。这些理论的魅力在于，它们把政治义务视为个人以某种方式选择承受的，是一种通过某种行为而获得的义务，不是一种被强加的义务。但是，它们也有一个共同的问题：不够普遍（under-inclusive）。因为，参加过那种应该会产生相关道德义务的交易的人实在太少了。出于这个原因，交易理论不符合普遍性的要求[①]，即认为大多数的，如果不是全部的，国家成员负有政治义务。而自然责任理论，在第六章中已经详细讨论过，指的是那些把政治义务建立在所有个体对整个人类的道德责任基础上的理论，它不考虑任何交易、互动或特殊关系，例如有责任促进正义、有责任促进效用等。这些理论的优点是真正解决了普遍性问题，但却走向了反面：过于普遍（over-inclusive）。假如有一个国家能够促进正义和效用的实现，自然责任理论无法解释清楚的是，为什么只有该国公民才有责任服从和支持它？因为，促进正义或效用是所有人的责任，是整个人类的责任，而不仅

① 这里的普遍性要求，是指政治义务理论想要获得成功，必须能为大多数人，如果不是所有的人提供政治义务说明。换句话说，普遍性要求是政治义务理论成功与否的标准。

仅是该国公民的责任。自然责任理论不能说清楚的问题还有：如果其他机构（无论是政治的或非政治的）同样能够促进正义或效用的实现，有什么理由说该国公民非得服从和支持这个国家，而不是任何这些机构？如果证明政治义务的方法是，通过服从国家来履行我们的责任，那么，为什么要通过对我们国家的特别服从来履行这些责任？①

鉴于上述两类理论所存在的要么普遍性不足，要么过于普遍的问题，一些政治哲学家开始寻求政治义务问题新的解决方案。20 世纪 80 年代后，政治义务的关联义务（associational obligation）说明开始被作为上述两类义务理论之外的第三类义务理论提了出来并得到了捍卫。② 有人认为，政治义务应该被理解为类似于那种我们在家庭和共同体中发现的义务。如果一个国家（即政治共同体）能满足某些特定的条件（比如是相对有效和公正的），那么，假定一个人是国家所代表的政治共同体的成员，那么这个人就被认为要对国家承担义务。关联主义者坚称，国家成员资格、共同关系、关联性、从属关系，以及嵌入性绝对是我们与生活在其中的国家之间关系的基本特征。③ 也有人主张，政治义务植根于我们所承担的一定社会角色。这些角色不是我们自愿进入的，尽管如此，它们承载着某些道德要求因此产生了义务。家庭义务是一个很好的例子。大多数人也许都会同意，仅仅凭借自己在家庭中的成员身份，家庭成员之间彼此就有某种特殊义务，尽管事实上这种成员身份不是自愿选择的结果。同类的义务也存在于我们政治社会的成员身份中。因此，我们不应该去寻找一种道德原则作为政治义务的“外部理由”④。简言之，政治义务产生于我们被“嵌入”的作为公民的角色中，而且各种责任都是与角色联系在一起的。⑤

① A. J. Simmons, *Moral Principles and Political Obligation*, Princeton: Princeton University Press, 1979, pp. 31-35; M. Renzo, “Duties of Samaritanism and Political Obligation”, *Legal Theory*, Vol. 14, 2008, pp. 193-217.

② 有的学者将它翻译成“团体性义务”。英语文献中也有学者将它表述为“associational duty”（关联责任）。

③ Serge Pukas, “Waldron's Defence of The Natural Duty of Justice Revisited”, *Ethical Perspective: Journal of the European Ethics Network*, Vol. 14, No. 1, 2007, p. 30.

④ J. Horton, *Political Obligation*, London: MacMillan, 2nd ed., 2010, pp. 148-150, 162.

⑤ 这种理论已经被贴上了“社群主义”或“身份建构”的标签。西蒙斯、莱夫克维茨、德沃金、吉尔伯特、威尔曼、达格、格林、埃德蒙森等人都在文章中涉及这个问题。

实际上，寻找新的替代方案的努力，或者说将政治义务建立在成员身份义务基础上的尝试背后，反映了当代政治哲学发展的两大新动向：一是哲学无政府主义的显露；二是社群主义的复苏。① 前者的代表人物之一西蒙斯，他通过对现存的各种政治义务理论进行逐一反驳之后提出，服从法律的普遍义务是不存在的，甚至对那些生活在最公正、最民主的国家的公民来说也是如此；而后者的一些代表人物，或者一些社群主义者则认为，政治义务是某种“理所当然”的东西，并非出自个体自愿行为，而是来自于国家中的成员身份的自然属性。关联义务理论就是对这些新情况所作出的新回应。德沃金、霍顿以及伦佐（Massimo Renzo）等人作为关联理论的倡导者或支持者加入到了这一讨论中，他们希望通过对关联义务理论的完善，来解决其他政治义务理论所不能解决的问题：兼顾普遍性和特殊性要求。应该说他们的努力是有价值的，但是，反对者比如西蒙斯、达格以及威尔曼等人则认为，关联义务理论并不比其他理论更优越，即使我们承认这种义务的存在，最终也要还原为交易义务；即使我们承认这些义务存在，并承认它们创造了真正的道德义务，也不能表明它们能成功地为政治义务提供依据。②

第一节　德沃金的“共同体义务”理论

从某种程度上说，关联义务一词最早来自于德沃金。③ 他又称之为“共同体义务”（communal obligation）。在《法律帝国》一书

① Richard Dagger, “Membership, Fair Play, and Political Obiligation”, *Political Studies*, Vol. 48, 2000, pp. 104-105.

② 进一步阅读可选择下列文献：Simmons, *Justification and Legitimacy: Essays on Rights and Obligations*, Cambridge: Cambridge University Press, 2001, pp. 65-92; Wellman, “Associative Allegiances and Political Obligations”, *Social Theory and Practice*, Vol. 23, 1997; Dagger, “Membership, Fair Play, and Political Obligation”, *Political Studies*, Vol. 48, 2000, pp. 104-117; Lefkowitz, “The Duty to Obey the Law”, *Philosophy Compass*, Vol. 6, 2006, pp. 575-577; Knowles, *Political Obligation*, London: Routledge, 2010, pp. 179-184。

③ 德沃金并未对 obligation 和 duty 这两个单词进行区分。如果要严格区分，德沃金所指的实际上是 associative duty（关联责任），而非 associative obligation（关联义务）。

的第六章中，在谈到合法性困境时，他重点阐述了政治义务问题。他先后对默示同意（tacit consent）、正义的责任（the duty to be just）、公平游戏等理论逐一进行了评述，在指出上述理论的局限性的基础上，他提出了自己的“共同体义务”理论。

在德沃金那里，所谓共同体义务或团体性义务，是指社会实践加在某些生物群体或社会群体所有成员身上的特殊义务，比如家庭义务、朋友义务等。大多数人之所以会认为有这种义务，是因为他们属于社会实践所划定的群体，而不一定是他们选择或者同意的结果。但是，该群体的其他成员如果不把属于该群体的利益赋予他，那么，他也就失去了这种义务。德沃金认为，大多数人对这种义务的承认，使得它避免了其他传统政治义务理论所遇到的一些问题。但是，这一理论是否能够为政治义务提供令人满意的解释呢？他认为需要看能否对以下两种异议做出合理回应：第一，共同体义务通常被认为依赖于共同体成员之间的感情纽带，这种纽带存在的前提是共同体内每个成员彼此熟识，而在一个巨大的政治共同体中这样的预设条件显然不可能成立；第二，在一个庞大的、无个性的（anonymous）的共同体中存在的共同体责任观念，有可能带有民族主义甚至种族主义的味道，而这两者都有可能导致巨大的灾难和非正义。[①] 要对这两项异议做出全面回应，就需要对一些相关问题进行讨论。

在某种程度上说，团体性义务是相对于个体性义务（personal obligation）而言的。虽然前者受到的关注不如后者多，但前者明显要比后者复杂，也比后者重要。因为，对大多数人来说，对家庭、爱人、朋友、同事以及邻里的义务是所有义务中最重要、最具影响力的义务。但是，这些义务不是通过规范来强制的，也不是通过惯例来延伸的，德沃金认为，它是带有解释性的。那么，究竟该如何来解释这种义务呢？或者说，如何看待最为流行的“除非自己主动选择，没有人会对特定的某个人负有特殊义务”这一观点对解释上述义务的影响？对家庭、爱人、朋友、同事、邻里的义务是不能选

① ［美］德沃金：《法律帝国》，李常青译，中国大百科全书出版社 1996 年版，第 176 页。译文略有改动。另外还参考了常瑞娟翻译的《政治合法性的困境与拯救》一文，具体见毛兴贵编《政治义务：证成与反驳》，江苏人民出版社 2007 年版，第 299 页。

择的吗？表面上看是的，但德沃金认为，说这些友爱义务（fraternal obligation）完全不是选择的结果，可能就过于武断了。为此，德沃金提出了一个“相互性”（reciprocity）的概念，意思是“基于兄弟关系，我对我的兄弟负有特殊责任，但这是与我的兄弟也在多大程度上对我负有这种责任密切相关的，……我对其他人负有的特殊责任也同样依赖相互性”[①]。可见，这个概念的提出，实际上就暗含了契约与商量的含义，因为，友爱关系只能存在于有这种观念的人之间，人们会预先检验他们的观念是否能够相符以致能彼此友爱。但是，德沃金认为，团体性义务所要求的相互性应该更为抽象一点、模糊一点。换言之，只要大体上如此就可以了，友爱的义务不需要完全自愿。

与相互性要求相关，德沃金认为，团体成员之间的义务要被看成是真正的友爱义务，他们就必须大体上具有以下几个方面的态度：一是必须把团体义务看成是特殊义务，只在团体内有效，对团体外的人没有这样的义务；二是这些义务是个人性（personal）的，也就是说，是一个团体成员对另一个成员的义务，而不是一个成员对整个团体的义务；三是成员们必须把这些义务看成是源于更一般的义务，即每一个人都应该有的、关心团体内其他人利益的义务；四是必须认为，团体对每一位成员是关心的，而且这种关心的程度是平等的。从这四个条件出发，德沃金把共同体分成“天然的”（bare）共同体和真正的共同体两种。真正的共同体是具备上述四个条件的；如果天然的共同体满足了上述四个条件，该共同体中的人们就会负有真正共同体中的义务，无论他们愿意与否。而一旦这些条件具备了，也就说明共同体内的人们真实地感受到了彼此之间的情感纽带。然而，是否可以认为满足了上述四个条件的真正共同体就能解释政治义务问题？答案是不一定。因为，真正的共同体也可能在以下两个方面是不正义的：一是它们有可能对其成员不正义，即它们所体现出来的平等关心理念尽管是真诚的，但却是有缺

---

① 有的地方按字面意思将 reciprocity 翻译成互惠。具体见［美］德沃金《法律帝国》，李常青译，中国大百科全书出版社 1996 年版。但译成“相互性”可能更接近德沃金的本意。

憾的；二是它们有可能对不属于该团体的人不正义。考虑到正义在解释团体性义务中所扮演的重要角色，德沃金认为，如果不正义足够严重，那么团体性义务就无法得到证明。但是，如果不正义不是太严重，社会实践所产生的不公正的义务是否会被取消，就要看共同体是否具备上述四个条件了。与此相关的是，前面所提到的第二种异议中，共同体义务的理念是否导致民族主义乃至军国主义的严重后果问题，德沃金认为，这样的担心是不必要的，“军国主义与正义标准之间的任何冲突必然是以后者的胜利而得到解决”①，因此，不会威胁到基于民族共同体的特殊责任。

前面对共同体义务问题的讨论是从一般意义上展开的。那么，前面讨论中所涉及的四个条件以及关于天然共同体和真正共同体的分类是否适合于政治共同体呢？德沃金认为可以。像家庭、朋友以及其他亲缘性或本土性团体一样，政治团体本身也孕育着某些义务。虽然政治共同体中的大多数人生在其中，或自小被带到这里，并没有机会选择，但这没有关系，相对于其他友爱共同体而言，政治共同体的选择因素似乎还更多一些，更具自愿色彩，毕竟许多国家都允许公民移民，这一点很重要，尽管选择这样做的代价很大，且实际价值并不大。因此，只要政治共同体所界定的友爱义务的相关条件得到满足，天然政治共同体的成员就负有政治义务。为了说明这一点，德沃金把政治共同体的模式划分为三种：第一种模式是共同体成员仅仅把他们的团体看作是历史和地理的偶然性事实（de facto accident），这是一种“环境共同体”，这种模式下的人们所持的态度是，他们的共同体与别的没什么两样，也就是说看不出有特殊性。第二种模式为“规则手册”（rulebook）模式共同体，这是一种“规则共同体”，这种共同体的成员认为，他们有普遍的义务去服从共同体按照特有的方式确立起来的规则。第三种模式是德沃金推崇的原则模式（the model of principle）共同体。与规则手册模式一样，它也认为，政治共同体需要一种共同的理解；与规则手册模

① ［美］德沃金：《法律帝国》，李常青译，中国大百科全书出版社 1996 年版，第 185 页。另外还参考了常瑞娟翻译的《政治合法性的困境与拯救》一文，具体见毛兴贵编《政治义务：证成与反驳》，江苏人民出版社 2007 年版，第 305 页。

式不同，它对这种共同理解持更丰富、更全面的观点，即认为只有当人们承认他们不仅仅受到在政治妥协中达成的规则支配，而且还受到某些共同的原则约束时，他们才是真正共同体的成员。①

可见，这三种模式的共同体各自描述了政治共同体成员对其他成员所采取的一般态度。但是，这些态度能够满足上述四个条件吗？第一种模式甚至连第一个条件都不符合，因为成员彼此之间不感兴趣。第二种模式似乎好很多，因为成员彼此之间表现出一种特殊关心，即每个人都应该得到现行政治安排下基于政治决定的所有利益。它能满足第二个条件，是个体对他人的直接关系，但不符合第三个条件，这样的关心既很微弱又不普遍，甚至不算真正的关心。只有第三种模式才真正满足了所有的条件。它使所有源于公民身份的责任特殊化：每个公民都尊重他所在的政治共同体现行政治安排中的公平与正义原则，这些原则或许不同于其他共同体的原则，也不管他是否从理想的角度出发认为这些原则是最好的。它使得共同体义务完全个人化。

当然，德沃金承认，他所构想出来的这三种模式都是理想化的，是一种思想实验，不能说现实中的人们实际持有某一态度，只是希望能把政治实践理解为适合于原则模式的东西。也不能说在一个政治共同体内的公民之间确实感受到或应该感受到了爱的情感。平等地爱家人、爱朋友、爱同事，甚至爱自己的同胞公民都只能是一种理想，“如果我们对恋人、朋友或同事的情感与对待所有同胞的深切关怀没有都一样的话，这将意味着爱的消亡而非普遍化”②。

第二节　霍顿的“家国”类比论证

虽然是德沃金最早提出了共同体义务的主张，并认为政治义务

① ［美］德沃金：《法律帝国》，李常青译，中国大百科全书出版社1996年版，第186—189页。

② 同上书，第193页。另外还参考了常瑞娟翻译的《政治合法性的困境与拯救》一文，具体见毛兴贵编《政治义务：证成与反驳》，江苏人民出版社2007年版，第311页。

像家庭、友谊、同事等共同体义务一样都是关联义务，但他的重点似乎在于论证为什么政治义务是共同体义务，而对政治义务与其他共同体义务，特别是家庭义务的类比不是十分关心。而霍顿却相反，他对这些关联义务的类比，特别是家与国这两种共同体的类比下了不少功夫。霍顿的论证紧紧围绕着政治义务与家庭、认同、成员身份等的关系问题展开，并将“家国”类比的论证贯穿其中。

首先，关于政治义务与家庭的关系。霍顿发现，将“家国”做类比的历史很长，可以追溯到苏格拉底那里。尽管自西蒙斯对这种类比提出尖锐批评之后，这种类比已经“声名狼藉”，而且，政治关系与家庭关系之间存在许多不可比之处，但他还是认为，政治义务和家庭义务之间有着许多共同特征：义务不是自愿选择的、义务是真实的、义务没有明确的限度（open-ended）。它能够为全面理解政治义务提供一个参照系。那种认为“家国”类比必然会导致父权制或家长制政治关系的担忧也是不必要的。相反，用这种“家国”类比来解释政治义务的做法，却能够避免诸如同意、许诺等传统政治义务解释的一些困难。因为，家庭义务的道德解释比较简单，基于家庭成员身份就可以产生义务，不需要借助一些外在的道德原则或者某些创设义务的自愿行为来证成，只需根据某个人与家庭其他成员有着某种明确关系即可。“还需要进一步道德证成来干什么呢？恰恰是证成的需要本身让人觉得古怪和不合适。”[①] 即使要做出解释，也不是解释这种关系为什么会产生义务，而是要解释这种关系究竟包含了什么。不是要借助任何一般性道德原则，而是要说清这样的义务“源于”家庭的成员身份。

但是，霍顿的这种观念是否会与现代大多数道德哲学家关于“如果不从某种第一道德原则出发并得到证成，任何道德要求与义

① 具体见 John Horton, *Political Obligation*, Atlantic Highlands, NJ: Humanities Press International, Inc., 1992, chap. 6。中文译文见谭杰翻译的《政治义务再思考》，具体见毛兴贵编《政治义务：证成与反驳》，江苏人民出版社 2007 年版，第 321 页。在这里，霍顿举了一个例子：假设有一天有人邀请我去参加一个晚会，而这一天是我父母的银婚纪念日。虽然我未曾向父母许诺要跟他们在一起，但我还是谢绝了别人的晚会邀请。这里的问题是，我不去参加晚会而要与父母一起度过他们的银婚纪念日还需要做进一步的解释吗？如果做出解释，那才让人感到奇怪呢！

务都不可能得到承认”的主张不相一致呢？霍顿认为，即使不相一致也没有关系，他真正关心的是：“正是我们对这种特定类型关系的承认以及这些关系所提出的要求解释了我们家庭生活中所涉及的相互义务。”① 换句话说，他所关心的是在这个问题上的三种异议：一是即使上述对家庭义务的理解是对的，这种义务也只能适用于未成年人；二是家庭关系过于情感化；三是承认成员身份义务可能会引入自愿主义因素。对于第一种异议，霍顿觉得反对者误解了他的观点，他所谓的父母与子女的关系中的子女不是指未成年人，恰恰相反，指的就是成年人，不能说成年之后就不是子女、兄弟了，所以这种异议不值一驳。对于第二种异议，霍顿认为，他的解释不会太过情感化，因为家庭义务既可以因为被违反而得到承认，也可以因为被遵守而得到承认，而且当缺乏适度的情感支撑时，这种义务感觉尤其强烈。政治义务也同样如此。关于第三种异议，霍顿反驳说，承认我们有家庭义务并不意味着某种承认行为本身创设了义务。

正是基于对家庭义务这些理解，霍顿认为，它与政治义务具有可比性。因为，如同生于某个家庭因此获得家庭义务一样，个人出生于某个国家并因此获得政治义务也是确定的。也就是说，国家成员与家庭成员的身份都是不能任意选择的。国家中的成员身份因为出生而获得，因为持续居住而得以维持。虽然也存在例外情况，比如定居的外国人、无国籍人、双重国籍人、入籍的人等，对他们的身份以及与之相关的政治义务的解释也许不太容易，但这不影响“家国”类比的一般解释，因为家庭中也存在遗弃、离婚、收养等异常情况，没有必要复杂化。在霍顿看来，“家国”类比真正遇到的困难是：第一，家庭本质上属于个人关系结构，而国家不是这样的。在家庭中，个人与某个角色的关系是非常紧密的；而在国家中，某个角色不可能都以这种方式与特定的个人联系在一起。第二，家庭关系中的权威是非强制性的，而政治权威的强制性特征则十分明显。换句话说，政治义务在一定程度上是由对强制性主张的

① 霍顿发现，持另类观点的哲学家越来越多。他列举了几个，包括麦金泰尔（Alasdair MacIntyre）、罗蒂（Richard Rorty）、威廉姆斯（Bernard Williams）、温齐（Peter Winch）等人。

承认所构成的。

其次，关于政治义务与认同的关系。在霍顿关于“家国”类比的关联义务说明中，“认同”这个概念是十分重要的。之所以如此，是因为虽然一个人的出生地和居住地对政治义务的获得至关重要，但这不只是涉及与特定的一群人在某个区域生活在一起这样一个简单的问题。作为国家的成员，还涉及一些具体的道德关系，这种道德关系与像家庭义务这样的特殊义务不同，也与完全普遍的道德要求相区别。具体地说，国家成员的政治义务比家庭义务要宽，而比普遍道德要求则要窄，是介于两者之间的。政治义务应该限于公民所属的政治共同体范围内，不能小于或超过它。那么，到底应该怎样来理解这种政治义务呢？霍顿认为，关键在于我们以怎样一种独特的方式来看待自己所属的那个国家的行为，不管我们是否赞成这种行为。因为，这种行为与我们休戚相关，它是以“我们”的名义而采取的行动，作为国家的成员，我们与它联系在一起，而那些我们不是作为其成员的国家，其行为与我们无关。① 我们对这种行为的态度，实际上反映出来就是我们对自己国家的认同感，具体表现为对国家行为的骄傲或自豪、羞愧或内疚。而这种认同感以及相应的责任是成为一个国家的成员并承认自己的政治义务的“题中应有之义”。当然，霍顿认为，对国家的认同以及相应的责任不能仅仅从单个成员的角度去分析。因为，它不仅仅是主观的情感，在很多时候，某个成员对国家行为的看法与其他成员可能相似，甚至惊人的一致，也就是说，这会是一种共同的理解。而且，国家也希望它的公民承认这种共同的忠顺或共同的身份。

但是，反对者却不这么认为，他们提出，即使可以按照霍顿所说的那样去看待和感受我们所属的国家，但也无法为此提供道德上的证明；即使由于人们在国家中的身份而负有“制度性”或“职位性”义务，也不能说这些义务具有道德约束力。对于前一个问题，

① 霍顿举了一个例子：美国公民和英国公民对越南战争的态度。他说，美国公民会对美国在越南的所作所为深感羞愧和内疚，而英国公民则可能感到气愤或愤慨，只有当英国因支持美国的入侵而卷入其中时，英国公民才会羞愧或内疚。具体见毛兴贵编《政治义务：证成与反驳》，江苏人民出版社 2007 年版，第 325 页。

霍顿的辩解是，如果在一个由特定国家的成员身份所形成的共同身份背景之下，我们可以表明情感或态度在道德上是可以理解的，那么，为什么还非得要用其他东西对它进行证明呢？关于第二个问题，霍顿认为可以从两个方面去理解，一是在某些情况下，我们不需要借助其他的道德原则或理论就可以将职位责任或角色责任看作是有道德约束力的。他还是以家庭为例：指出一个人是孩子的父亲，就足以证明他对孩子有义务了。为这样的义务寻找进一步道德证明既不正确又没必要。二是“制度”责任和“职位”责任不是在真空之中，没有对它们进行进一步道德证明，制度或职位照样具有道德约束力。我们没有在道德上证明它们并不意味着我们没有指出它们是否违反一些基本的道德原则或承诺，如果它们没有违反这些原则和承诺，那么，它们为什么没有道德约束力呢？在这里，霍顿的意思是，其实也不是所有制度或职位或角色都是一样重要的，只有那些在我们道德生活中扮演基础性作用的角色或制度，才会产生道德义务，而这样的一些义务是不需要证明的，它本身就可以起到证明作用。

再次，关于政治义务与成员身份。霍顿注意到，对他的观点真正有力的反驳是：“如果一个人完全不承认自己与其他成员所拥有的共同身份并进而否认政治义务”，那该怎么办？他认为，对这个问题的回应分为两个方面，对于那些挑战所有道德的人，没有必要在这里讨论；而对于那些只否定政治义务的人，则有必要进一步研究，即当成员身份的各项条件都得到满足时，是否可以不存在与此相关的义务？换句话说，人们是否可以拒绝或否认政治义务，同时却继续作为这个国家的成员？关于这个问题，霍顿承认，用“家国”类比的方法，并不能给予很好的回答。子女可以声称与父母脱离关系了，父母也可以宣布不要这个孩子了，如果这是认真的，那么他们之间的关系有可能就走到头了。而政治共同体中的成员身份就比这要复杂多了，只要仍然居住在境内，一个人就很难逃脱种种关系。一般来说，一个人在承认他的国家成员身份时，也会承认自己有相应的政治义务。如果一个人并没有那种与政治共同体的成员身份联系的情感与意识，这个人是否就真的没有政治义务了？霍顿的答案是，那可不一定。

此外，还应该注意到，真的缺乏这种情感与意识和声称缺乏它们实际上并不是一回事。如果是真的缺乏它们，我们不仅可以从一个人所说的话中听出来，也可以从他所做的事中看出来。如果一个人在政治共同体的活动中积极参与，自觉遵守共同体的规范与守则，而且在一个相当长的时期里，他的行为方式与共同体其他成员并没有实质性差别，那么，在这种情况下，要说他不承认政治义务恐怕就有点说不过去了。因为，拒绝政治义务涉及复杂的行为、信念和情感，并不是一件十分简单的事情。当然，在有些情况下，要认定并强加政治义务是十分困难的，有时几乎不可能。比如对持不同政见者或者隐士，要认定起来就很不容易。对于这种人，政治共同体有必要保护自身的规范和准则不致受违背，但却无权强求这个人履行忠顺义务，“大体上也只能对这种人采取置之不理的态度”①。还有一种情况是，某个人认为自己是某个特定政治共同体的成员，但却遭到了他所认同的这个共同体的大多数成员的否认，关于这种人的政治义务，霍顿承认也是一个复杂的问题，但却用一句“不难回答”就打发了，他的态度究竟如何，不得而知。

通过上述三个方面的阐述和对他人异议的回应，霍顿认为他的“家国”类比论证在一定程度上解决了政治义务的来源问题，即政治义务是国家成员的相伴物，并揭示了政治义务的特殊性：正是这个“我们的”政治共同体给了我们独特的行动理由，而对于其他国家，我们却没有这样的理由。那么，政治义务的内容是什么，能否通过“家国”类比来解释呢？霍顿认为是可以的。主要可以从两个方面来看：第一，“成为一名成员就是以某种特殊的方式与其他成员相互关联着”②。从共同拥有的国家成员身份这一观念出发，建立在这种关联关系基础上的政治义务必然要求个人考虑所属国家利益与福祉。对于这一观点，反对者认为是有问题的，因为它既没有为

① John Horton, *Political Obligation*, Atlantic Highlands, NJ: Humanities Press International, Inc., 1992, chap. 6. 中译文见谭杰翻译的《政治义务再思考》，具体见毛兴贵编《政治义务：证成与反驳》，江苏人民出版社 2007 年版，第 330 页。

② 毛兴贵编：《政治义务：证成与反驳》，江苏人民出版社 2007 年版，第 331 页。

效用主义也没有为哲学上所偏爱的共同善（common good）的观念提供支持，同时又太模糊，表述不清。霍顿认为，这种异议过于苛求了。在这一点上，政治义务与家庭义务是有可比性的。虽然人们对父母和兄弟姐妹的义务并不十分明确，但是为他们谋福祉的考虑却是真实而又有意义的。也许人们对家庭义务或政治义务的具体内容有争议，但并不是所有的家庭义务或政治义务都是如此，其实，在这些义务大致内容上是不太有争议的。第二，“成为特定政治共同体的一员通常也就意味着承认其法律和政府权威”①。一般来说，政治义务通常被理解为为何个人应该服从政府或法律的问题。但霍顿的看法是：并不是所有政府或法律都有权威性，即便有，也不意味着它们始终都要得到服从。承认政治义务并不排除公民不服从。

第三节　威尔曼对“团体性忠顺”的异议

前已述及，关联义务论认为，政治义务应当是一种基于成员身份的团体性义务。用德沃金的话说，“团体本身就孕育着义务”。而霍顿则直接将家庭与国家做类比。从这些观点来看，我们负有哈迪蒙（Michael Hardimon）所谓的“非契约性角色义务”，即仅仅是因为我们“与生俱来的角色”而负有的义务。我们并没有选择这些角色，但是我们也不是被强迫承担这些角色的。那种认为在自愿与强迫之间不存在中间地带的看法是错误的。应该说，这种理论至少有三个诱人之处：一是拒绝把“自愿的”与“非自愿的”作为非此即彼的两种情形。二是在于它符合人们通常的直觉。许多人显然是将自己看作是有义务服从国家法律的政治共同体成员。三是一个人有义务服从自己国家的法律这种直觉显然产生于国家成员所共有的认同感。霍顿认为，“这种认同感和相应的责任是成为一个国家的成员并承认自己的政治义务的题中之义”②。

① 毛兴贵编：《政治义务：证成与反驳》，江苏人民出版社 2007 年版，第 333 页。

② John Horton, *Political Obligation*, Atlantic Highlands, NJ: Humanities Press International, Inc., 1992, p. 154.

但是，这种理论也至少面临三大问题。一是关于家庭与国家的类比。明显的反对意见是现代国家中的成员之间往往缺少家庭成员之间通常所具有的那种亲密关系。即使这种类比成立，也有父权主义之嫌。二是关于认同与义务的关联。这种理论对认同感或关联感很重视，它使人们将自己看作是有归属的，这样就培养了人们的义务感。但问题是义务和义务感是两码事。人们觉得自己对国家负有义务并不意味着他们确实有这种义务，人们根本没有意识到这种义务也不意味着他们就没有这种义务。三是关于群体性质与义务的关系。将政治义务视为团体成员身份义务——尤其是非自愿或非契约性团体成员身份的义务必须面对这样的问题，即成员身份不仅仅限于正派、公平或值得称道的群体或团体。

正是由于面临着一些难以克服的问题，一些哲学家，比如威尔曼等人开始加入到批判关联义务的行列中。在对团体性义务理论的吸引力进行初步分析之后，对它的两个重要前提、两种重要理论进行了有力的反驳，威尔曼并得出结论说：同国人之间并没有团体性责任，即使他们有这种责任，这些责任也不能解决政治义务问题。[①]下面，我们就来看一看威尔曼是怎么反驳的。

首先是对两个重要前提的反驳。它们分别是：第一，存在团体性义务；第二，政治共同体能够产生这些义务。威尔曼对第一个前提的反驳是建立在两个思想实验基础上的。这两个思想实验分别是：

思想实验一：假设他（指爱因斯坦）是一个慈善的世界主义者，他慷慨地资助各种各样的事业与人，而不管它或她属于哪一个民族或国家。他的这种不偏不倚（impartiality）使得他不需要任何“想象的成就”来增强他的自尊，在“利他”的时候没有必要把这一事业变成“他的”事业。[②]

---

① 威尔曼似乎没有对团体性义务与团体性责任加以明确区分。具体见 Christopher Heath Wellman, “Associative Allegiance and Political Obligations”, *Social Theories and Practice*, Vol. 23, No. 2, 1997, pp. 181-204。

② 这一实验的基础是，爱因斯坦自己说：我不知道自己有什么必要隐瞒自己的国际主义倾向。我作为一个公民所属的国家在我的精神生活中毫无作用；我把对一个政府的忠顺看作一个商业问题，有点像一个人与人寿保险公司之间的关系。具体见 Louis I. Snyder, *Encyclopedia of Nationalism*, New York: Paragon House, 1977, p. ix。

思想实验二：假设一个人拒绝参加姐姐的婚礼，理由仅仅是不愿意耗费必要的金钱和时间，而不是因为别的什么原因。

关于第一个例子，威尔曼想要表达的是：并不是说团体性责任不重要，而是怀疑它在道德上的重要性。换言之，我们也许会认同身边的伙伴，并且，当他们不与我们一起忠顺一个共同体时会感到不安，但这种不安是"心理"上的，而不是"道德"上的。从爱因斯坦的例子得出的结论是：那些不像我们一样做出忠顺行为的人令人不安，因为，他们的这种独立性使我们清楚地看到心理上的依赖性。

关于第二个例子，威尔曼想指出的是：即使团体性责任不可避免地具有道德意义，有可能是个"美德伦理"问题，并不构成道德义务问题。比如，不去参加姐姐的婚礼会受到"你对姐姐这么没感情"的正确指责，但不会说你没有履行参加姐姐婚礼的义务。也就是说，即使我们承认共同体责任这一说，它涉及的也只是对一个人的评价，而不是对一种行为的评价。

威尔曼承认，家庭成员观念或公民观念对一些人来说很重要。同时也认为，哈迪蒙关于没有共同体义务的生活不充实、更单调、更少人性色彩，在伦理上更贫乏的观点是有道理的。他所不同意的是，团体义务论者关于某种约束着我们的东西理所当然地具有道德性，从而具有道德义务的观点。换句话说，他想在承认具有重要的社会性责任的同时，又否认其道德性；甚至在承认这些责任具有道德意义的同时，又否认它创设了义务。简言之，即使存在团体性义务，它们也不能作为建立合理的政治义务理论的基础。

那么，威尔曼对关联义务论者第二个重要理论前提又是怎么反驳的呢？他主要诉诸的是亲密性的论据，即公民之间的关系与兄弟姐妹、朋友之间、父母子女之间的关系一点也不像，前者缺乏后者那种亲密性和感情上的深厚性。前面第二个例子中，那个没参加姐姐婚礼的人受到的指责更多的是，居然不参加如此亲近的人这么重要的事情。这种指责用于公民之间是不恰当的，因为，现代政府治理之下的公民之间没有这种团体性责任。因此，想要为这种责任提供令人满意的说明，团体义务论者将不得不解决这样两大困难：一是巨大版图内的单个公民这一辈子都不可能遇到大多数国人，更不要说与他们产生亲密关系；二是国家文化与民族的多元化通常会使得公民之间不但彼此没有好感，反而心生反感。正是从这一意义上说，即使存在团体性义务，它也不可能存在于现代国家之中。

其次是对两种重要理论的反驳。威尔曼选了两种他认为最有可能成功的关联政治义务理论进行反驳，一种是德沃金的理论，另一种是塔米尔的理论。

关于德沃金的理论。对此，威尔曼关注的焦点是，共同体产生团体性义务的四个条件[①]和关于“天然”的共同体与“真正”的共同体之间的区分。他认为，德沃金建立在同国人之间相互关心基础上的政治义务必将面临他上面提到的两种批评，因为现代国家的公民之间从根本上说缺乏必要的心理情感。虽然德沃金可能已经意识到建立在这种感情基础上的解释不切合实际，并指出他的理论并不要求“每个成员都爱其他所有成员，甚至他们之间相知相识”[②]，也就是说，团体性义务并不是一种类似于爱的心理属性，但是，他并没有清楚地阐明关键的团体性因素（associative element）根本不是心理因素。从德沃金论证的过程中可以看出，他似乎要回避同国人之间的心理联系，因此，强调条件3、条件4中的关心只是一种“群体实践的解释属性”，而不是“实际成员的心理属性”，或者说只存在于法律的结构中，而不存在于公民的心理状态中。德沃金的意思可能是，在一个有着“作为正直性的法律”的国家中，公民之间的关系非常类似于家人之间、朋友之间的关系，因为这种法律的正直性最好能被解释为来自公民彼此之间的关心。但是这样一来问题就出现了，法律的正直性到底是被公民之间实际的关心所激发的，还是仅仅最大限度地与这种（假设的）关心相一致？换句话

① 这四个条件分别是：一是必须把团体义务看成是特殊义务，只在团体内有效，对团体外的人没有这样的义务；二是这些义务是个人性（personal）的，也就是说，是一个团体成员对另一个成员的义务，而不是成员对整个团体的义务；三是成员们必须把这些义务看成是源于更一般的义务，即每一个人都应该有的、关心团体内其他人利益的义务；四是必须认为，团体对每一位成员都是关心的，而且这种关心的程度是平等的。

② ［美］德沃金：《法律帝国》，李常青译，中国大百科全书出版社1996年版，第180页。

说，德沃金必须解决好对关心的解释与任何实际的关心之间的关系。如果他说前者为后者提供了充分的根据，那就不符合实际了；如果他认为这两者之间没有联系，那么他的解释就不能为团体性义务做出合理说明。就像德沃金批评假设的契约不是契约一样，"解释性"的关心也根本就不是关心。而事实上，没有必要的心理因素，德沃金的共同体义务根本就不会出现。

关于塔米尔的理论。威尔曼对塔米尔的批评是从这样一个观点开始的："证成政治义务在自由主义哲学中起关键作用的唯一方法是，把自由主义国家描述为一种产生特殊团体性义务（即政治义务）的共同体。"[①] 在塔米尔看来，公民认同他们的同国人是关联政治义务理论的前提，正是政治共同体及其在成员中引起的身份感、归属感产生了这一义务。因此，区分开一个人是形式上的团体成员与感觉上的团体成员非常重要。因为，仅仅是形式上的成员身份那是不够的，只有对团体成员有主观感觉才能作为团体性义务的依据。她在书中这样写道："什么东西是我们相互关系的基础呢？既不是爱也不是同情，而是关联性（connectedness），即这样一种信念：我们都属于一个我们认为其存在具有价值的群体。羞愧或愤怒的情感与骄傲或爱的情感一样反映了这种关联性。"[②] 威尔曼说，如果对塔米尔上述文字进行重述，其政治义务论证过程如下：（1）任何一个为他的同国人以及作为一个整体的祖国的成功感到自豪（也为其失败感到羞愧）的人，都认同他的同国人（与他们有关联）；（2）很多人都为他们同国人的成功而感到自豪（也为他们的失败感到羞愧）；（3）任何一个认同其同伴或与之有关联的人都对这些同伴负有特殊的义务；（4）由此得出结论，许多人都对其同国人负有特殊义务。

威尔曼承认，这样的论证并没错。因为，它没有不切实际地依赖典型出现于亲密的人际关系中的那种情感、信任与关心。但是，他认为无论是（1）还是（2）都没有办法解释或证成（3）。而对

① ［以］塔米尔：《自由主义的民族主义》，陶东风译，上海译文出版社 2005 年版，第 132 页。

② 同上书，第 96 页。

团体义务论者而言，重要的不是描述成员有没有这样的心理情感属性，而是这些情感属性何以会使我们负有义务。或者说，如何从“是”推导出“应当”。如果塔米尔不能认识到这种爱国主义式的认同不能作为政治义务的根据，那么，她的论证就无法面对关于国家操纵公民认同的异议，而这与塔米尔关于自由主义和民族主义相容的观点也是有冲突的。也许有人会说，公民不是受到操纵才认同国家的，公民应该认同国家。但这样一来，就偏离了塔米尔的论证了，因为，她的主张是基于那些“的确”感到与国家有关联的人，而不是应该感到与国家有关联的人，政治义务才能解释。因此，威尔曼得出结论说，任何一种承认国家操纵的团体义务的解释都是不合理的，任何一种坚持认为公民没有被操纵的团体义务理论都是不符合实际的，团体义务论唯一的结果是“不合理”①。即使塔米尔能够清除论证过程中的上述障碍，她依然不能解释自由主义的政治义务问题。因为，塔米尔理论的核心在于，一个公民要对国家负有政治义务，他就必须认同它，而实际上并不是所有公民都觉得他与国家有关联，因此，不是所有公民都有政治义务。但是，自由主义者希望能够解释的是，所有公民都有政治义务。虽然塔米尔对此回应说，那些不认同国家的人“可能也会承认政府有权实施许多行为，并感到有义务以公平游戏的名义服从诸多法律或政策”②，不过，这样一来，塔米尔的团体义务理论就是不充分的，而如果需要靠公平理论才能为所有公民提供解释，那么，团体义务理论就多此一举了。

据此，威尔曼得出结论：（1）团体性关系没有任何道德意义；（2）即使（1）是错误的，团体性责任也不是一种道德义务；（3）即使（2）是错误的，现代国家中的同国人也没有团体性义务。这三条中只要有一条是对的，团体性义务理论就是不成功的，放弃团体

① Christopher Heath Wellman, “Associative Allegiance and Political Obligations”, *Social Theories and Practice*, Vol. 23, No. 2, 1997. 中译文见毛兴贵编《政治义务：证成与反驳》，江苏人民出版社 2007 年版，第 352 页。

② ［以］塔米尔：《自由主义的民族主义》，陶东风译，上海译文出版社 2005 年版，第 138 页。

性忠顺责任作为政治义务的来源就是唯一的出路。

第四节　吉尔伯特“多元主体的共同体承诺”理论

尽管前面提到的德沃金、霍顿以及塔米尔在论证形式上有所不同，但核心观点是差不多的，即都认为政治义务与家庭义务一样，都是一种非自愿性义务。也正由于这一原因，它们都受到了许多质疑，因此，另外一些关联义务的倡导者开始尝试一种带有自愿主义色彩的关联政治义务理论，吉尔伯特（Margaret Gilbert）以及她的“多元主体的共同体承诺理论”就是其中的代表。①

吉尔伯特对关联义务的自愿主义论证是从对真实契约（actual contract）论的批评开始的。众所周知，在真实契约论的两大传统中，“历史性同意”的虚妄性较之“个体同意”更甚，因此，遭到的批评也更多。即便如此，后者所面临的难题也是“颠覆性”的，最具影响力的是“没有同意”的异议（“no agreement” objection）和“没有道德约束力”的异议（“not morally binding” objections）。“没有同意”的异议所针对的是契约当事人的“意愿”问题。事实上，那些自认为自己有政治义务的个体通常“并没有表示过同意”去支持任何政治制度。很明显，从经验上看，大多数人确实没有明确表示过。可是，他们有没有默示同意过呢？即使有，默示同意的情形也是受到严格限制的，而且这并不能令人信服地解释和证明存在普遍政治义务所要求的那种支持政治制度的“同意”。当既没有明确同意（explicitly agreed）也没有默示同意（tacitly agreed）的情形时，有时只能诉诸隐含同意（implicit agreement）了。可问题是，隐含同意到底指的什么？即使我们接受隐含同意这一解释，隐含同

① “多元主体的共同体承诺理论”，英语原文是：Plural Subject Theory of Joint Commitment。具体见 Margaret Gilbert，“Reconsidering the ‘Actual Contract’ Theory of Political Obligation”，*Ethic*，No. 2，1999，pp. 236-260。

意将具有哪些规范性后果也是很难确定的。[1] 而“没有道德约束力”的异议，所涉及的则是契约的签订形式与内容问题。实践中，即使我们认为相关的“同意”是普遍的，在通常情况下，这样的同意在道德上也不具有约束力。假定驱逐出境或者关押或者被放逐是不肯同意的预期成本，这些成本对绝大多数人来说是非常高的。在这种情况下表示同意无异于签订了一份“在胁迫之下签订的、被强制的协议”[2]。与此同时，许多国家的许多法律和政策可能是不公正甚至不道德的。从这一意义上说，基于其上的政治义务感将是虚幻的。

那么政治义务是否还可以诉诸“真实契约”进行论证呢？多元主体政治义务理论认为，只要稍加改进，契约因素仍能建构起一种较为成功的政治义务理论。[3]

首先，“没有同意”的异议并不是无懈可击的。根据人们的日常经验，当两个或更多的人作为一个整体共同致力于某一目标的时候会形成一个“多元主体”（plural subjects），而这种“多元主体”的形成是通过“共同承诺”（joint commitment）来完成的。在政治社会中，许多“共同目标”的发起人开始只是少数，后来，越来越多的人加入到这项共同事业中，这个过程的完成并不需要明确的同意，只需当事人表明某种加入“共同承诺并致力于某一政治事业”的愿望即可，随后加入的人也将因此负有政治义务。如果要用“同意”来说明这种现实的政治义务恐怕是很成问题的，即使诉诸假想的同意、默示的同意也是如此。因为，随后加入到“共同事业”中的许多人，可能根本就不了解这项事业到底是什么，或者根本就不想了解，其之所以要加入可能仅仅就因为周围的人们都加入了，如果从“同意”这一视角来解释这些人对义务的感觉或看法，那肯定

---

① Margaret Gilbert, "Reconsidering the 'Actual Contract' Theory of Political Obligation", *Ethic*, No. 2, 1999, p. 239.

② A. J. Simmons, "Consent, Free Choice, and Democratic Governments", *Georgia Law Review*, No. 18, 1984, pp. 809-817.

③ Margaret Gilbert, "Reconsidering the 'Actual Contract' Theory of Political Obligation", *Ethic*, No. 2, 1999, p. 238.

是令人难以置信的。

其次，“没有道德约束力”的异议也不是结论性的，事实上只要有致力于某一项事业的共同承诺在，“无论是共同承诺的情形还是内容，都不会影响义务的存在”[①]。因为，义务是任何已经达成的协议或所做出的承诺本身所固有的。如果说前文所提及的那些不知“共同事业”为何物，迫于周围压力而加入“共同承诺”的人将不会有义务感的话，那是不符合实际的。要不然，我们将没有办法解释为什么会有人企图胁迫另一个（一些）人进入一个共同体。这里很重要的一个原因是，受胁迫之人的“义务感”通过“共同承诺”可能会成为其以后行为的驱动力。从另一方面说，不知道、不想知道或没有能力知道共同事业究竟为何物的、随后加入的人们，也许可能会与前面加入的人一道实施某些不道德的共同行动。也许，从道义上说，基于胁迫做出的承诺或承诺的内容不道德所产生的义务也许是不必履行的，但这并不意味着它们不存在。否则，我们就既无法理解某些强制性政治行为，也无法解释某些人的政治义务感。况且，在道德哲学中，义务的经典形式就是“许诺的义务”。

由此可见，帮助真实契约论者摆脱困境并非完全不可能，关键在于能否削减承诺的个体性、孤立性特征，最大限度地实现契约因素与团体因素的融合。因此，吉尔伯特提出，如果同时借助“多元主体”和“共同承诺”两个概念，我们就可以有效回应指向真实契约论的两大异议的话，那么，这种改进了的理论是否可以解释普遍意义上的政治义务呢？多元主体政治义务理论认为是可以的。由于“‘正当’与‘错误’的中心意义是从我们对他人的应负责任中推导出来”[②]，诉诸共同承诺的政治义务解释能够阐明这种共同体中的“人际感”（interpersonal sense）。接着可以推导出，在一般政治语境中，关于多元主体意义上的“我们”一词的许多用法，适用于解释前面所提到的那种社会现象，即很多人都认为自己具有某些义务，

① Margaret Gilbert, "Reconsidering the 'Actual Contract' Theory of Political Obligation", *Ethic*, No. 2, 1999, p. 248.

② ［爱尔兰］菲利普·佩迪特：《契约论能够为道德奠基吗?》，转引自包利民编《当代社会契约论》，江苏人民出版社 2007 年版，第 176 页。

比如（竭尽所能地）维护某一套在他/她看来是“我们国家”的政治制度，仅凭这样一个事实：这一国家是“我们”的国家。因为，这种信念能够根据其持有者在一个多元主体中的成员资格做出解释。如果这个国家确实是他们的，并且是在通过他们作为共同承诺当事人这样一个意义上建立起来的，那么，对政治义务的这种理解也许是正确的。

然而，关键的问题是，“我们”一词的政治意蕴真的可以得到经验证明吗？答案应当是肯定的。因为，“我们的国家”在多元主体意义上的自然解读就是“其政治制度是我们正在共同致力于一起去维护的国家”。对“我们的宪法”、“我们的政府”、“我们的法律”在多元主体意义上的解读也将是类似的。[①] 假设现在有这样一种常识，即在一个特定人群中，每一个人在交谈、通信等的时候，都有意地、公开地说“我国”，或者人们谈论的是“我们的宪法”、“我们的政府”、“我们的法律”等。尽管最初人们也许可能是通过倾向性的或创始性的或错误的方式使用“我们的……”，但是，一旦以这些方式表达此类意愿成为一种常识时，每个人使用“我们的国家”就有了一个基础，其他人也就直接指向被理解为已经形成的多元主体。[②] 即使我们不认为对“我们”一词的多元主体解释就是默认的解释，通常在多元主体意义上对“我们的国家”等的广泛使用，也可为各种具体的经验所支持。这种支持的本身在某个政治群体中可能就是一种常识。例如，群体中的一个成员对另一个人说：“嘿！这是违法的！”这可理解为说话者认为有一个相应的、这个群体的成员都要服从的共同承诺。换言之，对方之所以会毫不犹豫地接受这样的指责，也是因为其认为有一个作为彼此间采取行动的基础的“共同承诺的假设”。这种“瞬间的相互作用”的大规模发生将使我们进一步确认关于“我们的国家”等短语的多元主体解释和陈述，而且认为是以相关的方式独立地表达了共同致力于某一或某些政治目的。如果在一个群体中有一种常识，认为

① Margaret Gilbert, “Reconsidering the ‘Actual Contract’ Theory of Political Obligation”, *Ethic*, No. 2, 1999, p. 252.

② Ibid., p. 251.

每个人都这样表达自己的意愿，这个群体的任何具体成员都将有很好的理由认为他们自己与群体的其他成员一样是某一个特定共同承诺的当事方。

换言之，在政治社会中，如果上述条件具备或者接近，人们就有理由相信自己将以相关的方式共同致力于某些“分享的目标”并因此负有义务，这些目标在政治共同体之外是不可能实现的。

当然，吉尔伯特也承认，通过对政治社会中“我们”（we）一词的广泛使用来解释多元主体因共同承诺而负有义务，存在着一个很大的障碍，那就是政治动员和政治教育中对该词的使用。尽管在政治动员或政治教育中使用“我们的政府”、“我们的国家”时都是多元主体意义上的，但对受众来说可能都是非自愿意义上的。应该说这种现象在政治社会中是很普遍的。然而，问题在于，这种“通过强大的影响，比如家长和教师、政治言论、普遍的社会压力，难道人们没有被诱导以这种方式去谈论（我们的……）？假如结果是有人以这种方式谈了，怎么能说是等于做出了像愿意成为共同承诺当事方一样的表达呢”[①]？对此，吉尔伯特的回答是可以这样来理解：虽然人们具体如何在多元主体的意义上将某一个国家当作“我们的”或将某一特定的群体作为“我们”是一回事；他们意指什么，他们何时这样做，则是另一回事。被政治言论所打动或被点燃热情后，人们仍可能会在一种多元主体的意义上使用“我们”来表达自己愿意共同致力于某一政治行动。在这个意义上使用“我们”就是想表达此类意愿。换言之，多元主体的政治义务并不是建立在强有力的自愿立场上的。它允许人们在面临强大政治压力的条件下，甚至是被合理强制的条件下产生政治义务。一个人负有义务并不一定取决于自愿的、在某种意义上不受胁迫的行为。进一步而言，“在多元主体意义上正确使用代词‘我们’是以掌握代词‘我’为前提这一点是不明显的。因此，多元主体理论并不显然需

① Margaret Gilbert, “Reconsidering the ‘Actual Contract’ Theory of Political Obligation”, *Ethic*, No. 2, 1999, p. 253.

要自我意识或争取先被设想为个人而不是被理解为群体的一名成员"①。当然，这并不等于说，基于共同承诺的政治义务理论完全建立在非自愿的基础之上。因为，共同承诺的政治义务很多时候可能是自愿的。当政治共同体中每一个"我"自愿地使用"我们"一词，自愿地谈论"我们的国家"、"我们的政府"、"我们的法律"等时就是如此，在这种情况下，说一个人负有政治义务，在某种程度上就是建立在其本人自愿基础上的。从这个意义上说，政治义务既是自愿的，也可能是强制的，准确地说，是在自愿和强制之间。也就是说，作为一种契约性色彩较弱的哲学解释，共同承诺理论的独特之处在于，政治社会的成员就是某个特殊类型多元主体的成员，多元主体因共同承诺而形成政治义务。这样一种解释虽与人们的常识，"即所有真实的义务都承载着某些道德的力量"② 不完全一致，但由于它对政治义务的解释更多地依赖于成员身份而非个人约定而带有明显的"非个人感"（impersonal sense）③ 色彩，避免了契约性义务的"虚妄性"，因此，具有一定的合理性。这种合理性表现在以下三个方面：

第一，基本上避免了在初确义务和绝对义务之间非此即彼的选择。政治义务是一种道德上的义务吗？"真实契约论"者认为是的。因此，也就难免有"初确义务"和"绝对义务"（absolute obligations）之争。前者主张，政治义务受道德约束，但不是绝对如此的。像遵守诺言的义务和履行契约的义务一样，服从政府或遵守法律的义务也对人有约束力，但在特定情况下是可以被推翻的。④ 后者则坚持，"一项初确义务事实上根本就不是义务"。因为，在这个

---

① Margaret Gilbert, "Reconsidering the 'Actual Contract' Theory of Political Obligation", *Ethic*, No. 2, 1999, p. 254.

② David Lefkowitz, "Review of Margaret Gilbert, A Theory of Political Obligation", *Notre Dame Philosophical Reviews*, http: //ndpr. nd. edu/ review. cfm? Id = 10065, 2007-06-14/2009-02-06.

③ Margaret Gilbert, "Reconsidering the 'Actual Contract' Theory of Political Obligation", *Ethic*, No. 2, 1999, p. 248.

④ Richard Dagger and David Lefkowitz, "Political Obligation", http: //plato. stanford. edu/entries/ political -obligation, 2007-04-17 / 2014-08-07.

问题上，只有两种可能，或者我们有义务去做（或不做）X，只在或纯粹是在有义务去做（不做）的时候；或者我们就没有义务。因此，持这种观点的人会得出这样的结论：或者任何有政治义务的人都应该遵守法律，没有这样做就是不道德的犯罪行为，或者没有人曾经有过，将来也不会有政治义务。鉴于在某些情况下人们相信不服从行为在道德上是可以得到证明的，因此，认为义务有绝对的约束力从而得出第一个结论的人是非常少的。如此一来，从相信义务是绝对必要的滑向了坚信没有责任遵守法律，至少是在理解人们的一般守法或服从义务时是这样的。[①]

多元主体政治义务理论的明显优势在于，它避免了对政治义务究竟是“初确义务”还是“绝对义务”的困难选择，主张个体政治义务仅仅是一项“一般义务”、是基于共同承诺的一种人际间“真实义务”。换言之，政治义务不一定是一项道德要求。因为，这是一个有争议的问题，它取决于对“道德义务”如何界定。如果根据“洛克传统”的真实契约理论，道德义务不是通过强制条件下达成的协议或不道德的内容确立起来的。那么，多元主体的政治义务可以说不是道德义务。而如果我们将“道德义务”界定为或概括为“义务是在所有其他条件都相同的情况下一个人在道德上必须去履行的”[②]，那么，基于共同承诺的政治义务很可能是道德义务。换言之，它是介于“初确义务”和“绝对义务”之间的，一方面是“道德命令”，另一方面是“个人偏好以及自我利益”。像所有一般义务一样，政治义务也有约束力，约束所有负有义务的人去遵守法律或命令。换言之，在肯定有此类义务的任何人都受约束去遵守法律的同时，也必须承认，当这种义务与道德义务相冲突时必须让路，但不能据此否认政治义务的存在。用西蒙斯的话说，“X 有义务去做 A”并不总是蕴含着“X 应该做 A，……说一个人有义务或

① Richard Dagger and David Lefkowitz, “Political Obligation”, http: //plato. stanford. edu/entries/ political -obligation, 2007-04-17 / 2014-08-07.

② Margaret Gilbert, “Reconsidering the ‘Actual Contract’ Theory of Political Obligation”, *Ethic*, No. 2, 1999, p. 258.

责任，永远都不是在提供支持他这么做的最具决定性的理由"①。也就是说，有没有义务和是否去履行义务并不完全是一回事。

第二，较为合理地解释了具体的"我"与抽象的"我们"之间的关系。如前所述，在政治话语中，"我们"是个很重要的代词，是由众多的"我"抽象而成的。可问题是，"我们"究竟是如何产生的？或者说，从"我"到"我们"这一跨越到底是如何实现的？真实契约论试图通过人们直觉上的义务产生于（自愿地）签署契约或做出承诺来解释政治义务，进而论证"我"是通过契约或做出承诺成为"我们"的。而成员资格理论（团体义务理论）则试图通过诉诸我们日常生活中所具有的某种义务，诸如家庭成员、朋友、同事等"不断联系的、无可回避的某种成员之间的义务"来解释政治义务，并以此来说明"我"是因为某种成员身份而"自动地、无须选择地"成为"我们"的。可以看出，前者将义务建立在自愿选择基础上，虽有吸引力，但缺乏政治经验的支撑，因为，人类政治社会很少是建立在自愿同意基础上的；而后者虽然回避了自愿的问题，主张义务基于某种身份产生，非自愿且不一定被强制，可它将政治社会比作家庭，将公民间关系比作家人、朋友间关系，则既没有可比性，也没有说服力。

多元主体政治义务理论将上述两种理论加以结合，通过对"我们"一词在政治社会的使用情况进行"多元主体"分析，再现了政治认同的一般过程，同时，也揭示了"我们"一词的政治意蕴，即"这种'我们'，是在与'陌生人'的区别中形成的归属和团结意识。'我们'既不是自由主义所说的那种完全的'陌生人'，也不是民族主义所憧憬的那种血浓于水的'一家人'。'我们'的关系不像与'外国人'那么遥远，又不像与家人那么亲近。正因'我们'是一种不远不近的关系"②。所以，它才特别需要由义务来维系。此外，由于多元主体是由共同承诺所构成的，一个人能够以最

① A. J. Simmons, *Moral Principles and Political Obligations*, Princeton, NJ: Princeton University Press, 1979, p. 11.

② 徐贲：《从三种公民观看两种全球化：自由市场时代的公民政治》，转引自许纪霖主编《公共性与公民观》，江苏人民出版社 2006 年版，第 295 页。

低限度的自愿性而进入共同承诺，其所必需的条件仅仅是这个人要“以适当的方式来表达自己愿意共同致力于某事”，这样一来，就将“我”与“我们”国家之间的关系建立在了“弱契约”基础上。换言之，承诺主要是一个“共知”（common knowledge）和对归属的认知（perception of belonging）问题，即“在做出相关行为的同时，又广泛地使用‘我们的政府’和‘我们的国家’这些术语”。如果广泛而又具体的“我”以行动表明“我”把自己视为“我们”国家的成员，那么，具体的“我”也就成了抽象的“我们”。

第三，为政治社会中人们对“偏离行为”的抱怨找到了新的理由。一个很容易被忽视的问题是，其实，单个公民的不服从或违法行为一般不会对国家构成损害。但却会对其同胞公民构成“伤害”，尽管这种伤害有时并不涉及具体的人身和财产。换言之，只是“伤害感”而已。但这种情感会给事实的“偏离行为”和潜在的“偏离行为”造成很大的压力，因为，这种“对规则的偏离被普遍看作失误或错误而易受到批评，并且有预兆的偏离行为会遇到要求服从的压力”。而且，人们普遍认为对规范性标准的偏离“是作出这种批评的一个正当理由”①。那么，为什么对偏离行为的批评是正当的呢？哈特认为这肯定不是一种纯粹的“感情”问题，尽管他承认对偏离行为的“社会压力可能仅仅采取物质制裁之外的广为扩散的敌视性或批评性反应。它可能限于口头上的不赞成声明或口头上吁请个人尊重被破坏的规则；它可能紧密地依赖羞辱、悔恨和负罪感的作用”②。但他却坚持说：“这种感受既不是必需的，也不是充足的。……所必需的是，对作为共同标准的某些行为模式应存在着审慎的、沉思的态度，而且这种态度本身应表现在批评（包括自我批评）、要求服从以及对这种批评、要求之正当性的承认之中。”③

对此，我们认为，哈特没有也不能真正解释政治实践的参与者

① ［英］哈特：《法律的概念》，张文显等译，中国大百科全书出版社 1996 年版，第 57—58 页。

② 同上书，第 88 页。

③ 同上书，第 58 页。

有权抱怨其同伴这样一个事实的规范性力量。而多元主体政治义务理论则能够提供一种更好的解释。鉴于对社会群体的分析建立在共同承诺的基础上，在一个特殊社会群体中成员的想法可以根据建构该群体的共同承诺一方来理解。凭借各方正共同致力于所追求的"分享的目标"这一事实，每一位当事人也享有一定的地位，有权对其他人的行为提出相应要求，或当他们的行为不符合要求时予以指责。换言之，同伴参与者凭借我们的共同承诺就有权反对我们的偏离或"违约"行为，而且，没有哪一个人能够改变这样一个事实，即只要选择退出就是在反对其同胞。政治社会就是这样一个采取一致行动的范例，我们作为政治社会的成员彼此负有义务，因为政治社会的成员共同承诺作为一个整体与其他相关人员一起支持所处社会的政治制度，去遵守当下的法律。一旦人们认为共同承诺已经做出，就会意识到各方应该互负义务去遵守它。因此，当这个群体的一些成员未能坚持共同承诺时，其他成员就会产生一种"被背叛的感觉"，抱怨也由此产生。

从以上分析中可以看出，诉诸多元主体共同承诺的论证策略是有趣而又有益的。首先，它为政治义务理论的发展提供了一种新的方向。其次，它为我们理解政治社会中成员的"承诺、行动、抱怨"等行为提供了一种较好的思路。再次，以团体义务论为基础吸收同意理论的合理因素，使得共同承诺理论既避免了同意理论的虚妄性问题，也避免了团体义务论所遭遇的自愿性不足的指责。然而，正像批评者所指出的那样，诉诸共同承诺的论证虽然更加符合普遍性要求，即能够较好地解释大多数公民对政治义务的看法，但是，多元主体共同承诺的政治义务理论并没有完全说清楚一个人是如何判断他是否已经进入了一个共同承诺，[①] 以及共同承诺的义务虽然可为人们的行动提供一般而又充分的理由，"但他们可能没有，以及他们是否这样做不仅仅取决于这样一个事实，即各方已进入了一个共同的承诺"[②]。从这一意义上说，共同承诺的概念从根本上说

---

① Christopher Bennett, "A Theory of Political Obligation: By Margaret Gilbert", *Philosophical Books*, Blackwell Publishing Ltd., Vol. 49, No. 4, 2008, pp. 390-392.

② David Lefkowitz, *Review of Margaret Gilbert*, *A Theory of Political Obligation*, Book Review.

还是没有解决“普遍性”不足的问题。

第五节 伦佐的“准自愿主义”关联责任重述

继吉尔伯特尝试某种自愿主义的关联义务论证之后，其他关联义务的倡导者中也有按照这一思路进一步开展探索的，其中最值得引起关注的作者之一是伦佐。① 他从对政治义务关联理论非自愿主义版本的批评开始，用“准自愿主义”的术语对这一理论进行了重述。

伦佐认为，政治义务的关联义务说明在一些基本问题上应该是没有争议的。例如，我们通常要纳税，如果犯法就要接受法律惩罚；我们也常常会为我们国家的行动感到骄傲和耻辱，而且我们通常也接受它能够以我们的名义行事，我们对它所做的这些事情负责，无论我们对其政策是否同意或支持；我们相信我们的政治共同体可以合法地对我们提出要求，从而在许多方面责令我们采取行动。正如霍顿所说，虽然“并不是所有的这一切对大家都是同样如此的；但对我们中的大部分人来说确实如此。一个特定国家的成员身份不仅在因果意义上塑造了我们的生活，而且它也从概念上和道德上影响到我们思考自己的方式，我们与他人的关系，存在于我们的感受以及我们对我们该做的事情的看法中”②。按照这种基本论证策略，政治义务的关联义务说明包括两个步骤：第一步是承认一个特殊的身份概念，根据这一概念，我们都生于“社会实践和关系网络”③ 之中，这对我们身份的塑造和理解自己的方式都起着基础性的作用。我们的身份很大程度上取决于我们作为特定政治共同体的一部分，从这一点上说，如果将我们从作为国家成员的角色中抽离

① Massimo Renzo, “Associative Responsibility and Political Obligation”, *The Philosophical Quarterly*, Vol. 62, No. 246, 2012, pp. 106-127.

② J. Horton, *Political Obligation*, 2nd ed., London: MacMillan, 2010, p. 170.

③ Ibid., p. 174.

出来，我们就不知道自己是谁了。[①] 第二步是指出在政治社会中的成员身份和我们对共同体的义务之间存在着概念上的联系，即成员身份涉及某种形式的政治义务是一个国家成员概念本身的一部分，从这一意义上说，承认我们在群体内部的成员身份具有非工具性价值，只是要根据我们与他们的关系把其他成员作为特殊责任的来源。[②]

因此，对一些关联义务论者来说，政治义务并不需要一个“外在理由”[③]，需要的只是某种解释学的努力，旨在揭示我们身份的社会先决条件，以及由它们所产生的关系中政治义务所扮演的角色。我们应该注意到这样一个事实，即政治义务是我们与作为其成员的特定政治体之间的关系重要组成部分，而且这种关系反过来又构成了我们的成员身份，非常清楚的是，与其说需要证明，不如说这些义务本身就是证明。[④] 但是，伦佐认为，仅仅做出上述论证是不够的，甚至可以说，路子都走错了：“不是因为对我们的政治共同体有一定的感情和思想（比如，事实上，我们把它的政府视为我们的政府，我们对它感到羞愧或骄傲等），我们才有服从和支持我们国家的义务。”[⑤] 我们之所以有这些感受和想法，是因为我们都在其中长大的社会强加给了我们这些义务。

在伦佐看来，虽然我们的身份是由我们成长于其中的、我们被作为政治社会成员的社会环境以重要的方式所形成的，因此，我们才会觉得我们对它有义务。可问题恰恰在于：我们生于其中的社会是否会以这种方式合理地对待我们？实际上，这一异议涉及两个密切相关的问题。一是受到操纵的问题。如果成员是因为受到操纵才把自己的身份与这个团体联系的，那就不能认为群体中的成员身份能为任何真正的义务奠定基础。二是群体的道德品格问题。即通常

---

① A. McIntyre, *After Virtue*, London: Duckworth, 1981, p. 56.

② S. Scheffler, *Boundaries and Allegiances*, Oxford: Oxford UP, 2001, p. 100.

③ “外在理由”在这里指的是一种基于一项独立的道德原则，如同意或正义的自然责任的理由。具体见 A. J. Simmons, *Justification and Legitimacy*, Cambridge: Cambridge UP, 2001, pp. 95-96。

④ J. Horton, *Political Obligation*, 2nd ed., London: MacMillan, 2010, p. 157.

⑤ Massimo Renzo, "Associative Responsibility and Political Obligation", *The Philosophical Quarterly*, Vol. 62, No. 246, 2012, p. 111.

认为，道德败坏的团体中的成员，如种族主义团体或黑手党，不能为真正的道德义务奠定基础；特别是没有实施不道德行为的义务。应该承认，有些关联义务论的支持者已经注意到了这方面的问题，比如哈迪蒙就认为除非我们在其中扮演角色的团体是正义的，否则非自愿性角色就不能使我们有义务。[①] 德沃金也承认，除非一个群体是真正共同体，否则，其成员身份不足以产生义务，或作为义务的基础。但是，另外一些关联主义者对这两个问题给出了其他看法。比如塔米尔就指出，如果只有道德上的共同体才能产生团体性义务，那么，团体性义务就会变成一个毫无意义的概念。因此，虽然她声称道德败坏团体的成员没有做不道德之事的真正义务，但又认为这不是一个问题。理由是这些不过是“初确”义务罢了，当它们给我们以理由去做一些道德上令人反感的事时，它们很可能会被我们独立的不做缺德之事的道德义务所超越。[②] 而霍顿则提出了更为复杂的回答，说关联义务的产生是有最小的价值门槛的，比如只能在一个提供了社会秩序和安全等级极其重要的利益的国家中才有的。[③] 一旦这个条件具备，也可以接受不道德团体（包括黑手党）可以为自己的成员设定道德义务，但不能设定滥杀无辜或者实施其他不道德行为的义务。

从一定意义上说，塔米尔和霍顿对群体道德特征异议的回应也不是完全没有道理的，但伦佐认为，他们并没有回答关于操纵的异议。而这两者有时是统一的，比如道德品格有问题的群体会操纵其成员的身份认同，但是操纵问题有时是独立于群体品德问题的，有些群体也可以被认为可能操纵其成员对它的认同，但它不追求任何特别的罪恶目的。当然，这样的团体将不会是道德上无可挑剔的，因为它将对操纵其成员的行为负责；还有，该团体的成员不会受到过分压迫，他们也不会被要求去做任何道德上令人反感的事。据

① 反对者对关联义务存在的问题看法不一，但达格认为至少存在三个方面的问题：国家和家庭，认同与义务，还有群众性质和义务。具体见 Richard Dagger, “Membership, Fair Play, and Political Obligation”, *Political Studies*, Vol. 48, 2000, pp. 104-117。

② Y. Tamir, *Liberal Nationalism*, Princeton, NJ: Princeton UP, 1993, p. 102.

③ J. Horton, *Political Obligation*, 2nd ed., London: MacMillan, 2010, pp. 176-179.

此，伦佐判断，按照关联义务理论的传统表述，要对这一异议做出合理回应恐怕是有困难的。因为在关联义务的传统论证中，对主观方面的理解是有问题的，即过分强调“非自愿性”或者说客观性。比如，霍顿在谈到对身份的理解时就曾指出，可以在非自愿性群体中理解成员身份，“我们获得的身份没有经过选择的思想，既不是形而上学的怀疑，也不是道德上令人反感的。它只不过是事物的本质，是在一个特定的时间和地点我们被生于这个世界的结果，这个世界带有特定的社会生活方式，我们发现自己身处其中：我们都从某个地方开始，而且那个地方都不是我们所选择的”①。但是，还有比碰巧生在某个地方而需要承担某些责任更为重要的东西，那就是“个人需要承认它，并至少在一定程度上认可它”②。正如霍顿和塔米尔所承认的那样，要求在最小的意义上至少是对政治共同体的认同。换句话说，只有当我们或明或暗地认可国家并赞同它的做法和价值观，我们才会真正认可自己国家成员的身份。这是关联论证必须强调的主观方面的论据。

但是，鉴于现代社会的异质化倾向十分明显，有些人可能会拒绝接受国家的任何做法或价值观。换句话说，当政治认同的客观和主观方面出现分离的时候，那该怎么办？对此，霍顿考虑了两种情况，一是除了他们从属的国家外，有些人还认同另一个政治实体；二是认同的水平非常低下，但出于习惯或自身利益仍然服从法律。虽然霍顿觉得这两个问题对他的论证都不构成威胁，但伦佐认为，在这两个问题中，第一个问题是伪问题，“当一个人认同一个他出生地之外的政治共同体时，可以通过入籍（如果是个别人），或分离（如果是一群人）来解决”③。至于第二个问题，对于霍顿关于微弱的认同也足以证明那些出于习惯或审慎理由而服从大多数法律的人身上的政治义务这一点，伦佐是认同的，因为证明了一个人的政治义务的东西与促使他们遵守法律的东西这样两个不同的问题是

① J. Horton, *Political Obligation*, 2nd ed., London: MacMillan, 2010, p. 182.

② Massimo Renzo, “Associative Responsibility and Political Obligation”, *The Philosophical Quarterly*, Vol. 62, No. 246, 2012, p. 114.

③ Ibid., p. 115.

不能混淆的。伦佐进一步指出，对关联义务者真正的威胁在于，是那些对任何政治共同体都不认同的人，而不是那些只认同一个非其“出生国”的政治共同体的人。这些人不是简单地否认自己有责任服从和支持他们正好是其一部分的政治体，而是他们否认有责任服从和支持任何政治体。关联义务理论真正需要解决的是这个问题。而恰恰就是在这一点上，霍顿所做的是明显不够的，或者说他所谓的只有“不谙世事的隐士”（unworldly hermit）才可以合理地否认他在政治共同体中的成员身份的假设是错的。因为，标准的无政府主义者（standard anarchists）和可能的独立者（would-be independents）的情况都是差不多的。

实际上，除了为我们在政治共同体中的成员身份所决定外，我们的身份将同样取决于（事实上在更大程度上被决定）我们在其他社会团体中的成员身份：我们的家庭，我们的宗教社团，我们的民族，以及我们在生活的过程中自愿或不自愿地获得的整个一系列其他社会团体的成员身份。针对这种情况，也许霍顿会说，不谙世事的隐士否认所有这些成员身份，而这种情况在后两者，即在标准的无政府主义者和可能的独立者那里并不经常发生。但伦佐并不这样看，他的观点是拒绝所有的社会团体成员身份只是否认其是在政治共同体成员身份的一种方式。完美意义上的可能的独立者，会否认政治社会中的成员身份，而同时又不否认其在其他社会团体中的成员身份。也许，这就是为什么否认政治义务并不会使他们令人难以置信地宣称自己的身份可以在某种社会真空中存在的原因。虽然霍顿认为，否认我们在政治共同体（和它相连的义务）的成员将是难以理解的，但似乎真正难以理解的是，否认全部的，甚至绝大多数的成员身份的可能性。因此，这个问题依然存在：在那种不认同其在所居住的国家中的成员身份的情形中，关联理论如何能够提供一种政治义务的理由？国家是否有权迫使他们服从其权威，并且他们有责任服从和支持国家吗？除了把“不谙世事的隐士”等人丢下不管外，伦佐觉得，霍顿以及塔米尔都没有很好地解决这个问题。

那么，这个问题究竟该如何解决呢？如果按照单一性论证（only one principle）原则[①]，是否就该拒绝这一论证呢？伦佐认为没有必要，我们完全可以诉诸其他解决方案，比如，对于那些实际认同国家做法和价值观的人（从而同时满足关联论证的客观和主观两个方面），可以说负有基于关联理由的政治义务；对于那些不符合这个条件的人，有可能因为其他理由而有政治义务，比如说，因为他们对国家表示了同意，或者是因为他们接受了它的利益。换句话说，可以用不同的原则来完善和补充关联义务模式，从而证明这些人也有政治义务。但是，伦佐不想这样做，他希望能用准自愿主义术语对关联义务理论进行重新解释。

伦佐发现，塔米尔是明确承认关联义务也可以有自愿主义成分的哲学家，[②] 但霍顿却试图将他的观点与自愿主义尽可能地拉开距离。比如他声称，在政治义务中，关联义务论证的主观方面不应该被理解为引入了自愿主义因素，因为在承认已经认识到成员义务的重要性的同时，并不意味着承认创设了成员义务。在这一点上，伦佐认为霍顿是对的，说某些义务必须被承认，与说根据什么理由我们事实上会承认它们是不一样的。另外，正如关联义务论证的主观方面所表明的那样，虽然我们只有在认同儿子、兄弟等角色的基础上才能承担家庭义务。但是，没有必要保持戒备心理，担心这种承认会“重新引入某种默示同意的故事”。伦佐希望人们能够相信，他所提出的关联模式最终不同于也不会被还原为传统的交易模式。对于我们的角色以及与之相关的义务，他做出了这样的理解：“在某种意义上，我们承担这些角色是自愿的，如果我们没有赞同他们，我们应该已经退出。在这种情况下，我们就可以停止依附于这些角色之上的义务。换句话说，义务的理由是事实上我们承担了相应的角色，但因为我们承担这个角色的条件是我们没有退出，我们

① 这一原则或要求是由西蒙斯提出来的，即要求政治义务只有一个理由。具体见［美］A. 约翰·西蒙斯《道德原则与政治义务》，郭为桂、李艳丽译，江苏人民出版社 2009 年版，第 31 页。

② Y. Tamir, *Liberal Nationalism*, Princeton, NJ: Princeton UP, 1993, pp. 135-136.

自愿不这样做，构成了义务的前提条件。"[①] 同样，我们承担政治共同体中的角色也是有条件的，即我们事实上赞同了我们的成员身份。如果我们不认同我们碰巧遇到的政治体，就不能说我们是它的成员，作为结果也不能说有任何附着在成员身份之上的义务。而在这种情况下，国家把我们看作是有这样义务的人是不合理的。

伦佐进一步指出，虽然他的论证涉及了选择赞同或退出的问题，但这里的"选择"完全不同于交易理论通常使用的这个词。他认为，在关联义务的情况下，这种"选择"之所以可以改变一个人的规范性地位，原因在于它们发生在一个自我理解过程的背景下，这一过程部分意义上是可控的。因此，他对关联义务的"准自愿主义"重述是相当有吸引力的，因为它把关联方法的核心理念与交易理论最吸引人的方面结合在了一起。虽然该论证忠实于传统关联理论的重要直觉，在其中它把政治义务建立在那些仅凭我们在政治共同体中所具有的成员身份就要承担的责任基础上，但是，它也抓住了交易理论最有吸引力的方面，即个人不能违背意志受制于任何团体身份的思想。这种论证可以避免"循环论证的异议"（circularity objection），即生于一个政治共同体而获得的成员身份使我们负有政治义务，而我们之所以有政治义务是因为我们是这个政治共同体的成员。因为它主张，只有在某种程度上说，我们认同了我们的政治共同体的做法及价值观，认可了共同体的成员身份，我们才会获得政治义务。这种论证也可以避免"操纵异议"（manipulation objection），即成员对共同体的身份的认同是共同体操纵的结果。因为"准自愿主义"模式对这个问题提供的回答是，没有一个因为受到操纵而认同某一团体的人，可以真正被认为认可了该团体成员的身份，从而负有政治义务。同时，这种论证还避免了自愿主义的错误，即被不切实际地把我们从社会关系的网络中分离出来。因为它坚持人的义务不能离开社会关系来理解。这样一来，它就把政治义务的举证责任交给了那些主张国家权威合理的人，而不是那些认为

① Massimo Renzo, "Associative Responsibility and Political Obligation", *The Philosophical Quarterly*, Vol. 62, No. 246, 2012, p. 121.

国家的权威需要理由的人。

总之，伦佐的观点是，虽然关联责任确实为政治义务奠定了基础，但它们不能以非自愿主义的术语来辩护。应该基于“准自愿主义”的理解：只有那些认同他们政治体的做法及价值观，从而认可自己公民角色的人，才有责任服从和支持国家。这种论证模式的好处在于，它结合了传统关联义务说明的重要直觉和交易理论中最有吸引力的方面，而同时又避免了困扰它们任何一方的主要问题。因此，成为一种有较强说服力的关联义务理论版本。但是，伦佐自己也承认，他的这一论证策略终究没有解决普遍性问题，至多只是在解决政治问题中可以发挥更多作用而已，[①] 对关联理论的改进仍将是其支持者今后的重要责任。

① 伦佐在文章中多次提到这一点。具体见 Massimo Renzo，“Associative Responsibility and Political Obligation”，*The Philosophical Quarterly*，Vol. 62，No. 246，2012，pp. 106-127。

第八章

基于多重原则的回应

前面几章我们讨论了政治义务的五种论证策略。虽然每一种理论都不无道理，但这些论证策略都无法摆脱各种批评，要么是普遍性不足，比如同意理论、公平原则；要么是特殊性不足，比如自然责任理论；要么是自愿性不足，比如感恩理论、关联理论等。从另一方面说，这些理论也没有穷尽政治义务的各种可能性，例如，莫克罗心卡在她最近的《反思政治义务》一书中就提出了“公民正义”理论。[①] 但是，她的这种理论实际上已经不是一种单一的理论。正如她自己所承认的那样，这种“来自公民正义的论证结合了自然责任解释和关联理论的要素”[②]。可以说，莫克罗心卡的尝试代表着一种趋势，即政治义务的支持者似乎不再迷恋某种单一的政治义务说明，而是或明或暗地都在致力于寻找一种混合的理论。例如，吉尔伯特[③]和斯坦伯格，都已经悄悄地在这样做。吉尔伯特的理论融合了同意和关联义务的方法，通过她所依赖的多元主体或群体的共同承诺。而斯坦伯格则把同意和自然责任的方法结合在了一起，认为任何“将义务从自然责任中分离出来的普遍努力，或证明前者完全独立于后者，是……注定要失败的”[④]。威尔曼显然同意这一观

---

① Dorota Mokrosinska, *Rethinking Political Obligation: Moral Principles, Communal Ties, Citizenship*, Basingstoke: Palgrave Macmillan, 2012.

② Ibid., p. 174.

③ Margaret Gilbert, *A Theory of Political Obligation*, Oxford: Oxford University Press, 2006.

④ Peter Steinberger, *The Idea of the State*, Cambridge: Cambridge University Press, 2004, p. 211.

点，但与前面几位不同的是，他明确地承认自己的理论具有混合性，即结合了“乐善好施”的自然责任与依赖公平游戏的论证。[①]其他人特别是克劳斯科、沃尔夫和诺尔斯（Dudley Knowles），则明确提出了政治义务多元化或多重原则方法。正如他们所看到它的那样，政治义务问题没有唯一的答案，因为这个问题有多个方面。并不是国家的每一个“成员”都将处于同样关系中，比如，这意味着每个人都必须具有相同的一般义务是一个错误的想法。每一种义务的效力也不同，有些是弱的义务，比如当周围没有人时在交通信号灯前停车的义务，其他的义务则可能相当强。因此，克劳斯科认为有必要依靠公平原则来提供核心理由，同时诉诸自然责任和共同利益作为补充。

对这些融合方法的尝试以及在提供令人满意的政治义务理论时依靠多重原则的做法，迄今为止还没有太多的反映。[②]但是，那些怀疑可以建构这种理论的人很可能会说，这些原则的结合，无论是以混合的还是多元的方式都不会有帮助，因为把一系列单独使用时不能令人满意的原则组合起来将很难产生一种强烈的和令人满意的理论。[③]另一方面，对那些相信政治义务从根本上说是要表明生活在法律统治下的国家中的人们确实有遵守本国法律的一般义务，而不是服从以零碎的方式存在的一堆法律义务的人来说，[④]很可能会认为诉诸多重原则的论证完全没有必要。但是，不管多重原则是否是必要的甚至是可取的，它依旧是关于政治义务这个令人头痛问题中许多悬而未决的问题之一。

鉴于罗尔斯，以及受其影响的沃尔夫、威尔曼、克劳斯科等人都涉及了公平原则、自然责任原则等，具有一定的可比性，而且分

---

① C. H. Wellman and A. J. Simmons, “Samaritanism and the Duty to Obey the Law”, in *Is There a Duty to Obey the Law*? Cambridge: Cambridge University Press, 2005, esp. chap. 2.

② William Edmundson (ed.), “State of the Art: The Duty to Obey the Law”, *Legal Theory*, Vol. 10, 2004, pp. 215-259.

③ A. John Simmons, “The Particularity Problem”, APA Newsletter on Philosophy and Law, Vol. 7, 2007, pp. 18-27.

④ Mapel, David, “Fairness, Political Obligation, and Benefits Across Borders”, *Polity*, Vol. 37, 2005, pp. 425-442.

别代表了政治义务多元化方向的两种不同尝试，即沃尔夫仅仅强调政治义务论证的多元主义策略，没有强调主要原则，而威尔曼、克劳斯科则强调以某种原则为主，以其他一种或两种策略为辅的论证策略，因此，在本章中以他们的理论为分析样本，来审视复合论证这种政治义务理论研究的新趋势。

第一节　罗尔斯的策略：在几种不同原则之间的转换

前已述及，在自由主义传统中，政治义务通常被认为最好依靠同意的理据。一是因为同意是政治义务特别明确而又令人信服的理由。二是因为同意理论的一大优势是全面性，如果某个人同意了地域 X 内的政府，就可以合理地理解为这种同意也可以适用于政府行为的整个范围。例如，按照洛克的说法，当某个人同意离开自然状态投身于社会时，他就同意“服从大多数人的决定并受它约束”，因此也就负有义务服从共同体合法采取的所有措施。但是，不幸的是，同意理论由于普遍性不足而受到严厉的批评，因为，既没有足够数量的公民明确表示同意过政府，也没有充分的迹象表明大多数公民对政府表示了默示同意。为了纠正社会契约论（或称之为同意理论）的偏差，哈特于 1955 年提出了“相互限制”原则，即“如果一些人根据某些规则从事某种共同事业，并由此而限制了他们的自由，那么那些根据要求服从了这种限制的人就有权利要求那些因他们的服从而受益的人做出同样的服从”①。也就是说，在特定条件下，合作计划的成员为提供利益所做出的牺牲也有益于未合作者。根据该原则，未参加合作而又获得合作利益是不公平的，因此，只要获得了这种利益，未合作者也就负有相应的义务。在这种情况下起作用的基本道德原则，被里昂（David Leon）形容为“利益和负担的公平分配”。

① H. L. A. Hart, “Are There Any Natural Right?”, *Philosophical Review*, Vol. 64, 1955.

应该说，罗尔斯一开始对哈特这种采用公平游戏的论据来解释政治义务的方式也是赞成的。比如，他曾明确表示，“如果我们没有承担公平的份额，就不可以从别人的合作劳动中获益”。即使在哈特的上述主张遭到一些人的批评之后，罗尔斯也仍然相信对公平游戏原则稍做改进就可以提高该理论的解释力。比如，在第五章中我们已经论及，他在哈特的基础上加上“正义”和“接受利益”等限定条件，并将“公平游戏原则”改为“公平原则”，希望以此避免哈特所遭遇的种种批评。但是，他不得不接受这样的事实：与哈特一样，他仍然必须面对“通过赋予他人某种利益然后又要求回报，一个人就获得了强制他人的权利”[①] 之类的指责。比如史密斯甚至认为罗尔斯没有考虑到服从法律这一政治义务的复杂性，因为，“尽管所有法律体系的成功或许都取决于大多数国民的‘服从习惯’，但是他们都是被用来处理大量的不服从行为的。因此，仅仅一个人的违法行为几乎不会对法律体系产生不利影响。况且，因为法律必然被设计得涵盖了大量的情形，服从法律常常并不使人受益”[②]。换言之，即使是一项正义的法律制度，其通常的目的也在于使人们的利益免遭损害，而非增进人们的利益，这样一来，史密斯的批评就在一定程度上动摇了公平原则的论证基础：获益后必须做出回报。此外，米勒（F. Miller）和萨特利（R. Sartorius）也对罗尔斯的公平原则说明提出了异议。他们坚持认为，公平原则要产生义务，自愿地接受利益是必不可少的，但罗尔斯并不能保证这一点。“如果这一原则允许一些人通过向另外一些人提供他们没有自由选择的利益，并强迫他们参与任何一种对于这种利益的产生来说是必要的合作事业从而将义务强加给他们，那么它当然是不可接受的。”[③] 在这里，米勒和萨特利想要指出的问题是，国家所提供的利益，比如非排他性公共产品，人们有时是无法拒绝的，换言之，只能被动地接受。仅凭人们得到了这一好处就要求他承担公平责任在

① ［美］罗伯特·诺齐克：《无政府、国家和乌托邦》，姚大志译，中国社会科学出版社2008年版，第101页。

② 毛兴贵编：《政治义务：证成与反驳》，江苏人民出版社2007年版，第213页。

③ 同上书，第79页。

道德上依据是不充分的。

其实，罗尔斯自己也意识到了公平原则的这一缺陷，那就是无论某个人怎么做，某些公共利益（非排他性利益）都将或多或少地提供给他，所以得到这种利益并不会使他有义务参与劳动去促进这一事业，而这就极大地限制了公平原则在某些重要方面的运用。在这种情况下，罗尔斯不再对提高公平原则的解释力抱有太多的希望，或者说，不再把公平游戏论据用来证明正义政府下的所有公民都有的一种服从法律的初确义务，他甚至公开宣称“普通公民并没有政治义务”①。也就是说，罗尔斯对政治义务问题的立场开始发生了实质性的变化，对政治义务问题的看法开始出现多元化倾向，主张一部分人“因为公平原则而获得政治义务”，另一部分人则“因为自然责任而负有政治责任”。具体地说，就是一部分体制内的人或主动寻求体制帮助去获取利益的人因为公平的理由而始终负有政治义务，而除此之外的其他人则没有这种政治义务，充其量只有一种基于“正义的自然责任”的政治责任。

在这之后，罗尔斯的论证策略与方向也随之调整。具体地说，在否认普通公民有基于公平的、遵守法律的一般政治义务的同时，他并不打算赋予一个还算正义的政府统治之下的大多数公民在道德上有不服从法律的自由。相反，却认为任何一个被这样的政府用合理的正义来对待的人，都有一种自然责任去服从所有“不是非常不正义”的法律，因为每一个人都有一种支持并遵守正义制度的自然责任。以此为标志，他开始基本放弃公平原则，转向对正义的自然责任原则的论证。因为，在罗尔斯看来，自然责任原则是一种与公平原则截然不同的进路。无论怎么修正，公平原则都有一些无法摆脱的困难，而自然责任原则似乎有望克服这些困难。理由是它既避免了公平原则的父权主义倾向，又很好地解释了政治义务的普遍性。因此，罗尔斯对这一理论特别“钟爱”。在《正义论》（修订版）这一自然责任原则的开山之作中，罗尔斯写道：“从作为公平的正义的观点来看，一项基本的责任是正义的责任。这项责任要求

① 毛兴贵编：《政治义务：证成与反驳》，江苏人民出版社2007年版，第133页。

我们支持并服从那些现存的、适用于我们的正义制度。它还约束着我们去推进尚未建立的正义安排，至少当我们这样做无须付出太大代价时，我们应该这样做。因此，如果社会的基本结构是正义的，或者在特定的条件下可以被合理地看作是正义的，那么每个人都有一种自然责任在现存的制度中尽一份力。每个人都应当支持并服从这些制度，这不依赖于他的自愿行为——无论是施行式表达（performative）还是其他行为。”① 由此可见，最重要的自然责任是支持并推进正义制度的责任。具体地说，包括两层含义：一是如果我们碰巧拥有的制度（不管它是什么样的制度）是正义的制度，那么，我们的正义责任是确保这一正义的制度能得以实施；二是我们只有通过尽一份力量去建立正义的制度才能履行我们的正义责任。从道德上讲，罗尔斯认为，更为重要的是我们必须参与合作去建立并维系那种促进正义的政治制度。这是自然责任原则的核心之所在。

然而，批评者认为，罗尔斯的“自然责任”并不能够约束人们去支持任何政治制度，即使那种制度真的是完全正义的。其中，一种强有力的反对意见声称，把服从的要求仅仅建立在法律和政治制度的性质基础上的理论不能够解释个人对自己生活于其中的具体社会所具有的特殊性质。自然责任原则并不能解释“我们的国家”在这方面所具有的道德力量。他们认为，支持一般正义推导不出负有特别义务的结论。换言之，即使承认存在一种自然责任去支持和遵守正义的制度，我们仍然要面对一个难题，那就是自然责任原则与西蒙斯之所谓的“特殊性要求”是相冲突的，而任何试图解决政治义务问题的尝试都必须满足：“我们只对那样一些道德要求（包括义务和责任）感兴趣，即个体只受一个特定的政治团体，一套特定的政治制度等等约束。”② 换言之，我们也许有责任去支持和遵守正义的制度，但这种责任并不局限于支持和遵守任何特定的正义制

① ［美］罗尔斯：《正义论》，何怀宏等译，中国社会科学出版社 1988 年版，第 110 页。

② Ronald Dworkin, *Law's Empire*, Cambridge, MA: Harvard University Press, 1986, p. 193.

度。如果一个美国公民，发现自己的国家和加拿大都是正义的国家，那么，这个人支持加拿大政治制度的自然责任就与支持美国政治制度的责任是一样强烈的。但在那种情形中，美国的政治制度对这个人的特殊约束似乎就不存在了。

遗憾的是，罗尔斯对上述批评并没有给出有力的回应。实际上，在选择哪一种原则作为政治义务的理据问题上，他一直很纠结。在《法律义务与公平游戏责任》一文中，他声称，"如果确有一种原则是基础的话，那么，哪一种原则具有特别重要性？我将赋予规定公平游戏责任的原则一种特别的地位"①；而在《正义论》中，他则主张"尽管公平原则解释了所有的义务，但是还有许多积极的和消极的自然责任"，并强调说他并不打算将政治义务问题归入一个原则之下。尽管有这种诉诸多重原则论证的苗头，但罗尔斯并没有继续往前走下去。他的公平原则只是给一部分人提供了政治义务的理由，而自然责任原则又不是与公平原则同时使用的，只是对公平原则普遍性不足的纠正，并试图依靠这一原则为所有人，至少是大多数人的政治责任提供说明而已，因此，本质上还是一种单一理论。从这一意义上说，他的基本立场的这种转变并没有预想的这么完美。

正因为这一原因，克劳斯科认为，罗尔斯的政治义务立场是缺乏直觉支持的。因为，"它仅仅依赖于一套有争议的道德理论，依赖于这种理论之上的复杂论证，迄今为止，这种理论和论证都未能经受住批判的考察"②。史密斯虽然对罗尔斯转向自然责任原则给予了较高的评价，认为"只有一种合理的论点我没有反驳，即罗尔斯的一个论点，他企图证明有一种自然责任去服从还算正义的政府的法律"。但接着就指出，罗尔斯的"立场缺乏直觉支持，而且依赖一种尚未经受住批判审查的、有争议的道德理论"③。类似的评价或批评还有很多，比如，沃尔德伦也认为，虽然罗尔斯在《正义论》中讨论了政治义务理论，但它并没有像该书其他部分那样受到人们

① 毛兴贵编：《政治义务：证成与反驳》，江苏人民出版社2007年版，第56页。

② 同上书，第214页。

③ 同上书，第223页。

的广泛关注，主要是因为“人们认为这种理论很容易遭到一些敏捷而毁灭性的反驳”①。

对于这样的结果，罗尔斯本人已经有所察觉。他承认自己在理论上的“这种统一性的缺乏可能会对优先规则施加过大的压力”，但他不在乎，仍然决定“把这一困难搁置一边”。② 也许他只是想表明，没有任何一个概念或一条原则本身能够为政治义务理论提供令人满意的基础；政治义务问题没有单一的答案，这个问题不能只从一个方面来回答。从这一点上说，他是对的。因为，在他之后，复合论证的方式开始得到广泛的接受。大多数相信具有政治义务的哲学家都或明或暗地放弃了政治义务单一解释框架，纷纷转向一种多元的或者复合的论证方式。

第二节 沃尔夫的主张：将多种原则进行组合

如果说罗尔斯因为公平原则的不成功而向自然责任理论转换的策略并没有给政治义务问题带来令人满意的答案，或者说并没有摆脱异议者的反驳而令人沮丧的话，那么，对沃尔夫来说，这完全没有必要。因为，许多哲学家关于要解决政治义务问题就必须诉诸某一种原则或者论证，以此来表明所有公民都有与其他公民相同的政治义务的看法，以及就这种论证方法所做出的几个假设都是可以被质疑的，而且我们完全可以拒绝这些假设并诉诸各种政治义务的多元主义模式（pluralistic models of political obligations）。

沃尔夫认为，虽然人们将政治义务理论分为契约理论、同意理论、感恩理论、公平理论、互惠理论、功利主义以及现在的社群主义理论等种类并非没有道理，但他想尝试一种新的分类方法，将当前流行的政治义务理论分为理性（rationality）的、互惠（reciproci-

① Jeremy Waldron, “Special Ties and Natural Duties”, *Philosophy and Public Affairs*, Vol. 22, 1993, p. 3.

② 毛兴贵编：《政治义务：证成与反驳》，江苏人民出版社 2007 年版，第 133 页。

ty）的与合理（rensonableness）的政治义务理论。[①] 所谓理性的解决方案，实际上就是诉诸自身利益的观念来为政治义务奠定基础，而互惠的方案诉诸的是公平交换的理念，合理的解决方案诉诸的则是正义的理念。从某种程度上说，契约理论的某些形式明显可以纳入理性理论的标题下，就像那些诉诸互惠的理论一样。互惠理论包括感恩理论，而最重要的则是公平理论。合理性理论则包括那些吸收了分配正义理念的理论、功利主义的理论，以及某些假想形式的契约理论。[②] 合理性理论被概述为这样的思想，它有时可以合法地要求人们从事某些只会给他们带来净损失的行为，而理性的或互惠的理论不可能会带来这样的结果。换言之，理性的和互惠的理论通常不能指望产生公正的结果，尽管有时它们也有可能。有一点可以肯定，理性的和互惠的理论没有给一个人的净亏损留下空间，尽管这有时是正义所要求的，比如功利主义就是一个明显的例子，平等主义也是如此。

不过，沃尔夫认为，理性、互惠和合理的理论之间的区别只是区分各种理论的方式，而不是理论之间的实际区别。大致说来，这三种类型的政治义务理论的理由分别是：为了互利目的而被迫服从法律；或为一些互惠的概念所要求；或者为对正义的关切所要求。那么，在这些论据中，哪一个更好一点呢？或者说，我们必须在它们中间进行选择吗？答案是选择其中任何一个恐怕都不合适。因为，任何一种原则都被认为存在缺陷，一种可能的建议是，“把一个以上的原则结合在一个更复杂的说明中”[③]。不过，沃尔夫认为，

---

① 沃尔夫对这几个概念的使用明显与罗尔斯、吉巴德、贝朗等人相关。具体见 Brian Barry, *Theories of Justice*, Hemel Hempstead: Harvester-Wheat-sheaf, 1989; Brian Barry, *Justice as Impartiality*, Oxford: Oxford University Press, 1995; Alan Gibbard, "Constructing Justice", *Philosophy and Public Affairs*, Vol. 20, 1991; John Rawls, *Political Liberalism*, New York: Columbia University Press, 1993。

② 沃尔夫承认，他的这种分类并没有穷尽政治义务理论，甚至无法明确某种理论属于哪一类，特别是面对社群主义时这些术语显得比较尴尬。实际上，沃尔夫在这里并未涉及关联义务理论，可能是他认为无法划入三类中的其中之一。

③ Jonathan Wolff, "Pluralistic Models of Political Obligation", *Philosophica*, Vol. 56, 1995, p. 10.

要把源于不同方法的洞见放在一起，以便产生一种把它们各自最好的东西结合起来的政治义务说明，需要面对以下四个假设，或者说必须拒绝这四个假设：

一是证明的负担（the burden of proof）：政治义务的理论家的任务是反驳无政府主义者；相反，无政府主义者没有类似的证明负担，以此清楚地确立无政府主义的情形。

二是理由的单一性（singularity in ground）：要反驳无政府主义者，就要诉诸单一的论据或证明原则。因此，每一个公民的每一种政治义务都可以以相同的方式被证明。

三是普遍性（universality）：要反驳无政府主义者，就有必要表明，存在普遍的政治义务，从这个意义上说，居住在国家的边界范围内的所有人都必须被证明负有政治义务。

四是一致性（uniformity）：所有公民都有相同类型或水平的政治义务。

其中，理由的单一性和一致性这两者是不同的，甚至是矛盾的。单一性是有关我们的政治义务来源的学说；一致性是有关内容的主张。理由的单一性不涉及一致性问题。比如，政治义务可能只有唯一的理由，但义务的种类可以是因人而异的。一致性并不预设单一性：不同个体出于不同的原因，无论是个人内部原因还是外部原因，可以有相应的义务。换句话说，A 和 B 都完全可以有相应的义务，因此符合一致性要求，但是，A 的义务是由两个不同的论据 x 和 y 证明的，而所有 B 的义务则由第三种论据 z 所证明，这样，就违反了理由的单一性。除了这两者之间有矛盾外，沃尔夫主张，其他两个假设也要加以拒绝，据此，我们才可以提出政治义务的各种多元主义论证策略。

一是拒绝关于证明负担的假设。这可以改变我们讨论政治义务问题的方法。①

二是拒绝理由的单一性。这为我们提供了四种不同类型的政治

① 由于它不涉及多元主义政治义务理论的可能性，沃尔夫没有深入讨论。具体见 Jonathan Wolff, "Pluralistic Models of Political Obligation", *Philosophica*, Vol. 56, 1995, p. 13。

义务多元主义方法，它们分别是：模式一：补充论据（complementary arguments）。即不同的传统论据被用于相互支持，如同它们在一个更复杂的单一论证中都是前提一样，没有必要把这些论据视为几个独立论据拼在一起，而是应该将它们看作一个更复杂的论据。模式二：多重决定（overdetermination）。即有多于一种的有效道德论证形式，并且至少一些政治义务可以用一种以上的方式来证明。模式三：公民的组合（patchwork of citizens）。这也许是最明显的多元主义模式，涉及对理由单一性的拒绝。其基本思路是，对一些公民来说，某个论据可以为他们的政治义务提供理由，而对其他人来说，则有不同的论据服务于这一目的。“例如，在洛克的理论中有些人的义务是由明确同意证明的，而其他人则由默示同意所证明。”① 模式四：法律的组合（patchwork of laws）。在这里，某些个体的服从义务由某类的论据来证明，其他个体的义务则由其他论据所证明。

三是对普遍性的拒绝。这本身并不会产生任何新的多元主义模式，但它使我们能够对“公民的组合”模式做出进一步的修正。

四是对一致性的拒绝。沃尔夫的观点是，我们没有充分的理由提前设定一致性是任何一种政治义务理论的充分条件。但当我们拒绝一致性时，则产生了另一种多元主义的模式，即模式五：多样性（diversity）。也就是说，不同的人可以具有不同内容的政治义务。

此外，在进一步讨论之前，沃尔夫提醒，虽然否认在此基础上的单一性提供了进一步的理由来接受法律组合的模式，但保留单一性却产生了多元主义模式六：法及其内容（law and its content）。即一种论据告诉我们为什么要遵守法律，另一种或其他各种论据则告诉我们应该有哪些法律。按照这种观点，我们遵守法律的原因只有一种，但也许有各种不同的原因去做法律要求我们做的事。

与此同时，我们还应该注意到，对单一性的拒绝，以及普遍性和一致性的结合可以产生的模式，即模式七：多元复合（multiple

---

① Jonathan Wolff, “Pluralistic Models of Political Obligation”, *Philosophica*, Vol. 56, 1995, p. 15.

plurality)。内容包括：第一，遵守特定法律的义务可能有多个依据或理由；第二，遵守不同法律的义务可能有不同的理由；第三，某些义务的理由可能仅适用于公民的一个子集。沃尔夫让我们设想有三种政治义务（对应于政府的各部门）A、B 和 C。假设 A 只能基于理由 a，B 只能基于理由 b，但另外两个理由 c_1 和 c_2 则各自都证明了 C。假设这些理由都是原子式的，在这个意义上，个体有可能归入任何这些理由的可能组合中。因此，现在就可以设想许多逻辑上不同类别的个体。全部公民都有这三种义务，根据所有的四种理由。没有公民因为没有明显理由而没有义务。

在上述 7 种多元主义论证模式中，沃尔夫对第七种，即“多元复合模式”（the multiple plurality model）着墨最多，原因是他认为这一模式可以说明国家的不同作用以及国家行为的不同理由。[①] 首先，政府的一些不同部门：警察、法院和军队，提供了保护公民的不同手段，这既针对彼此之间的威胁，也针对来自外部的威胁。这些保护手段可以根据相互之间的自身利益得到证明（理性的理由），而且这些理由也是我们有义务遵守这些法律的理由。其次，有些政府部门提供了公共产品（清洁的水，安全的环境）用于普遍消费。这些与守法的义务相关，通过公平原则（互惠证明的一种形式）可以证明。在这里，服从一般就是纳税的事情，虽然其他的行为，比如节水有时也是被要求的。再次，有些政府部门提供了只供部分人口使用的公共产品（高等教育，对艺术的赞助）。这里，存在一些困难。如果那些获益的人都是弱势群体，那么，这可以归入第四类：再分配正义。如果这间接地对所有人都有益，就像经常被宣称的在高等教育的情形中那样，就是第二类中所包含（subsumption）的情形。最后，某些措施可以被正义（合理的理由）所证明，而正义也证明了服从的义务被合理地认为应该能使我们更接近一个公正的世界。

但是，多元复合模式的所有这些论据都需要详细的阐述。首先

① Jonathan Wolff, "Pluralistic Models of Political Obligation", *Philosophica*, Vol. 56, 1995, p. 20.

是关于理性的论证，即服从某些法律的义务可以基于自身的利益。但是，诉诸促进个人利益的方法首先就遇到了“太弱”的异议。一项符合我的利益的措施有可能会给我一些理由不去反对它，但不会产生道德义务去服从它。这个观察给了我们一个选择。或者我们可以接受并非所有的政治义务都是道德义务，但有些与我们可以称之为间接审慎（indirect prudence）的东西相一致，或者，迄今为止给出的所有论证都是不完整的。沃尔夫的观点是：“事实上，在我们引入公平和正义的论点前，我看不出我们如何能够比审慎的考虑走得更远。”[①] 其次，是关于“搭便车”的异议。如果我的服从理由仅仅是审慎的，而在有的情况下，不服从对我的利益更有利（并且我知道这一点），那么，我就没有理由服从。换句话说，对我来说，最好是搭便车。对此，一个明显的回应是诉诸公平的考虑，但沃尔夫坚持理性的自利理论中对于这部分的论证，并认为这种意义夸大其词。因为，很少有法律，如果有的话，可以被证明反对搭便车。但许多可用来抵制普通的（run-of-the-mill）搭便车[②]，而这就是理性论证所要求的。再次，是“恰当性”（appropriate）异议，即专家型搭便车者（expert free-riders）没有审慎的理由去遵守对我们之外的其他人相互有利的这些法律。因此，我们不能保证把普遍的政治义务建立在自利的论证基础上。对此，沃尔夫回应说他认同这种反对意见，但坚持这只有当我们承认普遍性假设时才有效：政治义务的理论家必须证明所有人都有政治义务。然而，沃尔夫是否认普遍性假设的，所以，他认为这一异议不是灾难性的。

接下来是关于互惠的理由。这与政府保障公共产品的供给职能相关。一般来说，对于政府的这一职能，公平理论是迄今为止最有前途的。其主要观点是：如果你从其他人努力提供真正的公共物品中受益，那么，你就有公平的责任去承担你的那一部分，即对那些付出代价的人的责任（假定计划在整体上是合理公正的）。而且一

---

① Jonathan Wolff, “Pluralistic Models of Political Obligation”, *Philosophica*, Vol. 56, 1995, p. 21.

② 沃尔夫把搭便车区分为普通的搭便车和专家型（expert）的搭便车。具体见 Jonathan Wolff, “Pluralistic Models of Political Obligation”, *Philosophica*, Vol. 56, 1995, p. 22。

般来说，如果从各方面考虑，你宁可有这一计划及相应的成本，而不是既没有计划也没有成本。但是，异议者认为，在不可排他性公共产品的情况下，证明这种责任的困难在于去弄清利益的拒绝者，而且，公平论证的逻辑要求得到净利益是获得负担的必要条件。如果利益不成比例，负担就不会产生。那些受益多的人需要付出的代价也大。但是无论我们是怎么想的，那些没有受益的人都将免于这些负担。对此，沃尔夫的回应是，在他所解释的意义上搭便车者确实获益了，他们只是设法寻找一种避免成本的方式而已。那些没有从国家所提供的公共产品获得净利益的人，那些生活在社会边缘的人：吉普赛人、旅行者和那些试图保持传统生活方式的人，他们尽最大努力去避免得到国家的利益（或者说他们宁可没有好处，也没有代价），如果按照公平原则论证，他们将免于政治义务。但是，如果按照审慎的考虑，即为了提升自我利益，或者说基于理性的理由，他们还是负有政治义务的。在这种情况下，沃尔夫的看法是，暂且不说理性的论证比互惠的论证更有优势，即使它没有，这也不是拒绝政治义务的充分理由。因为，允许多重决定（over-determination），意味着我们没有理由反对这样的可能性，即同样的义务可以通过多个论据加以证明。

最后是合理性论证。这种论证指向的政府行为是：提供社会上部分人使用的公共产品。实际上，这种行为想要得到证明，它要么被第二类即公平原则，要么被第三类即正义原则所涵盖。对此，沃尔夫的理解是，“我认为所有人都有某些公平责任，向满足一定条件的其他个人提供帮助”①，尽管人们对这些任务的性质，以及其他人必须满足的、以便获得帮助的条件存在巨大的分歧。为了论证自己的观点，沃尔夫做了三个假设，一是我们确实有正义的责任去帮助他人；二是如果没有国家对此做出回应，把信息与合作聚集起来，此类责任就不能可靠地得到履行；三是这些责任可以理所当然地被国家强制执行，而在本质上，这是一个重新分配税收的问题。

① Jonathan Wolff, “Pluralistic Models of Political Obligation”, *Philosophica*, Vol. 56, 1995, p. 24.

从这几项假设出发，原则上，每个人都受制于这种责任，不管是否受益于这种安排的存在：它可以合理地要求一个人因为另一个人的缘故而做出牺牲。因此，没有一个人可以逃避税收重新分配的责任。事实上，虽然很多人都不会因为再分配的目的被征税：如果他们很穷，他们会从该计划中得到净利益，或者，对于那些处在中间的人，他们既不会得益，也不会失去什么。不过，即使是那些在前两个论据，即促进自我利益的论据和互惠的论据下没有任何政治义务的人，在这种情况下也有这些责任。因此，论据的独立性是相对的。但是，这是否会产生责任或义务相互冲突的问题呢？比如既受制于理性的理由，也受制于合理的理由。毕竟，前者认为进一步加强每个人的自身利益的安排是合法性的必要条件，但后来否认了这一点。或者说，再分配政策与理性理由可能发生冲突。对此，沃尔夫认为，这样的担忧是不必要的。因为，“我们认为每一种理由都为政府行为的合法性提供了充分条件，而不是必要条件”①。如果说这里存在什么困难的话，“唯一的困难是，存在两种冲突的义务，我们不能说一种比另一种更严格”②。在这种情况下，问题只能根据务实的或常规的理由来解决。再说，这种情况是否会发生也是不一定的。

因此，沃尔夫得出结论，最大多数的公民将负有以下三种不同的方式产生的政治义务：源于自身的利益，源于公平性的考虑以及源于正义的要求。自身利益和公平性往往决定了同样的义务；正义的要求往往会决定一组不同的义务，虽然它们有某些重叠的可能性。某些公民可能缺乏某些义务的理由，比如某些时候自利并不能给人以审慎服从的理由，有些人并不能从某种安排中得到净利益因此将没有公平的责任，但是，即使是这些处于半独立状态的人（semi-independents），也有正义的责任。③ 至此，沃尔夫认为，他

---

① Jonathan Wolff, “Pluralistic Models of Political Obligation”, *Philosophica*, Vol. 56, 1995, p. 25.

② Ibid..

③ 对此，沃尔夫解释说，对于一些富裕的吉普赛人而言，这些都是他们的唯一责任。而对于其他半独立的人，即他们中相对贫困的人，尽管他们原则上有这样的责任，但在实践中他们将不会被要求采取行动或缴纳税款。

的政治义务“多元复合”模式较好地解决了政治义务问题，各国政府即使不像政治哲学家那样严格细分，也应该对政治义务的这种多样性答案做出恰当的现实回应。

第三节　威尔曼的方法：在一种主要原则上的添附

作为政治义务的倡导者，威尔曼对政治义务问题的回应虽然也走多重原则之路，但却与沃尔夫不尽相同，他并不主张多重原则“混搭”或“拼凑”，而是在坚持自然责任这一核心原则的情况下，借力公平原则。换言之，罗尔斯对公平原则、自然责任原则的阐述对他影响比较大。在《走向一种自由主义政治义务理论》一文中，威尔曼直言不讳地说：“在任何一种对公民服从法律的责任所作的令人满意的自由主义解释中，公平都必须扮演一定的角色时，我也采纳了罗尔斯和哈特的观点。在我的主要前提中，我对乐善好施的依赖很明显是最具创意的，但即使这一点也并非与前人理论完全不同。比如说，乐善好施让人想起支持正义制度的自然责任，因为它们都不需要一种预先的行为、职位（office）或关系就可以约束道德主体。”① 可见，威尔曼完全接受了罗尔斯的公平原则和自然责任原则的优点，并在此基础上发展出一种“将政治义务理解为承担在自然状态下救别人于危难之中的公共善举的公平份额”的新的理论。②

为了论证他的理论的合理性，威尔曼在他的著名论文《走向一种自由主义政治义务理论》中，梳理了政治义务理论的发展线索、逐一分析了同意理论、利益理论（感恩理论）、公平（游戏）原则、正义的自然责任原则的缺陷，并在此基础上提出了他自己的政治义务观。用他本人的话说，“与这些理论不同，我从残骸中抢救了一些重要的碎片，并为之增添了一些新的成分，从而设计出另外

---

① 毛兴贵编：《政治义务：证成与反驳》，江苏人民出版社 2007 年版，第 186 页。

② Christopher Heath Wellman, A. John Simmons, “Samaritanism and the Duty to Obey the Law”, *Is There a Duty to Obey the Law?*, Cambridge: Cambridge University Press, 2005, p. 33.

一种理论"[①]。威尔曼的这一句话突出反映了他的政治义务理论的基本结构：将某种次要的理论添加到一种修正了的主要理论之中，即以自然责任原则为主，辅之以公平原则。

不过，虽然威尔曼对自然责任原则有着特殊的好感，但是，他对罗尔斯正义的自然责任原则是不满意的。他曾在他的论文中写道："尽管我对借助于一种自然责任来解释政治义务的主张表示同情，但我认为这种方法也有其自身的问题。"[②] 也就是说，假定我们有一种自然责任这本身没什么不合理，但要从这一假定中得出我们必须服从国家或遵守法律那就有问题了。鉴于"很少会有人否认下述一般的看法：人与人彼此之间都负有一种'乐善好施'的责任"[③]，因此，他将自然责任修正为"乐善好施"的自然责任，并认为自己对"'乐善好施'的依赖明显是最有创意的"。事实上，正如他所说，他对"乐善好施"的自然责任的阐述确实有"创意"，因为，他将这一理论建立在这样一个假想的案例基础上，[④] 在这个案例中，"卡洛琳不干涉爱丽丝救贝丝就是一种乐善好施的自然责任"[⑤]。威尔曼认为，类似的情况可以延伸到国家当中去。他的推理方式是这样的，"爱丽丝之所以有某种自由以通常情况下可能会侵犯卡洛琳权利的方式去行动，仅仅是因为这种行为对于将贝丝从危险中解救出来是必要的。就政治强制而言，国家之所以有权以一种通常情况下会侵犯个人权利的方式去强制个人，仅仅是因为这种强制对于将国家版图内所有的人从危险中解救出来是必要的"。换言之，尽管一般情况下每个公民都有支配自己事务的道德特权，但是"乐善好施"的责任使得任何人都没有道德权利要求国家不要强制他，或者说他有义务服从强制。据此，他相信，"乐善好施"理论一定能够为人们所接受，因为："第一，它并不依赖于任何预

① Christopher Heath Wellman, "Toward a Liberal Theory of Political Obligation", *Ethic*, Vol. 111, 2001, p. 751.

② Ibid., p. 739.

③ Ibid., p. 745.

④ Ibid., p. 744. 具体例子见本书第六章。

⑤ 相关案例见本书第六章第三节。

先的行为、同意或约定，它认为，一个人的危险处境有时候足以限制另一个人道德支配权的通常范围。第二，由于它证明了为了一个公民自己的利益或者其他公民的利益，不经他的同意就对每个公民进行强制是正当的，因此，它能够避免自由主义者所反感的父权主义。"①

在这里，威尔曼的论证与布坎南的说明是相同的，即国家依靠广泛服从才能有效地发挥作用。一个有效运作的国家必须保护其人民免遭自然状态中存在的那些危险。而服从国家是确保其他人免遭危险所必需的。因此，我们每一个人都有一种自然的"撒马利坦"式的责任去这样做。这是威尔曼理论中的自然责任方面。然而，国家有效地发挥作用并不依赖于每一个公民在百分之百的时间里都要服从。在一个普遍遵守法律的人群中，少量不服从的行为并不会损害国家保护其公民免遭自然状态之危险的能力。这里就产生了一个问题：如果我可以确信，我的多数同胞将一如既往地服从法律，那么，我有什么必要服从呢？国家将继续履行其保护功能，无论我做什么，没有人的安全会因为我对法律的不忠诚而受到危害。由此看来，不服从也不会与我的撒马利坦式的保护他人免遭危险的责任不相符。

应该说，威尔曼已经意识到他的乐善好施的责任存在着明显的缺陷，他自己也承认这种政治义务说明并不符合"全面性"或一般性标准，因为"乐善好施并不能以运用于作为整体的国家的那种方式运用于国家中的每个人"。换句话说，并不能为每一个人的政治义务提供恰当的说明。因此，他认为，公平原则能够弥补这一缺憾，应该加入公平原则的合理成分，这样一来，"我们就可以解释说，每一个人都有义务服从法律，这是乐善好施的公平份额"。通过这种方式，我们就可以坦然承认，"即使有一个人不服从法律，也没有任何人会陷入危险境地。相反，我们指出，逃避自己那一份乐善好施的任务是不公平的"。②

威尔曼认为，在乐善好施责任的基础上加上出于公平的考虑，

① Christopher Heath Wellman, "Toward a Liberal Theory of Political Obligation", *Ethic*, Vol. 111, 2001, p. 747.

② Ibid., p. 749.

他的政治义务理论的前提就更加充分了。具体地说，共有四个前提，其中一个是描述性的，即国家提供了一项至关重要的利益，没有国家，这些利益就不可能提供出来；另外三个是规范性的，分别是国家有一种乐善好施的理由对其选民实施强制，与此相关的人们之间有乐善好施的义务，以及每一个人都要为共同的事业贡献公平的份额等。“所有这四个前提都是合理的，每一个前提都是必要的，对于一种自由主义的政治义务理论来说，它们加起来就足够了。”① 威尔曼自己觉得，他的这种“通过诉诸公平，以乐善好施为基础的政治义务理论”，说服力已大大增强，对此，他自己曾用两句话来概括：“首先，乐善好施不是一种父权主义，因为国家在证成它对一个不愿意服从的公民所实施的强制时，它援引的理由是这种强制对他人有利而不是对本人有利。其次，每个公民不一定要自愿接受了国家利益才会在道德上受到约束，因为乐善好施的责任约束所有人，而不仅仅是那些同意或接受了这些利益的人。”② 可见，威尔曼对自己的理论是非常满意的，认为它既克服了公平原则和自然责任原则各自的缺点，同时又相互弥补了对方的种种不足。

但是，威尔曼可能高估了自己理论的优点，因为，他的这种混合说明（mixed account）作为一种政治义务理论仍然是不完整的，或者说这种理论并不能“证成任何一种类似于全面的自由主义的国家这种东西”③。正如克劳斯科所批评的那样，“尽管它涵盖了国家带来的主要利益，又包括了为贫困者提供的服务，但是还有别的国家服务在其范围之外”④。而在这些服务中，提供给个人的那些涉及可排他性公共物品的利益非常重要但却没被涵盖。这些利益包括许多教育与文化设施，比如，博物馆、公园和娱乐设施等。当然，威尔曼已经意识到这一点，但他辩解说，“我不相信，一种政治合法

① Nkiruka Ahiauzu, “Multiple Principles and the Obligation to Obey the Law”, *Peakin Law Review*, Vol. 10, No. 2, 2005, p. 750.

② Ibid..

③ Ibid., p. 757.

④ 毛兴贵编：《政治义务：证成与反驳》，江苏人民出版社2007年版，第203页，第12个注释。

性理论只有证明了国家的所有活动才能说它是令人满意的"。换句话说，不妨承认乐善好施的自然责任理论不能证成当今福利国家，"以便发现更有雄心的国家是否可以通过别的理由加以证明"①。也就是说，他自认为他的理论办不到，但并不反对别人这样做。而事实上，克劳斯科后来还真的这样做了。

此外，有反对者认为，威尔曼的这种"混合说明"存在着难以克服的麻烦，即它似乎继承了与组成它们的理论相联系的困难。例如，以公平原则补充自然责任，并不会引起"特殊性问题"的消失。相反，这个问题似乎仍然保留了下来，并污染了威尔曼的混合理论。换句话说，为什么在我的国家内部，我有一种乐善好施的责任为贡献我的公平份额，而对国外的一些国家却没有？因此，从这个意义上说，目前尚不清楚，这种混合说明到底有何好处。

第四节 克劳斯科的尝试：以公平原则为主的多重原则融合

虽然也同样主张三种以上原则的融合，但克劳斯科的观点与沃尔夫有所不同。这表现在克劳斯科一开始并不认为政治义务不可以诉诸原则的单一性假设，具体地说，他偏爱公平原则并曾试图通过修正公平原则本身，即解决利益的接受问题来提高这一理论的免疫力，但因为效果并不明显，最后走上了复合论证之路，并明确提出了多重原则（multiple principles）理论，也就是他自己所称的"MP理论"。② 但是，他的论证与威尔曼的有所不同，后者是以自然责任为主，辅之以公平原则的论证策略；而克劳斯科则一直以公平原则为核心，③ 通过与自然责任原则和共同利益（common goods）原则

---

① C. H. Wellman, "Toward a Liberal Theory of Political Obligation", *Ethic*, Vol. 111, 2001, p. 758.

② Geogre Klosko, "Multiple Principle of Political Obligation", *Political Theory*, Vol. 32, No. 6, December 2004, pp. 801-824.

③ 具体见他的专著。中译本见［美］乔治·克洛斯科《公平原则与政治义务》，毛兴贵译，江苏人民出版社2009年版。

的有机结合，来全面解释基于国家利益所产生的政治义务。

克劳斯科认为，如果说同意理论、感恩理论、公平理论、自然责任理论以及关联理论等目前的几种主要理论都不能为政治义务提供令人满意的说明的话，除了这些理论本身的局限性外，还与当下人们对政治义务的讨论采取的过于严格的讨论方式有关。按照这一讨论方式，人们必然得出结论说没有一种政治义务理论是令人满意的。[①] 因为，在通常情况下，学者们都会列出一种充分的理论应该满足的条件清单，然后证明没有理论能够满足它们。[②] 而且在通常的讨论中，理论家会逐一检视义务的不同基础，在一个时间里审视一项原则，并且表明每一项都不是不令人满意的。换句话说，义务的不同理论往往被以某种具体的方式视为独立的“理论”。每一种理论似乎都被假设为能单独为全方位的问题提供令人满意的答案。当一种具体的“理论”被发现在某些方面有缺陷时，它就会被贴上差强人意的标签并加以拒绝。接着，批判者会继续评估他清单中的下一个“理论”。这种“分而治之”的办法被很多重要的学者采用。例如，在《道德原则与政治义务》一书中，西蒙斯就审查并拒绝了基于同意、公平、正义的自然责任和感激原则等义务理论，得出结论说没有一种理论是有效的。

但是，如果我们认识到许多不同的道德考虑与政治义务问题可能都是相关的，那么，这种“分而治之”（divide and conquer）的方法的缺陷就会变得很明显。因此，克劳斯科认为，没有一项单一的道德原则能够产生所有需要的答案这一点并不能排除这样的可能性，即通过引入其他的因素，产生更好的答案是有可能的。具体地说，通过将公平原则与自然责任原则和公共利益原则等理论结合起

① 得出这种结论的人很多，最著名的有：A. J. Simmons，*Moral Principles and Political Obligations*；L. Green，*The Authority of the State*，Oxford，UK：Oxford University Press，1988；J. Raz，*The Authority of Law*，Oxford，UK：Oxford University Press，1979，p. 12；M. B. E. Smith，“Is There a Prima Facie Obligation to Obey the Law?”。

② 这种条件清单具体可参阅：Simmons，*Moral Principles*，p. 2；Klosko，*Principle of Fairness*，pp. 2-6；J. Wolff，“Political Obligation：A Pluralistic Approach”，in *Pluralism：The Philosophy and Politics of Diversity*，ed.，M. Baghramian and A. Ingram，London：Routledge，2000，pp. 182-187。

来，我们可以确立一种比公平原则自身更强的立场。虽然将这三种不同原则重叠会使设计一种良好理论的任务复杂化，但是，服从全方位法律的任务完全可以被不同原则的交叉所覆盖。克劳斯科认为，通过三种方式交互考察这些原则，这一点可以看得很明显。这三种方式是：第一，“累积”（cumulation），即不同的原则可以覆盖由国家提供的不同服务，并且，将这些原则结合起来，我们就能够对政府所提供的更大范围的服务提供说明。第二，“相互支持”（mutual support），即关于某些国家职能，如果一项具体的原则本身无法证明服从问题，通过一种以上的原则协调作用，问题有可能会得到解决。第三，“叠加”（overlap）①，即根据我们的直觉，当服从法律的要求可能相对较弱时，可以通过其他原则的支持而得到增强。这三个概念界定了独立原则的局限性的可能范围，并决定了这些原则何以能够被结合起来成功地处理这些局限性问题。“累积”这个概念可以被看作能够使这些原则覆盖到更广的政府服务领域；“相互支持”解决的是作为服从守法理由的独立原则的局限性问题；而“叠加”概念处理的则是每一项原则当它分开来考虑时较弱的问题。这些概念因此代表了将公平原则与自然责任原则和公共利益原则这三项原则整合起来的内在动力。

克劳斯科希望，通过这三种互动因素的组合，可以满足义务理论的两个核心要求：（1）“普遍性”要求，即能够为所有或几乎所有公民的政治义务提供理由；（2）“全面性”要求，即能够支持广泛的政府职能。之所以称“全面性”要求，是因为它要求一种政治义务理论应该能够覆盖到政府作用的广泛领域。这是克劳斯科多重原则理论的重点。按照他的说法，对守法义务的充分说明应该能为政府所提供的不同服务提供理由。一种只能对政府所提供的某一种而不是其他各种服务做出说明的理论是不全面的，因而也是不充分的。克劳斯科寻求将三项原则结合起来（这些原则分开来能够为国家不同的功能提供说明），目的是要建构一种单一的充分理论。

---

① 具体见 Geogre Klosko，“Multiple Principle of Political Obligation”，*Political Theory*，Vol. 32，No. 6，December 2004，p. 803。

那么，在克劳斯科那里，公平原则与自然责任原则和公共利益原则这三大原则是如何累积、相互支持和叠加，从而全面发挥作用的呢？

首先，让我们来看公平原则在“MP”理论中的作用。克劳斯科认为，公平原则用于解释排他性利益是不成问题的。如果能满足三个条件，即利益的提供必须是（1）值得得益人努力提供它们，（2）满意的生活所不可或缺的（indispensable），及（3）利益和负担的分配是相当公平的，公平原则用于说明不可排他性利益也不是不可能的。[①] 鉴于这些利益，诸如人身安全，特别是国防、法律与秩序、环境保护和中央公共卫生措施等，对于可接受的生活是不可或缺的，我们可以推定，每一个人将会想要它们（并承担相关费用），如果他不选择这些利益，那是不理性的。如果因为选择利益而对提供者产生了义务，那么，这种义务并非来自于假想同意，而是来自于他得到它们这一事实。

可见，克劳斯科的观点是，公平原则能够满足普遍性要求，因为，在某种程度上说，它覆盖了他所谓的“推定有益”的公共产品。但是，公平原则为义务所提供的理由是有限的。因为，除了不可或缺的利益外，国家还提供可有可无的利益。例如，自人类第一个政府成立以来，它一直负责提供道路。但对其臣民来说，道路不是可接受的生活所不可或缺的，因此，没有办法得到公平原则的支持。由政府提供的无数其他利益也并非不可或缺，因此似乎也不在公平论证的范围之内。对于这一点，克劳斯科认为并不难办，诉诸“间接论证”（indirect argument）就可加以回应。也就是说，如果国家要提供不可或缺的或者说推定有益的公共产品，那么，社会必须具备一些基本的基础设施——例如，道路交通和通信设施。因为，除非有足够的道路、桥梁、港口等，否则就没有充分的执法或国防。换句话说，如果不提供这些可有可无的利益，也就无法提供必不可少的利益。但是，这种间接论证仍然有两个问题无法克服：

---

① Geogre Klosko, “Multiple Principle of Political Obligation”, *Political Theory*, Vol. 32, No. 6, December 2004, p. 805.

一是如果要求一个人为一种可有可无的利益做出贡献，那么，必须证明这些利益是整个利益包（package of benefits）的一部分，或者这是政府X所能够提供的具体的、对他来说是不可或缺的利益所要求的。但是，有些利益实际上不是这样的。从这一点上说，公平原则所证明的义务与全面性要求相差甚远。虽说公平原则的核心思想当然是公平，但是，该原则能够确立义务的情形只限于利益是主体明确接受的或可接受的生活所必需的（包括那些按照直接论证所要求提供的那些利益）。因此，该原则难免受到批评，因为，政府通常支持娱乐和文化活动：市民公园、可休闲的湿地、博物馆、歌剧、交响乐和芭蕾舞团。维持任何这些对基本公共产品的提供而言不太必要的东西是很难的。此外，公共公园、歌剧院、交响乐以及博物馆都可以是排他性的公共产品。其好处是可以相对容易地通过缴纳入场费之类的形式限制在特定人群之中的。因此，目前尚不清楚的是，公平原则是否可以对要求那些没有选择使用它们的人给予支持。

二是公平原则并不能确立起一种义务，即去支持提供对他人有益的服务，比如支持穷人、残疾人，或其他处于不利地位的人的社会福利服务。虽然在某种程度上使穷人获得最低的满意，从而不至于会去破坏公共秩序，这对每一个人都有益的法律和秩序的整体环境而言是有帮助的。但是，这种福利功能通常远远超出了这一点，因为它们只是惠及受助人，而这需要用其他道德原则来证明。

不过，克劳斯科认为，虽然公平原则在前面已经提到的一些领域难以确立政治义务，但其他原则可以填补这一空白。这里所谓的其他原则有两个：互助的责任（duty of mutual aid），这一原则要求人们去帮助那些有迫切需要的或处于危难之中的人们；以及我所说的“共同利益”（common good，CG）的原则。这两个原则不但不会相互排斥，而且还会相互支持。与公平的原则结合起来加以使用，互助责任的原则与公共利益的原则比只采用它们其中之一要强得多。

那么，接下来就先让我们来看一看克劳斯科是如何对互助责任原则进行阐述的。我们知道，在罗尔斯的理论中，包括互助在内的自然责任的地位依赖于这样一个事实，即它们被处于原初状态下的代表性个体所接受。这种责任作为一般的道德要求，能够约束所有的人。但是，这里有一个问题，就像罗尔斯所提出的正义的自然责任一样，互助的自然责任其力量也是有限的。因为，互助的责任是在别人有需要的时候帮助他们，条件是“一个人这样做时不需要冒太大的风险或自己遭受太大的损失”。同样，带来巨大利益的责任，也“只有当我们能比较容易做到这一点”的时候才有。① 人们一般把受到代价限制的自然责任或其他道德原则视为一项“弱的”责任或“弱的”原则，而那些不受此限的称为“强的”责任或“强的”原则。从这一意义上说，把政治义务理论仅仅建立在自然责任基础上是有局限性的。尽管如此，克劳斯科认为，即使自然责任的观点不能作为一种自立的政治义务理论，它对“MP”理论也仍然是有益的。具体地说，相互帮助的责任能够支持不可或缺的利益以及基于“间接论证”的利益之外社会福利和其他类似的项目，只要这些项目施加的负担不至于太重。

这样，结合了公平原则和互助责任的政治义务理论，比一种分别建在这些原则其中之一基础上的理论要强得多，可以弥补公平理论的全面性缺陷。此外，将不同道德原则结合起来还有一个优点，即可以提供各种方法来确定人们作为成员的政治共同体，因此，使它的制度能够适用于这个人。因为，就某一个体比如格雷而言，他是那个向他提供不可或缺利益的共同体的“自然”成员，“适用于”他的这些制度是提供这些利益的制度，而且他对他的同胞公民负有特殊责任，因为，其他人的努力，包括那些不幸之人对法律的服从，对他得到这些利益是必需的。因此，格雷给予他们特殊的关注是合理的，这是对他们为他的幸福所做贡献的认可和回报。进一步说，他不仅要通过由政府高度协调的工作机制来履行他的互助责任，而且他还应该给予特别支持的政府是他自己所处地域内的那个政府。这样一来，互助的责任就可以证明广泛的国家项目。包括提

① J. Rawls, *A Theory of Justice*, Cambridge, MA: Harvard University Press, 1999 [1971], p. 117.

供给那些不幸的人生活所必需的东西，例如食物、住房、服装、保健等。可见，虽然公平性证明的主要是涉及对个人有利的一些计划的要求，但互助的责任则可以要求公民支持政府帮助处于困境之中的人们的计划，只要这一计划的负担不是过于沉重。通过补充公平原则所覆盖的功能，互助原则极大地扩展了公民的道德要求的范围。通过把重点放在基本国家利益的合作生产和消费上，公平原则在互助原则的作用下、在化解特殊性问题方面发挥着重要作用。

但是，将公平原则和互助原则结合起来的政治义务理论在全面性要求方面仍然存在着许多不足。因为，除了提供必不可少的公共产品和看到不幸者的需要外，国家声称能够提供广泛的其他服务。例如，国家规制经济以保证通货膨胀率和失业率在可控范围内，可以说，这一功能既不是对令人满意的生活来说必不可少的，也不是自然责任所覆盖的帮助那些处于困境中的人们。各国政府还普遍支持公共教育、博物馆、交响乐、湿地保护和国家公园。克劳斯科认为，这个问题可以通过一个另外的原则，即“共同利益”的原则（CG）来解决。下面，就让我们把目光转向这另外一种原则。

按照克劳斯科的观点，所谓 CG 原则，指的是社会 X 的政府，提供不可或缺的（和必要的可有可无的）公共产品和基本社会福利服务，可以采取合理的措施以其他方式来促进共同利益，并可以要求公民承担他们的公平份额以支持其努力。① 换句话说，在社会 X 中提供不可或缺的和其他必要的可有可无的公共产品，以及帮助不幸之人的机构，可以采取合理的措施，以其他方式促进共同利益。CG 原则将公平的要素和政治义务的结果主义原则结合在了一起。它遵循着这样一个事实，即在公平原则之下，不可或缺的公共产品的提供创造了一个共同体。共同体中的居民成了其成员。为了提供必要的公共物品（以及作为可有可无公共产品的基础设施），某个人与共同体 X 中的其他成员就必须成立有效的决策与执行机构。因为，如果没有政府，就很难调集必要数量的努力来提供这些公共产

① Geogre Klosko, “Multiple Principle of Political Obligation”, *Political Theory*, Vol. 32, No. 6, December 2004, p. 813.

品。而政府一旦建立起来，就能为社会带来很大的好处，具体地说，“桥建成了，港口开设了，城墙砌起来了，运河挖好了，船队装备起来了”，其他目的也实现了，要是没有政府的干预，这一切都是不可能的。① 实践中，对不可或缺的公共产品的提供来说，有些政府项目有可能并非不可或缺的或必要的。但由于每一个项目都有助于社会，通过 CG 原则就能证明它们。如果共同体的某个成员，比如格林受益于他的同伴们采取这些举措的共同努力，那么，遵循公平原则，他也有道德要求承担自己的公平份额来提供它们。但是，这里的 CG 原则不是公平原则的简单延伸，因为，只有当基于合作的努力有益于权利人本身时，公平原则才能够证明义务，CG 原则为那些支持对社会有益的努力提供了更广泛的理由，只有当个体被要求去支持不一定有利于他的具体项目时，CG 原则才能延伸到人们政治义务的范围。

需要指出的是，克劳斯科引入 CG 原则旨在解决全面性问题。那么，如何才能保证它可以担当这一重任呢？他的看法是，必须具备三个条件：（1）政府的服务或供应必须真正符合公众利益，也就是说，收益必须大于成本；（2）这些供应必须是公平分配的；（3）关于这些利益的决定必须是民主做出的，所有的人都有公平的发言机会。根据条件（1），只有当政策实际上符合公众利益时，共同体才能够通过 CG 原则产生义务。关于这一点，有人会提出反对说这一标准未能在现实中得到满足。要求每一个具体的方案和政策都是有益的，与无所不在的基于特殊利益的立法明显不符。要求个人受到多数人决定的约束会导致滥用，因为民主的保障措施并不能防止多数人强迫少数人支持自己青睐的方案。针对这一异议，克劳斯科辩解说，CG 原则并不能证明所有的政府法规都是符合公众利益的。这一原则只能使那些实际促进共同利益的东西合法化。超过某个度，被大部分人利用来剥削少数人的政府将是非法的。但是，指望政府完美无缺，甚至能满足苛刻的正义标准也是错误的。适当

① D. Hume, *A Treatise of Human Nature*, ed. E. Mossner, Harmondsworth, UK: Penguin, 1969, pp. III, ii, 8, 590.

的标准是可以容忍或相对正义的。一个政府的行为必须在整体上是合理的，虽然例外情况也应该被接受。至于“共同提供”（common provisions），或者“共同提供包”（package of common provisions）的特定部分，分配不公当然是令人遗憾的，但不足以解除当事人的政治义务，只要他得到的好处整体上是物有所值的，而且共同提供和政府整体合法性的相应条件都具备的话。关于条件（2），克劳斯科认为，由于CG原则之下的义务依靠在公平原则下的先前义务，极其重要的一点是“共同提供”不会打乱这些平衡。至于条件（3），在多元化的社会里分歧是可以预期的，对于社会所要求的东西，会有各种广泛的意见也是很正常的，只要相关决定是通过民主程序做出的，并已给予所有成员以平等的发言权。在克劳斯科看来，无论是重大决定的做出，还是分配原则的选择，“在有民主的地方，即便具体的决定遭到质疑，纠正它的手段也是存在的”①。

实际上，克劳斯科想说的是，国家职能要达到共同利益的层次必须具有以上条件。国家必然不是为某一个特定人群的利益服务，而是为作为一个整体的全社会服务，即他所谓的“共同提供”。它们因此必须被看作是公平分配的。在这种分配不能遍及全部或大多数人的地方，就不能被认为是在促进共同利益。另外，实质上的“共同”服务在程序上也必须是共同的。其决定必须建立在民主基础上。当这些特征出现时，共同利益的原则就适用并约束公民的行为。但是，克劳斯科承认，不存在一个具备这些理想条件的完美国家，因此，这些条件并不要求完全具备。不过，在这些条件大部分具备的地方，也可以说来自共同利益原则的责任就出现了。

与此同时，克劳斯科自己也已注意到，即使CG原则真的能够解决全面性问题，一个重要的反对意见仍然存在，即这一原则的作用是否太大了。因为它证明的要求是服从所有支持共同利益的法律，就其本身而言，它可以产生服从所有法律的要求，从而再次使得“MP”理论成为多余。对此，克劳斯科的观点是，“虽然我相信

① Geogre Klosko, “Multiple Principle of Political Obligation”, *Political Theory*, Vol. 32, No. 6, December 2004, p. 817.

CG 确实能够确立起道德要求去支持广泛的政府行为，但我也相信，与其他原则一道的 MP 理论比没有更有说服力”[①]。因为，CG 原则所说明的只是对社会整体有益的服务，而不是对公民个人有益的服务，因此，它并不足以处理特殊性问题。而且被公平原则所要求的支持不可或缺的公共产品的提供，就像是自然责任所要求的支持社会福利功能的实现一样，对于政府职能的这些区域，单靠 CG 原则是无法解释的。那种基于 CG 原则的政治义务只有在其他道德原则停止的时候才起作用，因此，只包括那些对不可或缺的利益而言没有必要提供，以及没有帮助的需要之类的情形。

总之，克劳斯科的多重原则理论试图说明三类主要的国家职能。首先，它声称使用公平原则可以为不可排他性公共产品提供理由。公平责任来自于这样的前提，即排除人们在得到国家利益后成为搭便车者。其次，它还试图说明国家服务的目标在于通过互助的自然责任原则，即人们有一种在别人有需要时提供帮助的自然责任，去解决不幸之人的需求。最后，它还宣称为这样一些国家服务提供理由，虽然这种服务并没有达到为公民所支持的，建立在他们促进共同利益的基础上的前两组要求。当这三种原则结合在一起时，公民就有了普遍的、全面的守法义务。用于政府广泛职能的“全面性”要求，因而可以被看作是普遍性要求的派生物。这是因为它试图处理的是其中一个方面的问题。它界定了一个关于确立普遍守法义务的问题，即政府不同职能的、不同性质的要求在证明支持它们的这种论证中是有所区别的。像公平原则这样的单一论证并不能延伸至包括为不幸之人准备的公共产品或不可排他性公共产品这样的公共提供。在将这些原则结合起来的过程中，多重原则理论能够较好地实现这些原则独自不能完成的目标。因此，全面性要求被看作这一理论的结构基础。由于克劳斯科所界定的三条不同原则能够覆盖国家的不同职能，因此，将它们结合起来能够产生守法义务的单一理据。

① Geogre Klosko, “Multiple Principle of Political Obligation”, *Political Theory*, Vol. 32, No. 6, December 2004, p. 818.

第五节　艾欧佐的异议：多重原则不能解决规范性问题

应该说，政治哲学界对多元主义或多重原则论证策略的回应总体来说并不热烈。但偶尔也有一些，因此，这些为数不多的回应值得我们给予必要的关注。英国威尔士阿伯斯威大学的艾欧佐关于《多重原则和服从法律的义务》一文就是其中之一。① 该文的主要观点是，虽然克劳斯科的政治义务多重原则理论是对一般守法义务的新论述，但一般守法义务既涉及事实问题，也涉及规范问题。而多重原则理论最多只是解决了一般性要求中的事实问题，并没有解决规范问题，即“我为什么要服从法律”这个问题的第一人称意义。可见，虽然他的批评是针对克劳斯科的，但对沃尔夫以及其他多元主义或多重原则论证的支持者可能也是同样适用的。

其实，无论是沃尔夫还是克劳斯科都承认，一种仅仅只能覆盖某类国家职能的理论不可能为普遍守法义务提供充分的哲学解释。因为，国家在实现其目的和目标的过程中，试图提供的公共产品很多，包括不可排他性公共产品、共同提供（common provision）以及满足不幸之人的需要。从这一意义上说，艾欧佐认为，国家的职能问题是一个事实问题，而且具有全面性，它关系到覆盖广泛的国家职能，这可以被看成是普遍性要求的事实问题。不过，虽然规范性问题（即“我为什么要服从法律”）也能够被看成是产生于普遍性要求之中的，但是，规范性问题是建立在关于守法义务的信仰和行为的区别这样一个基础上。由于服从法律是一种行为，因此，这样一种区别就变得很有必要。这使得存在一种普遍守法义务的信念极大地不同于按照这一信念所采取的行动。而多重原则论证并没有处理好这种区别。

艾欧佐对多重原则的批评是以普遍性假设为前提的。他引用拉

① Nkiruka Ahiauzu, “Multiple Principles and the Obligation to Obey the Law”, *Deakin Law Review*, Vol. 10, No. 2, 2005, pp. 524-544.

兹在《法律的权威》一书中关于“这种守法义务是适用于所有法律主体的一般义务，并且存在于所有法律所适用的所有场合”[1] 的论述作为他对政治义务普遍性假设的理解：一种适用于所有法律，针对所有的人，覆盖法律所出现的所有情形中的义务。与拉兹一样，他不认为存在一般的守法义务，但承认存在具体的守法义务，宣称“一种内容独立的服从全部法律的义务”是值得怀疑的，普遍性要求所要处理的问题范围。他认为，普遍性要求暗含着这样的问题，即“我为什么应该服从”，而这个问题可以有理论上的目的或实践上的目的，它的目的可以是对信仰或行为动机的证明。这一问题把“我”这一主体看成是：（a）作为提问者主体（agent as questioner），（b）作为反思主体（agent as reflective）以及（c）作为行为主体（agent as actor）。艾欧佐把（a）作为参照因素，把（b）作为反思因素，并把（c）作为行为因素。[2] 他逐一讨论了这三种情况，在此基础上，分析了对来自多重原则理论实践问题的假设回应的可能意义。

首先，从多重原则理论中的公平原则出发，对“我为什么要遵守法律”这个问题的假设回应可能是：“因为我已经从国家那里接受利益，因此我应该承担自己的份额去支持它。”这一回应意味着公平游戏原则依赖利益的接受来获得吸引力。这一关注点的变化将克劳斯科版本的公平原则与其前面的哈特和罗尔斯的版本区别开来。对后两人来说，合作计划的存在作为获益的原因这一点在公平原则中是非常重要的。但这需要将一个无辜的旁观者和一个与这一事业相关的参与者区别开来，因为，这里牵涉到这样一个问题，即那些仅仅是被牵涉进来而没有参与的人们是否有与参与者相同的要求。克劳斯科通过接受利益这一前提将一个人置于为这一计划做贡献的责任之下避免了这个问题。而且，克劳斯科的版本还覆盖到了推定有益的公共产品的接受问题上，因为，只有从这种产品中受益

---

① Joseph Raz, *The Authority of Law: Essays on Law and Authority*, New York: Oxford University Press, 1979, supra, note 4 at, p. 234.

② Nkiruka Ahiauzu, "Multiple Principles and the Obligation to Obey the Law", *Deakin Law Review*, Vol. 10, No. 2, 2005, pp. 532-533.

才能使人们部分或真正意识到提供这种产品的计划存在。当人们没有利用这些推定有益的公共产品时，服从法律的义务就不会产生。

公平原则坚称，任何想要过上有价值的生活的人，都有责任帮助那种能使他从必不可少的公共产品中受益的合作计划存续下去。因此，艾欧佐认为，这种论证能够满足“信仰要求”，因为它是一种人们一般认为是可信的论证。但是，行为因素提出了进一步的要求，即人们一般是按照其信念采取行动的。这种信念被认为可能存在于所有时间或大部分时间，而这正是论证的基础。按照这一论证，我们可以假设，如果情况确实如此，人们一般就会遵守法律。如果转换成克劳斯科的公平原则，问题就变成得到利益而获得的公平义务出现在所有或大多数时间，前提是国家能够确定地提供推定有益的公共产品。诸如人身保护或法律规则这样的公共产品被认为是必须得到的，以便能够使人们在法律所要求的全部或大部分情形中按照公平原则的要求去采取行动。然而，在艾欧佐看来，即使在被看作是高度民主而又高效的社会里，诸如法律规则和人身保护这样的公共产品也不是始终都有保证的。即使是最民主或高效的国家也只是被认为在致力于确保这些公共产品能够为其公民所获得。进一步说，“声称确实能够使这些产品在大多数时间或所有时间为公民所获得也可能言过其实了”①。这也许暗示着，建立在非排他性公共产品的提供基础上的公平游戏责任，将不会产生按照这一责任而采取行动的一般动机，因为，这些产品的提供是不确定的。

其次，我们来看一看互助原则。与公平原则不同，互助原则并不认为人们的责任来自于国家所提供的推定有益的公共产品。因为，作为自然责任原则的派生物，互助原则诉诸人类的本质。从这一原则出发，对“我为什么要遵守法律”这一实践问题的回应很可能是“因为我要帮助不幸的人们”。这一回应的目的在于能够覆盖对社会中不利的人有利的国家服务。它被认为依赖两大要素，一是存在不幸之人；二是存在解决他们需要的政府项目和公共政策。按

① Nkiruka Ahiauzu, “Multiple Principles and the Obligation to Obey the Law”, *Deakin Law Review*, Vol. 10, No. 2, 2005, p. 539.

照克劳斯科的描述，这一原则并不一定要求国家的政策或公共项目真的能够满足这些需要。它只是要求政府能够承诺帮助处于这样一种境况下的不幸之人，而且这种承诺通过针对这一目的的政策和项目的存在而变得足够的明显。这一原则的目的在于，能够为公民支持政府为社会中处于不利地位的人所做的努力提供理由。

如果从行为因素来说，这两大要素可以被看作是条件，互助原则依赖它们的存在，即在出现法律要求的大多数情况下能发挥作用。可以说由于大多数，如果不是全部社会都在遭受资源分配不平衡的痛苦，总是有些人得到的比别人要少，得到的比他要过上真正有价值的生活要少。因此，这些人的境况以及他们的需要构成了负责任的政府应该关注的东西。按照这一原则，公民因此应该遵守法律，以此支持政府为改变这些人的境况所做的努力。但是，按照罗尔斯对自然责任的描述，以及克劳斯科互助责任的来源，如果需要公民付出巨大的代价，那么这种责任是不会产生的。因此，在一种特定的情形中，如果遵守法律需要付出巨大的代价，那么，公民可以选择不服从。因此，艾欧佐的结论是，虽然在条件几乎总是具备的情况下，互助的责任能够在某种程度上提供人们一般的守法动机，但其严格性特征使得它独立性不够，因此，需要依赖多重原则理论中其他更具说服力的原则。

再次，是关于共同利益原则的可能回应。前面已经谈到，共同利益原则旨在解释非排他性公共产品和为不幸之人提供的公共产品之外的政府服务。这种服务在于促进社会共同利益。由于它存在于国家作为一个整体存续下去的公民利益之中，因此，国家所提供的服务，虽然对他来说不是必不可少或不是直接针对不幸之人的，但仍然要求他支持，假如这一服务对社会作为一个合作单位有好处的话。因此，按照共同利益原则，对“我为什么要遵守法律”这个问题的可能回应是，“因为我要承担我的份额去促进社会共同利益”。但是，按照克劳斯科的说法，这一原则要发挥作用，必须具备一些条件。一是国家所提供的东西必须被看作是属于共同利益的范畴的，它应该符合共同利益的要求。用克劳斯科的话说就是，它“所得到的利益必须超过所支付的代价”。二是这些共同提供还必须在社会中公平分配。三是提供这些利益的决定还应该是通过民主程序做出的。

但是，依照艾欧佐的看法是，在现实社会中，国家所提供的利益必须符合公共利益的上述条件是不可能完全达到的。这一点，其实克劳斯科自己也承认。民主的程序即使能够获得，这些程序也可能被滥用。在缺乏保障的情况下，多数人总是会牺牲少数人的利益。这就会影响第二个条件，即公平分配，而指导这些提供物公平分配的原则所要求的正是民主的程序，虽然克劳斯科认为，民主的本质决定了滥用民主程序所做出的决定几乎总是可以修正的。而从第三个条件来看，它的目的是保护公民支持公共产品的提供。由于公共产品的“共同性”具有实体和程序的要求，因此，除了实体上要求符合共同利益以及进行公平分配外，与这种产品相关的决定还必须符合民主做出这一程序要求。建立在国家服务的存在基础上的这条原则必须达到这些实体要求和程序要求。因为，只有这样的国家服务存在，源自共同利益原则的守法义务才会产生。不过，就行为因素而言，涉及两个相关的问题：（a）在何种程度上说国家的服务能够符合这些要求？（b）在何种程度上说，它们能在全部时间或大多数时间符合这些要求？

这两个问题既相似又不同。第一个问题只是表明，共同利益原则的各项要求已经符合；第二个问题旨在揭示，在需要服从法律规则的所有或大多数情形中，这些要求都已符合。艾欧佐认为，在民主的社会里，克劳斯科所提出的上述第二个以及第三个条件已经被接受为政治文化的一部分。换句话说，政治决定一般都可以被期待以民主的方法做出，并且除非有相反的合理因素，资源也可以被期待以公平的方式分配。即使实体正义无法实现，这些程序的存在以及国家维持它们的承诺应该已足以表明一个国家是民主的。不过，要求每一个产于民主机器的产品都达到实体正义将是不现实的。而且，事实上并非每一个民主作出的决定都是正义的。但是，由于民主的标准是令人满意的，因此，可以说行为因素已经得到满足。不过，关于共同利益的原则，克劳斯科提出了更高的标准。他说：“……但是，我们应该认识到，CG 并不能使所有政府制定的、声称符合公共利益的法律都能得到证明。这一原则只能使那些实际上促进共同利益的东西合法化。”①

对此，艾欧佐的看法是，克劳斯科自己把问题搞复杂了，因为，按照他这一说法，只有满足实体标准，共同利益原则才能为任何对人的道德主张提供理由。换句话说，所提供的公共产品必须在实际上符合公共利益才能在公民身上产生义务。而几乎没有争议的是，即使在不太民主的国家里，也有迹象表明，国家所提供的公共产品是符合共同利益的，但是，即使在最民主的国家里，也很难说全部或大多数共同提供最终实际上都能促进公共利益。我们最多只能够说他们打算这样做，而且决策是民主的，并且符合程序标准。如果实体标准要为产生于公共产品的守法义务提供理由，那么，这些产品就必须被公民看作几乎总是或大部分实际上是对整个社会有益的，而这几乎是不现实的。

基于上面的分析，艾欧佐认为，多重原则理论可以从如下两种方式来理解：一是要求公民支持特殊种类的国家服务（即推定有益的公共产品，为不幸之人提供的产品以及共同提供），因为，这些种类的产品产生了某类义务；二是要求公民支持致力于提供而且/或者确实提供了这三类产品的政府。② 第二种理解表明，这一理论试图说明一个好的政府应该是什么样子的，其目的是证明有一种责任去支持这样的政府。这一理论因此可以被理解为一种单一的、由三种守法理由所组成的“超级责任”（super-duty）。但是，这三种理由如果被认为是连在一起发挥作用的，从而覆盖到了法律规则能够出现的所有或几乎所有可能的情形中，那么，这一理论的第一种理解似乎更贴切。它可能暗示着每一种情形都会要求从三种理由中选一种能够适用的理由。如果能够以这样的方式来理解的话，行为因素的要求似乎就得到满足了——每一种情形都有一种适用的理由。但是，如果法律规则应用的所有情形被划分为三组公共产品的

① 这里的 CG 是指共同利益，具体见 Geogre Klosko，“Multiple Principle of Political Obligation”，*Political Theory*，Vol. 32，No. 6，2004，supra note 2，at，p. 816。

② Nkiruka Ahiauzu，“Multiple Principles and the Obligation to Obey the Law”，*Deakin Law Review*，Vol. 10，No. 2，2005，p. 542.

话，并且在一组公共产品之中，要是这一原则的条件因素（condition-element）的出现并不足以为守法的一般动机提供理由，那么，将会使整组公共产品很多的情形都不能被覆盖到。

由此可见，虽然在多重原则理论中，多种原则结合的效果是，它能够比这些原则所能单独达到的覆盖率更高。但是，如果这种理论想要为守法的一般动机提供理由的话，就行为因素而言，这些原则各自的局限性仍然影响着这一结合之后的理论的可能覆盖率。因此，艾欧佐的结论是，由三个假设性回应组成的多重原则理论并没有充分满足“我为什么要遵守法律”这个问题的第一人称因素。虽然公平游戏原则和共同利益原则可以被看作是，一方面，通过人们可能给予的回应，满足了参照因素；另一方面，认为人们已经做了反思，且并非是对法律表示了简单的赞同，因此解决了反思性因素，但是，它们都不能产生行为主体遵守法律的动机。这是因为，它们赖以为据的、足以为守法的一般动机提供理由的条件因素并不是在所有时候或大多数时候都存在的。此外，自然责任的回应虽然能够满足行为因素，但说服力不够，如果没有其他原则的帮助，并不能独立覆盖于一般守法动机相关的国家提供的三类公共产品。

第九章

政治义务的怀疑论立场

当单一的政治义务理论，无论是同意理论、公平原则、感恩理论、关联义务论，还是自然责任理论都无法为一般守法义务提供令人满意的哲学解释而迫使其倡导者或支持者纷纷诉诸多重原则或采用混合原则进行论证的同时，一些对政治义务持异议态度的人也开始发出了越来越强的怀疑声音。这种怀疑的立场主要包括两个层面：一是并不完全否认特殊政治义务的存在，但认为一般政治义务无法得到证明；二是认为由于政治义务无法得到证明，因此，是不存在的，但并不会由此推出不服从的正当性。因为，政治义务最多只能算是人们守法或服从的其中一种理由。

具体而言，这些不同层面的怀疑主义立场主要诉诸以下论点：一是美德论（virtue theory）者，如塞尔科夫（Stephen Salkever）认为，我们应该问的是“道德上我们要去做什么”，而不是“我们被迫去做什么”。[①] 二是先验（a priori）哲学无政府主义者，如沃尔夫等人认为，政治义务与强烈的自主（autonomy）概念是不相容的，国家作为一种权威就是“命令的权力，与此相关的是，被服从的权力”，如果我们承认有这样一种权威，我们就等于允许别人统治我们，也就违反了“行为自主”（act autonomously）这样一种基本的道德义务。因此，从根本上说，政治义务与强烈的自治概念是不相容的。三是后验（a posteriori）哲学无政府主义者，如自由主义阵营中的西蒙斯尝试以某种独特的形式对政治义务进行细致的分析，

① 与前者相对应的一个经典政治义务问题是“我为什么应当遵守法律”，而与后者相对应的经典政治义务问题则是“我为什么有义务去遵守法律”。

并发现所有这些理论的表述都缺乏独特的理由，因此，政治义务是不存在的。[①] 四是特定义务论者，如史密斯、格林、麦克唐纳（Margaret MacDonald）和麦克佛森（Thomas McPherson）等人认为，具体的守法或服从的义务是存在的，但是，普遍的、一般的守法或服从义务是不存在的。

面对这些异议，政治义务的捍卫者给予了积极的回应，其中最为引人注目的是通过在同一时间使用多重原则来证明政治义务。不过，虽然多重原则论证在处理政治义务的某些麻烦时也许比较成功，可它并没有办法有效地弥补政治义务理论的根本缺陷。这主要是基于这样一个事实，即它们只能在某一个时间里对单一的批判予以回应，而不能对所有的批判给予回应。与此同时，异议者比如休斯（Thomas M. Hughes）也借鉴了多重原则论证的方法，通过协同使用多重原则进行批判的方法，提出了一种所谓的“多重原则批判”（multiple principle critique）的理论。[②] 这种综合的怀疑主义理论认为，任何一种政治义务的一般理论必须能够回应的不是一种针对政治义务的单一批判，而是针对已经提出的所有批判。按照这一标准，没有一种现行的政治义务概念能够足以为人们提供一种关于政治义务问题的充分解释。据此，他们认为，由于现行政治义务理论的这些缺陷，在21世纪之初，政治义务概念的怀疑论方法将是一种正确的方法。

第一节　对“初确义务”和“一般说明”的批判

大多数政治义务的支持者都认为，政治义务概念是理解个体与其所属特定政治制度之间关系的主要方式。因此，政治义务是：

① T. M. Hughes, “Against Political Obligation”, *Paper Presented at the Annual Meeting of the Midwest Political Science Association*, Palmer House Hilton, Chicago, Illinois Online <APPLICATION/PDF>. 2006-04-20. from http: // www. allacademic. com / meta/ p136815 _ index. html. 2009-05-25.

② Ibid. .

（1）一种美德义务，即作为政治社会的成员，无论道德倾向如何都必须履行的要求；（2）一种特殊的义务，即基于公民与特定的政治制度相联系这一事实而产生的义务，对别的国家是没有这种义务的；（3）一种政治上的义务，既有别于法律义务也有别于更为一般的道德义务，更进一步说，一个人履行义务的原因不仅仅是法律的要求，而且还有道德的因素。然而，到了20世纪后期，政治义务的这些主导范式遭到了反对者的广泛质疑。持反对态度的哲学家认为，鉴于当下的政治义务表述没有一种是充分的，因此，简单地假定政治义务的有效性是很成问题的。他们提出的疑问是：真的存在一种初确的政治义务，要求我们所有人，在所有时候，去遵守所有法律？

支持者认为，显然是有的，并声称哲学家的任务在于说明这一义务的道德基础，而不在于去论证它是否真的存在。比如，罗尔斯就在其《法律义务与公平游戏的责任》一文中写道：我将假设，至少在一个像我们这样的社会中，有一种服从法律的道德义务，这不需要任何论据，尽管在某些情况下这种义务可能会被其他更严格的义务所推翻。在这里罗尔斯所涉及的实际上就是“初确义务”[①] 的问题。不过，最早明确提出初确义务这个概念的是罗斯（William D. Ross）。他将义务分为“初确义务”与“实际义务”（actual obligation）两种，以解释义务之间的冲突。具体地说，初确义务虽然也是有约束力的，但其约束力是有条件的，有可能会被其他的义务或道德要求所推翻或压倒，从而归于无效。因此，它也被称作有条件的义务或“考虑了其他条件的义务”（the obligation other things considered）。[②]

而对反对者，比如说对怀疑论者史密斯来说，存在一种服从法律的初确义务是不明显的。相反，这是需要加以证明的，而不是可

---

① 在罗尔斯那里，初确义务严格来说不能算是义务，充其量只是某种可能会成为义务的东西。这一观点受到了当代许多思想家比如西蒙斯、克劳斯科、哈特等人的批评，他们认为，初确义务也是义务，不能因为被压倒了就不是义务了。

② William D. Ross, *The Right and the Good*, Oxford: Oxford University Press, 1993, pp. 18-20.

以如此轻率地做出假定的。在《有一种服从法律的初确义务吗?》一文中，他指出，无论是“依赖于每个人从政府那里所得到的利益”，“隐然（tacit）的同意或承诺”，还是借助于“效用或普遍利益”，都不能证明服从法律的初确义务。为什么这样说呢？史密斯认为，要理解这一点，首先要对初确义务的概念做个界定。他特别说明，他是根据不当行为（wrong doing）来定义“初确义务”的，即“说一个人S有初确义务去实施行为X，就是说S有一种道德理由去实施行为X，对于这种行为来说，除非S有一种不实施行为X的道德理由，且这种道德至少与他实施行为X的道德理由一样充分，否则，他不做X就是不对的”[①]。根据这一定义，史密斯提出了合理确定初确义务重要性的两条原则：一是当且仅当一种违反了初确义务而又没有履行其他任何义务的行为是一种严重的错误；二是当且仅当这一义务的违反将会使出于其他原因已属错误的该行为更加不对。

为了论证这一观点，他提出了所谓的“律师的问题”：只要没有某种具体证据能够证明某一行为是正当的，一个理智的人是否会仅仅因为这种行为不合法就因此认定它在道德上是错误的？对此，史密斯的回答是，也许对一个律师来说是这样的，但对他来说却不是。原因在于，虽然大多数违法行为都是不对的，但却不是所有的违法行为都是这样的。正如德夫林爵士（Lord Devlin）所说，有些法律太过挑剔，“认为违反这些规则不道德的看法是迂腐的”[②]，有时甚至违反一些不太挑剔的法律也是正当的。换句话说，有时候，一些最富良知的人难免也会因为一些微小的利益而违反一些无足轻重的法律，而且，他们这样做的时候并不会感到惭愧，别人看到他们这样做的时候也不会去责难他们。因此，在史密斯看来，一个人或许有义务服从某一部特定的法律，但却没有义务服从全部法律，他的态度是：“尽管那些屈从于（subjuct to）一个政府的人常常有

① M. B. E. Smith, “Is There a Prima Facie Obligation to Obey the Law?”, *The Yale Law Journal*, Vol. 82, No. 5, 1973, p. 970.

② P. Devlin, *The Enforcement of Morals*, Oxford University Press, 1965, p. 27. 中译文见毛兴贵编《政治义务：证成与反驳》，江苏人民出版社2007年版，第223页。

一种初确义务去服从某些特殊的法律（比如，当不服从有极为不利的后果或涉及一种属于自体恶［mala in se］的行为时），但是他们并没有初确的义务去服从政府所有的法律。”① 换言之，即使承认有初确义务这样一个概念，它也只是一个具体的概念，而不是一个一般的概念。

其他怀疑论者则认为，根本就不需要初确义务这样一个概念，或者说这个概念靠不住。比如拉兹就认为，政治义务问题是有时代性的，在国家内忧外患的时候，比如20世纪60年代美国处于越南战争和民权运动期间，公民对社会或者说国家有何责任或义务的问题就显得格外引人注目，而一旦社会或国家处于相对稳定的时期，这个问题很快就会隐退，让位于另外一个问题：社会对其成员有哪些义务和责任？从这个意义上说，每个公民是否都有一种初确道德义务去服从一个相对正义的国家及其法律，并不是一个始终都值得认真对待的问题。即便有人认为服从法律的初确义务值得讨论，政治义务的概念也是多余的，因为，假定我们承认服从法律的义务源自其他道德义务，在一个不正义的国家中，它或许还有点用，毕竟它在没有道德义务的地方施加了一种道德义务，但在一个正义的国家里，它最多只是某种道德的影子，并不能为守法义务增加任何额外的东西。因此，对初确义务概念的怀疑是正常的，而且，在拉兹看来，人们对初确义务概念的怀疑并非始于今日，“在17、18世纪现代政治理论产生之初，就有一个显而易见的正统观点：如果有服从法律的普遍义务，这种义务之所以存在，也是因为它是人们自愿承担起来的”②。在拉兹这里，作为共同体忠诚义务的一部分的服从义务是半自愿性的，在一个相对同质的社会里，人们基于共同的归属感而自愿承担政治义务是可以得到合理解释的。但是，在一个完

① M. B. E. Smith, “Is There a Prima Facie Obligation to Obey the Law?”, *The Yale Law Journal*, Vol. 82, No. 5, 1973. 中译文见毛兴贵编《政治义务：证成与反驳》，江苏人民出版社2007年版，第208页。

② Joseph Raz, “The Obligation to Obey: Revision and Tradition”, *Notre Dame Journal of Law, Ethics & Public Policy*, Vol. 1, 1984. 中译文见毛兴贵编《政治义务：证成与反驳》，江苏人民出版社2007年版，第257页。

全多元，许多人甚至根本没有归属感的社会里，说这些人具有初确的道德义务去服从哪怕是正义的国家的法律，都是缺乏说服力的。为了避免这种尴尬，拉兹建议，应该对服从法律的一般义务的解释进行这样的修正：是否服从法律，不是一个“有没有义务”这样做的问题，而是一个“有没有理由”这样做的问题。换言之，人们“有理由服从法律，无义务服从法律”。具体地说，“大多数人在大多数时候都有充分的审慎理由（prudential reasons）去服从法律，违法有可能会招致法律制裁（刑事方面的或其他方面的制裁），这些制裁是大多数人在大多数时候所不欢迎的；还可能会受到种种‘社会制裁’，尽管这些制裁以不同的方式对不同的人有着不同程度的影响，但是它们却在相当大的程度上影响到大多数人。而且，所有这些理由……与服从法律的道德理由不同，根据这些道德理由，我们之所以要去做法律所要求之事，其理由与这是法律的要求这一事实无关”①。

还有一个从另外的角度对初确政治义务的概念表示怀疑的人是格林。虽然有人认为怀疑论立场与大多数人实际上所相信的东西不符，因此，既具有自身内在的困难，也不能满足外在的检验标准，但是，在《谁相信政治义务》一文的开篇，格林还是直截了当地指出，总体上，人们对存在服从法律的一般义务的怀疑趋势越来越明显。为了证明这种观点，格林区分了来自符合论（或称融贯论）论证与来自通常意见的更为普遍的论证之间的区别，并认为人们对政治义务的普遍信念依赖于后者而不是前者，因为“就道德依赖于情感而言，没有比大众意见更高的法庭，而那些与此不同的、更为理性的理论在哲学上是值得怀疑的”②。那么，大众的意见或者说通常人们对政治义务的意见是怎么样的呢？格林发现，还没有人设计出一种令人满意的研究方法去解释人们到底在多大程度上相信政治义

① Joseph Raz, *The Authority of Law: Essay on law and Morality*, Clarendon Press, 1979. 中译文见毛兴贵编《政治义务：证成与反驳》，江苏人民出版社 2007 年版，第 238 页。

② Leslie Green, "Who Believes in Political Obligation?", *For and Against the State*, ed., J. T. Sanders and J. Narveson, Lanham, MD: Rowman and Littlefield, 1996. 中译文见毛兴贵编《政治义务：证成与反驳》，江苏人民出版社 2007 年版，第 262 页。

务，也就是说，还没有直接的经验性研究，但是间接的或者说是相关的研究还是有不少的，比如对纳税意识、支持政府、遵守法律等的研究。在少之又少的研究中，格林认为泰勒的研究值得重视。①通过对芝加哥人的调查，泰勒试图弄清人们对法律的遵从多大程度上是基于规范性理由而不是工具性理由。不出所料，他发现，人们之所以服从是因为他们觉得这样做是恰当的，而且这种信念不是源于服从的后果，而是因为其他原因，比如制度的正当性等。尤其突出的是，“受访者接受服从义务的程度是惊人的”②，比如泰勒设计的“人们应该服从法律，即使它与我们认为是正当的事情相违背”，以及“我总是尽力地遵从法律，即使我认为它不对”这两个与政治义务相关的问题都获得了高达82%的支持率。据此，我们是否可以认为，人们在服从的问题上存在广泛共识？对此，格林并不是这样看的。他认为，即使上述这些回答是真诚的，这些公开承认也不足以证明存在着对服从义务的基本信念。就好比在美国问“你相信上帝吗”，大多数人会说信，而就像你不能据此证明他们一定有此宗教信仰一样，我们也不能证明说对上述两个问题给予肯定回答的人，就一定具有政治义务信念。事实上，即使受访对象没有政治义务信念，出于其他考虑仍然能够对这两个问题给予肯定回答。这种经验性数据并不能证明什么。因此，格林认为，虽然通常意见在直觉上更有吸引力，但是它依靠的是一种肤浅的经验主义，太不严谨以致无法支持那些理论家对它的信赖。换言之，我们所拥有的最好的经验性论据往往是非常不可靠的，因此，我们也就不能肯定怀疑论是否真的与我们的通常信念不相容。“在什么是我们对国家的负担的问题上，政治义务是一种不可靠的观点。”③也就是说，即便在描述的意义上（根据经验性证据）说，初确的政治义务是否存在也是令人怀疑的。

---

① Tom R. Tyler, *Why People Obey the Law*, New Haven: Yale University Press, 1990.

② Ibid., p. 45.

③ Leslie Green, "Who Believes in Political Obligation?", *For and Against the State*, ed., J. T. Sanders and J. Narveson, Lanham, MD: Rowman and Littlefield, 1996. 中译文见毛兴贵编《政治义务：证成与反驳》，江苏人民出版社2007年版，第271页。

除了初确义务的概念受到批评之外，试图为我们寻找“一般”政治义务的努力也面临许多反对的声音。一些政治思想家认为，任何一般性地为政治义务提供基础或证成的企图都是错误的，这个问题是个伪问题，是概念混淆的结果。真实的问题应该是，在具体情况下，我们是否有义务遵守具体的某些法律或某一法律。这种概念性论证的最早表述可见之于麦克唐纳的一篇题为“政治理论的语言”的文章中，她写道：“为客观物体的存在提供一般性证明似乎是不可能的，提出这样的问题也有些荒谬。……同样地，对于‘为什么我应该服从任何（any）法律，承认任何国家权威或支持任何政府’这类问题的答案就是：这种问题本身毫无意义。”①

与麦克唐纳一样，麦克佛森虽然并不否认特殊义务也许需要证成，甚至认为这种义务还有可能得不到证成，但却声称一般义务既没有必要也不可能得到证成。在其著作《政治义务》一书中，他写道：“社会的人负有义务不是一个需要解释或‘证成’的经验事实（在其他情况下它有可能是）。这是一个分析命题而不是一个综合命题。因此，‘为什么我应该接受义务’这种形式的普遍问题都是一种思考上的错误。‘为什么作为其中一名成员的我应该接受俱乐部的规则’是一个荒谬的问题。接受规则本来就是作为成员的题中应有之意。同样，‘我应该服从政府’也是一个荒谬的问题。如果我们认为政治义务是我们还没有、进而有待证成的东西，那么，我们就没有理解作为政治社会的一员到底意味着什么。”② 在这一段话里，麦克佛森想强调的是，作为社会成员，就已经在逻辑上包含了我们所负有的义务，我们可能想知道政府要求我们这样做是否正当，但是，我们不能怀疑（从逻辑上不能）政治社会的成员已经包含了对政府的义务。

不过，虽然特殊义务论者认为政治义务理论很无聊，作为政治社会的成员本身就已经蕴含着政治义务，但是，他们并没有告诉我们，政治社会指的是什么，对此我们一无所知，可这是问题的关键

① M. MacDonald, "The Language of Political Theory", in A. G. N. Flew (ed.), *Logic and Language*, 1st series, Oxford: Basil Blackwell, 1951, pp. 183-184.

② T. McPherson, *Political Obligation*, London: Routledge & Kegan Paul, 1967, p. 64.

点。难怪佩特曼（C. Pateman）会批评说，“从‘作为政治社会的一员’与‘政治义务’之间的概念上的联系直接得出结论说我们对特定制度负有义务，这种观点超越了纯粹概念分析的合理限度”①。因为，如果像麦克佛森那样将论证仅仅限于自由民主的政治中，那么，他使用的必定是一个未被证明的观点，即国家或政治社会等同于自由民主政治，而如果真的如此，那么，一个非民主国家的公民究竟有没有政治义务就不得而知了。

此外，按照麦克佛森的说法，守法的义务最好是被理解为制度性义务，即被一种为制度的规则所预设、参与者所承担的义务。因此，任何参与政治社会实践的人，都有义务服从这个社会的法律，就像一个加入篮球游戏的人有义务遵守游戏规则一样。但是，麦克佛森和其他对一般守法义务持怀疑态度的人可能都错了，虽然有时将政治生活看作一个游戏是有帮助的，但这样的类比可能走得太远了。因为，当我们玩游戏时，我们是自愿参与的，我们接受并承担遵守规则的义务。但在大多数情况下，我们对加入政治社会或在法律制度中参与是没得选择的。② 因此，如果说我们对生于其中的政治社会负有一般守法或服从义务的话，这种义务是不能简单类比为游戏义务的。

由此可见，几乎所有对政治义务持怀疑态度的哲学家都从政治义务一般性证成的失败中得出了一个大致相当的结论：任何一般性地为政治义务提供基础或证成的企图都是错误的，政治上的服从行为或者说对法律的遵守往往出于具体而又审慎的理由③，而非一般的道德理由。但是，政治义务的支持者认为，这样的结论是没有说服力的，彻底的怀疑主义者甚至是不可理喻的，我们不能因为一般

---

① C. Pateman, “Political Obligation and Conceptual Analysis”, *Political Study*, Vol. 21, 1973, pp. 223-224.

② Richard K. Dagger, “What Is Political Obligation?”, *The American Political Science Review*, Vol. 71, No. 1, Mar. 1977, p. 91.

③ 此处审慎一词指的是，为了自身利益而运用理智或理性。审慎地行事无所谓道德与不道德，它只是在一个人或一个组织的目的和利益范围内明智而理性地行事。参见尼古拉斯·布宁、余纪元编著《西方哲学英汉对照辞典》，人民出版社 2001 年版，第 829 页。

性的证明不成功就怀疑一般政治义务的存在，理由主要有以下几个方面：

首先，基于审慎理由（prudential reasons）的异议并不足信。对一些赞同法律义务、否定政治义务的人来说，对一般服从义务的讨论可能完全没有必要。① 理由在于，违法有可能会招致法律制裁（刑事、行政或民事方面的制裁），这些制裁是大多数人在大多数情况下所不欢迎的；违法还可能会遭受各种“社会制裁”（包括舆论的谴责），尽管这些制裁以不同的方式对不同的人有着不同程度的影响，但是它们却在相当大的程度上会影响到大多数人。但是，这些审慎的理由并不够广泛。如果它们是唯一的审慎理由，那么很明显，在没有任何反对违法行为的审慎理由可以适用的情况下，我们所有的人都有机会违法。比如，可能会在晚上 12 点，在没有任何过往车辆或行人、没有电子监控装置的情况下闯红灯。因为，对每个人来说，都存在一些诸如此类的法律领域，在其中，由于违法的风险非常小，审慎的考虑因素可能会支持他采取一种对法律完全不顾的策略，就像根本没有任何审慎理由反对他违法一样去行动。

其次，诉诸“自体恶”与“禁止恶”的反驳有失偏颇。② 也许，在一些人，比如在上一节中所提到的史密斯等人的眼中，讨论所有公民、在所有条件下、遵守所有法律的问题根本不可行。因为，如果对法律的违反包含了一种属于自体恶的行为，或者有一种明显不利的结果，我们通常会谴责这一行为，并且认为犯罪分子应该接受惩罚。但是，如果违法行为没有涉及一种属于自体恶的行为，只是一种禁止恶的行为，而且也没有什么有害的后果，我们通常就不会对它加以谴责，也不会认为违法者必须接受惩罚，除非逃避惩罚本身会带来一种另外的不利后果。因此，正如拉兹所看到的

① Joseph Raz, “The Obligation to Obey the Law”, *The Authority of Law: Essays on Law and Morality*, Clarendon Press, pp. 232-249.

② 这是罗马法中两个重要概念。前者指的是一种本身就违反了社会伦理道德的违法行为，其之所以为恶，是因为行为自身的性质，如故意杀人等；后者指一种与社会伦理道德无关的违法行为，其之所以为恶，仅仅是因为法律禁止这种行为，如不遵守交通规则等。

那样，我们对政治义务的讨论是有前提的，那就是我们有两个一般性的基本假设：一是一个正直的或道德的公民就是一个至少要服从正义制度下法律的人；二是一种良好的法律制度就是其法律应该得到好公民服从的法律制度。① 离开这样的前提，“自体恶”与“禁止恶”的反驳是不可能切中要害的。

再次，概念性论证并没有太多的说服力。② 一些坚持政治权威与政治义务具有逻辑关联性的学者认为，作为一个政治社会的成员，已经逻辑地包含着服从的义务，正如“承诺”一样，类似“权威”、“法律”和“政府”之类的术语，本身从语法上或者概念上就是同“义务”联系在一起的，因此，为一般政治义务提供某种独立的理由既无必要，也无可能。更为关键的是，“普遍性问题意味着要有一个同样普遍的回答……但是根本就不存在适用于每一种情况的一般标准”③，我们能够证成的只能是对某项具体法律的服从或不服从。然而，姑且不说这种类比是否恰当，仅就这种概念性论证本身就是有问题的，因为，有没有一般守法义务和有没有理由遵守具体法律是有区别的。事实上，一般守法义务问题既是个事实问题，也是个规范问题；既涉及一般信念，也涉及具体行为。换句话说，即便我能为我有（没有）的义务守法提供充分的理由，我可能仍然还要为我应当（不应当）守法提供满意的解释。

此外，服从的概念无论在内涵和外延上都比政治义务要小。除了服从法律，政治义务还涉及法律没有规定或没有明确规定的支持政府的行为，比如寻找国家敌人这样的爱国主义行为等。从这一意义上说，诉诸具体的服从理由的一些论证最多只能削弱狭义的政治义务，并不能反驳广义的政治义务。在一个价值多元的社会里，虽然缺乏共识的人们根本不能就政治义务的一般性问题达成一致意

① Joseph Raz, “The Obligation to Obey: Revision and Tradition”, *Notre Dame Journal of Law, Ethics & Public Policy*, Vol. 1, 1984. 中译文见毛兴贵编《政治义务：证成与反驳》，江苏人民出版社 2007 年版，第 239 页。

② 诉诸概念性论证的学者认为，将政治义务理论理解成为政治义务寻找一般性证成，这是由概念混乱造成的，是一个假问题。

③ M. MacDonald, “The Language of Political Theory”, in A. G. N. Flew (ed.), *Logic and Language*, 1st series, Oxford: Basil Blackwell, 1951, p. 183.

见，但我们仍然可以从知道如何以及为什么不能达成一致的知识中受益。因此，对一般政治义务问题的消解完全没有必要，我们需要投入精力的不是去质疑一般性问题本身，而是要弄清楚为何一般性基础得不到证明。

第二节　来自美德理论的反驳

美德理论是一种非常古老的理论。诉诸这一理论的政治义务批判，可以在塞尔科夫（Stephen Salkever）、弗兰克纳（Frankena）等人那里找到。在《美德、义务和政治》一文中，塞尔科夫似乎想要表明，探讨政治义务问题就等于回答“我应当做什么”这个问题，讨论的方式至少有两种：要么是基于一种美德论方法，即将问题改为“道德上要求我们去做什么?”要么是以当代被频繁地使用的义务方法去问：“我有义务做什么?”① 关于美德方法和义务方法之间的区别，在《论普里查德》的注释中，弗兰克纳曾进行过清晰的讨论。对弗兰克纳来说，美德伦理来源于人类“某些固有的良好愿望”，或者我们所谓的道德愿望，或者是基于良好愿望的一种道德安排。这些良好的愿望包括慷慨、勇气、感恩与仁爱等。因此，从本质上讲，美德伦理认为，先要“‘成为有德之人，然后才能做你所愿做之事’。……‘成为有德之人’可以被理解为指‘你有义务去做将产生并保持你的美德之事’”②。不过，弗兰克纳的美德立场并没有告诉个体必须做什么，他只是说人们应该变得有美德。相反，它却告诉我们，如果你变成有德之人，那么你就可以做任何你所希望的事，因为一个良善的人会倾向于做正确的事情，做正确的事情是一个人过自己的生活所采取的正确方式。这样一来，所探究的问题似乎就成了“什么是正确的美德”，或者“为了那些美德应该

① Stephen G. Salkever, “Virtue, Obligation, and Politics”, *American Political Science Review*, Vol. 68, No. 1, 1974, p. 78.

② William K. Frankena, “Prichard and the Ethics of Virtue, Notes on a Footnote”, *The Monist*, Vol. 66, No. 1, 1970, p. 8.

采取怎样的正确行动”以及“我们如何可以让人们的行为合乎道德”。

虽然如此，在弗兰克纳看来，义务伦理要求个人做正确的事，因为它被认为是正确的。这也可以被表述为，“一种道德责任感或者做正确之事的愿望”①。塞尔科夫也敏锐地指出，按照义务伦理，并不需要个人“成为”好人或按照良好的愿望行事，恰恰相反，要求他们去做的那些正确之事是来自责任感或义务感。但是，一个人在正确的范围内如何行事，对义务伦理来说并不被认为是重要的。一个人应该过的生活类型问题最终被归结为爱好问题，“源于美德的作用是一个逻辑错误”②。因为，在现代社会中，个体可以自由地赞同他们自己选择的行为标准，而不是按照所谓的“真实”行为标准来生活。也就是说，现代社会的义务问题将可能是，“如果每一个人都能自由地追求任何他或她希望赞同的行为准则，我们将如何为所有个体制定一种行为标准呢?”对此，来自义务传统的答案是，自由本身为解决问题的方案提供了基础，即通过屈从于某些诸如法律之类的限制，而且对它们负有服从的义务，使得个体能够保存他自己的自由，这一解决方案回避了“何为最好”的问题，或者说排除了究竟什么是人类生活的最佳方式或最佳问题的讨论。

因此，塞尔科夫和弗兰克纳都认为，虽然政治义务的现代概念试图表明，一个人有义务服从法律，是因为这个人看到他这样做可以保持自由。但是，这种诉诸单一原则去支持政治义务的方法，并不足以承担政治义务理论所必须承担的任务。用塞尔科夫的话说，它“可能会扭曲我们对政治现实的把握，把我们的关注点限制在一种不充分的，甚至偶尔是不重要的政治现象范围内”③。也就是说，通过把我们的政治讨论限制在自由问题上，就人为地排除了我们在政治美德等重要问题上的讨论，而恰恰是美德问题对政治体的建构以及存续其中的个体目标和生活方式影响重大。因此，塞尔科夫谨

① William K. Frankena, “Prichard and the Ethics of Virtue, Notes on a Footnote”, *The Monist*, Vol. 66, No. 1, 1970, p. 4

② Stephen G. Salkever, “Virtue, Obligation, and Politics”, *American Political Science Review*, Vol. 68, No. 1, 1974, p. 78.

③ Ibid., p. 92.

慎地表明，美德伦理这种来自古人的、具有悠久传统的替代范式也许更能够理解和评价政治关系。

但是，塞尔科夫和弗兰克纳等理论家将美德理论与政治义务理念截然分开的做法也受到了一些误解和批评。比如，班克（Bank）和麦克卡尔（McCarl）就认为，如果说塞尔科夫在《美德、义务和政治》一文中只是论证了反对义务范式的美德方法，那将是一种误会。他们从塞尔科夫那里发现了将两种方法结合起来的尝试。具体地说，他们认为，义务的方法最好是被理解为“理论发展的一个阶段”①，最终可以通向美德伦理。这种在同一个框架中理解政治义务的方法是新颖的，并且与基于塞尔科夫所描述的对美德的理解完全兼容。换句话说，政治义务可以是我们美德发展的必要组成部分，因此，政治义务的概念不应该被完全抛弃。

为了论证这一观点，班克和麦克卡尔在美德范式层次②与科尔伯格的认知—道德层面这两者之间画了一条平行线。为了建立这两者之间的联系，他们把塞尔科夫的三个不同层面不仅看成是分层的，而且是作为“经验上连续的（在时间上）”。也就是说，一个人必须能够通过认知（和美德）的早期发展，才能向后来（以及更高）的阶段推进。为了建立美德和义务之间的这种联系，班克和麦克卡尔认为，义务范式内的某些思想家，如马基雅弗利、霍布斯和洛克等人都处在认知—道德发展的传统层面。通过把义务范式放在一个发展的过程中（而不是一个严格的分层过程中），政治义务的概念在较高层次的美德发展中发挥了非常重要的作用。然而，尽管班克和麦克卡尔把义务包括进自己的美德理解中，但他们也认识到，在义务和美德（或传统和后传统）之间存在着非常明显的张力。他们写道，“……传统层面可从原则性层面来理解，但原则性

① Richard M. Bank & Steven R. McCarl, “Virtue, Obligation and Politics, Revisited”, *The American Political Science Review*, Vol. 70, 1976, p. 889.

② 这些层次源自古代作家，如柏拉图和亚里士多德。第一个也是最低的层次，是与经济相关联的，关注的是自私的需求和欲望的满足。第二个层次是政治层面或道德德性层面。在这一层面，个体的“私欲服从于城邦或政治共同体的目标”。最后以及最高层次是哲学层面，或理智德性层面。

层面不能从传统层面来理解”。据此，他们试图表明，塞尔科夫在对美德的理解中应该会接受把义务阶段作为一个发展水平较低的阶段，因为义务是必要的，以便达到理智德性（intellectual virtue）这一更高的原则性层面。因此，虽然他们承认义务和美德这两种政治观点之间存在紧张关系，但认为“现实就是由这两者组成的”①。

不过，政治义务的另一个怀疑论者休斯认为，虽然班克和麦克卡尔等人对义务的这种发展阶段论理解可能在把政治义务的概念建构成塞尔科夫所认为的美德这一更重要的问题方面取得了成功，但这种对政治义务的发展理解挽救不了政治义务的概念，因为，除了关于美好生活的问题外，政治义务还涉及个体自治、普遍性和全面性等重要问题。此外，塞尔科夫等美德理论家所声称的政治义务范式必然缺乏对所有善的观念的关切也是不正确的，事实上，个人自由本身就涉及美好生活的概念，因此，自由可以被改造成一个美德理论的版本。大多数尝试这样做的人，将赋予个人自主和自主做出选择能力以较高的道德价值。这一方法，我们可以在沃尔夫的《为无政府主义辩护》一书中找到。②

第三节　基于“自治”和“自我”的回应

有怀疑者认为，对政治义务的批判实际上不必诉诸古老的美德理论，密切关注个人自由的人很容易发现，政治义务的范式是不够充分的，尽管一些人对自由的价值仍持部分怀疑态度。诉诸自由的立场来反对政治义务的理论的做法我们可以在哲学无政府主义的立场中找到。而且，这种哲学无政府主义立场可以采取两种形式：一是原则的（principled）哲学无政府主义，属于先验的（a priori）无政府主义的一种，这是早期的哲学无政府主义理论。这种理论声称，不可能有合法的权力，也不可能有与此相关的政治义务，因为

---

① Richard M. Bank & Steven R. McCarl, “Virtue, Obligation and Politics, Revisited”, *The American Political Science Review*, Vol. 70, 1976, p. 901.

② Robert Paul Wolff, *In Defense of Anarchism*, New York: Harper and Row, 1970.

政治义务从根本上违背了个人自主（autonomy）的重要性，政治权威常常要求个人放弃自我判断。其代表人物是沃尔夫。二是所谓的实证的（empirical）哲学无政府主义，属于后验的（a posteriori）无政府主义理论，是一种后来才提出来的立场，史密斯、拉兹和西蒙斯是其代表人物，而且，严格意义上说，这是一种自由主义立场。[①]这种更近的说法称，政治义务可能存在于某些情况下，但不是以这样一种方式存在的，即它可以解释为什么许多或者大多数人必须支持和服从适用于它们的政治制度。关于实证的哲学无政府主义，我们将在下一节中讨论。现在，我们先来看原则的哲学无政府主义的基本主张。

与美德论者一样，而与实证的哲学无政府主义即自由主义的立场不同，原则的哲学无政府主义认为，政治义务范式不仅是不充分的，而且是一个不可救药的、带有根本缺陷的错误概念。之所以得出这样的结论，是因为沃尔夫对自主的概念持强烈的态度。沃尔夫理论的前提假设是，人类要为自己的行为负责，而且由于这种责任，人们被理解为在形而上学的意义上是自由的。个体具有对其行为负责的能力，有自主权的人必定不愿意放弃判断或将做出判断的能力搁置一旁，因为，这将导致责任能力的丧失。[②] 虽然这不是说个人就不会盲目行事，或一定就能够做出适当的判断，从而很好地履行责任。相反，我们可以放弃这一能力或不承认它，因为以这种方式、采取这样的行为并不完全是自主的。但是，只要我们重视个人自主（如沃尔夫一样）的价值，我们应该不愿放弃自己的判断，也不可能放弃为我们的行为负道德责任。[③] 也就是说，从个体自主这样一个观念出发，必然涉及“每一个人要对其行为负责”的问

---

① 需要解释的是，先验无政府主义主张，所有可能的国家在道德上都是不合法的。相反，而后验的无政府主义认为，尽管所有现存的国家都是不合法的，但却不是因为不可能有一个合法的国家，毋宁说，现存国家只是因为某些偶然的特征而被指责为是不合法的。

② Robert Paul Wolff, *In Defense of Anarchism*, New York: Harper and Row, 1970, pp. 12-15.

③ Ibid., pp. 14-15.

题，这就使得每个人“试图决定什么是应该做的”成为必要。[①] 因此，沃尔夫认为，不可能有合法的权力，也不可能有与此相关的政治义务实践，因为当局要求个人放弃自我判断。这导致沃尔夫采取这样一种立场，承认事实上的国家存在，但似乎并不承认任何法律上的国家存在。因为，一个事实上的国家就是当前在世界中存在的国家，但未必就是有理由存在的国家。一个法律上的国家将是一个有实际的理由拥有它所宣称的权力的国家。与事实上的国家不同，一个法律上的国家可能实际上并不存在。

这种对自主的强调将给政治权威带来严重的问题。对于沃尔夫来说，权威的定义就是统治的权力和被统治者对规则的服从。遵守规则仅仅因为它们是规则，这一点正是导致沃尔夫说政治义务必定不符合个人自主权的原因，只要我们重视自主权的价值，我们不可能支持政治义务。自主的个体可能会去做法律要求他们做的事，但不会去做法律上说的、仅仅是基于其上法律才成为法律的事。[②] 这样做，将是对个人判断的放弃，而且是对我们视为珍贵的个人自主的放弃。因此，沃尔夫的态度是，“严格地说，对一个自主的人而言，没有‘这是一项命令’这回事”。政治义务不符合个人的自主权，只要我们重视自主权的价值，我们就不可能支持政治义务。[③] 总之，在沃尔夫等哲学家看来，存在政治义务这一点并不是显而易见的，这是一个必须加以证明而不是可以轻率下结论的问题。对于一个爱思考又没有受到传统智慧影响的人来说，他第一次考虑这个问题时总是倾向于否认任何这样的义务，正如普里查德（H. A. Prichard）所说：“仅仅是收到一条以暴力为后盾的命令，如果能产生什么的话，产生的也是反抗而不是服从的责任。”[④]

值得注意的是，沃尔夫一开始并不是作为一个哲学无政府主义者出现的。最初，他打算通过使用民主理论来调和自主与权威的关

---

① Robert Paul Wolff, *In Defense of Anarchism*, New York: Harper and Row, 1970, p. 12.

② Ibid., p. 14.

③ Ibid..

④ H. A. Prichard, "Green's Principles of Political Obligation", *Moral Obligation*, 1949, p. 54.

系，但是，他最终被迫宣布没有发现这样一种解决方案。对于沃尔夫来说，民主理论失败的一个重要原因在于同意的概念。因为，民主的问题不在于我们同意什么，而在于同意必须根据统治我们的自己的律法做出。个人不应该同意这样一个原则，即受其约束去服从大多数人的意愿，因为这样的同意，将要求牺牲自己的判断，以及相应地牺牲自主性。① 因此，对沃尔夫来说，几乎所有的同意概念的最终结果似乎都导致个体自我判断的放弃，这与他的严格的自主权概念是完全不相符合的。

但是，批评者认为，沃尔夫的哲学无政府主义立场是可以反驳的，而且反驳的论据就在沃尔夫自己的说法中。虽然沃尔夫最终得出结论说：只要我们不应该放弃我们的自主性，与权威有关的政治义务就不可能合法地存在，但是，在他得出这一结论之前，他声称在理论上有解决问题的办法。"解决的办法是直接民主——也就是说，在一个政治共同体中，每个人为每个问题投票——服从一致同意的规则管理。"不过，他对这种做法很谨慎，并指出，"该解决方案要求强加一种不可能的限制性条件，这使得它仅适用于一种相当奇特的实际情形之中"②。应该肯定，这种回应是一种合理的，在沃尔夫的框架内的针对政治义务问题的理论答案，但由于与实际情况不相吻合，它最终还是被拒绝了。因为，对于沃尔夫来说，真正的问题是，直接一致的民主，是公民利益与愿望相和谐的需要。而在现实中只有两类共同体可能符合这个标准。第一类共同体是由痴迷宗教的人和为世俗理想所鼓舞的人所组成的，比如 19 世纪一些乌托邦的共同体，或 20 世纪的以色列基布兹共同体。第二类共同体是由理性自利的个体所组成的，他们相信只有通过保持一致才能取得合作利益。③ 然而，即使在这两种情况下，这两种共同体内对任何问题所产生的任何分歧，都有可能消解政治义务的合法性。此外，鉴于在所有问题上都要求直接参与，这种共同体的规模在实践

① Robert Paul Wolff, *In Defense of Anarchism*, New York: Harper and Row, 1970, pp. 7–29.

② Ibid., pp. 22–23.

③ Ibid., p. 25.

中是个问题，换言之，在规模巨大的政治共同体中根本不现实。由于存在这些实际困难，在沃尔夫那里，一致性作为解决问题的方案已不再可能。

不过，M. N. 史密斯[①]认为，虽然沃尔夫的论证从未有过太多的吸引力，但他致力于为政治义务的怀疑论寻找一种普遍理由的努力是值得肯定的。[②] 而且 M. N. 史密斯还尝试拯救沃尔夫论证中的重要直觉，即守法义务威胁到了某些很有价值的东西。但是，在哪些有价值的东西受到了威胁的重要问题上，他与沃尔夫的看法是不一样的。按照沃尔夫的说法，服从法律的义务威胁到的是“人是自治的”这样一种至上的道德要求，而 M. N. 史密斯则认为，如果我们有守法义务的话，那么，它的唯一威胁是主体自我（self）的道德地位。理由是守法义务将在道德上要求别的道德上正直的主体承受一种自抑（self-effacement）的压力，以利于在外在价值镜像中再现自我。在 M. N. 史密斯看来，需要这种自抑的任何义务都是成问题的，因此应该带有很大的怀疑。他坚信，如果他的基于“自我”的论证能获得成功，那么许多大家所熟悉的守法义务的理据，从经典的以同意为基础的理论到现代的各种辩护，如最近由克里斯蒂诺和伊斯兰德所发展的各种理论[③]，可能都需要应对这一挑战。因此，他说他虽然不打算复原西蒙斯所谓的先验哲学无政府主义的论据，但却打算与沃尔夫一样，尝试给政治义务的怀疑理论提供一般的理由。

M. N. 史密斯在沃尔夫的基础上对政治义务怀疑理论的阐发是从守法义务的三个传统特征开始的。这三个传统特征分别是：第

① M. N. 史密斯是 Mathew Noah Smith 的缩写，以区别于 M. B. E. Smith（Malcolm Barry Estes Smith）。

② Mathew Noah Smith, “Political Obligation and the Self”, *Philosophy and Phenomenological Research*, Vol. LXXXVI, No. 2, March 2013, pp. 347-375.

③ 克里斯蒂诺的观点具体见他的下列文章和著作：Thomas Christiano, “The Authority of Democracy”, *Journal of Political Philosophy*, No. 12, 2004, pp. 245-270; Thomas Christiano, *The Rule of the Many*, Boulder, CO: Westview Press, 1996; Thomas Christiano, *The Constitution of Equality: Democratic Authority and Its Limits*, Oxford: Oxford University Press, 2008。关于伊斯兰德的观点，可参见 David Estlund, *Democratic Authority*, Princeton, NJ: Princeton University Press, 2007。

一，守法义务的限制很少。在要求主体去做什么的问题上，守法义务的限制是很少的。只有当服从法律会犯严重道德错误时，才没有义务服从。但这种限制在道德上是极端的，而且，在行为的所有其他领域，守法义务都是有约束力的。第二，守法义务是有强制力的。守法义务为行为提供了强制性理由，终止了人们如何行动的慎重思考的理由，为人们提供了压倒性的，毋庸置疑地按照法律的要求去行动的理由。第三，守法义务建立在“与内容无关的”（content-independent）行为理由基础上。守法义务的强制性不仅发生在重要法律的情形中，而且还发生在不服从法律将导致道德上不良后果的情形中。守法义务作为一种理由的地位，并非基于这种理由是做某件事的智慧。如果有一种“与内容无关的”理由去做事，那么这种理由的存在并不依赖于做这件事的智慧：理由的内容独立于对这一理由的权威解释或证明。① 沃尔夫正是基于守法义务的这些特征，提出了反对守法义务的可能性的所谓先验论证（a priori argument）。沃尔夫认为，道德要求人们评估他们所面临的选择的优劣，并用这种评估指导他们采取行动。举例来说，如果 A 正在决定是 U 还是 W，A 应该权衡各种可能的行为方案的所有优缺点，并在基础上确定哪一种行为方案是最优的。因此，A 应该实施该行为，而且他应该这样做，根据的是这些非常慎重的考虑。按照沃尔夫的理解，这是一种责任，一种自治的责任（duty of autonomy）。这是根据对何为最好的或最正确的行动方案进行的反思性考虑而采取的行动。按照沃尔夫的说法，假设 A 把某些法律存在的明确事实作为与内容无关的强制行动的理由。那么，在这种情况下，A 不需要充分考虑行动方案的优劣，只要按照法律采取行动即可。而这就不符合自治责任的基本要求。因此，不可能有遵守法律的义务。

应该说，沃尔夫论证的结构是很清楚的。M. N. 史密斯把它概括为“没有矛盾的责任”（no contradictory duties，NCD）原则，即

① M. N. 史密斯在这里所列举的三个特征在哈特和埃德蒙森那里都提到过。具体见 Mathew Noah Smith，“Political Obligation and the Self”，*Philosophy and Phenomenological Research*，Vol. LXXXVI，No. 2，March 2013，p. 349，注释 4。

“不能有这样两种责任，其内容在逻辑上是不相容的”①。在这里，沃尔夫实际上涉及了两个重要的问题，一是自主性（autonomy）：对于所有的人来说，有一种责任要求每个人自主行动，也就是说，每个人根据关于如何行动的反思性考虑行事。二是遵守法律（obey the law）：对所有人而言，这是一种责任，它要求每个人服从法律对他的管理，即每个人都把法律对他的统治作为强制性的一种来源，以及与内容无关的按照法律要求行动的理由。很明显，这两者是冲突的。“遵守法律”要求每个人在面对法律适用的情形时不必思考应该如何行动，它只要求每个人按照法律自动行事。按照 NCD 原则，它们当中的一个或两个都应该去掉。由于沃尔夫非常崇尚自主性，因此，在他这里，“遵守法律”的义务必须去掉。然而，大多数人都会觉得，自主性是虚假的。也许正是由于这个原因，沃尔夫的论证在今天关于法律的话语中是没有吸引力的。M. N. 史密斯也不太主张自主性概念，认为特别是在上面所提到的“与内容无关的”理由的讨论中，有时正确的行动方案需要人们暂时放弃自己的自主性。甚至可以说，为了过上一种美好的生活，人们应该放弃自己的自主性。例如，婚姻的成功部分原因是其中一方，有时甚至在整个一生，允许另一方来决定双方该如何生活，至少是在某些问题上。这种对自主性的放弃，对于极其宝贵的、长期相爱的或者共同的伙伴来说有时是很有必要的。② 不过，尽管 M. N. 史密斯认为沃尔夫关于自治性的论证存在这些缺点，但是这一论证还是包含着对个体与法律之间关系的深刻洞察，从中可以确立一种反对守法义务的有力论证，这种论证就是守法的义务要求道德上正直的主体去承受一种激进形式（radical form）的自抑，以利于在外在价值镜像中再现自己的形象。

M. N. 史密斯进一步指出，守法义务的三个传统特征所描述的

① Mathew Noah Smith, “Political Obligation and the Self”, *Philosophy and Phenomenological Research*, Vol. LXXXVI, No. 2, March 2013, p. 351.

② 相关的讨论可见：Thomas Hill, Jr., *Autonomy and Self-Respect*, Cambridge, UK: Cambridge University Press, 1991。

实际上是一种法律的“命令模式”①，根据该模式，法律被理解为是上级发出的命令。在这里，法律的正式概念是某个主体发出的指导别人的命令，前者对于后者具有某种道德权力。在此模式中，因为法律产生于主体之外的某个人，主体很可能会把法律当作外来的东西。然而，从立法者的角度来看，法律都是相似的，因为立法者制定了法律。因此，现代许多早期思想家一个主要的挑战是，他们需要证明政治权威，以揭示外在的立法者的法律怎么能被“内化”（domesticated）在这样一种意识中，即主体把自己看作是法律的制定者，就如同他把立法机构，比如说君主或议会看成是法律的制定者一样。但是，除了上述模式外，守法义务还可以有“规则模式”（rule model）。② 这一模式是由哈特在20世纪中期首创的，然后为拉兹和其他当代实证主义者（positivists）所接纳。按照这种观点，法律仍然是外在的东西，其作用体现在主体的实践推理中。M. N. 史密斯将这些观点进行综合，得出结论说：法律并没有像一条河的水流那样推动着我们，即通过纯粹的力量直接作用于我们的身体。相反，“法律对我们的推动方式是非物理的（non-physical），以某种类似于我们自己的对事情对与错，好与坏的判断方式”③。换言之，法律作用的方式就是对主体的行为给予引导，或者说法律通过主体的智力能力推动他的行为。几个世纪以来，这一点得到许多思

① 持“法律的命令模式”（command model of the law）思想家很多。霍布斯、布莱克斯通、边沁、奥斯丁等就是其中的代表。具体见：Thomas Hobbes, *Leviathan*, edited by Richard Tuck, Cambridge, UK: Cambridge University Press, 1991, chapter 26, paragraph 2, p. 183; William Blackstone, *Commentaries on the Laws of England*, Chicago: University of Chicago Press, Vol. 1, 1979, p. 38; Jeremy Bentham, “What a Law Is” in B. Parekh, ed., *Bentham's Political Thought*, London: Croom Helm Ltd., 1973, pp. 146-156, 149; John Austin, *Province of Jurisprudence Determined*, 2nd edition, London: John Murray, 1861, p. xxxix。

② 持“规则模式”的思想家主要是哈特和拉兹。具体见 H. L. A. Hart, *The Concept of Law*, 2nd edition, Bulloch and Raz, eds., NYC: Oxford University Press, 1994; Joseph Raz, *The Morality of Freedom*, NYC: Oxford Clarendon Press, 1986, pp. 58ff, and his “Facing Up: A Reply”, *Southern California Law Review*, Vol. 62, 1989, pp. 1164 -1168。

③ Mathew Noah Smith, “Political Obligation and the Self”, *Philosophy and Phenomenological Research*, Vol. LXXXVI, No. 2, March 2013, p. 354.

想家的支持。[①] 按照这种理解，法律对主体来说是一种独特的现象：它被体验为植入一种价值或其他某个人做出的承诺。因为法律被主体作为一种源自外部的体验。因为，立法和法律作为产品不是主体内部心理活动的一部分，立法毕竟与个体的个人考虑和反思不是一回事，法律毕竟与一个人的个人价值和个人承诺不一样。从主体的角度看，法律起着独特的精神作用：它是一种外部实体，旨在以规范和价值“拓殖”（colonize）主体的精神领域。

基于外部价值植入问题的分析，M. N. 史密斯提出了态度持有（ownership）的概念，并指出，当一个人持有一种心理态度时，这种态度是构成自我的心理领地的一部分。[②] 换言之，通过识别、证明、内化，以及接受等过程，即把态度或情感或心理领地的某些部分，以及源于这些心理现象的行为看成是自己的。在这里，态度的持有是核心，它是一组心理状态的特别固定的组成部分，构成了我们对世界的最稳定和确定的实际姿态。正是这些态度，个人成为独特的历史演员；也正是这些态度，部分构成了具体的、实质性的自我。与所持有的概念相反，M. N. 史密斯又提出了疏离（alienation）的概念，并以戒毒为例论证说[③]，一个人的行为很可能是被他所疏离的欲求或承诺（或类似的东西）所驱使的，这时他会觉得他的人生仿佛不在他的掌控中。在这里，态度的持有和疏离是一对矛盾，为了进一步分析这个问题，他提出了一项被他称为“来源问题”（Provenance Matters，简称 PM）的原则。具体表述为：“如果一种态度是被外部力量植入的，如果这种态度是作为一个人被疏离的过程的结果而存在的，那么，这个人就有理由疏离这种态度。”[④] 通过将这一原则用于分析实

① 持这一观点的思想家有萨缪尔·普芬道夫（Samuel Pufendorf）、弗朗西斯科·苏亚雷斯（Francisco Suarez）、德沃金、拉兹和朱尔斯·科尔曼（Jules Coleman）等。具体见 Mathew Noah Smith, “Political Obligation and the Self”, *Philosophy and Phenomenological Research*, Vol. LXXXVI, No. 2, March 2013, p. 354。

② Richard Moran, “Frankfurt on Identification”, *Contours of Agency*, pp. 189-217, 190.

③ 具体见：Mathew Noah Smith, “Political Obligation and the Self”, *Philosophy and Phenomenological Research*, Vol. LXXXVI, No. 2, March 2013, p. 357。

④ Mathew Noah Smith, “Political Obligation and the Self”, *Philosophy and Phenomenological Research*, Vol. LXXXVI, No. 2, March 2013, p. 357.

际问题，他发现，情况并不总是这样，有时不但没有疏离某种态度，甚至出现了反转（inversion）。于是，他进一步提出了“反转论题”（Inversion Thesis，简称 IT）：遵守法律的义务要求（1）疏离与服从法律不相一致的原生态度（native attitudes），及（2）服从法律，它来自外部原因（foreign source）。这里的“原生态度”，指的不是被植入的态度；“外部原因”，指的是外在于主体的原始心理过程。

前面已经提到，法律通常被体验为一种植入的价值或主体的承诺。因为，主体通常把法律理解为来自于她不拥有的过程。即主体通常疏离于这一过程。那么，由 IT 所描述的反转是如何实现的？M. N. 史密斯认为，主要通过任何一个有道德的人把道德要求看作是他自己背后的机理。[①] 只要一个人是有道德的，这个人就不认为道德本质上是外在的。对有道德的人来说，道德要求似乎并不完全来自于他自身之外。相反，对有道德的人来说，他认为道德要求某种程度上来自于自己内部，因此，他不觉得有摆脱这些要求的内部压力。有道德的人并不是出于对惩罚的恐惧或对奖励的欲求才实施道德行为的。相反，他实施道德行为并非出于道德动机，而纯粹是出于一种应该做正确的事的感觉。总之，对于有道德的人而言，道德是某种他自己拥有的东西；它是原生于他的。但是，有反对者提出，道德难道不会像有些人说的那样是被巧妙地植入的？M. N. 史密斯的回答是：不会。理由是启蒙运动的遗产是致力于把所有（道德的）人都视为是拥有道德想象能力的人，表现在反思、理性探讨和在生活中的实践。但我们与法律的关系是完全不同的，因为主体必须完全依赖参阅权威文本，以便开始反思法律。此外，我们没有办法超越现行的法律，除非通过制定新法律，这是一个根本不同的过程。它有力地表明，法律在某种意义上是外在的，而道德却是以某种方式源于自我的，IT 对道德的适用与对法律的适用也是不一样的。

鉴于道德是原生的这一假设，因此，只要一个人是有道德的人，他就一定会按道德要求对实际态度做出回应。[②] 由于这些态度

---

① M. N. 史密斯承认，这一观点受到迈克尔·史密斯的启发。具体见：Michael Smith, *The Moral Problem*, Malden, MA: Wiley-Blackwell, 1994, pp. 69-76。

② Michael Smith, *The Moral Problem*, Malden, MA: Wiley-Blackwell, 1994, pp. 69 ff.

在动机上是有效的，它们可以驱使一个人采取行动。因此，如果这种态度在道德上是不可接受的，偏离了对道德生活的承诺，人们就会使自己与道德上无法接受的现实态度保持距离，以免这些态度推动人们的行为。因为，有道德的人不是因为偶然的基因才成为有道德的人的，而是通过反思他才致力于成为一个有德之人的。这种有道德的人认为，正是由于情感或动机上的压力，才使自己疏离于以不道德的方式行事的欲求。据此，M. N. 史密斯进一步提出欲望抑制（Desire Rejection，简称 DR）的原则："如果 A 是一个有道德的人，而且 A 有这种欲望、承诺或价值，D 赞同做 U，但 A 也知道，做 U 是错误的，那么 A 就觉得既有理性又有动机上的压力去疏离 D。"① 按照这一原则，我们假设某个主体 S 有一种服从法律的义务。假设她是一个有道德的人，正致力于在 C 中做 U，因为有一种非道德的价值建议她这样做。现在，假设法律要求她在 C 中做 W，而在 C 中做 W 和在 C 中做 U 是不相容的。S 知道这一法律。S 也知道她有义务遵守法律。她还知道在 C 中做 W 与在 C 中做 U 是不相容的。由于 S 是一个有道德的人，欲望抑制原则适用于她。所以，她必须培养和拥有一种在 C 中做 W 的愿望，并且必须疏离在 C 中做 U 的原本承诺（native commitment），DR 欲望抑制原则甚至有可能要求她疏离在 C 中做 U 的根本价值，因为在 S 承诺不以不道德的方式行事背后正是这价值。因此，根据服从法律的义务，S 被驱使去疏离原本的承诺和价值，并拥有源自外部的各种欲求，因此，我们看到了在 IT 中所描述的反转。有道德的人通过反转实现了与守法义务的一致，因为有道德的人不可能同时遵从守法义务，而又不反转。

然而，这种反转涉及明显的道德问题。因为，即使与独立道德原则相冲突的法律被排除，法律仍有巨大的适用范围。它涵盖了洛克所称的道德上"无关紧要"的行为，即在这一范围中，每个人都可以自由地去做在自然状态下"任何他认为合适的事"。因此，洛克写道，"在许多事情上，社会的法律限制了这样一种自由，他

① Mathew Noah Smith, "Political Obligation and the Self", *Philosophy and Phenomenological Research*, Vol. LXXXVI, No. 2, March 2013, p. 365.

［主体］在自然状态下拥有的自由”①。现代国家里通过行政管理规则支配着范围广泛的行为，这些规则都不是现有道德原则的具体体现。换句话说，就大多数法律而言，都没有道德上所要求的内容，只有由实际立法过程确定的内容。因为，正如刚才所说，即使立法者考虑到了与立法问题相关的所有道德因素，哪些明确的内容（道德上）在立法时应该被保留仍然是不确定的。许多不同的、相互排斥的法律都需要与道德要求相一致。因此，产生具有完全确定的内容的法律的唯一途径是通过实际的立法程序。但是，这个过程涉及复杂的妥协，以及其他没有特殊能力把握住与良好的决策相关的社会特征的政治过程。尤其是在实际的立法进程中，法律内容的确定往往取决于利益相关者的讨价还价。在这些与讨价还价相关的因素中，它们与立法问题在概念上是完全不相关的或在道德上是无关的。从这种意义上说，只要一个人受到法律的“拓殖”，这个人就受到了这样一些创造的拓殖，这些创造的特征由一些在概念上与主体应该如何对话的问题无关的因素决定。因此，这种拓殖在道德上是有问题的。

据此，M. N. 史密斯提出了他的关键概念与核心观点。“原本的自我”（Native Self，NS）和“相关性和道德要求”（Relevance and Moral Demands，简称 RMD）。关于前者，他想告诉我们的是，“一种作为原生过程的产物的稳定自我是极有价值的”。而后者则表明，“至少对于一种极有价值的东西 T，无论 T（在道德上）应该被保存还是被摧毁，除非在特殊情况下，都不能被与 T 的存在概念上不相关以及道德上无关的因素所决定”②。然而，M. N. 史密斯发现，令人遗憾的是，一个受到守法义务限制的有道德的人常常会面对以下选择：或者（1）因为要反映外在价值的缘故而放弃原本的自我，以回应与他的原本自我在概念上不相关和道德上无关的因素；或者（2）拥有与一个人的道德要求不相一致的原生的价值观和承诺。换

① John Locke, *Second Treatise on Government*, C. B. MacPherson, ed., Indianapolis, IN: Hackett, 1980, p. 129.

② Mathew Noah Smith, "Political Obligation and the Self", *Philosophy and Phenomenological Research*, Vol. LXXXVI, No. 2, March 2013, p. 370.

句话说，在这里，道德迫使人们进入两难选择，它甚至要求道德上的好人承认其他人的决定，而这明显是有问题的。总之，服从法律的义务将威胁到自我的原本构建：如果我们有守法的义务，那就有义务按照法律要求的方式行事，就有义务努力促进与法律的要求相一致的承诺和价值，同时，还会把与法律不一致的承诺和价值看作是道德上成问题的。这样一来，有道德的人因此受制于这样一种反转：他将使自己疏离于原本的自我，并拥有一些外在的价值，这些价值的内容取决于与政治需要相关的因素，而与有道德的人的生活和外在价值在这个人的生活中起关键作用的智慧完全无关。因此，一种几乎无法理解的理由是，有道德的人被要求采取一种激进形式的自抑，以利于在外部价值镜像中重建自我。而这在道德上是严重成问题的。

第四节　自由主义传统内部的异议

虽然塞尔科夫、沃尔夫以及 M. N. 史密斯等人确实提供了对政治义务范式的重要批判，可以说，他们都是从外部提供了对这一范式的批判。实际上，并非所有严厉指责政治义务的批判都是来自外部的。与那些赋予个体自主以价值或不惜诉诸某些善的概念的批判不同，存在一种与政治义务范式有着紧密联系的自由主义思想学派内的极其系统的批判，也就是说，还存在着自由主义的政治义务批判理论。这可以清楚地在西蒙斯的《道德原则与政治义务》一书中找到。①

在西蒙斯看来，政治义务问题归根结底是要解释公民与特定政治共同体的道德纽带问题。但在其《道德原则与政治义务》一书中，他以分析哲学的方法，对同意的传统（包括明示和默示的同意）、公平游戏原则、正义的自然责任以及感恩原则等主要政治义务理论进行了精细入微的梳理和分析之后发现，这几种解释方法均不具有完整性、正确性和广泛性的特点，而西蒙斯恰恰认为一种成

① A. John Simmons, *Moral Principles and Political Obligations*. 中译本见［美］A. 约翰·西蒙斯《道德原则与政治义务》，郭为桂、李艳丽译，江苏人民出版社 2009 年版。

功的政治义务理论必须具备这些特点。更为关键的是，西蒙斯相信，无论是单独还是合并使用上述理论均不能为政治义务提供一个令人满意的解释方案，由此推论，“在通常情况下，公民没有特别的义务去支持和服从居住国的政府。[①] 绝大多数公民既没有政治义务也没有‘特殊的’政治责任，而且公民将继续免于它们的约束，除非政治结构和惯例发生变化”[②]。西蒙斯还指出，虽然那些对自由主义抱有好感的人对这样的结论可能会表示惊讶，但是，这个结论不是哲学无政府主义所特有的。当然，西蒙斯也指出，政治义务的缺位并不会马上推导出不服从的正当性。“从一国之内没有人负有政治义务这个结论中，决不能马上就推出不服从的正当性。因为，在公民做出不服从的诸多考量中，政治义务只是其中之一而已。甚至在缺少政治义务的情况下，仍有很多强有力的理由要求我们至少支持某一类型的政府，也要求我们服从法律。”[③] 下面就让我们来回顾一下西蒙斯抽丝剥茧般的分析和批评是怎么展开的。

在传统意义上，同意的论据一般认为有两个：一是明确同意，即个体对其同意的倾向给出了相当清晰的表达；二是默示同意，这不需要明确的行动或表达。人们普遍认为，明确的同意是产生政治义务的理论上稳妥的方式，因为它告诉我们，义务的产生是有意的和明知的（intentionally and knowingly）。然而，很少有人将明确同意的论据看作是一种严肃的论据，这主要是由于它受到了实际的限制。在现实世界中，清楚地表明一个人愿意承担政治义务这样一种明确同意的情形实际上是极少发生的。正因为如此，关于同意的许多文献都一直把重点放在默示同意的论据上。与其他同意理论的批评者不同，西蒙斯认为，不管是明示同意还是默示同意，都需要某种形式的同意表示。没有一定的意图性是不可能完成的，这与通常所理解的默示同意的允诺相反。说默示同意可以在无意中做出，这一点首先是与同意论据的根本目的相反的。西蒙斯的结论是，在现

---

① 实际上，西蒙斯这里所指的是“特别的”一般义务。

② ［美］A. 约翰·西蒙斯：《道德原则与政治义务》，郭为桂、李艳丽译，江苏人民出版社2009年版，第172页。

③ 同上书，第173页。

实世界中实际上并不存在默示同意的政治制度，因此，也无法通过默示同意的论据来证明政治义务。[①]

众所周知，作为同意理论的替代，出现了公平游戏理论或公平原则。西蒙斯最初认为，公平游戏的论据可能是默示同意的一个变种，但却暗示，在公平游戏论理论中，即使没有蓄意的行为，一个人可能也会承担义务。当然，这需要个体的自愿行动，因为，根据公平游戏原则，个人必须自愿接受利益才能承担责任。这里，西蒙斯想要指出的问题是，将政治共同体作为互惠互利的合作事业的观点，与政治团体的实际运作方式是不相符合的。因为，从经验上说，并不是每个加入政治社会的人都是为了获取个人利益，因此，可以期待他去分担因获益而付出的代价。现实中，当一个人成为政治共同体的一员时，他就会得到好处，这些好处并不是其个人自由接受的；相反，是强加给他们的。西蒙斯认为，假如政治团体是这样的，那么，公平游戏的原则就能发挥作用，但实际情况不是这样的。因此，西蒙斯的结论是，“公平游戏的原则只能说明少量现实国家中少数公民的政治义务”[②]。

由于同意理论和公平游戏理论都不能为政治义务找到充分论据，就只能考虑最后一个选择了，即罗尔斯所论证的“人类有一种自然的责任去支持正义的制度”。但西蒙斯关于正义的自然责任的评论却往往比其他的讨论要来得短。也许西蒙斯是反对这一立场的，理由很简单：如果个体有一种正义的自然责任，就可能约束他们去服从所有正义国家的命令，而在同一时间则没有服从特定国家的义务。这就是说，在我和我的国家之间、我和其他国家之间并没有特定关系，按照这种观点，它们对我来说都一样。[③] 因此，支持

① A. John Simmons, *Moral Principles and Political Obligations*, Princeton, NJ: Princeton University Press, 1979, pp. 75-80. 中译本［美］A. 约翰·西蒙斯《道德原则与政治义务》，郭为桂、李艳丽译，江苏人民出版社2009年版，第69—76页。

② ［美］A. 约翰·西蒙斯:《道德原则与政治义务》，郭为桂、李艳丽译，江苏人民出版社2009年版，第128页。

③ A. John Simmons, *Moral Principles and Political Obligations*, Princeton, NJ: Princeton University Press, 1979, pp. 155-156. 中译本见［美］A. 约翰·西蒙斯《道德原则与政治义务》，郭为桂、李艳丽译，江苏人民出版社2009年版，第139—140页。

正义制度的自然责任，并不能解释我们独特的政治关系。

除了对上述三种流行的政治义务理论进行分析外，西蒙斯还对一种他认为在当代不太流行的政治义务理论，即感恩理论进行了分析。按照这种理论，我们中的大多数人确实从国家法律制度的运行中得到了好处，因此，我们对为我们提供这些好处的政府欠了“感恩之债”，正如我们对自己的父母欠下感恩之债一样。然而，西蒙斯认为，感恩之债要成立，必须具备五个条件①，而在现实政治生活中，这五个条件是不可能具备的。即便具备这些条件，受益人因此负有感恩之债，也不能说明受益人一定要通过支持国家、服从法律来报恩，因为，按照人们对感恩的基本理解，感恩义务是非强制的，感恩的形式是多样的、可选择的。因此，西蒙斯得出结论，“政治义务的感恩解释是完全无法令人满意的”。②

通过对这些原则逐项进行探讨，西蒙斯最终认为，目前没有一项对政治义务的理解真正能够证明我们对特定政治制度负有政治义务。因此，政治义务的概念，正如我们所看到的那样，似乎是不充分的，无法解释现实世界中的政治关系。出于这一考虑，西蒙斯建议，我们应该完全抛弃政治义务这个概念。

然而，即便西蒙斯对政治义务理论的所有反驳都是有说服力的，人们仍然不免担忧，“如果政治义务的所有理论都被证明是失败的，是否就一定会导致一个令人讨厌的、混乱世界的出现，在其中我们必须不断地为我们的生活感到恐惧”？对此，西蒙斯说不会，政治义务的缺位并不会马上推导出不服从的正当性。“在一个国家中没有人有政治义务，不服从的理由也不会紧随其后。”③ 换言之，

---

① 这五个条件分别是：好处必须是以特殊的努力或牺牲的方式给予的；好处不应当是无意识、非自愿或者出于不正当理由而给予的；好处不应当是违背受益人意愿（不公平地）强迫他们接受的；好处应该是受益人想要得到的；受益人不能要不是由施惠人提供的好处（即不想受惠于某些特定的个体）。具体见［美］A. 约翰·西蒙斯《道德原则与政治义务》，郭为桂、李艳丽译，江苏人民出版社 2009 年版，第 160 页。

② ［美］A. 约翰·西蒙斯：《道德原则与政治义务》，郭为桂、李艳丽译，江苏人民出版社 2009 年版，第 170 页。

③ A. J. Simmoms, *Moral Principles and Political Obligation*, Princeton, NJ: Princeton University Press, 1979, p. 193.

即使政治义务缺位，现实政治生活中仍有足够的理由，要求人们至少支持某些类型的政府，也有足够的理由要求人们服从法律。虽然某一政府可能没有发布命令的道德权力，但它的行动却具有道义上的正当性。“甚至在我们不把‘责任’或者‘义务’当回事的地方，我们的不服从行为对他人所造成的影响，也可能会成为服从的理由……只要不服从会使人们的预期落空，那么就有理由服从……尽管这些理由未必是决定性的，但理由终归是理由。”①

可见，虽然先验的哲学无政府主义有滑向政治无政府主义的危险，但西蒙斯的后验哲学无政府主义的立场却并不强硬。它的一个基本结论是，国家不合法“并不必然意味着这样一种强硬的道德命令：反对或取缔国家”。也就是说，后验哲学无政府主义者并不主张公民不服从（civil disobedience）。因此，无政府主义的反对者，比如甘思（Chaim Gans）就认为，哲学无政府主义根本不是真正的无政府主义，它是一种软弱无力的理论，在其“激进的外表”与“温和的结果”之间有着明显的鸿沟。② 但也有人与甘思的立场相反，认为哲学无政府主义的后果太激进了，接受它将会“怂恿对重要法律的普遍不服从”，而这将是“自由主义政体的悲剧”。另外一种反对意见并不关心实际后果，而是关心更高层次上的对政治义务本身的否认，这会与我们经过深思熟虑的普遍性判断，即“我们对特定的国家负有义务”这样一种观念不一致。③

第五节 “多重原则批判”提出的挑战

从前面的阐述中不难发现，在众多反驳怀疑主义理论以寻求拯救政治义务的最新辩护中，还没有一种能够为普遍而又全面的政治

① A. J. Simmoms, *Moral Principles and Political Obligation*, Princeton, NJ: Princeton University Press, 1979, p. 194.

② Chaim Gans, *Philosophical Anarchism and Political Disabedience*, Cambridge: Cambridge University Press, 1992, p. 90.

③ 毛兴贵编：《政治义务：证成与反驳》，江苏人民出版社 2009 年版，第 283—285 页。

义务理论单独提供充分的理由。这些努力的失败主要是由于每种单独的反驳都只是对特定问题所给予的回应。换句话说，在当今这个多元的社会里，这些不同理论当中的每一种理论，都能只在不同群体或同一群体的不同个体中产生局部共鸣。因此，为了产生一般的政治义务理论，必须能够提供一种针对所有批判的回应。换言之，对政治义务理论的倡导者来说，如果说对单一理论的捍卫已属不易的话，那么，更为困难的任务还在于面对怀疑论者的组合式批判，这种方法被休斯称为政治义务的“多重原则批判”（multiple principle critique）。[①] 休斯认为，如果一种综合性的政治义务原则要解释我们所期待的公民有一整套的政治责任或政治义务，它就必须满足多个具体标准，概括地说，至少有以下三个方面的标准。[②]

第一，“美德”标准。那就是政治义务的充分辩护必须是关于美好生活或者说被塞尔科夫宽泛地称之为美德的东西。理由是，如果所谓的政治义务要求一个人按照与他所认为的美好生活相反的方式行事，那么，这个人就不应该被理解为是有义务的。如果一种关于政治义务的辩护与美德的观念相冲突，那么，它所提供的理由就必须能够说明为什么义务没有与美德相冲突。这个标准满足的是塞尔科夫的关切，即政治义务的概念人为地限制了那些可能比自由更重要的东西。换句话说，政治义务的原则应该被放到与美德的对话之中。这一标准涉及的是“个人美德”的培养能否得到保证，实际上目前比较流行的五种政治义务的主要理论基本都未涉及或者说都不符合这一标准。

第二，“自治”标准。正如前面所提到的那样，先验哲学无政

---

① T. M. Hughes, “Against Political Obligation”, *Paper Presented at the Annual Meeting of the Midwest Political Science Association*, Palmer House Hilton, Chicago, Illinois Online <APPLICATION/PDF>. 2006 - 04 - 20. from http: // www. allacademic. com / meta/ p136815 _ index. html. 2009-05-25. 又见休斯 2009 年在加州大学（圣巴巴拉）的博士学位论文，题目为：“Beyond Political Obligation: Reconceptualizing the Individual's Relationship to Political Institutions”。

② 实际上，这种“多重原则批判”的种种迹象在西蒙斯那里已经可以找到。具体见 A. John Simmons, *Moral Principles and Political Obligations*, Princeton, NJ: Princeton University Press, 1979, p. 56。

府主义者比如沃尔夫，对个人自治（或称个人自主）非常关切。他以及其他一些思想家都认为，人类能为自己的行为负责，而且，在康德之后，我们必须把人类理解为在形而上学意义上是自由的。因此，除了关注美好生活外，政治义务理论还必须能够提供一些方法来维持道德哲学赋予人类的自由和自主。任何对个体自主的限制，都必须以这样一种方式进行，[①] 这一标准所关心的根本问题是个人自由能否得到说明。从这一意义上说，目前比较流行的五种政治义务的主要理论都不能很好地满足这一标准。

第三，“三性”标准。[②] 如果在一种政治义务所使用的各项原则的适当范围的人都被认为能够受到政治约束。那么，这种说明就是“准确”的；如果一种说明不论“准确”与否，都被认为能约束所有人或者那些人实际上受到了约束，那么，我们就可以把它看作是“完整的”；如果一种政治义务理论能使“大部分（或许多）国家中的大部分（或至少很多）公民受到政治约束”，那么，这种关于政治义务的辩护就是相当“广泛”（generality）的。按照这样的理解，目前的几种政治义务理论没有一个能够同时符合准确性、完整性和广泛性标准。

休斯设想的，通过同时使用这些标准来合力批判政治义务的各种理论的做法，应该说是非常有力的。暂且不说当前流行的各种政治义务理论基本都未涉及美德问题，即便涉及了，一种目前可以预期的政治义务理论要在同一时间回应美德问题、自治问题，同时符合准确性、完整性和广泛性标准，几乎是不太可能的。我们可以设想，一项能够尊重个体自主性的政治义务原则既准确而又完整，但没有把美德的因素考虑进去。而不能成功说明美德的要求必然会使政治义务的辩护在广泛性标准上失败，因为它没有为那些关心美好

① 除了“自治”的标准外，或者说政治义务除了必须回应关于“个人自治”的批判外，还必须回应第三节中提到的“自我抑制”的批判。由于这种批判是最近提出的，因此，休斯在他的论述中并未提及。具体见本章第三节。

② 在《道德原则与政治义务》一书中，西蒙斯提出的政治义务理论必须满足三条标准：“准确性”、“完整性”、“普遍性”。具体见 A. John Simmons, *Moral Principles and Political Obligations*, Princeton, NJ: Princeton University Press, 1979, p. 56。这里的“三性”标准只是本书的一种概括，是否准确有待进一步商榷。

生活的个体提供充分的理由。同样地，政治义务的辩护可以被想象成完全依赖于对美好生活的追求，但这样做，对崇尚个人自主的人来说可能就没有任何价值，其结果就无法满足普遍性标准，或者说，那些关心个体自主的人的政治义务将无法得到证明。

因此，休斯认为，即便美德理论的发展版本这一最有希望的方法所提供的对政治义务的理解，能够避免塞尔科夫的政治义务理论因为关注个人自由问题而显得过于狭窄，从而有可能扭曲我们对政治现实的理解，① 它似乎也没有能够回应哲学无政府主义或自由主义的批判中所关注的问题。如果把政治义务理解为其是我们通向美德目的论目标的发展过程的一部分，对那些从根本上关注个体自主的人来说可能会更麻烦。因为，在班克和麦克卡尔的德性理论发展模式下，政治义务被用于将我们转换成为一种将走上美德之路的特定个体。然而，这里的重点没有放在这一过程中个体行使自己判断力的重要性上。通过将重点放在美好生活的重要性上，个人自主的重要性似乎被削弱了。班克和麦克卡尔最多可以说把知性美德在一个国家中实现的结果看成类似于沃尔夫所理解的自主，但是，由于他们把政治义务视为发展中的早期阶段，因此，在启动义务这一阶段时，并没有明确对自主权予以关注。同样，这一发展模式也不能应对西蒙斯提出的全部批判。也许政治义务的发展理论会告诉我们，服从法律的义务可以帮助我们成为一个好人。② 但如果只是法律和制度才是那些使我们成为好人的东西，那么，这完全可以理解为它是支持正义制度的自然责任的一个变种。也就是说，人类有某些自然责任努力成为好人，再说，一种正义的制度也将有助于使我们成为好人。然而，这种认识成了西蒙斯对支持正义制度的自然责任进行批判的牺牲品。③ 因为，它并没有告诉我们，为什么我们应

① Stephen G. Salkever, "Virtue, Obligation, and Politics", *American Political Science Review*, Vol. 68, No. 1, 1974, pp. 78-92.

② Richard M. Bank & Steven R. McCarl, "Virtue, Obligation and Politics, Revisited", *The American Political Science Review*, Vol. 70, 1976, p. 902.

③ A. John Simmons, *Moral Principles and Political Obligations*, Princeton, NJ: Princeton University Press, 1979, pp. 151-152.

该服从我们的政治制度的法律，它告诉我们的只是要服从一切正义政治制度的法律。此外，如果法律仅仅是要我们做正义之事，我们根本就不需要有任何法律义务，只要有做正义之事的义务即可。法律越是能使你成为好人，政治义务就越是没有存在的必要。相反，如果法律没有让你变得有德性，那么，这种理解就越不能为政治义务辩护。

休斯进一步指出，德性理论的发展模式不是唯一的一种有问题的理论。实际上，自治理论的一致性的解决方案并没有涉及哲学无政府主义之外的其他批评理论。尽管沃尔夫关于直接一致的解决方案可以解决源于自主的问题，但他的理解似乎并不能提供有关如何过最好生活的问题答案，也不能提供对政治义务的一般和全面的理解。因此，基于美德理论的批判仍然是一种对一致性立场的最有力的批判。简单地界定一个我们在某些会受到制约的事情上达成一致的过程，它本身不一定会涉及塞尔科夫以及其他美德论者认为的最重要的问题。一致同意并没有告诉我们该谈论什么，也没有限制争论。决定在马路的某一边开车，似乎与对美德的讨论同样重要。此外，由于达成一致是非常困难的，因此，我们只可能在很少的事情上达成一致，从而创造出一个相对较弱的我们有义务做事情的概念。而且，由于这种一致性非常弱，因此，为了保持一致，包括这些可能更重要的东西的任何讨论最后必定会落空。可以这么说，对于一致能否提供一种我们政治义务的一般而又全面的说明，目前仍然是一个真正的问题。如果我们硬要坚持一致性，似乎就会产生两个相互排斥的结果。要么产生一种适用于我们每个人的一般政治义务，但只能解释很少的具体政治义务；要么产生各种各样的，在很小、很具体的共同体中适用于极少数人的政治义务。这些实例都不适合政治义务的一般理论，因此，一致性并不能恰当地证明政治义务。

那么，克劳斯科的多重原则论证能否回应所有批判呢？休斯认为，它在回应某些批判时还是比较成功的，但是，即使它协同使用公平原则、互助原则，以及共同利益原则来回应西蒙斯提出的自由主义批判，也不见得就能成功，而且这样的情形似乎并没有出现，即政治义务的多重原则辩护可以适当回应美德理论或哲学无政府主义关于自治问题的担忧。就像沃尔夫的一致性原则那样，克劳斯科的多重原则方法没有关注美德问题，或者说是如何过上美好生活的问题。它主要关注的仅仅是产生一种将适用于大多数人（如果不是所有的人）的政治义务理论问题，以便提供一套全面的、对我们通常会与之相关联的政治制度的政治义务。这似乎仍然没有摆脱塞尔科夫的担忧，即公平原则、互助原则和共同利益原则的协调讨论都可能还是限制了那些与自由没有直接关系的、更为重要的问题的讨论。政治义务的多重原则论证无法应对我们应该如何过我们的生活等一些重要问题，甚至可能会走得更远，可能否认关于美好生活的一般概念。①

与发展理论一样，休斯最后指出，多重原则理论或多元主义政治义务理论似乎并没有把回应的重点放在个人自主的重要性上。克劳斯科的多重原则论证要做的全部事情都只是想为个体为何要按法律要求行事提供一些好的建议，而不是为沃尔夫的自治的个体提供实际的政治义务。而如果我们认为个人的自主就是像沃尔夫所理解的那种自主，那么，我们就有可能会像听从医生的建议那样自主决定是否遵守法律，如果我们没有按照法律的要求去做，我们也不会有什么错，但这样一来也就没有实际义务了。② 正因为如此，克劳斯科的多重原则的方法不能产生普遍的政治义务。据此，休斯得出结论，没有任何一种政治义务的现有说明足以证明政治关系的当前理解具有合理性，而这最终就将我们置于一种高度怀疑政治义务存在的立场上。由于需要满足多重原则批判的所有标准，那么，政治义务恰当证明的标准将会是相当高的，如果不是不可能的话。似乎更重要的应该是，寻找个体能够而且确实与某种具体的政治制度相关联的原因，而不是继续努力去捍卫政治义务的概念。

不过，面对怀疑主义者的强大理论攻势，政治义务理论并不会

---

① Stephen G. Salkever, "Virtue, Obligation, and Politics", *American Political Science Review*, Vol. 68, No. 1, 1974, p. 91.

② Robert Paul Wolff, *In Defense of Anarchism*, New York: Harper and Row, 1970, p. 14.

因此式微，怀疑主义或哲学无政府主义也不会一枝独秀。正如休斯所说的那样，虽然政治义务的反对者或怀疑者的论证具有相当的合理性，但是，在政治义务问题上持怀疑态度的方法对解释政治组织会有很多困难，会使一部分具有强烈政治义务感的人感到困惑不已。再则，即使作为怀疑主义者的利器的“多重原则批判”能有效反击多重原则论证，但是它所诉诸的各种论据之间很难取得一致，甚至在很大程度上说也不过是一种“原则的堆砌物”而已。因此，两种理论的较量还将继续。

第十章

政治义务理论何去何从

尽管政治义务理论证成与反驳的基本趋势一时不会改变，但当各种经典政治义务理论辩护都被证明为不成功，而反对政治义务的理论或者说哲学无政府主义理论也无法说服政治义务的倡导者和支持者时，人们不得不去思考，政治义务证成与反驳的方法是不是错了？政治义务问题研究的出路在哪里？而且持这种想法的人越来越多，有的主张还非常有道理。比如，有人认为，当下政治义务问题的研究将公民义务与政治义务混为一谈，淡化了政治义务的“政治”色彩。又比如，有学者发现，自苏格拉底以来，人们一直在犯一个错误，那就是将政治义务的哲学问题与政治问题混杂在一起，给哲学无政府主义留下了空间，因此，应该将政治义务理论中的政治问题剥离开来，仅研究政治义务的哲学问题。但也有人持一种几乎相反的观点，认为仅从语义学的角度研究政治义务不是一个值得重视的方向，应该考虑向政治义务的“语用学”方向转变，切实解决人们的现实政治困境。再比如，有人甚至认为政治义务与公民不服从并不是两个相互冲突的问题，政治义务可以为公民不服从留下空间，它们两者甚至可以是兼容的，等等。上述这些主张是否代表了政治义务理论发展的主要方向目前不得而知，但是，这些努力反映了政治义务问题研究视角的转变却是可以肯定的。因此，值得我们用一定的篇幅加以关注。

第一节　突出“政治性”还是“非政治性”

大多数传统政治理论家都认为，政治义务是一个公民为什么应该服从国家权力或法律的问题。现代国家理论的第一个重要思想家霍布斯就是这样表述的。他在出版于 1642 年的《论公民》（*De Cive*）一书中自称，他的目的是成为“国家科学”的创始人，想要“好奇地探索国家的权力和国民的责任”。对于霍布斯，公民社会唯一可能的时候是（并且其要求仅此而已），其成员承认一个共同的公共权威，并且当作一项义务来服从它。对他来说，政治哲学的核心问题是，主权如何能获得一种能够命令自然自由和平等的人服从的权力，或者，同样的事情是，他们是如何获得服从它的义务的。尽管普芬道夫、洛克、边沁、两个密尔、康德、黑格尔等人在一些重大问题上与霍布斯意见不一，但他们都一致认为，政治义务的问题是政治理论的核心问题，政治义务理论要研究的实际上是关于一个人为什么应该服从国家权力的问题。①

在遵循这一传统的思想家中，首先应该提到的是格林。正如他在《政治义务原则的演讲》开篇所说的那样，“我的目的是要考虑法律所服务的道德功能或目标，……并在这样做的过程中，去发现服从法律真正的依据或理由”。② 而这也是鲍桑魁、巴克（Ernest Barker）、奥克肖特（Michael Oakeshott）以及哈特等人对政治义务问题的界定。③ 而麦佛逊、韦尔登（T. D. Weldon）、麦克唐纳（Margaret MacDonald）等人，则由于逻辑上的不一致或基于语言混乱等原因而拒绝了它。④ 但最近的一些思想家却还是持传统的观点。比如辛格（Peter Singer）就认为，政治义务的核心问题是“为什么，或在何种条件和情况下，我们应该要遵守法律”。而拉斐尔

---

① 在这些经典作家中，许多人都没有使用政治义务这个术语，即使当一些人使用时，他们有时也给它一个很宽泛的意义。对于 J. S. 密尔而言，这既意味着对国家的义务，也意味着在国家上的义务。

② T. H. Green, *Lectures on the Principles of Political Obligation*, London, Longmans, Green and Co., 1941, p. 29.

③ Bernard Bosanquet, *The Philosophical Theory of the State*, London, Macmillan, 1958, pp. 51f, 194f; Michael Oakeshott, *On Human Conduct*, Oxford, Clarendon Press, 1975, pp. 157f; Thomas Mc Pherson, *Political Obligation*, London, Routledge, 1967, p. 4; T. D. Weldon, *The Vocabulary of Politics*, London Penguin Books, 1953, pp. 84f.

④ 他们这样做的原因在于，他们也认为它是关于公民为什么应服从“政府”（麦佛逊），“已确立的权力”（韦尔登）或“法律”（麦克唐纳）的问题。

（David Raphael）则指出，“为什么公民有责任服从国家的法律？这是政治义务的理由问题”①。罗尔斯虽然对政治义务和政治责任做出了一种不太明确的区分，但也认为政治义务的问题是，在一个几近正义的宪政国家里，何以所有的公民都有一种自然的责任，有些人还有基于公平的政治义务去服从公正的，以及适度不公正的法律。可以说，在政治义务问题上，几乎没有一个政治理论家不认为政治义务是关于服从国家权力的义务。当然，政治义务的反对者，比如西蒙斯、拉兹、格林等人因为否认公民有守法的义务，因而也否认公民有政治义务。②

可以认为，“后霍布斯（post-Hobbesian）时代”的思想家不仅在对政治义务概念的界定上大致相同，而且在关于政治义务问题的回答方式上，也提出了一些大致相同的假设。具体包括：第一，除了一些明显的例外情况，没有一个政治共同体能够存在，除非其公民遵守法律，这不是因为审慎的理由、习惯或者是对别人的善意，而是作为一种义务。第二，人们服从法律的义务是，必须是具有道德性质的。第三，大多数政治理论家认为，所有公民都有同样严格的守法义务。他们认识到，一些公民可能有其他的义务或额外的服从理由，但他们确信，所有人都有严格的、最低限度的基本守法义务。虽然一些激进分子声称，那些没有享受平等权利的人，以及穷人和非自愿失业的人没有守法义务，但许多主流政治理论家否定了这种观点。第四，所有的人都认为，政治义务原则的基础对所有公民来说都是一样的。但他们没有发现，不同公民群体，基于不同的政治记忆与政治经历，与国家有着不同的道德关系，守法义务的来源可能是不一样的。第五，大多数政治理论家都认为，政治义务仅限于对国家，而且国家机关或法律是政治义务的唯一主张者和对

① Peter Singer, *Democracy and Disobedience*, New York, Oxford University Press, 1974, p. 50; D. D. Raphael, *Problems of Political Philosophy*, London, Macmillan, 1990, p. 174. See also Richard E. Flathman, *Political Obligation*, London, Croom Helm, 1973, p. xxvi.

② Joseph Raz, *The Morality of Freedom*, Oxford, Clarendon Press, 1986, p. 100; Leslie Green, *The Authority of the State*, Oxford, Clarendon Press, 1990, p. 222; A. J. Simmons, *Moral Principles and Political Obligations*, Princeton, Princeton University Press, 1979, p. 5.

象。他们没有想到的是，可能还有对超国家的政治实体的政治义务。第六，所有的政治理论家都把国家的居民分为公民和非公民或移民。但他们只注意到这些不同的人群法律权利与义务可能有所不同，而没有系统地探讨其中的理由，或他们的权利和义务之间的明显不匹配。另外，还有少量的学者认为，受到社会迫害的边缘人群，以及那些没有获得法律保护的人群，应该免除政治义务。尽管政治义务的这些假设受到了沃尔泽、西蒙斯、格林、拉兹等人的批评，但他们中的很多批评都是建立在已经接受这种传统观点，即政治义务是关于为什么要遵守法律的问题基础上的。因此，佩里克认为，这种质疑仍然没有抓住问题的关键，“所谓政治义务，恰当地说与守法义务其实没什么关系”。[①] 把政治义务看成服从国家的法律义务，实际上就是把政治义务与公民义务混为一谈，因为服从法律是公民义务的主要内容。

那么，政治义务有别于公民义务的地方是什么呢？或者说政治义务与公民义务的边界究竟该如何划定？一般认为，像任何其他组织一样，一个国家的成员必然要承担相应的义务。那么，什么是国家呢？国家不是一个可以随意进出的“偶然集合”（a chance collection）。这是一个由住在这里并打算继续住在一起的男男女女组成的相对稳定的组织。因此，它具有一些成文或不成文的基本规则，它们规定谁有权以他们全体的名义说话办事，并做出具有集体约束力的决定。我们可以宽泛地称这些基本规则为宪法。它把一定数量的男人和女人组合成一个有凝聚力、稳定的国家，赋予它一些重要特征，并且这是集体政治认同的基础。那些被授权以国家名义说话办事的人就是国家权威。成为国家一员，意味着把自己置于这种宪法管辖之下，接受正式成立的国家机关并承担相应义务，以满足其合法的要求。我们可以把这种尊重和维护合法组成的国家机关的义务看作是公民义务。显而易见的是，公民义务包括服从该国家机关制定的法律的义务。我们可以称之为法律义务。这些义务包括，在交

① Bhikhu Parekh, “A Misconceived Discourse on Political Obligation”, *Political Studies*, XLI, 1993, p. 239.

通灯前停下来、纳税、避免暴力等。公民们有义务去遵守这些法律，是因为这些行为是相关法律所要求的，这些要求是合法的行政当局根据既定的宪法程序制定的。但是这些“法律义务的前提及来源是公民义务。虽然它是公民义务的核心，但后者更宽泛一点。支持国家当局（civil authority）要求其国民去做许多并非全部是法律所要求的事”。[①] 例如，在非正常状态下，特别是内外战争和其他国家紧急状态期间全力支持并忠于国家，这就与守法没有太大关系。在正常情况下，国家机关也有权期待其国民做出法律没有要求的合作与支持。总之，法律义务是公民义务的派生物，法律义务不是公民义务的全部。

接下来的问题是，公民义务与政治义务这两者之间又是一种怎样的关系呢？如果政治义务就等同于公民义务，或者说政治义务就是一种服从法律的义务，那么，政治义务这个概念就纯粹是多余的，直接说法律义务或公民义务就可以了，政治义务问题的研究也完全没有必要。因此，按照佩里克的说法，政治义务肯定具有某些不同于公民义务的东西，换言之，公民具有一些真实的但公民义务又未覆盖的义务。这种义务可能“包括积极参与集体事务，帮助提高集体生活质量，创造条件使自己的同胞们可以充分行使公民权利等行为”。[②] 在这里，佩里克实际上指出两类他认为带有“政治性”的义务：一是积极参与集体事务的义务；二是促进共同体以及同胞福祉的义务。

首先，让我们来考察一下积极参与集体事务的政治义务。从字面上说，这种义务的要求并不难理解。因此，要把握这样一种义务，关键是弄清楚其来源，也就是说，为什么会有这样的义务？一个基本的假设是，任何一个自由而又自治的道德主体都有选择能力

① 实际上，在许多政治哲学家看来，政治义务既包括守法义务，也包括支持和拥护国家的义务。佩里克应该是知道这一点的。他之所以这样说，想必是刻意要对公民义务和政治义务做出区分。具体见 Bhikhu Parekh, “A Misconceived Discourse on Political Obligation”, *Political Studies*, XLI, 1993, p. 240。

② 佩里克显然认为，不同于公民义务的政治义务有很多，他在这里只是举例说明而已。具体见 Bhikhu Parekh, “A Misconceived Discourse on Political Obligation”, *Political Studies*, XLI, 1993, p. 240。

和自主性，能对自己行为的后果负责。基于这样一种假设，一个公民不可能不加批判地服从行政当局。他们有道德义务对国家的法律做出判断并使自己得到满足，即他们不被要求去做离谱的和不道德的事。虽然他们可能被预期普遍尊重和信任国家机关的判断，尤其是在他们不可能熟悉的事情上面，并发现自己的良心和道德判断的不可靠性，但他们仍然不能放弃对自己行为的独特性以及不能消灭的个人责任。假如他们冷静思考后发现，法律使他们面对难以接受的要求或可能对共同体利益造成严重危害，他们就有义务提出批评并对它表示抗议，甚至可能不服从。这种不服从暂时中止了其特定范围内的法律义务，并肯定了他们作为道德主体的地位。从这里出发，就引申出一个问题，国家权力和公民政治义务之间的关系问题。一方面，我们可以说“权力产生了义务”，从这一意义上说，公民接受政府并把它看作是在他或她的国家中合法组成的机构而服从它。另一方面，国家或政府的权力需要通过国民不断地认可得以强化。用佩里克的话说就是，“政府的权力不是一劳永逸的或一间办公室里所固有的财产；它是基于或为不断的承认所维持，或者为其国民所接受的”。[①] 也就是说，政府的权威和权力都是建立在公民日常服从的行为基础上的，正是基于这一点，公民们需要弄清楚继续支持它是否值得，以及他们赋予它使用权威和权力是否明智。公民们有义务密切注视它，以确保它不会变得自大、漠视公众利益、压制不同意见，甚至威胁到他们的权利与自由。与此同时，由于国家机关是以代表公民的名义行动的，并通过提升他们的共同利益而使自身的行为合法化，因此，公民们还要考虑他们是否准备承认它的行动，并承担相应的后果。所有的这些因素，共同构成了公民积极参与的道德理由。

其次，我们还应审视促进共同体和同胞福祉的义务。这种义务有几个来源。从根本上说，它是人类道德的本质要求。一个对他人

---

① 佩里克对权威的合法性的动态特征特别强调。他认为，当其公民由于某种原因不再接受它并承认对它的服从义务时，即使是一个合法的政府也会失去其权威。换言之，政府的权威是在国民自愿大力支持的过程中被拓展的。具体见 Bhikhu Parekh，“A Misconceived Discourse on Political Obligation”，*Political Studies*，XLI，1993，p. 241。

的死活、荣衰无动于衷的人，缺乏最基本的道德敏感性。当人类面对苦难时，道德主体有责任在自己知识和力量范围内做一些事。这种一般的道德责任，可以产生与一个人的国家成员身份有关的额外道德力量和更加严格的道德要求。从这一意义上说，国家不再是男人和女人们的偶然组合，而是一个具有相当凝聚力的实体，其成员以一种对外人不适用的方式互相结合。他们分享着共同的集体记忆、神话、地域、风俗、传统、价值观、语言以及他们从事集体事务的方式，他们在一种共同的生活方式中参与，他们目前的权利和机会是他们共同的生活方式的沉淀。他们的利益和愿望是紧密相连的，而且他们拥有共同的未来。当然，这样的共同体有时也很不完美。已知的国家中没有一个可以免于阶级压迫、民族冲突，甚至自相残杀的痛苦战争等。因此，任何一个现代国家都会采取某些举措，减轻国民的痛苦，并刻意培养国民共同的身份感、忠诚感，以及彼此相互关心的情感。也正是从这一意义上说，当他们中的部分人遭遇物质困苦及不公正或缺乏发展机会问题时，这不仅仅是他们个人的不幸，也不仅仅是他们自己有责任加以解决的问题，还是他们共同体的共同的不幸，他们有共同的责任加以校正或解决的问题。从深层次上说，国家成员的根本利益实际上是重叠的，而这也增加了他们互相关心、互相帮助的责任。因为，他们拥有共同的集体环境，他们的生活在无数个点上纵横交错，他们的个人生活和集体生活不可能完全分离，他们中的任何人都不应该以牺牲别人为代价过上美好的生活。每一个社会的生存和发展都需要集体道德和文化资本，而这只能通过其所有成员的自愿合作来建立和维护。特权阶层能够从社会上其他人中退出并生活在保护墙后面的程度是极其有限的。任何一个富裕的群体和个体都应该明白，只有当他们贫穷的邻居和同胞也过上相对体面的生活时，他们才是安全的。[①]

① 许多自由主义者，包括诺奇克都认为，我们有义务减轻痛苦和不公，但坚持说这不应该由国家强制执行，而应通过人们的自愿努力。这一观点的合理之处在于，如果可以通过国家强制执行，那么，促进同胞福祉的义务就是法律义务而不是政治义务或道德义务了。

可见，服从国家权力的义务并没有穷尽公民的义务。一个国家的公民，除了服从法律之外，还有其他许多义务，“包括积极关注和参与公共事务，大声指出社会的不公，对政府活动持挑剔的眼光，支持那些意志消沉的、糊涂的人和软弱的人为他们自己而战，并在总体上帮助创造一个丰富而又生动的社会的义务”。[①] 这些“其他义务”一般不是法律所强加的，因此，不是法律义务。它们并非以国家权力为核心或源自于对它的尊重，因此也不是公民义务。佩里克认为，这样的一些义务最好是被称为“政治性”义务。

要理解这种“政治性”义务，至少需要把握两个重要问题。一是佩里克对政治这个词的使用方式是特定的，是“在政治自由、政治平等、政治革命、政治领袖和政治权力”等的意义上使用的，“并且在政治和非政治问题，政治犯和普通犯，以及政治的和非政治的暴力之间做出区分”。[②] 二是政治关系（political relationship）与公民关系（civil relationship）是不同的。政治关系是在公民之间发生的，而公民关系则是在国民之间发生的。国民与他人发生联系，是通过授权给一种共同的国家权力来进行的。他们主要与国家机关发生联系，其次以及延伸开来才与他人发生联系。每个人都接受国家权力，把他们自己看作是其国民。而政治关系则是完全不同的。它是享有组建政府和推翻政府的最终权力的主权公民之间的。公民主要是彼此之间发生关系，延伸开来才是与国家机关之间的关系。一方面，政治关系是他们之间的关系；另一方面，国家权力是他们之间发生关系的媒介。国家权力是他们的集体创造的或成就的，他们的组织生活没有先验的和不可改变的基础。总之，虽然公民的公民义务和政治义务的依据都是其国家成员的身份，它们因此有一些共同特

① 佩里克认为，“政治”这个词最能够把握前文所列举的那些义务的特征。具体见 Bhikhu Parekh，“A Misconceived Discourse on Political Obligation”，*Political Studies*，XLI，1993，p. 243。实际上，对公民的（civil）和政治的（political）这两个概念的区分具有悠久的历史。孟德斯鸠在《论法的精神》中就对它进行了很好的描述。具体见 Montesquieu，*The Spirit of Laws*，New York：Hafner Publishing Company，1959，pp. 3f。但是，他是用它来区别法律和制度，而不是权利和义务的。

② Bhikhu Parekh，“A Misconceived Discourse on Political Obligation”，*Political Studies*，XLI，1993，p. 244.

征，但它们在某些方面也有显著的不同，具体体现在以下几个方面：

第一，对象不同。公民义务是对国家机关的义务。政治义务是对自己同胞的义务。由于政治义务是对同胞集体的义务，我们也可以说，这是对国家或共同体的义务；相反，公民义务是对国家机关或合法政府的义务。第二，性质不同。公民义务是不可避免的个人义务。所有公民都必须缴税、服从交通信号灯、不可谋杀和盗窃、普遍遵守法律和支持国家机关等。除了在国家机关全面崩溃的情况下，没有人可以要求免除这些义务，理由是其他人都未能履行它们。而政治义务是集体的和共同的义务，如果别人正在履行这些义务，你们就可以不履行。换言之，一个人没有必要亲自出现在公共集会上或担任公职；如果有足够多的人正在抗议不公正的政策，他也可以不加入。当然，在这两种情况下都没有承担义务那就是一个搭便车者。从这一意义上说，不参加上述活动并不意味着就没有这些义务。第三，主体不同。与公民义务不同，虽然所有公民都有政治义务，但在某种程度上说，政治义务是一种精英层面的义务，因此，有些人比别人负有的义务要多。政治生活需要一定的威望、能力和技巧，而每个公民拥有这些东西的程度是不一样的。“一个人的道德权威越高或政治相关技能越高，在政治生活介入的义务就应该越多。”[①] 第四，范围不同。公民义务包括服从国家法律，维护国家权威。而政治义务则更为广阔，包括对政府的外交、经济、教育以及其他方面政策的参与，为社会漠视贫困和不公正“鼓与呼”等。换言之，公民义务在很大程度上仅限于法律义务，而集体生活则是政治义务永恒的主题。第五，强制性程度不同。就国家机关要求国民遵守法律违者将处以惩罚这一点来说，大部分公民义务是靠法律强制执行的。而政治义务的情况一般不是这样的。除了个别例外，大多数公民在大多数情况下，这种“政治性”的义务不可能是通过法律获得的。除了公民的责任感以及当时的政治文化压力外，政治义务没有其他理由。在这方面，它非常像道德义务，虽然存在

① Bhikhu Parekh, “A Misconceived Discourse on Political Obligation”, *Political Studies*, XLI, 1993, p. 245.

不能被国家机关合法地强制执行这一事实，但其重要性一点都没有被削弱。①

然而，非常遗憾的是，佩里克认为，公民义务与政治义务尽管有着这么多的不同，但自霍布斯甚至更早的时间以来的大多数政治理论家都将两者混淆，简单地将政治义务界定为“公民服从法律或国家权力的义务”。这种混淆造成的后果是严重的。第一，它导致了一种很窄很弱的公民概念，并抑制了公民的很多重要义务。第二，由于政治理论家把法律作为关注的焦点，他们鼓励了这样一种信念，即服从法律是公民唯一的或最高的义务。这等于在暗示，政府的经济、教育、外交等方面政策的好坏与公民无关，或者公民不赞成它们也不会削弱其维护国家权力和遵守法律的义务。第三，导致大量概念上的混淆。由于政治义务被认为是遵守法律的义务，政治理论家们告诉我们，在交通灯前停下来、不去杀人、避免禁止的性行为，以及不对顾客缺斤短两就成了政治义务；当我们乱伦、乱穿马路，或在税收问题上欺骗就是没有履行政治义务，就有负罪感。这是十分荒谬的。第四，由于思想家们把政治上的义务作为一个均匀的和未分化的整体，忽视了它的不同形式，他们没有注意到政治生活的若干重要特点。比如一个流氓爱国者，其法律意识非常淡薄，但公民义务感却很强。又比如有的公民其公民感很强但政治义务感却很弱，表现为许多公民虽然忠诚于自己的国家并服从法律，但对参与公共事务的行为、对集体生活质量和公共领域的完整性不感兴趣。这种把公民的义务看作是整体均质的态度最终导致政治理论家以相似的方式看待法律，这使他们无法以不同方式进行关注和解释，而国家机关却是以这种不同方式看待具体违法问题和违法者的。

虽然佩里克的政治义务理论由于其对“政治”特征的强调而具有自身的优势，但他也不得不面对各种异议。比如，以这种方式来

① 佩里克认为，例外的情况是很少的。他举了三个例子：在澳大利亚，公民可能被法律要求去投票；或像在古代雅典，公民被要求参加公共集会及担任公职；或像在目前的德国宪法之下，不服从或抗议政府的违反宪法的行为。具体见 Bhikhu Parekh，“A Misconceived Discourse on Political Obligation”，*Political Studies*，XLI，1993，p. 245。

理解的“政治义务不是一种真正的义务”、“至多只是丰富和搞活了共同体，但不是它继续存在的必要条件”、“这样的一种政治义务界定，在本质上是多余的，并超出了对所有公民的合理预期”。它使公民承担了额外的行动义务，这不仅在要求上是不现实的，而且也冲淡了公民义务的道德力量。① 但佩里克认为，这些异议是不能令人信服的，它对义务这个术语的理解太窄了，这样的用法是错误的。对此可以做出如下回应：第一，突出“政治性”的政治义务不是一种额外的负担，而是作为公民在最低限度内维护国家存在的必要负担。假设一个国家的成员的义务就是尊重国家权威，自觉遵守其法律，那么，他们在公共责任感、关爱共同体、公共精神、关心同胞或爱国自豪感等方面就没有负担。他们只会做法律所要求的事，而且从本质上说，法律只规定了一些最基本的责任。“在这样的国家里，政治生活只有两种情况，要么几乎完全在政府的掌控下，因此不会受到不断的公众监督、批评、压力和抗议，要么仍将局限于周期性的狭窄和封闭的职业政客这一小圈子的交替中。”② 在这两种情况下，都将是非常危险的。因为缺乏普遍政治义务的国家，就缺乏其不断自我修正和自我再生的重要手段。③ 第二，没有为较窄的政治义务概念提供说明，即为何公民的最低义务应该根据维持国家生存以及维护“法律和秩序”，而不是基于国家成员身份来确定。如前所述，公民是共同体的正式成员，因此，他们就应承担一定的义务。作为道德主体，他们应该对自己行为的结果负责。国家机关以他们的名义行动，并以向他们提供利益来证明行动的合理性。政治生活中这两个不可避免的特征使他们产生了一种义务，

---

① Bhikhu Parekh, “A Misconceived Discourse on Political Obligation”, *Political Studies*, XLI, 1993, p. 247.

② Ibid., p. 248.

③ 为了证明这一点，佩里克引用了 T. H. 格林的一段关于罗马帝国的述评：罗马帝国的公民是忠诚的国民，对私权令人羡慕的保护使他们变成这样；但他们不是机智的爱国者，并且主要是因为他们不是，帝国就垮塌了。在国家服务中积极参与的情况，使得爱国主义能得到更好的理解，当个人与国家的联系是在他行使人身与财产权利时得到被动保护时发生的，就很难出现……如果想要他有高度的政治责任感，就必须参与国家的事务。具体见 T. H. Green, *Lectures on the Principles of Political Obligation and Other Writings*, P. Harris and J. Morrow (eds.), Cambridge: Cambridge University Press, 1986, p. 130。

"即在公共事务的行动中积极参与，审视政府的活动，或根据他们自己的判断来决定支持或抗议它们"。[①] 从这一意义上说，政治义务与最低限度的道德义务、守法义务是差不多的。

因此，佩里克进一步指出，鉴于政治义务和公民义务的混淆所产生的消极后果，需要认真审视霍布斯以来政治哲学家"极端狭隘的人性观"视角，以及分析政治义务概念的错误方式，并对"后霍布斯时代"的政治义务话语进行重塑。他提醒政治哲学家们注意，"政治不仅仅是，甚至主要不是国家机关对它的公民该做什么；而是他们应该对它或为它做什么，他们应该通过诸如公共辩论、讨论、抗议和积极参与，据此来影响关于集体事务的行动。因此，政治义务不是指这样一些义务，即以惩罚相威胁来要求公民做什么，而是指那些他们彼此之间的义务以及他们对国家共同体的义务"[②]。这种义务一般不能由法律来执行，它是道德义务而非法律义务的一种，并且是在法律范围以外的。政治义务在本质和形式上是道德的，政治是它的起源和内容。它受制于公民良心、道德的严肃性、政治诚信以及当时的政治文化压力等。正是基于这些考虑，他希望提出一种新的理论。这种新的政治义务理论必须关注人类政治生活的各种最新变化，包括族群作为一种带有独特要求和义务的强大政治要素正在出现；像欧盟这一类的超国家机构开始主张权力，而且许多国家的公民也确实感到对它们有强烈的政治忠诚感和义务感；许多国家允许双重国籍，因此成为两个国家的公民都是有可能的，而这就提出了他对两个国家的双重政治义务的基础和限度问题；在一些移民人口占很大比例的国家，而且这些国家在很多方面与他们的母国又不同，在这种情况下，他们的权利和义务该如何界定[③]；随着一些国家权力下放的趋势日趋明显，当对城市单元的义务与那

① Bhikhu Parekh, "A Misconceived Discourse on Political Obligation", *Political Studies*, XLI, 1993, p. 249.

② Ibid., p. 250.

③ 在一些欧洲国家，移民的权利和义务在不同的国家有很大的不同，而且没有一致的基础。在其中一些国家，即使在他们已经归化成为公民之后，也是不被允许加入军队或担任国家职务的。

些对国家的义务发生冲突时该怎么办；等等。如果一种政治义务理论不能完全理解这些深刻变化，并做出及时调整和回应，那么，它将有与现实相脱节的风险。

与此同时，新的政治义务理论还必须重新考虑一些传统的问题与假设。具体包括需要考虑对作为一个公民意味着什么，每一个公民与其他公民、与国家以及国家机关之间关系的复杂格局，以及政治承诺与忠诚的更深层次的背景；需要揭示和区分因为国家成员身份而获得的法律义务、公民义务与其他各类义务，并分析它们的特殊性和理论基础；需要重新审视前面所列举的传统话语中的那些基本假设的结构与基础。因为现代国家的性质、结构和内外环境已发生了根本变化，而且这些变化是如此的深刻，以致许多原先的理论假设已经没有意义。

第二节　视为哲学问题还是政治问题

近年来，一些哲学家开始关注政治义务研究的方向，比如理论研究应该朝哲学方向还是政治学方向发展？政治义务是个哲学问题还是政治问题？政治义务中的哲学问题和政治问题是否应该放在一起讨论？政治义务是否需要一种哲学的理由？政治义务是一个语义学问题还是一个语用学问题？等等。在一些哲学家看来，对这些问题的探讨，可以摆脱政治义务哲学研究中的某些乱象。

关于哲学问题与政治问题的分离。

在第二章中已经提及，《克里同篇》中苏格拉底给出的坦然受死的几个理由一般被认为是政治义务理论的最初源头。但也有政治哲学家，比如诺里斯（Dudley Knowles）就认为，苏格拉底给出这些理由的方式或者说是他的证明方法，给今天的政治义务理论研究留下了隐患。因为，他把政治义务的两个不同问题，即哲学问题（philosophical problem）和政治问题（political problem）放在一起讨论，后人沿着他的这一思路往下走之后陷入了难以摆脱的困境。①

为了能够找到问题的症结，我们有必要先来回顾一下第二章提到《克里同篇》中的苏格拉底的五条守法或服从理由。第一，当法律和国家面临着“被它没有公职的百姓取消并且破坏，因而失去了它们的效力”时，国家就不能生存下去甚至会被颠覆（50b）；第二，在其他各种好处中，希腊法律使他得以出生、养育和受教育，因此，不遵守法律的行为是错的，相反，他应该对此表示感激（50d，51d）；第三，“如果你们有人亲眼看到我们的统治是公正的，我们其他国家机构的统治是公正的，那么我们认为他实际上就应当执行我们要他做的任何事情”（51e）；第四，在长达70年的时间里，他可以选择离开但一直没走，甚至几乎没有出过国，这表明他已同意这个国家的法律、与之达成了协议并承诺遵守它们（52b—53a）；第五，如果未能说服国家让他走而自己就先离开，那么这种不服从法律的行为就伤害了最不该伤害的人，“将是对同胞的一种亏欠”（50a，54c）。苏格拉底的这五条理由，在某种程度上分别相当于当代政治义务的功利主义理论、感恩理论、正义的自然责任理论、同意理论、公平（公平游戏）理论的雏形。

应该说，政治义务的这几种理由或者说论证方式都有一定的合理性，但在诺里斯看来，这种“苏格拉底式”的论证方式明显有问题，因为它将政治义务的哲学问题和政治问题（或者说实践问题）混在了一起。因为，政治义务的哲学问题要解决的是什么样的理由才是应该服从合法权威命令的好理由。或者说，我们可以将它理解为这样一个问题：在什么条件下，公民应该接受一项政治义务或一堆政治责任，包括服从法律的责任？从这一意义上说，从苏格拉底那里延伸下来的几种政治义务理论的结论纯粹都是“哲学上”的，主要解决的都是概念问题，而且这些结论明显是有条件的。作为有条件的判断，这些结论并没有对任何公民课以任何责任或义务，也没有赋予任何政权以合法权威。因此，如果要将这些理由应用到具

① Dudley Knowles，“ The Two Very Different Problems of Political Obligation”，in *60th Political Studies Association Annual Conference*，Edinburgh，29 Mar-1 Apr. 2010（Unpublished），pp. 1-11. 具体见格拉斯哥大学网站（http：// eprints. gla. ac. uk/40140/）。

体情形中去，比如像苏格拉底这样要确立自身的政治义务或国家的伦理资格，就还要解决其中的“政治问题”或者说实践问题。

下面，我们以同意的论证为例来进行说明。假如他接受来自明确的（或有效的）同意的论证，那么，政治问题的解决就必须考虑严格的经验事实：他明确表达过有效同意了吗？或者说，他可能会自问：我说什么了？或者：我做了什么？如果所涉及的事实是不明确的，那么政治问题的解决就将悬而未决。这种论证的逻辑是这样的：

大前提：“如果 P，那么 Q”。具体地说，“如果公民有效地同意将当权者视为合法的政治权威，那么，公民就有义务服从它以及它所颁布的法律”。这里涉及的是政治义务的哲学问题。

小前提：P，也就是说“公民有效地同意了对当权者的服从”。这是一个事实问题，或者说涉及的是政治义务的政治问题。

结论：Q，即“公民有义务服从当权者”。

这种论证是一种简单的演绎推理形式：“如果 P，那么 Q；P，因此 Q”。这一论证中大前提的真实性涉及的是在哲学上是否恰当的问题。而如果对小前提的真实性有任何异议，那么，所争论的就是一个事实问题了。要么是公民做出过有效同意，要么是他没有。假如他没有做出过这样的同意，在这种情况下，我们既不能推出他有义务服从当权者，也不能推出他没有义务服从当权者。这样一来，关于公民的义务实际上并没有产生。这一未完成的论证因此变成：“如果 P，那么 Q”，而“没有 P”，结论“没有 Q”并不会紧随其后。也就是说，结论并不是公民有义务服从当权者或没有义务服从当权者这么明确的。如果按照罗尔斯在《正义论》中关于理想的（ideal）和非理想的（non-ideal）理论的区分，以及相应的严格服从（strict compliance）和部分服从（partial compliance）的条件的区分，[①] 这一点可以看得更清楚。因为，按照这样的区分，大前提看起来似乎是陈述了一种理想的条件，即公民们有效地做出了同

① John Rawls, *The Theory of Justice*, Cambridge, MA: Harvard University Press, 1999, p. 215.

意，或得到了足以为公平原则或感恩理论提供依据的利益。在这种条件下，严格地服从作为公民接受政治义务的方式是适宜的。但是，如果没有同意或没有得到足够的利益，或者说如果理想的条件不具备，那么，就出现了部分服从的问题。在这种情况下，公民还有政治义务吗？实际上，绝对服从是建立在理想化的假设基础上的，至少在《正义论》中就是这样。而关于公民服从义务的重要论证并没有做出这样的假设，它们只是陈述了一些能够施加义务的条件。因此，我们不可能从这些有条件的结论中推出任何恰当的服从，无论是严格的还是部分的。严格服从作为一种要求而不是假设，或者说部分服从的恰当性，都只能从对政治问题的思考所提供的事实材料中推出。

正是从这一意义上说，诺里斯认为，政治义务的各种论证之所以难以成功，很重要的一个原因是哲学家们将哲学问题和政治（或者说实践）问题混在了一起，而且这种情况在同意理论中表现得特别明显。比如，很多人理解的同意理论是，"如果公民同意接受国家权威并接受公民责任，那么，公民就有国家规定的责任"。但是，这一理论的有效条件的形成并不容易，而且，结论也是模糊的。因为，它并不是那种霍顿所谓的"对现存的或先在（previously existing）的政治体中的政治义务的说明"的解释。[①] 如果在此之前没有接受现存的或先在的政治体中的公民实际上有这样一种政治义务的论证，那么，这种解释是不可能的。换句话说，在讨论政治义务的理由时，我们并不能确信政治义务或合法权威的存在或已经存在。这一点与那些坚持认为没有政治义务这回事的无政府主义者是不同的。而这恰恰表明了在一个句子中哲学问题和政治问题是如何被混在一起的。

实际上，"公民同意接受国家权威"中的同意，如果是指明确的同意，比如效忠誓言（oath of allegiance）、效忠确认（affirmation of allegiance）、保证（pledge）等[②]，作为一种实际承诺，它为政治义务提供一种令人满意的说明是没有问题的，真正有问题的是默示

① J. Horton, *Political Obligation*, Basingstoke: Palgrave, 1992, p. 38.

② 具体内容见 http: // www. ind. homeoffice. gov. uk /applying /nationality /citizenshipceremonies/。

同意如何为政治义务提供充分的说明。对于这个问题，洛克的解决方法是找到一些有效的行为习惯（operative behavioural conventions），这些习惯能够被看作是虽然没有以明确的方式表达但却做出实际同意的表征。[①] 在洛克那里，默示同意的表征（signs）既包括缺乏同意的持续居住，也包括公民获得的公共利益（主要是对这些好处和保护的享受）。而在当代哲学家们那里，这种重要的表征就是在民主选举中的参与。[②] 诚然，在某些情况下，真正的哲学思考可能会抨击同意的属性，从根本上挑战基于胁迫的推定同意的有效性，其中休谟对洛克的回应就是一个例证。在另一种情形中，哲学的争论可能力求表现为一种几乎是先验的论点，即从概念上讲，真正的实践必须基于一种明确的公共约定，这就是为何默示同意能够通过民主参与来完成的原因。但是，当我们真的要解决默示同意问题以及以多种方式对它进行原则表达时，我们会发现，在每一种情况下，一旦哲学问题被严实地掩盖起来，那么，足以为默示同意奠定基础的一种习惯是否能够在任何一个国家实际起作用这一关键性问题仍然是一个经验问题。正如前面所区别的那样，事实上要解决的是政治问题而不是哲学问题。

另外，还必须弄清楚，“公民有效同意了对当权者的服从”中主体“公民”指什么？也就是说，它涉及西蒙斯所谓的普遍性（universality）和一般性（generality）问题。如果这里的公民是仅指某个具体的公民，比如说托尼（Tonny），那么，得出结论说他有义务服从当权者是合理的，因为，小前提与政治义务是相关的。如果加入普遍性条件，那么就要在所有公民的层面得到解决，在这种情况下，小前提就应理解为“所有‘公民都有效地表示过要服从当权者’”。如果加入一般性条件，则小前提就应该采取以下形式：

---

① 洛克的原话是：困难在于，什么东西应该被看作默示同意，它能够约束到什么程度，即何种程度上可以被看作是大家已经同意了，并且因此服从任何一个政府，而实际上他并没有做出过任何表达。具体见 J. Locke, *Two Treatises of Government*, ed., P. Laslett, Cambridge: Cambridge University Press, 1960, Ch VIII, § 119。

② J. Plamenatz, *Man and Society*, new ed., revised by M. E. Plamenatz and R. Wokkler, London, Longman, Vol. 1, 1992, p. 352.

"'大多数，或很多'公民有效地同意了服从当权者"。可见，表达政治义务的方式有很多种，或者说政治义务的政治问题不止一个。但是一般性条件太受局限了。原因在于，虽然它很有可能使得任何一个具体公民的政治义务获得来源①，但是，能够不从施加到所有公民身上的义务本身这一来源，成功地推出一些具体公民所具有的政治义务是非常重要的。否则，一旦人们宣称假如某一个公民的政治义务来自于其明确有效的同意，那么，所有公民都将这样。因此，诺里斯发现，西蒙斯提出的一般性条件，无论是证明同意，还是证明好处的接受以及其他诸如此类的小前提，都是完全没有希望的。虽然作为一种不太严格的条件，它看起来更为可信，但它也使问题变得更为神秘。同样，也不能用普遍性条件来反驳那些试图在所有公民中间确立普遍政治义务的宏大（ambitious）政治义务论据。② 虽然同意的论证、正义的自然责任的论证和"乐善好施"的论证，关联义务理论或社群主义理论等都追求这一点，但是，来自公平游戏的论证以及来自感恩的论证并不追求普遍性；来自实际同意的论证也一样，不管是明示的或默示的，也不追求普遍性。如果把一般性条件、普遍性条件作为政治义务理论成功的标准，而当传统的观点又明显不能满足这些经验性条件时③，哲学无政府主义也就找到了理由。

可以说，涉及有条件的判断和事实问题的各种主张，充斥着古代和现代关于政治义务的各种论证，而且以不同的姿态重现。更为明显的是，经验性的假设或前提甚至可以在许多不同的、使用自然

① 因为，假如所有公民都有这样的政治义务，那么，就可以推出任何一个公民都会有。具体见 Dudley Knowles, "The Two Very Different Problems of Political Obligation", in *60th Political Studies Association Annual Conference*, Edinburgh, 29 Mar-1 Apr. 2010 (Unpublished), p. 8。

② 诺里斯认为，我们可以假定国家希望确立起宏大的普遍性论据，但它不会忽视较为微小的具体性策略，如果它们要想有用的话，尤其是当它们合在一起发挥作用时，原则上就可以将所有公民纳入其中。具体见 Dudley Knowles, " The Two Very Different Problems of Political Obligation", in *60th Political Studies Association Annual Conference*, Edinburgh, 29 Mar-1 Apr. 2010 (Unpublished), pp. 8-9。

③ A. J. Simmons, *Moral Principles and Political Obligation*, Princeton, NJ: Princeton University Press, 1979, pp. 191-192.

状态方法的论证中找到。自然状态可以被看成是（或公认为）一种已经确立的事实，或者一种猜测，甚至是一种与事实相矛盾的条件。在每一种诸如此类的论证中，只有当人们将小前提的陈述当作真的或能得到保证的时候，论证才能向前推进。但当我们假定公民接受了利益，诸如现代诉诸公平游戏的论证和来自感恩的论证，经验性前提是非常重要的。不过，一旦人们接受了它的“哲学资格”（philosophical credentials），政治义务的实用性论证自然而然就建立在事实基础上了。而这正是遭到后验的哲学无政府主义者反驳的地方。因为，他们的核心判断是，“就任何一个国家而言，都存在某些涉及国家偶然特征的事实问题，而这些偶然特征排除了国家的合法性”①，而这本身就是一个重要的经验性主张。从这一意义上说，后验哲学无政府主义者所持的根本就不是一种哲学立场，尽管它的标题所标榜的东西惹人注意。它只不过是对当下事务的一种不寻常的看法而已。这是因为它没有将哲学问题和我们所有人所面临的政治问题区别开来。也正是基于这一考虑，诺里斯建议，在任何情况下，政治理论家都应分别审视保证政治义务理论成功的哲学主张的来源和事实问题。当他们进行哲学研究时，概念的完整性和说服力应该是他们的准则。当他们研究事实问题时，哲学家们就不应该“戴着哲学的帽子”，以免其经验研究变味。

关于从哲学理由到政治问题的转向。

与前面的观点不同，也有一些学者认为，为政治义务寻找哲学理由的讨论没有多大意义，政治义务问题不是一个需要从哲学上加以解决的问题，而是一个应该在政治上加以解决的问题。这一思想的开创性人物是皮特金。她在一篇由两部分组成的文章《义务与同意》中率先提出了这样一个问题：一个面对实际政治权威的人，是否真的需要一种有关政治义务理由的哲学证明？皮特金这样写道：“称某些东西是合法的权威通常是在暗示，它应该被遵守。你不能

① 后验哲学无政府主义坚持认为，虽然所有现存的国家都是非法的，但这不是因为不可能有合法的国家。国家的定义中并没有排除其合法性；相反，现有的国家被谴责为非法，依据的是其偶然的特征。具体见 A. J. Simmons, *Justification and Legitimacy: Essays on Rights and Obligations*, Cambridge: Cambridge University Press, 2001, p. 105。

在不做进一步的详尽解释的情况下，同时又坚持说这个政府对你拥有合法权力而你却没有义务服从它。因此，如果你说你同意了它（承认它作为一个权威），那么，这种说法本身通常等于承认有义务服从它，至少在它被说出的那一刻。‘（合法的）权威’部分意义上是指，那些臣服于它的人有服从的义务。这些信念通过提醒我们‘合法权威’意味着什么，从而告诉我们（一些有关）合法权威的内容。”[①] 但是，皮特金的这些观点受到了一些哲学家的严厉批评，而且经常被无视。但是，最近也有些人，比如说福森就认为，皮特金的论述可能被误读了，很多批评其实不得要领，甚至很多人没有看到她的思想中合理的内容。[②]

福森的看法是，皮特金关于合法的权威应该被服从，因为它规定了服从者义务的论述，涉及了概念“语法”的问题。[③] 从表面上看，她的观点似乎是一种纯粹分析的或语义的观点，其实相反，她是在提醒我们，应该根据使用或者说根据其在社会实践中的作用来理解概念的“含义”。或者说她通过使用“社会—语法的观点”（socio-grammatical point），来帮助我们打消这样的念头：除非一个政府是合法的，否则，我们没有道德上的义务服从它。因为，她认为这样的观点是似是而非的，如果一个人在实践中能够对合法的和非法的政治权威做出区分，那就不需要进一步证明为什么一个人会有义务服从或支持合法的权威。“义务为什么可以责成人们去做某事，唯一可能的答案似乎是，这是这个词本身的意思。”[④] 因此，在她看来，要求一种服从合法权威的理由，是哲学家们的偏见所产生的混乱状态，而不是政治服从者经历的现实困境。正是由于这一重要判断，或者正是因为许多政治哲学家的努力被皮特金指责为哲学混乱，许多醉心于探究政治服从的哲学理由的学者对皮特金进行了激烈的批评。

---

① Hanna Pitkin, "Obligation and Consent" (Part Two), *American Political Science Review*, Vol. 60, 1966, pp. 39-52.

② Thomas Fossen, "The Grammar of Political Obligation", *Politics, Philosophy & Economics*, Vol. 13, No. 3, 2014, pp. 215-236.

③ Hanna Pitkin, "Obligation and Consent" (Part Two), *American Political Science Review*, Vol. 60, 1966, p. 39.

④ Ibid., p. 47.

一些批评者甚至认为，皮特金所提出的“概念性论证”（the conceptual arguement），使得政治问题的讨论失去了控制。简单地说就是，从诸如“政治社会”和“政治权威”这些概念的含义中推出实际政治服从者身上的义务，这样的说法是难以让人接受的。[①] 不可否认，概念性论证显然是有问题的。但支持者认为，皮特金强调合法权威和政治义务之间的概念联系，明显是为了证明公民是有政治义务的，并且是为了阻止质疑实际权威的解读也是有问题的。[②] 其实，皮特金想要强调的是政治服从者在政治关系中面临着真实的服从问题，即他们是否应该服从和支持他们所面对的行政当局。或者说，皮特金的目的是要引导政治哲学家将他们自己定位在政治服从者面对政治权威时所遇到的真正的、现实的问题，即政治服从者的现实困境。[③] 因为，在皮特金看来，那些探讨政治义务哲学理由的研究就像一个人没有认识到许下诺言就会约束自己，还要问“为什么承诺能够约束我”一样混乱。作为一种社会实践，许诺会约束自己，这是一个人许诺前就应该了解的知识，但这并不涉及当事人必须知晓诺言约束力的合理性。[④] 同样，问“为什么我应该服从一个即使是合法的政府”或“为什么我应该永远遵守任何法律”这样的问题，是没有注意到一个政府之所以是合法，是因为它是值得效

---

① 这些学者包括：佩特曼、西蒙斯、莫克罗心卡、诺里斯、霍顿等。具体见：Carole Pateman，“Political Obligation and Conceptual Analysis”，*Political Studies*，Vol. 21，1973，pp. 199–218；A. John Simmons，*Moral Principles and Political Obligations*，pp. 39–45；Dorota Mokrosinska，*Rethinking Political Obligation：Moral Principles*，*Communal Ties*，*Citizenship*，Basingstoke：Palgrave Macmillan，2012，pp. 33–38；Dudley Knowles，*Political Obligation：A Critical Introduction*. London：Routledge，2009，pp. 175–176；John Horton，*Political Obligation*，Basingstoke：Macmillan，1992，pp. 83–87。

② Carole Pateman，“Political Obligation and Conceptual Analysis”，*Political Sluctiess*，Vol. 21，1973，pp. 199–218；Dorota Mokrosinska，*Rethinking Political Obligation：Moral Principles*，*Communal Ties*，*Citizenship*，Basingstoke：Palgrave Macmillan，2012，pp. 33–38.

③ 比如她在讨论中所提到的一个“普通的罪犯”，一个“美国学生从事公民不服从”，一个“密西西比黑人决定加入革命团体”，一个“南非黑人决定加入革命小组”以及一个“纳粹德国的小官，继续履行其职能”等案例。具体见 Hanna Pitkin，“Obligation and Consent”（Part Two），*American Political Science Review*，Vol. 60，1966，p. 47。

④ Hanna Pitkin，“Obligation and Consent”（Part Two），*American Political Science Review*，Vol. 60，1966，p. 47.

忠的政府，并且法律的有效性就在于它是有约束力的。[①] 而且，皮特金还认为，当人们不再为政治义务寻找一般理由，而是在为特定情形中服从政治权威寻找理由时，混乱就消失了。因为，“存在一百个理由，等于没有理由”。[②] 对政治服从者来说，最重要的问题不是义务是怎么来的，而是我们如何能够在特定情况下把“合法的政治权威和单纯的胁迫”区别开来。[③] 或者说，政治服从者面对的实际困境是区分合法权威和非法权威，或真实义务和虚构义务，因此，盯着政治义务的理由问题，并不是一种富有成效的处理方式。

不过，对于如何摆脱这种实际的政治困境呢？皮特金既没有得出结论说我们需要一种道德理论去提供一个明确的答案，也没有否认一个主体面对它们需要做出处理的问题的时候需要某种理由或标准。她所质疑的是，政治哲学家是否应该阐述这样一些原则或标准，使得政治服从者能够在实际中加以使用。她的建议是，政治义务理论的任务可能不是帮助实际政治主体摆脱困境，而是要将我们的注意力转移到在实践中要解决的相关情况这方面来。也就是如何区分正常和异常的政治情形，具体地说，就是“如果正常的法律和权威要得到服从以及受到抵制是需要理由的，如果正常的判断是在一定程度上要服从当局的，并且如果革命形势恰恰是那些在这方面不正常的，那么，关键的问题似乎是：由谁来决定？由谁决定什么时候是正常的，什么时候不是，什么时候抵制是合理的，甚至是被迫的？”[④]

---

① 令人遗憾的是，在这里，皮特金没有区别政治合法性和法律的有效性，法律的有效性与政治合法性甚至政治义务并没有必然的联系，而这正是她遭到反驳的原因。具体见 A. John Simmons, *Moral Principles and Political Obligations*, Princeton, NJ: Princeton University Press, 1979, pp. 39 - 40。如果皮特金把“法律的有效性”改成“合法的法律”，有些麻烦可能就会被避免。

② Hanna Pitkin, “Obligation and Consent” (Part Two), *American Political Science Review*, Vol. 60, 1966, p. 47.

③ Ibid., p. 39.

④ Hanna Pitkin, “Obligation and Consent” (Part Two), *American Political Science Review*, Vol. 60, 1966, p. 51. 不过，有批评者只看到皮特金关于正常权威应该被服从的主张，并认为这是一种保守的立场。但事实上，她关于正常和异常的观点并不是说大部分时间里权威就应该被服从，而是反映了一个事实，即合法性主张通常是可以作废的（defeasible）。但是，这种观点可能就为无政府主义者留下了概念性空间，即任何一种声称是合法政治权威的权力都是虚伪的，应当被拒绝。

在这里，皮特金的本意是重申当事人的政治困境，并据此区分正常和异常，从而使政治哲学家将研究的注意力放在作为一种生活经验的政治判断的复杂性上来。当然，皮特金也承认，我们可能没有办法来把握正常与异常（合法与非法，真实与虚假）之间的区别。也许她所说的那些东西并没有解决这个问题，但她认为关键可能不在于去解决它，而在于由谁说了算。具体地说，“每个人确实而且最终必须自己做决定，并对他的决定负责；但他可能做出了错误的决定，从而未能履行其义务。但是谁又能说某人做了一个错误的决定?”换言之，我们每个在谈论或思考或行动的人都会对这种情况进行评估，但是，“没有人有硬道理，因为没有硬道理。然而，为了表明这一点，人们就不得不费些口舌来讨论语言如何发挥功能，以及为什么我们如此坚定地倾向于假定必须有一个硬道理”。[①]

可见，通过指向我们的政治语言的语法（grammar），从而远离义务的基础问题，皮特金打算提醒人们把政治服从者所面临的现实困境作为一种“生活经验”（a lived experience），这种生活经验就是做出政治判断，评估政治情势是正常的还是异常的，那些明显的义务是否真的对我们具有约束力，我们所面对的政治权威是合法的还是仅仅看起来如此，等等。也就是说，皮特金开启了思考政治义务的一种替代方式：从政治上去解决政治义务问题，而不是停留在哲学上。按照她的这种方法，我们应该把讨论的焦点从“有没有服从义务”以及“如何加以证明”之类的问题，切换到“当我们在实践中区分虚构的义务和真实的义务，以及纯粹的义务感和真实的义务时，我们要做的是什么?”换言之，能够使我们将注意力从政治义务的语义学（semantics）即关于义务的丰富内容的主张，转向政治义务的语用学（pramatics），即此类主张的行为体现。[②]

不过，福森认为，要实现这种转向，我们首先需要关注一种重要的意义理论（theory of meaning），其中特别是“再现”（represent-

---

① Hanna Pitkin, “Obligation and Consent” (Part Two), *American Political Science Review*, Vol. 60, 1966, p. 52.

② Thomas Fossen, “The Grammar of Political Obligation”, *Politics, Philosophy & Economics*, Vol. 13, No. 3, 2014, pp. 222-225.

ationlism）的方法。就是当我们坚持某个人有义务服从时，我们实际上暗示或描述了某些道德真理或有关那个人的特性，或者那个人与某种形式的权威之间有着更准确的关系。西蒙斯关于政治义务旨在“解释这种特定道德约束（如果存在的话）的性质和范围，并且决定谁，如果有的话，受其约束”的描述就是其中的一个例子。[①]一旦我们知道政治义务的性质，我们就可以描述这种主张的真实条件，用一种理论来判断义务，并用它来评估政治义务的实际主张是对还是错。这种方法关注的是政治义务或判断的语义学研究，即对其内容的研究，并认为它应该先于语用学研究，即对其使用的研究。按照这样的理解方式，必须有一种清晰的、理论上可识别的知识，使我们能够在实践中区分真正的义务和虚构的义务，或者说，如果这些知识不可获得，那么做出区分是难以理解的。通常，这种再现论者的观点隐含在而且不容置疑地存在于有关政治义务的争论之中。

但是，皮特金采取的其实是一种不同的策略。她从维特根斯坦（L. Wittgenstein）那里获得了对语言的洞察力：概念的意义要根据其在社会实践中的使用来理解，[②] 从而暗示着一种意义的“表达”（expression）方法。关于这种方法，我们通过布兰顿（Robert Brandom）的下列观点可以得到更好的理解：语言表达的方法“要探讨的是概念上明确的主张的内容，或来自隐含在表达的使用以及信仰的获得和培养的实际原则中。……这里所采用的这类实用主义观点试图解释，诉诸各种断言的特征断定了什么，根据各种主张声称了什么，通过各种判断判定了什么，以及通过信念的作用相信了什么（事实上，就是通过它表达了什么）。一般来说，内容是通过行为而不是周围的其他方式来表达的”[③]。也就是说，理解意义的核心概念

① A. John Simmons, *Moral Principles and Political Obligations*, Princeton, NJ: Princeton University Press, 1979, pp. 3-4.

② 维特根斯坦的这一思想在哲学定位的大转换中居于中心地位，有时也被称为“语用学转向”（the pragmatic turn）。具体见 L. Wittgenstein, *Philosophical Investigations*, Oxford, Blackwell, 2001。

③ R. Brandom, *Articulating Reasons: An Introduction to Inferentialism*, Cambridge, MA: Harvard University Press, 2000, p. 4.

不是“再现”，而是“表达”。布兰顿认为，我们应该在概念的使用中来解释其应用的正确性，而不是根据它们与这个世界的相关性。在这里，问题就不是在抽象的意义上“有没有政治义务”，而是“在具体的情形中政治服从者和政治权威可以采取什么形式来使彼此适当地负起责任来”。可见，布兰顿的这种解释可以帮助我们澄清皮特金关于政治判断的一种不同观点，即它不是可靠的道德知识在哲学上的应用问题，而是一个在政治实践中实际参与的问题。

通过对皮特金政治义务思想的回顾和分析，福森认为，我们重点要做的应该是区分政治义务的内容问题和理由问题。① 所谓内容问题，主要关注的是政治义务迫使人们去做什么。它有什么含义？用语用学的方式表达就是：什么样的行为过程是适当的或不适当的？而所谓理由问题，涉及的则是政治义务的具体施加对象是否恰当。凭什么（如果有的话）可以使人对他而不是其他人（对自己或他人）做出政治承诺？哪些因素算是做出特定政治承诺的好理由？或者，用不同的术语来表达，一个人如何知道其政治义务感是真的，而不是虚假的？实际上，这些问题凸显了政治义务的规范主义和实用主义之间的突出差异。对于一个规范主义者来说，这些问题恰恰就是那种要求用哲学上合理的政治义务原则来加以解决的理论问题。因为，从规范主义角度（normativist perspective）来看，政治判断指的是在具体情形中对真实的和虚假的政治义务进行区分，并将哲学上的合理原则运用到具体情形中去的问题。然而，这样的实际应用明显是困难的，特别是当细节不清楚并且还有相互冲突的道德考虑时。另外，按照这种观点，一种令人满意的政治义务理论中相关原则的有效性是建立在哲学基础上的，这使它们原则上外在于或独立于政治参与者。因此，实用主义者（pragmatist）认为，政治义务的理由及其应用之间如此严重的分离是有问题的，而且真实的义务和虚假的义务之间的区别也不能从哲学上去把握。在实践中，这些义务的内容和理由不能在实际参与前被事先阐明，并以笼统和

① Thomas Fossen, “The Grammar of Political Obligation”, *Politics, Philosophy & Economics*, Vol. 13, No. 3, 2014, pp. 226-228.

抽象知识的形式予以概括，而应在实际情形中得以评估和争论。换言之，什么样的政治义务理由算是好的，通过参与者的约定，暂时被直截了当地加以确定。因此，福森认为，这种对政治困境的语用学分析框架意味着承认了政治义务的内容和理由是可以争论的，“没有人有硬道理，因为没有硬道理”。这就意味着，在实践中对真实的义务和纯粹的义务感、合法的权威与非法的权威、正常的政治和异常的政治进行区分，不是一个外在的或独立原则的使用问题。从根本上说，它是一个将参与者和政治情境加以协调的一类问题。

但是，福森自己已经注意到，这种观点至少会面临两个方面的质疑。第一种质疑是“一致性回应”（reconciliatory response）。持这种观点的人认为，人们可能会接受政治困境的实用主义框架，但认为这与规范主义理论并没有太大的差别。毕竟，作为政治服从者，我们仍然面临着决定采取什么立场的困境，决定是否致力于服从和支持我们所面对的权威的问题。对此，我们虽然可以回应说理论上的描述和证明政治义务原则的任务应该被看作已嵌入实际的政治实践中，而不是寻求一种独立于他们的立场。或者说，理论家提供的原则不是作为特别规定要求政治服从者在实践中应用，而是作为一项建议由一个政治服从者提供给另一个政治服从者，据此每个人都可以为他或她自己做出决定。[①] 但是，异议者仍然认为，按照这种思路，采用语用学术语重构这一政治困境意义并不大，因为在政治困境面前，对政治义务原则的表述和证明仍然是政治哲学的重要任务，虽然现在被看作是一种情境化的活动。第二种质疑是“失败主义回应”（defeatist response）。该异议者认为实用主义方法并未使规范主义的努力受到丝毫损伤，而且这种对政治困境所做出的不带合理原则的实用主义解释会使实际的服从者无所适从。或者说，它没有给政治哲学留下关于政治义务的任务，而让政治服从者自己去理清头绪。但福森认为，这些异议都是片面的。前一种质疑未能充分

---

① 正如克拉森（R. Claassen）所说，规范政治理论家不是“哲学王”，假装把确定的答案强加给政治服从者，而是“哲学公民”，在持续的政治实践中提供他们的原则和标准，供别人在他们认为适合的时候采用。具体见 R. Claassen，“Making Capability Lists：Philosophy versus Democracy”，*Political Studies*，Vol. 59，No. 3，2011，pp. 491-508。

认识到政治论争潜在的令人不安的特征；而后一种质疑虽然承认政治义务的争议性特征，但对此反应过度。

至此，我们可以看出，通过对皮特金一些观点的澄清，福森想要表明的是政治义务的规范主义解释框架不是唯一合理的，政治义务实用主义框架完全可以成为替代性解释。按照后一种说法，政治义务就是一种实际义务，通过政治实践中参与者彼此持有并对对方进行说明而发挥作用。如果这种解释是迫不得已的，最终要扩大到服从者在面对权威时所面临的现实困境的哲学探究范围中去，那么，应该把目光从寻找一种狭窄的、将重点放在奠定政治义务基础上的规范性原则，转到阐明实际参与的任务上来，据此政治承诺的内容和理由可以被争论和决定。以这种方式重构政治义务，就将我们的注意力吸引到了现存的、实际困境的条件问题上来了。从这个角度来说，做出好的判断，不管那将会是什么，都不会是在具体情形中正确地运用被独立证明的原则，而是要表明自己在协调各政治情况方面的一种掌控能力。显然，对所涉及的问题还需要进一步说明。但是，以语用学的术语重新定义这一困境，能够使我们按照这样的线索进行探究，并把这看作是政治义务的问题中不可或缺的、密切相关的东西。当然，福森自己也承认，语用学的解释“是可用的、或许是合理的，而不是说它是正确的。我也没有拒斥规范主义的方法”。[①] 他只是想提供另一个观点，与政治义务的规范主义框架的自明性（self-evidence）形成对比。以此来表明“我们可以不用一开始就将政治困境贴上道德标识（moral register）而照样能使它易于理解”。也就是说，政治义务首先是被作为一个政治问题提出来的，其次才是一个道德问题。换言之，道德只是作为一种可能的、自我理解的普遍方式，而不是能使困境合理得到解释的方式。因此，福森最后得出结论说，以这种方式解释政治困境，就成了“一种在政治哲学和道德哲学之间独立的举措（measure）”[②]。

---

① Thomas Fossen, “The Grammar of Political Obligation”, *Politics*, *Philosophy & Economics*, Vol. 13, No. 3, 2014, p. 235.

② Ibid., p. 236.

第三节　讨论政治义务还是公民不服从

在第二章中我们已经谈到，在正义的旗帜下面，苏格拉底的服从和不服从都可以得到解释。换言之，在《申辩篇》中，苏格拉底似乎是一个公民不服从的先行者，而在《克里同篇》中，苏格拉底又成了政治义务的倡导者和实践者。苏格拉底就是这么一个矛盾的人物，而正是这两种互相矛盾的立场深深地困扰着后世的学者。有不少思想家认为，政治义务和公民不服从是不可调和的。但是，最近也有学者，比如布朗利（Kimberley Brownlee）就认为，与良心拒绝、革命行动、激进抗议和有组织的暴力抵抗不同，作为公民不服从的合法抗议（legal protest），由于其实施者愿意承担相应的法律后果，因此，它从本质上说是一种忠于法律（fidelity to law）的行为，而且其抗议的目的已经不是为了捍卫特定人群的基本权利，而是为了更大范围内的利益，因此，它已经不同于传统意义上的公民不服从，而是对民主制度缺陷的某种矫正，① 这样的违法是合理的。从这一意义上说，政治义务与公民不服从不是完全不相容的，在尊重他人自由和平等的权利以及与此相关的尊重保护这些价值的民主程序的框架内，两者的一致性是可以得到解释的。为了讨论的方便，我们把这种观点称为“尊重民主程序”的版本。另外，也有学者比如贝弗斯基（Rachel Bayefsky）则认为，吸收沃尔泽的某些观点，对同意理论进行适当限制，公民不服从是可以得到解释的。② 对此，我们简称为“修正的同意理论”（modified consent theory）的版本。

① Kimberley Brownlee, “Civil Disobedience”, http://plato.stanford.edu/entries/civil-disobedience/, First Published Thu Jan 4, 2007; Substantive Revision Fri Dec 20, 2013.

② Rachel Bayefsky, “Civil Disobedience and Political Obligation: Why are We Obliged to Obey The Law, and When are We Justified in Breaking it?”, *The New Collection* (New College, Oxford), edited by: S. Miller (Editor-in-Chief), S. Butler, O. Davis, S. Ferguson C. Hanaway, L. Herzog, L. Martin, Z. Patai, C. Sampaio, C. de Vivanco, H. Zaher, pp. 44-54.

需要指出的是，这些关于政治义务理论能够给公民不服从留下空间的论证都认为，当前关于政治义务和公民不服从之间关系的两种重要努力：由罗尔斯所提出的正义的自然责任理论和传统的同意理论都是不成功的。[①] 为什么这么说呢？我们可以先来回顾一下第三章中说过的内容：虽然已经很少有人会赞同建立在原初契约基础上的洛克的关于同意义务的看法，但是同意理论的倡导者比如普拉门纳兹等人认为，我们可以通过其他形式表示同意，比如通过投票或其他公民参与等活动也同样可以对民主国家表达同意。但是，这样一种政治义务理论将会面临着很多问题。首先是某些个人（包括公民）没有参加投票或以其他方式参与民主程序。一种通过参与的、基于同意的理论将意味着，国家只能对那些投票的人才有执行其法律的特殊权利，而对那些没有投票的人则没有。而这与“法律面前人人平等”的原则是相违背的。其次是关于自愿性问题，即同意在直觉上有道德力量仅仅是因为它是对义务的自愿承诺。因为要自愿获得，行为者就必须通过行动来传递他的同意。但是，说选民打算通过投票来表示对政府的同意这一点显然是不明显的。接下来，我们再来看一看正义的自然责任理论。按照罗尔斯的说法，正义的自然责任要求个人遵守并支持正义的制度，并在这些制度没有时帮助建立它们。由于多数人统治的某些民主形式被证明是保障正义的和有效立法的最好方式，因此，个人有一种正义的自然责任去服从多数人认可的法律，前提是社会的基本结构是合理公正的。但是，这样一种论证虽然具有某些同意理论不具备的优点，比如不依赖大多数人的自愿行为，但也有明显的缺点，在支持正义政府和遵守它们的法律之间的联系极其微弱。人们可能会触犯某些法律，但并不会从实质上降低他对正义政府的支持。显然，这两种论证都没有办法合理解释公民的政治义务与公民不服从之间的关系。

---

① Rachel Bayefsky, “Civil Disobedience and Political Obligation: Why are We Obliged to Obey The Law, and When are We Justified in Breaking it?”, *The New Collection* (New College, Oxford), edited by: S. Miller (Editor-in-Chief), S. Butler, O. Davis, S. Ferguson C. Hanaway, L. Herzog, L. Martin, Z. Patai, C. Sampaio, C. de Vivanco, H. Zaher, p. 44.

那么，怎样才能提出一种令人满意的关于政治义务和公民不服从兼容的理论呢？“尊重民主程序”的版本与“修正的同意理论”的版本这两种理论的支持者都认为，首先要对公民不服从进行必要的界定或重述。

第一，他们认为罗尔斯对政治义务和公民不服从之间关系所做出的哲学努力虽然不成功，但他对公民不服从所做的界定还是有合理之处的。[①] 在《正义论》第53节中，罗尔斯对公民不服从问题做了界定。他首先表明公民不服从理论只适用于几近正义的民主社会，在其中大多数情况下都是组织良好的，但其间也可能会发生严重损害正义的事情。其次，罗尔斯写道，“既然我假设一种几近正义的状态需要一种民主制度，那么，这一理论就涉及到公民不服从对于合法确立的民主权力的作用和恰当性”。[②] 公民不服从问题只产生于相对正义的民主国家中，公民不服从理论不适用于其他形式的政府，也不适用于其他异议和抵抗的情况。[③] 再次，罗尔斯把公民不服从定义为一种“公开的（public）、非暴力的（nonviolent），既是按良心的（conscientious）又是政治性的对抗法律的行为，其目的通常是促使法律与政府的政策得到改变”[④]。罗尔斯认为，通过这种方式采取的行动，诉诸的共同体内部大多数人的正义感，理由是自由和平等的人们之间的社会合作没有得到尊重。另外，罗尔斯还把公民不服从区分为间接的和直接的两种。最后，罗尔斯还指出，公民不服从处于这样两者之间：一方面是合法抗议和提出实验性案件，另一方面是良心拒绝和各种不同形式的反抗。以这种形式理解的公民不服从，处于忠诚于法律的边缘上，但尚处在忠诚于法

① 关于罗尔斯对公民不服从的解释，中译本可见［美］约翰·罗尔斯《正义论》，何怀宏等译，中国社会科学出版社1988年版，第363—368页。但这一译本中，何怀宏等译者把其中的civil disobedience翻译成“非暴力反抗”。

② ［美］约翰·罗尔斯：《正义论》，何怀宏等译，中国社会科学出版社1988年版，第363页。译文略有改动。

③ 正是这一点，罗尔斯的观点受到了质疑，即“在一个不太正义的社会里，能否按照这种思路来理解公民不服从问题？”具体见Kimberley Brownlee，“Civil Disobedience”，http：//plato. Stanford. edu/entries/civildisobedience/，First Published Thu Jan 4，2007。

④ ［美］约翰·罗尔斯：《正义论》，何怀宏等译，中国社会科学出版社1988年版，第364—365页。译文略有改动。

律的范围内，愿意承担自己行为的后果；而好斗行为却不处在忠诚于法律的范围内，并设法躲避惩罚，不准备承担其违法所产生的法律后果。①

第二，他们认为在过去的数十年里，另外一些学者们提出的一些公民不服从行为的标准对论证也有帮助。比多（Hugo A. Bedau）就列举了几个这样的标准："持异议者实施了公民不服从行为，仅当他的不合法行为是……因为（其中的一项）法律、政策或政府的决定他认为是令人反感的（objectionable）。"② 与罗尔斯一样，比多也认为，公民不服从还必须是非暴力的、公开的以及出于良心的，这意味着"异议者将诉诸他所处的政治情势与他的道德信念之间的相一致性来证明他的不服从行为"，③ 但是，公民不服从不能只诉诸任何一种道德信念。而拉克（Darnell Rucker）则认为，公民不服从者必须通过能够得到"公开辩护的"道德原则来证明他们的行为。④ 在此基础上，马丁（Rex Martin）又增加了一项重要要求，即"公民不服从针对的是一项具体的法律，而不是整个权威系统或在这个系统中制定法律的过程"。⑤ 换句话说，公民不服从并不拒绝民主的政府系统或并没对法律的"合法律性"表示异议，而只是对其合道德性、正当性表示异议。而且，接受政府的权威涉及接受其执法权，公民不服从者必须接受对他的罪行的惩罚。

第三，公民不服从必须是"作为普通公民独自实施的"。公职人员不履行公职并不构成公民不服从。⑥

正是从上述关于公民不服从的基本界定出发，"尊重民主程序"

---

① ［美］约翰·罗尔斯：《正义论》，何怀宏等译，中国社会科学出版社 1988 年版，第 368 页。译文略有改动。

② Hugo A. Bedau, "On Civil Disobedience", *The Journal of Philosophy*, Vol. 58, No. 21, 1961, p. 653. American Philosophical Association Eastern Division Symposium Papers to be Presented at the Fifty-Eighth Annual Meeting, Atlantic City, N. J., December, 1961, pp. 27-29.

③ Hugo A. Bedau, "On Civil Disobedience", *The Journal of Philosophy*, Vol. 58, No. 21, 1961, p. 659.

④ Darnell Rucker, "The Moral Grounds of Civil Disobedience", *Ethics*, Vol. 76, No. 2, 1966, p. 144.

⑤ Rex Martin, "Civil Disobedience", *Ethics*, Vol. 80, No. 2, 1970, p. 131.

⑥ Ibid., p. 126.

的版本，或者说“正义的自然责任”理论的翻版与“修正的同意理论”的版本这两种理论开始了各自的关于服从与不服从关系的论证。

我们先来审视“尊重民主程序”的版本。这一版本的支持者认为，民主程序（democratic processes）体现了人的自由和平等，而且个人有道德义务通过遵守法律来尊重这些程序。这种关于尊重民主程序的论证采用了凯尔纳（Menachem Marc Kellner）和布雷特施奈德（Corey Brettschneider）所倡导的民主概念。其中凯尔纳提出了一种所谓“不完美的民主”（imperfect democracy）方法。[①] 按照这种方法，民主最终是由某些基本价值，如自由、平等等所限定的，并且把民主程序看作是重要的但不完美的实现这些价值的手段。而布雷特施奈德则提出了一种“民主的价值理论”，在这种理论之下，民主由三种核心价值所限定：“利益平等、政治自治以及互惠”。[②] 这些价值一般要求“多数决”（majoritarian decisionmaking），因为它可以让每个人在影响那种能强制他的法律上都有平等的发言权。不过，当立法足以威胁核心价值之下的个人权利时，他们许可司法审查（judicial review）。虽然司法审查不可避免地给民主带来了某些损害，因为人们对那些能强制他的法律所具有的影响能力被削弱了，但这个过程经常是最民主的解决办法。因此，民主进程被理解为多数决策和司法审查的整体系统，以维护人的自由和平等。因为多数程序的实质是每个人在对那种能强制他的法律方面的影响具有同等的话语权，所以这些程序是自由和平等的价值的逻辑产物。司法审查似乎没有体现这些价值，因为它主要是一小部分法律精英对多数程序的超越。但如果司法审查只是使那些违反了宪法所保障的自由和平等的立法无效，司法审查也可以确保这些价值，从这一意义上说，司法审查体现了自由和平等的价值。

按照这一版本，个人有道德义务尊重他人的自由和平等。作为互惠社会的合作参与者，他们必须尊重他人的这些特质，如果不这

① Menachem Marc Kellner, “Democracy and Civil Disobedience”, *The Journal of Politics*, Vol. 37, No. 4, 1975, p. 905.

② Corey Brettschneider, *Democratic Rights: The Substance of Self-Government*, Princeton, NJ: Princeton University, 2007, pp. 17-18.

样做，就等于否定别人能够在社会合作中参与，并拒绝他们作为社会成员的地位。那么，个人借以在社会参与中合作的特质是什么呢？一个基本的假设是社会合作受那些来自正义观念（无论这种观念是什么）的原则所规制，并且在善的观念内（同样，不管这些可能会是什么）追求目标。因此，个人在社会合作中的全面参与能力，要求他们必须有评估、确认，以及追求正义与善的观念的能力。按照罗尔斯的说法，“由于他们自己的两种道德的能力（包括追求正义感和善的观念的能力）和理性的能力（与这些能力相关联的判断、思想和推理），人是自由的。他们在最低限度内拥有成为全面合作的社会成员所需要的这些能力使得人人平等”[①]。社会成员之间的关系正是基于个人的这两种道德能力及理性能力，并且对这些能力的尊重要求他们务必尊重他人的自由和平等。因此，作为自由和平等的个人的地位，是进行社会合作的关键，所有人都有道德义务尊重他人的这种地位。

不过，关于必须尊重他人的自由和平等的道德义务，有两个问题必须加以澄清。一是我们并没有道德义务去尊重他人自由地去追求其任何目的。例如，一个强奸犯最好是能从他人那里获得性满足，但他的目的并不值得尊重。不过，假设个人追求的手段和目的是尊重他人的自由和平等，那么，我们就必须尊重别人所赞同的道德观念。与此同时，由于个人之间的“合理”目标不可避免地会发生冲突，因此，并不是每个人都应被允许去追求其所有的合理目标。我们只有道德上的义务去支持可以达成现实决定的各种机制，同时尊重每个人评估和追求合理目标的能力。民主程序，通过给每一个人在决策过程中的影响力，构成的正是这样一个机制。另一个要解释的是尊重他人平等的道德义务。如果个人有义务以完全相同的方式对待所有的其他人，社会显然将无法运作。我们所追求的只是德沃金所谓“作为一种平等的对待”（treatment as an equal），而

---

① John Rawls, *Political Liberalism*, expanded edition, New York: Columbia University, 2005, p. 19.

不是“平等的对待”。[①] 在这里，我们认为，尊重他人平等的道德义务采取的是前一种形式，即我们必须把所有的人都看作是道德上平等的，其利益是同样值得考虑的。在一个大型的社会里，虽然它可能不得不重点关注一个群体而不是另一个群体的利益，但仍然有必要支持把所有人作为道德主张的平等来源的机制。民主程序通过把所有人作为政治平等者而达到这个标准。正是基于上述考虑，如果每个人都有道德义务尊重他人的自由和平等，而民主程序体现了这些价值，那么，个人就有道德上的责任去尊重这些民主程序。[②] 而要尊重民主程序，个人就必须服从经由这些程序所产生的法律。

至此，“尊重民主程序”的版本解释了具有尊重他人的自由和平等的道德义务的个体也有义务尊重民主程序以及经该程序所产生的法律。那么，由此出发如何推出具有上述政治义务的个体何以能够从事合理的公民不服从行为呢？换言之，为什么说政治义务理论与公民不服从理论是相容的？按照“尊重民主程序”的版本，特定的法律可能会出现违反自由和平等的情况，但仍然会被多数立法程序和司法机构所认可。在这种情况下，我们往下讨论之前，就必须假定“这些法律对自由和平等的危害大于不服从民主国家的这些法律所带来的危害”。因为，讨论是建立在尊重自由和平等基础上的，因此，必须允许违反法律规定的行为在这些情况下是合理的。这样一来，尊重民主程序的义务以及与之相伴的尊重他人的自由和平等的优先义务，就解释了公民不服从的合理界限：当一个人的行动尊重了这些价值以及作为其体现的民主程序时，这个人就可以合理地在自由和平等的名义之下违反法律。按照这样的理解，即使当违反法律的行为在道德上是合理的，尊重民主程序以及源于它的守法义务仍然存在。

此外，“尊重民主程序”的义务还可以解释上面所提到的公民

① 德沃金对平等的对待和作为一种平等的对待进行了区别。前者是“对一些机会或资源或负担公平分配的权利”，而后者“是受到与任何其他人一样的尊重和关怀的权利”。具体见 Ronald Dworkin, *Taking Rights Seriously*, Cambridge, MA: Harvard University, 1978, p. 227。

② 这种尊重他人的自由和平等的义务非常类似于罗尔斯的“正义的自然责任”。从这一意义上说，“尊重民主程序”的版本是“正义的自然责任”理论的修正版。

不服从的每一种标准。第一个标准是“不合法性”。公民不服从必须是不合法的（illegal），这一点根据定义就可以判断。第二个标准是“非暴力性”，这一点很好解释，一是如果一个人尊重民主程序，那么他就必须停止使用暴力。因为，尊重民主程序就是尊重它们作为合法使用强力的唯一来源的身份。如果一个人在反对特定的法律的同时又尊重民主管理制度的权威，那就不应威胁国家对强力的垄断。二是使用暴力会侵犯其他人的自由和平等。公民不服从必须尊重他人的自由和平等，通过诉诸它们来修改法律。通过使用暴力来侵犯他们的自由和平等将破坏这一标准。第三个标准是公开性（publicity）要求。公民不服从者必须认识到，他只是提供了对社会的判断供人参考，人民是法律的最终来源，而且必须诉诸他们的判断来改变法律。公民不服从与良心拒绝（conscientious objection）是不一样的。良心拒绝者可能私底下寻求一种法律的例外，而且实际上声称民主程序不应适用于他。而公民不服从者，在公开拒绝民主法律的同时，把民主程序作为约束他的法律的终极来源。第四个标准是责任感（conscientiousness）和公共理由（public justification）的要求。责任感标准坚持认为，公民不服从的理由是基于道德原则而不是单纯的自我利益。一是尊重民主程序使得只有当法律与一项重要的道德义务相冲突时才能违反它。二是尽管要尊重所有人的平等利益，但不能只单独诉诸自我利益来证明为什么人们可以违反体现了他们的自由和平等的法律。第五个标准是接受惩罚。尊重民主程序的义务解释了这样一种要求，因为接受惩罚就等于承认政府制定和实施法律的权力，因此，也就把民主程序作为法律的唯一合法来源。[①] 第六个标准是私人性或非官方性（non-officialness）。即只有以私人身份（private capacity）采取的行动才会是公民不服从。理由是，如果一个人以官方身份（public capacity）进行违法活动，那将会破坏民主政府的运作。公民不服从必须以尊重民主程序为限制，政府官员违反其职责不符合这一条件。另外，还必须提到的一

---

① 在这一点上，拉克有过精彩的评述：“法律为我们提供（或者应该提供）了一个明确的选择：遵守本法或受其惩罚。”他认为，通过接受处罚，表示个人仍在法律范围内行事。具体见 Darnell Rucker，“The Moral Grounds of Civil Disobedience”，*Ethics*，Vol. 76，1966，p. 143

条标准是特定性，即公民不服从拒绝的只是特定的法律，而不是整个法律系统。通过满足公民不服从的所有其他标准，个人尊重了国家民主制度的权威并将他们的抗议限制为有关的特定法律。

因此，“尊重民主程序”的版本得出结论，公民不服从与一般的、初确的服从法律的道德义务是相容的。即使在这一义务被更强的道德理由所超越，以及当公民不服从能得到证明的时候也一样。

接下来，我们再来看“修正的同意理论”版本。这一理论的倡导者贝弗斯基认为，前面所阐述的最有可能对政治义务与公民不服从的关系进行恰当说明的两种理论，即罗尔斯的正义的自然责任理论与传统的同意理论都有一个共同问题，那就是它们对义务概念的理解过于单一，在很大程度上把义务看作是个人与国家之间直接的和纵向的关系，因此，它们都很难兼容（accommodate）一种合理的公民不服从理论。而按照“修正的同意理论”版本，公民不服从并不违反我们通常对国家的绝对（absolute）政治义务，所违反的只是我们对国家的相对政治义务，它产生于我们对各种社会机构包括国家的各种义务之间的冲突中。因此，这种理论认为，它可能会对公民不服从做出更充分的说明。

贝弗斯基的基本观点主要有两个，一是把同意作为政治义务的来源并非不可以；二是说人们对国家或者政府负有政治义务也没有什么错，关键是对这两个问题理解的视角不能太窄。换言之，认为政府是从“被治理者的同意”中获得其权力的观点是有魅力的，放弃把同意作为政治义务的基础是草率的，但是，既不必局限于“对政治制度的义务”这一语境来看待同意，也不必把同意看作是一次性完成的行为。正如政治理论家沃尔泽所指出的那样，人们也许可以把同意看作是随着时间的推移、在各种不同的方向，对各种朋友、政党、教派、工会以及各种运动做出的。[①] 人们会在一生中，

① 除了认为政治意义的同意不是一次性完成的，也不是只针对某一个特定对象的之外，沃尔泽还认为，基于同意的“政治性”义务也不只是政治义务这一种。它还包括政党、工会、教派，因为这些机构或团体都是在国家政治大框架内合法存在的。具体见 Michael Walzer, *Obligations*: *Essays on Disobedience*, *War*, *and Citizenship*, Cambridge: Harvard University Press, 1970, p. xv。

在各个不同时段对国家框架内的各种合法团体做出各种承诺，而且这些团体的目标往往就是他们自己的目标，离开这些团体的影响，人们将无法理解自身。“修正的同意理论”认为，在一个渐进的过程中，通过同意会对多个社会实体（social bodies）产生义务，对国家的政治义务不应该与对其他社会实体的义务相分离，相反，它应该被看作是这些义务的逻辑延伸。实际生活中，虽然从属团体（secondary associations）[①] 的内部确实有自己的共同生活方式，但他们仍然以正式的国家结构为基础。国家调节着这些群体之间的关系，提供个人可以从中获得和放弃各种尺度的自愿承诺的框架。国家是使这些团体的存在成为可能的制度背景，如果不诉诸这一点，人们就不能充分描述自己置身其中的家庭、工会、文化社团、宗教派别等。因此，对从属团体表示同意，至少也可以被认为对国家的管理框架表达了某种程度的忠诚（allegiance）。那么，该如何解释人们对一些较小的团体表达了同意但并没有打算对国家做出任何承诺的情况呢？贝弗斯基回答说，这不重要。重要的是，那些对从属团体表示了同意的人应该会打算对国家做出某种承诺。虽然这样的论证将不会产生任何形式的对国家法律的绝对承诺，但以对从属团体的效忠为媒介的这种承诺，应该能为尊重国家程序的态度的自愿主义假设奠定基础，因此，也可以作为政治义务的一项依据。

那么，这种“修正的同意理论”如何兼容公民不服从问题呢？贝弗斯基赞同沃尔泽的一个判断，即人们对各种小于国家的团体，或者各种从属团体的基于同意的义务，可能会与他们对国家的政治义务发生冲突。或者说，这种情况会对一个既是大型社会的成员，同时又是一个小型团体的成员的个体产生巨大的压力。例如，当环保运动积极分子试图非法阻止在一定区域内的发展时，他们对这一运动的义务与他们对自己国家法律的义务之间就发生了冲突。当贵格会（Quakers）成员拒绝宣誓时，他们必将面对的是自己对国家的承诺和对宗教的承诺之间的紧张关系。但是，各种团体的成员通过违反国家法律应对这种冲突并不一定就是革命性的，它的成员也不

① 这里的从属团体是指从属于国家的政党、工会、教派组织等。

一定被要求去攻击现存的更大的社会。也就是说，他们的某些“不合法”的诉求只在社会和政治生活的特定领域内发生。但是，一旦从属团体对国家提出不合法的要求时，公民不服从就出现了。[①] 如果真是这样，基于“修正的同意理论”的政治义务的说明和公民不服从的解释是否还可以作为一种有关这两者之间兼容关系的充分解释呢？贝弗斯基认为，应该是可以胜任的。理由主要有以下三点。

首先，假定公民拥有道德义务去遵守法律是一种默认的立场，那么，“修正的同意理论”提供了一项公民不服从的可能的合理理由。很简单，因为公民必须承认这样一个事实，虽然他们所依附的从属团体部分是由于国家的存在才成为可能，但这并不意味着他们的政治义务必须压倒其他所有义务。当国家从事危害合法的从属团体完整性的行为时，国家就不可以再对这些团体中的公民主张政治义务，公民也就能够名正言顺地违反法律。换言之，“修正的同意理论”本身包含了违反国家法律的道德义务的理由：“正是人民对从属团体的同意才产生了道德上的冲突，有时只有通过支持（in favour of）违法来加以解决。”[②]

其次，“修正的同意理论”比罗尔斯的正义的自然责任理论和传统的同意理论更充分地反映了公民不服从的历史用法。与传统的版本相比，“修正的同意理论”的优势在于其“现实性”（realism），即它通过诉诸更重要的道德目标，来承认违反国家法律的合理性。“修正的同意理论”认为，当公民对国家内部各种合法团体的义务与他们的政治义务发生冲突时，公民不服从就变得有必要了。在这种情况下，公民们将不得不依靠产生于这一团体的而不是更广泛的社会的共同生活的各种正义原则。因此，“修正的同意理论”提供了一种方法来解释那些从事公民不服从的人的理念和正义

① 沃尔泽采用的一个术语是“a partial claim”，可直译为“一项有偏见的诉求”，一般这种诉求肯定是不合法的，出于论证的需要，在这里译为“不合法”的诉求。具体见Michael Walzer, *Obligations: Essays on Disobedience, War, and Citizenship*, p. 11。

② Rachel Bayefsky, “Civil Disobedience and Political Obligation: Why are We Obliged to Obey The Law, and When are We Justified in Breaking it?”, *The New Collection* (New College, Oxford), edited by: S. Miller (Editor - in - Chief), S. Butler, O. Davis, S. Ferguson C. Hanaway, L. Herzog, L. Martin, Z. Patai, C. Sampaio, C. de Vivanco, H. Zaher, p. 52.

的传统意义之间的张力。比如，马丁·路德·金对非洲裔美国人社区负有的义务与他对服从国家法律的义务相互冲突。在从事公民不服从时，他诉诸的不是正义的常规意义，而是被许多生活在白人社会的人认为激进的正义原则。这些原则来自于被边缘化的非裔美国人和在整个历史上其他被边缘化的社会群体的经历，甚至可能是因为基督教的原因。

最后，“修正的同意理论”能够比同意理论的传统版本更合理地区分公民不服从与普通犯罪和彻底的反叛。传统的同意理论倾向于把同意想象成“要么有要么没有”，而且往往把重点放在产生国家机构和法律的具体同意关系上。对传统的同意理论家来说，不去质疑整个协商一致的大厦，就难以解释公民个人为什么可以决定他们何时在道德上被允许违反法律，因为他们似乎已经同意遵循国家机构的判断或至少要一直受某种形式的默示同意的约束。但是，根据“修正的同意理论”，个人可以取得基于同意的、对各个团体的各种不同义务，并且我们每一种义务的强度都可以随着时间的变化而变化。公民可以明显不同意某些社会原则，并因此进行公民不服从，而同时又同意其他指导规范，前提是像沃尔泽所要求的那样，只要这种规范不“威胁到大社会的生存，或危及其他公民的生命”①。其他的要求还有，比如从事公民不服从的人必须在道德上是认真的，就如同他们公开触犯法律并提供这样做的理由一样。另外，“修正的同意理论”也可以为有限地挑战以同意为基础的国家权威提供原则性基础，从而区分直接发动叛乱与从事公民不服从的差异。虽然从属的团体对社会和政治生活的特定区域提出了诉求，但并没有设法控制其所有成员的政治行动。换句话说，一个从属团体的成员不必挑战国家权力的全部基础，以此表达处于他们共同生活的中心的核心价值。

可见，修正的政治义务同意理论认为，它能够更好地解释何以这些从事公民不服从的人可以寻求根本性的改变而又不破坏现存制度的根基。虽然“修正的同意理论”并没有给我们任何固定的标

① Michael Walzer, *Obligations: Essayson Disobedience, War, and Citizenship*, p. 17.

准，使个人能够决定是否可以违反国家法律，它甚至可能无法以一种可以应用到每一个具体个案中的方式精确地描述公民不服从。但是，它旨在表明，一种情境化的以及多层面的对同意性质的说明可以解释为什么在某一时间公民合理违反国家法律的问题不能抽象地，甚至是从第三者的角度进行回答。对公民不服从的讨论不应该假设一个政治义务的整体画面，而应该考虑公民对各种不同团体的承诺的差异性和渐进性，唯有如此，才可以阐明那些从事公民不服从的人在某个特定方面不服从国家的法律何以可能是合理的。

至此，我们不难发现，“尊重民主程序”的理论和“修正的同意理论”是对2000多年来的一个古老问题，即苏格拉底究竟是一个政治义务的倡导者还是一个公民不服从的实践者，抑或他既是政治义务的倡导者又是公民不服从的实践者的问题所做的尝试性的回答。这样一种努力是十分有益的，因为，把这两个问题放在一起讨论，可能更符合苏格拉底这个人物特征，同时，也更符合现实的政治生活，甚至还是理解政治义务问题最恰当的方式。

主要参考文献

英文著作

Beran, Harry, *The Consent Theory of Political Obligation*, London: Croom Helm, 1987.

Christiano, Thomas, *The Constitution of Equality: Democratic Authority and Its Limits*, Oxford: Oxford University Press, 2008.

Dagger, Richard, *Civic Virtues: Rights, Citizenship, and Republican Liberalism*, New York: Oxford University Press, 1997.

D' Entreves, A. P. , *The Medieval Contribution to Political Thought*, Oxford: Oxford University Press, 1939.

Dworkin, Ronald, *Taking Rights Seriously*, Harvard University Press, 1977.

Dworkin, Ronald, *Law's Empire*, Cambridge, MA: Harvard University Press, 1986.

Edmundson, William A. , *Three Anarchical Fallacies*, Cambridge: Cambridge University Press, 1998.

Estlund, David, *Democratic Authority: A Philosophical Framework*, Princeton, NJ: Princeton University Press, 2008.

Gans, Chaim, *Philosophical Anarchism and Political Disobedience*, Cambridge: Cambridge University Press, 1992.

Gilbert, Margaret, *A Theory of Political Obligation*, Oxford University Press, 2006.

Gilbert, Margaret, *Joint Commitment: How We Make the Social World*, Oxford: Oxford University Press, 2013.

Green, Leslie, *The Authority of the State*, Oxford: Oxford University Press, 1988.

Green, T. H. , *Lectures on the Principles of Political Obligation and Other Writings*, P. Harris and J. Morrow (eds.), Cambridge: Cambridge University Press, 1986.

Greenawalt, Kent, *Conflicts of Law and Morality*, Oxford: Oxford University Press, 1987.

Harris, Paul (ed.), *On Political Obligation*, London: Routledge, 1990.

Hart, H. L. A. , "Legal and Moral Obligation", in *Essays in Moral PhiRosophy*, ed., A. I. Melden, Seattle: University of Washington Press, 1958.

Higgins, Ruth C. A. , *The Moral Limits of Law: Obedience, Respect, and Legitimacy*, Oxford: Oxford University Press, 2004.

Hobbes, Thomas, *Leviathan*, R. Tuck (ed.), Cambridge: Cambridge University Press, 1991 (1651).

Horton John, *Political Obligation*, Atlantic Highlands, NJ: Humannities Press Internatinal, Inc. , 1992.

Horton John, *Political Obligation*, 2nd edition, Basingstoke: Palgrave Macmillan, 2010.

Hume, David, "Of the Original Contract", in *David Hume's Political Essays*, C. W. Hendel (ed.), Indianapolis: Bobbs - Merrill Co., 1953 (1752).

Kant, Immanuel, *The Metaphysics of Morals*, Mary Gregor (trans.), Cambridge: Cambridge University Press, 1991 (1797).

Kelsen, Hans, "Why Should the Law be Obeyed?", in his *What Is Justice*? Berkeley and Los Angeles: University of California Press, 1960.

Klosko, George, *The Principle of Fairness and Political Obligation*, 2nd edition, Lanham, MD: Rowman & Littlefield, 2004 (1992).

Klosko, George, *Political Obligations*, Oxford: Oxford University Press, 2005.

Knowles, Dudley, *Political Obligation: A Critical Introduction*, London and New York: Routledge, 2010.

Kraut, Richard, *Socrates and the State*, Princeton: Princeton University Press, 1984.

Locke, John, *Second Treatise of Government*, Indianapolis: Hackett Publishing Co., 1690 (1980).

MacDonald, M., "The Language of Political Theory", in A. G. N. Flew (ed.), *Logic and Language*, 1st series, Oxford: Basil Blackwell, 1951.

Martin, R., *A System of Rights*, Oxford: the Clarendon Press, 1993.

McPherson, T., *Political Obligation*, London: Routledge & Kegan P-aul, 1967.

Mokrosinska, Dorota, *Rethinking Political Obligation: Moral Principles, Communal Ties, Citizenship*, Basingstoke: Palgrave Macmillan, 2012.

Nozick, Robert, *Ararchy, State and Utopia*, New York: Basic Books, 1974.

Pateman, Carole, *The Problem of Political Obligation*, 2nd edition, Berkeley: University of California Press, 1979.

Plamenatz, John, *Consent, freedom, and Political Obligation*, 2nd ed., Oxford University Press, 1968.

Plato, *The Trial and Death of Socrates*, 3rd edition, G. M. A. Grube (trans.), Indianapolis: Hackett Publishing Co., 2000.

Rawls, John, *A Theory of Justice*, Cambridge: Harvard University Press, 1971.

Raz, Joseph, *The Authority of Law*, Oxford: Oxford University Press, 1979.

Raz, Joseph, "The Obligation to Obey: Revision and Tradition", *Notre Dame Journal of Law, Ethics & Public Policy*, Vol. 1, 1984; Reprinted in W. A. Edmundson (ed.), *The Duty to Obey the Law*, Lanham, MD: Rowman & Littlefield, 1999.

Ross, William D., *The Right and the Good*, Oxford University Press, 1930.

Sanders, John T. and Jan Narveson (eds.), *For and Against the State: New Essays*, Lanham, MD: Rowman & Littlefield, 1996.

Sartorius, Rolf, *Individual Conduct and Social Norms*, Belmont, CA: Dickenson, 1975.

Scheffler, Samuel, *Boundaries and Allegiances: Problems of Justice and Responsibility in Liberal Thought*, Oxford: Oxford University Press, 2001.

Sidgwick, Henry, *The Methods of Ethics*, Indianapolis: Hackett Publishing Co., 1907 (1981).

Simmoms, A. J., *Moral Principles and Political Obligation*, Princeton University Press, 1979.

Simmoms, A. J., *Justification and Legitimacy: Essays on Rights and Obligations*, Cambridge University Press, 2001.

Simmoms, A. J., *On the Edge of Anarchy*, New Jersey: Princeton University Press, 1993.

Simmoms, A. J., "Political Obligation and Authority", in *The Blackwell Guide to Social and Political Philosophy*, edited by Robert L. Simmons, Malden, Mass: Blackwell, 2002.

Steinberger, Peter, *The Idea of the State*, Cambridge University Press, 2004.

Stilz, Anna, *Liberal Loyalty: Freedom, Obligation, and the State*, Princeton, NJ: Princeton University Press, 2009.

Stilz, Anna, "Why Does the State Matter Morally? Political Obligation and Particularity", in *Varieties of Sovereignty and Citizenship*, S. R. Ben-Porath and R. M. Smith (eds.), Philadelphia, PA: University of Pennsylvania Press, 2013.

Tamir, Yael, *Liberal Nationalism*, Princeton University Press, 1993.

Waldron, Jeremy, *Law and Disagreement*, Oxford: Oxford University Press, 1999.

Wellman, Christopher Heath, A. John Simmons, *Is There a Duty to Obey the Law?* Cambridge: Cambridge University Press, 2005.

Wellman, Christopher Heath, *Liberal Rights and Responsibilities: Essays on Citizenship and Sovereignty*, Oxford: Oxford University Press, 2014.

Woozley, Anthony Douglas, *Law and Obedience: The Arguments of Plato's Crito*, Chapel Hill: University of North Carolina Press, 1979.

Wolff, Jonathan, "Anarchism and Skepticism", in J. T. Sanders and J. Narveson (eds.), *For and Against the State*, Rowman & Littlefield 1996.

Wolff, Jonathan, "Political Obligation: A Pluralistic Approach", in *Pluralism: The Philosophy and Politics of Diversity*, M. Baghamrian and A. Ingram (eds.), London: Routledge, 2000.

Wolff, Robert Paul, *In Defense of Anarchism*, 3rd edition, Berkeley: University of California Press, 1998 (1970).

英文论文

Arneson, Richard, "The Principle of Fairness and Free-Rider Problems", *Ethics*, Vol. 92, 1982.

Bank, Richard M. & McCarl, Steven R., "Virtue, Obligation and Politics, Revisited", *The American Political Science Review*, Vol. 70, No. 3, 1976.

Bennett Christopher, "A Theory of Political Obligation: By Margaret Gilbert", *Philosophical Books*, Blackwell Publishing Ltd., Vol. 49, No. 4, 2008.

Brandt, R. B., "The Concepts of Obligation and Duty", *Mind*, Vol. 73, 1964.

Brink, D. O., "Democracy and Disobedience in the Crito", Handout: Topics in the History of Ethics, *Greek Ethics*, Fall, 2004.

Christiano, Thomas, "Justice and Disagreement", *Ethics*, Vol. 110, 1999.

Dagger, Richard K., "What Is Political Obligation?", *The American Political Science Review*, Vol. 71, No. 1, 1977.

Dagger, Richard K., "Membership, Fair Play, and Political Obiligation", *Political Studies*, Vol. 48, 2000.

Durning, Patrcik, "Political Legitimacy and the Duty to Obey the Law", *Canadian Journal of Philosophy*, Vol. 33, No. 3, 2003.

Edmundson, William, (ed.), "State of the Art: The Duty to Obey the Law", *Legal Theory*, No. 10, 2004.

Edmundson, William, "The Virtue of Law－Abidance", *Philosophy Imprint*, No. 6, 2006.

Estlund, David, "Reply to Critics", *Iyyun: The Jerusalem Philosophical Quarterly*, Vol. 58, 2009.

Feinberg, Joel, "Super−erogation and Rules", *Ethics*, Vol. 71, 1961.

Fossen, Thomas, "The Grammar of Political Obligation", *Politics, Philosophy & Economics*, Vol. 13, No. 3, 2014.

Gilbert, Margaret, "Reconsidering the 'Actual Contract' Theory of Political Obligation", *Ethics*, Vol. 2, 1999.

Hardimon, Michael, "Role Obligations", *The Journal of Philosophy*, Vol. 91, 1994.

Hart, H. L. A., "Are There Any Natural Rights?", *Philosophical Review*, 1955.

Horton John, "In Defense of Associative Political Obligations", *Political Studies*, Vol. 54, 2006; Vol. 55, 2007.

Klosko, Geogre, "Political Obligation and Gratitude", *Philosophy and Public Affairs*, No. 18, 1989.

Klosko, Geogre, "Multiple Principle of Political Obligation", *Political Theory*, Vol. 32, No. 6, 2004.

Manin, Bernard, "On Legitimacy and Political Deliberation", *Political Theory*, Vol. 15, 1990.

Mapel, David, "Faianess, Political Obligation, and Benefits Across Borders", *Polity*, Vol. 37, 2005.

Marchevsky, Masha, "Socrates Misinterpreted and Misapplied: An Analysis of the Constructed Contradiction between the Apology and the Crito", *Macalester Journal of Philosophy*, Vol. 13, No. 1, 2004.

Murphy, Jeffrie, "Allegiance and Lawful Government", *Ethics*, Vol. 79, 1968.

Murphy, Mark, "Surrender of Judment and the Consent Theory of Political Obligation", *Law and Philosophy*, Vol. 16, 1999.

Nkiruka, A., "Multiple Principles and the Obligation to Obey the Law", *Deakin Law Review*, Vol. 10, No. 2, 2005.

Parekh, Bhiku, "A Misconceived Discourse on Political Obligation", *Political Studies*, Vol. 41, 1993.

Pateman, C., "Political Obligation and Conceptual Analysis", *Political Study*, Vol. 21, 1973.

Pitkin, Hanna, "Obligation and Consent", *American Political Science Review*, Vol. 59, 1965; Vol. 60, 1966.

Prosch, Harry, "Toward an Ethics of Civil Disobedience", *Ethics*, Vol. 77, No. 3, 1867.

Rawls, John, "The Problem of Authority: Revisiting the Service Conception", *Minnesota Law Review*, Vol. 90, 2006.

Renzo, Massimo, "Associative Responsibility and Political Obligation", *The Philosophical Quarterly*, Vol. 62, No. 246, 2012.

Scheffler, Samuel, "Relationships and Responsibilities", *Philosophy and Public Affairs*, Vol. 26, 1997.

Simmons, A. John, "Associative Political Obligations", *Ethics*, Vol. 106, 1996.

Simmons, A. John, "Consent, Free Choice, and Democratic Governments", *Georgia Law Review*, No. 18, 1984.

Simmons, A. John, "The Anarchist Position: A Reply to Klosko and Senor", *Philosophy and Public Affairs*, Vol. 16, No. 3, 1987.

Simmons, A. John, "The Particularity Problem", *APA Newsletter on Philosophy and Law*, Vol. 7, 2007.

Simmons, A. John, "Democratic Authority and the Boundary Problem", *Ratio Juris*, Vol. 26, 2013.

Smith, M. B. E., "Is There a Prima Facie Obligation to Obey the Law?", *Yale Law Journal*, Vol. 82, 1973.

Song, Edward, "Acceptance, Fairness, and Political Obligation", *Legal Theory*, Vol. 18, 2012.

Waldron, Jeremy, "Special Ties and Natural Duties", *Philosophy and Public Affairs*, Vol. 22, 1993.

Walker, A. D. M., "Political Obligation and the Argument from Gratitude", *Philosophy and Public Affairs*, Vol. 17, 1988.

Walker, A. D. M., "Obligations of Gratitude and Political Obligation", *Philosophy and Public Affairs*, Vol. 18, 1989.

Wellman, Christopher Heath, "Associative Allegiances and Political Obligation", *Social Theory and Practice*, Vol. 23, 1997.

Wellman, Christopher Heath, "Toward a Liberal Theory of Political Obligation", *Ethics*, Vol. 111, 2001.

Wolff, Jonathan, "Political Obligation, Fairness and Independence", *Ratio* (New Series), No. 8, 1995.

中文著作

[爱尔兰] 佩迪特：《契约论能够为道德奠基吗?》，转引自包利民编《当代社会契约论》，江苏人民出版社2007年版。

陈淳文：《公民、消费者、国家与市场》，见许纪霖主编《公共性与公民观》，江苏人民出版社2006年版。

[法] 卢梭：《社会契约论》，何兆武译，商务印书馆2005年版。

[古希腊] 柏拉图：《苏格拉底最后的日子》，[英] 休·特里德尼克、谢善元译，上海译文出版社2007年版。

顾肃：《自由主义的基本理念》，中央编译出版社2003年版。

[加] 金里卡：《当代政治哲学》，刘莘译，上海三联书店2004年版。

毛兴贵编：《政治义务：证成与反驳》，江苏人民出版社2007

年版。

［美］德沃金：《法律帝国》，李常青译，中国大百科全书出版社 1996 年版。

［美］凯克斯：《为保守主义辩护》，应奇等译，江苏人民出版社 2003 年版。

［美］科恩：《论民主》，聂崇信等译，商务印书馆 1988 年版。

［美］乔治·克洛斯科：《公平原则与政治义务》，毛兴贵译，江苏人民出版社 2009 年版。

［美］约翰·罗尔斯：《正义论》，何怀宏、何包钢、廖申白译，中国社会科学出版社 1988 年版。

［美］罗伯特·诺齐克：《无政府、国家和乌托邦》，姚大志译，中国社会科学出版社 2008 年版。

［美］A. 约翰·西蒙斯：《道德原则与政治义务》，郭为桂、李艳丽译，江苏人民出版社 2009 年版。

［美］罗伯特·沃尔夫：《为无政府主义申辩》，毛兴贵译，江苏人民出版社 2006 年版。

［美］乔纳森·沃尔夫：《政治哲学绪论》，龚人译，牛津出版社 2002 年版。

徐贲：《从三种公民观看两种全球化：自由市场时代的公民政治》，见许纪霖主编《公共性与公民观》，江苏人民出版社 2006 年版。

徐大同等：《西方政治思想史》（第 2 卷、第 3 卷），天津人民出版社 2005 年版。

《阿奎那政治著作选》，马清槐译，商务印书馆 1982 年版。

［英］鲍桑葵：《关于国家的哲学理论》，汪淑钧译，商务印书馆 2011 年版。

［英］葛德文：《政治正义论》（第一卷），何慕李译，商务印书馆 1997 年版。

［英］哈特：《法律的概念》，张文显等译，中国大百科全书出版社 1996 年版。

［英］拉兹：《法律的权威》，朱峰译，法律出版社 2005 年版。

［英］迈克尔·莱斯诺夫等：《社会契约论》，刘训练等译，江苏人民出版社2005年版。

［英］约翰·洛克：《政府论两篇》，赵伯英等译，陕西人民出版社2004年版。

［英］穆勒：《功利主义》，叶建新译，九州出版社2007年版。

［英］彼得·斯特克、大卫·韦戈尔：《政治思想史导读》，舒小昀、李霞、赵勇译，江苏人民出版社2008年版。

［英］杰弗里·托马斯：《政治哲学导论》，顾肃、刘雪梅译，中国人民大学出版社2006年版。

［英］西季威克：《伦理学方法》，廖申白译，中国社会科学出版社1993年版。

［英］休谟：《人性论》（下册），关文运译，郑之骧校，商务印书馆2005年版。

［英］休谟：《休谟政治论文选》，张若衡译，商务印书馆1993年版。

张凤阳等：《政治哲学关键词》，江苏人民出版社2006年版。

周濂：《现代政治的正当性基础》，生活·读书·新知三联书店2008年版。

后　记

本书是我在南京大学博士学位论文的基础上又花了三年时间修改完成的。从开始涉足政治义务领域到完成书稿之时，我已经在这个问题上花了 11 年时间。11 年的冷板凳，多少个日日夜夜，甘苦自知。在我学习、研究最艰难的日子里，我的老师、我的家人以及其他关心我的人是我最大的支撑，他们给了我战胜困难的力量，使我坚持到底。

在这里，我首先要感谢的是我博士阶段的导师顾肃教授和硕士阶段的导师郑祥福教授。顾老师治学严谨又充满爱心，郑老师宽厚仁慈又不失威严。可以说，我的每一点进步，都是在他们的指导和鼓励下实现的。当我提出想把博士论文改写成专著时，第一个表示支持的就是顾老师，正是他的鼓励才让我下定了决心。而第二个表示支持的是郑老师，他十分热心地帮我联系了出版社。没有两位老师的支持和帮助，我的这一心愿可能就无法实现。

其次，还要感谢我的父母与妻儿。没有父母当年付出的巨大牺牲，我就不可能走到今天；没有妻儿的支持和理解，我就不能走得更远。我的这本书所写的是义务，义务在某种程度上就是一种“亏欠”。我亏欠他们的太多太多，不知有多少个节假日，我都没有认真陪过他们；也不知许下了多少诺言，我一直都没能向他们兑现。作为我的家人，他们可能会有许多的遗憾，但能成为他们的家人，我今生无悔。

另外还要感谢中国社会科学出版社重大项目办的喻苗老师。没有她的帮助、关心和在我最困难的时候给予我的鼓励，这本书就可能无法面世。

我要感谢的其实还有很多人。包括在我博士研究生阶段学习的时候给予我细心指导的南京大学外国哲学专业导师组的陈亚军教授、张荣教授；在我的论文评审和答辩过程中付出辛勤劳动并给予悉心指点的南京大学政府管理学院张凤阳教授，哲学系王恒教授、方向红教授，东南大学马克思主义学院袁久红教授，南京师范大学哲学系张之沧教授等各位专家；那些在我写作期间给予诸多关照的单位领导和同事，曾经给予我很多帮助的室友张伟君、张柯君，以及那些在我求学、研究路上给我提供过各种方便和关照的好心人。他们当中的每一个人，所给予我的每一点帮助，都值得我永远铭记于心。

最后，我想说的是，这本书虽然花去了我10余年的心血，但作为哲学问题的政治义务问题本身是一个深奥的问题，凭着我的学术基础和理解能力，其中的奥秘我远未领悟，其中的许多问题我都没能触及，加之书中所参考和引用的英语文献基本是第一手资料，因此，解读得不到位、分析得不深刻，还有其他的纰漏、差错和不足在所难免。作为本书作者，我真诚地希望能够读到此书的人给予指正，给我一个补充、修改和完善的机会。

初稿完成于2011年5月29日

修改定稿于2015年12月20日